Lotte Schenk-Danzinger, Legasthenie
(Beiträge zur Psychodiagnostik des Kindes, 7)

Jutta Weltzl

Lotte Schenk-Danzinger

Legasthenie

Zerebral-funktionelle Interpretation, Diagnose und Therapie

102 Abbildungen

Ernst Reinhardt Verlag München Basel

Lotte Schenk-Danzinger, Dr. phil., ao Univ.-Professor,
Dornbacher Straße 29, A–1170 Wien

CIP-Kurztitelaufnahme der Deutschen Bibliothek

Schenk-Danzinger, Lotte:
Legasthenie : zerebral-funktionelle Interpretation,
Diagnose u. Therapie / Lotte Schenk-Danzinger. –
München ; Basel : E. Reinhardt, 1984.
(Beiträge zur Psychodiagnostik des Kindes ; 7)
NE: GT

ISSN 0340–0123
ISBN 3–497–01049–9

Gesamtherstellung: Friedrich Pustet, Regensburg
Printed in Germany

Inhaltsverzeichnis

Anstelle eines Vorworts

Analphabeten in der Bundesrepublik Deutschland

Bonn (dpa). Auf ein bis fünf Prozent der Gesamtbevölkerung wird die Zahl der deutschen Bundesbürger, die nicht oder nur unvollkommen lesen und schreiben können, in einer vom Bonner Bildungsministerium vorgestellten Studie geschätzt. Dies wären im ungünstigsten Fall drei Millionen Menschen, erklärte das Ministerium. Allerdings bestehe über solche Schätzungen und über den Begriff Analphabetismus selbst Uneinigkeit. Eine amtliche Statistik über die Zahl der Analphabeten werde nicht geführt. In der Studie werden auch solche Bürger als Analphabeten betrachtet, die „lesen, aber nur äußerst mangelhaft schreiben können, und die aufgrund der ihnen bewußten äußerst mangelhaften Rechtschreibkenntnisse Situationen meiden, in denen sie schreiben müssen". (Aus: „Salzburger Nachrichten" vom 19. 8. 1981)

Einleitung

Es ist nicht erstaunlich, daß die Schwierigkeiten, die sich der Diagnose einer „klassischen" Legasthenie entgegenstellen – ich habe sie in Kapitel 9 näher beschrieben – viele überforderten und an der Existenz dieses Phänomens zweifeln ließen. Nachdem alle Ergebnisse der älteren Legasthenieforschung über Bord geworfen waren, fehlten ihnen die Kriterien einer eindeutigen Abgrenzung zwischen Legasthenikern und milieu- oder unterrichtsbedingt schlechten Schülern. Warum sollte man eine Gruppe durch eine von der Schulbehörde finanzierte Behandlung bevorzugen? Wozu die komplizierten differenzialdiagnostischen Bemühungen, wenn es doch keine Fehler gibt, die *nur* von einer Gruppe gemacht werden? Es war naheliegend und bequem zu sagen, es gibt keine „Legasthenie", die sich durch besondere Merkmale von anderen Schwächen im Sprachbereich unterscheidet. Nennen wir doch alle lese-rechtschreib-schwachen Schüler Legastheniker, oder vermeiden wir diese Bezeichnung überhaupt, wie dies derzeit in den Erlässen der Schulbehörden in der Bundesrepublik Deutschland geschieht. Die Entscheidung, den Begriff der „Legasthenie" zu eliminieren, wurde offenbar von Schulbehörden, Schulpsychologen und Lehrern mit Erleichterung aufgenommen und führte in einzelnen deutschen Bundesländern zur Einschränkung von Hilfeleistungen und Ausnahmeregelungen, eine Maßnahme, die eine Unzahl von Kindern und Eltern in große Not versetzt. Mit dieser Entscheidung wurde aber der Blick verstellt für die Symptome, die eine auf *dispositioneller Basis entstandene Legasthenie* von anderen Formen sprachlicher Leistungsdefizite unterscheiden. Niemand kann sich der Tatsache verschließen, daß es Kinder gibt, die ohne plausiblen Grund im Lesen und Rechtschreiben versagen. Es gibt, wie Dummer [52] ausführt, zwei Arten von „Legasthenikern": Solche, deren Versagen leicht erklärbar ist als Folge von Intelligenzdefekten und/oder Milieuschäden und/oder inadäquatem Unterricht, und solche, bei denen keine derartigen Mängel zu registrieren sind, deren Versagen somit rätselhaft bleibt. Auf letztere bezog sich die ursprüngliche Definition von Linder [137]: „Legasthenie ist eine spezielle und aus dem Rahmen der übrigen Leistungen fallende Schwäche im Erlernen des Lesens (und indirekt auch des selbständigen orthographischen Schreibens) bei sonst intakter oder (im Verhältnis zur Lesefähigkeit) relativ guter Intelligenz." Linder schloß Lese- und Rechtschreibschwächen „infolge von Schwachsinn, manifesten Gesichts- und Gehörstörungen, mangelnder Übung, Sprach- und Schulwechsel, ungewöhnlicher Schulumstände, schlechter Schulmethoden oder offensichtlich gestörter Lehrer-Schülerbeziehungen" aus dieser Definition aus. Heute unterscheidet man nicht mehr zwischen diesen beiden Gruppen. Dazu kommt eine falsche Akzentsetzung: Es muß vor allem den Schwächsten geholfen werden.

Diese Schwächsten entstammen in der Regel der sozialen Unterschicht, und ihre Lerndefizite sind primär milieubedingt. Die meisten der heute als Legastheniker bezeichneten Kinder sind gar keine solchen: Sie sind milieugeschädigt. Zweifellos muß ihnen geholfen werden, doch anders als den Kindern, die an einer auf *dispositioneller Basis* entstandenen Legasthenie leiden und deren Behinderung Schullaufbahn, Berufsfindung und Persönlichkeitsentwicklung schwer beeinträchtigt.

Es geht in diesem Buch um die *Nicht-Milieugeschädigten*, die *Nicht-Unterrichtsgeschädigten*, die trotz (relativ) intaktem, jedenfalls nicht lernverwahrlosendem Milieu, trotz normaler bis guter Intelligenz und entsprechendem Unterricht erhebliche Schwierigkeiten im Erlernen des Lesens und Rechtschreibens haben. Die Gründe sind, wie in Kapitel 5 ausgeführt wird, *in mangelhafter Interaktion der Hemisphärenfunktionen* zu suchen und führen zu Teilleistungsschwächen, die fast ausschließlich unsere (in der Menschheitsgeschichte relativ spät erworbene) Fähigkeit zur schriftsprachlichen Kommunikation beeinträchtigen. Dabei ist der *Grad der Diskrepanz zwischen Intelligenz und schriftsprachlichem Leistungsverhalten* insofern von Bedeutung, als er als Maßstab für die Frustration gelten kann, die durch die Behinderung beim Lernen und beim Anstreben realistischer Ausbildungs- und Berufsziele entsteht. Die „echten Legastheniker“ sind oft gar nicht die Schlechtesten ihrer Klasse, weder was ihre Leistungen noch was ihre Arbeitshaltung betrifft. Aber sie bleiben trotz Umfeldbedingungen, die durchschnittliche bis gute Leistungen erwarten lassen, im unteren Leistungsbereich oder erreichen den knappen Durchschnitt nur mit unsäglichen Anstrengungen.

Es besteht kein Zweifel, daß in vielen Fällen dispositionelle Faktoren, die den Erwerb der schriftsprachlichen Kommunikation erschweren können, mit schädigenden Umfeldbedingungen zusammenfallen. Die Faktoren, die eine Störung mitbestimmen, zu analysieren, ist Sache der Differentialdiagnose der Legasthenie.

Auch milieu- und/oder unterrichtsgeschädigte Kinder brauchen Hilfe, aber sie muß völlig anderer Art sein. Die Unterschiede sind in Kapitel 4 beschrieben. Dort werden Erkenntnisse der älteren Legasthenieforschung zur neueren Gehirnforschung in Beziehung gesetzt, um die möglichen Ursachen der Teilleistungsstörungen aufzuzeigen und neue Perspektiven für die Behandlung zu eröffnen.

Die Bedeutung des Milieus nicht als verursachender, sondern als modifizierender Faktor wird ausführlich behandelt.

Breiten Raum nimmt die Kasuistik ein, die die Varianten der Erscheinungsformen und der Schülerschicksale deutlich machen soll, ebenso die Probleme der überlagernden Persönlichkeitsstörungen. Hinweise zur Diagnostik sollen dem Praktiker diese schwierige Aufgabe erleichtern. Grundsätzliches zur Therapie, Arbeitsmaterialien und deren Anwendung beschließen den praktischen Teil.

Die Unterschiede zwischen den hier vertretenen Auffassungen und denen der klassischen Legasthenieforschung sind folgende:

(1) Den durch die Gehirnforschung verständlich gewordenen *Interaktionsprozessen* von visuellen und akustischen Teilleistungen beim Lesen und Schreiben

wird die ihnen zukommende Beachtung geschenkt, vor allem als Grundlage der Therapie.

(2) Der alte Begriff der „*Hemisphärendominanz*“ erfährt eine neue Deutung.

(3) *Buchstabendrehungen (Reversionen) und Buchstabenumstellungen* wurden – soweit man ihnen überhaupt Beachtung schenkte – noch bis in die letzte Zeit, *gleichgesetzt*, indem man sie der gleichen Wahrnehmungsstörung zuschrieb. Die neuere Hirnforschung hat bestätigt, was Angermaier [3] und Valtin [230] vermutet hatten, ohne es beweisen zu können – daß nämlich die beiden Fehlerarten auf *unterschiedliche Teilleistungsstörungen* zurückzuführen sind und somit unterschiedlicher Therapiemaßnahmen bedürfen.

(4) Von der klassischen Legasthenieforschung wurden Reversionen als optische, Verwechslungen von weichen und harten Konsonanten als akustische Wahrnehmungsstörung, als eine Art *Lautnuancenschwäche* aufgefaßt. Wir müssen heute annehmen, daß es sich in beiden Fällen um die „zwei Seiten“ einer Störung der *intermodalen Interaktionsprozesse* handelt.

(5) Das *visuelle Funktionstraining* ging in vielen, häufig praktizierten Übungen von falschen Transfervorstellungen aus, wobei die *eigentlich zu übenden intermodalen Leistungen* übersehen wurden.

Die neuen Erkenntnisse bieten neue Ansätze zur Therapie und die Möglichkeit, unter dem ungeheuer angewachsenen Angebot an Behandlungssystemen und -materialien gezielt auszuwählen oder das Vorhandene durch geänderte Instruktionen brauchbar zu gestalten.

Dummer [55] hat darauf hingewiesen, daß die klassische Legasthenieforschung zu ungenau unterschieden hat zwischen den Begriffen legasthenie*spezifisch* und legasthenie*typisch*. Magenschmerzen sind typisch für Magengeschwüre, aber sie sind nicht spezifisch, denn sie können auch bei anderen Erkrankungen vorkommen. Desgleichen sind bestimmte Fehler für die klassische Legasthenie *typisch*, denn sie kommen mit großer Häufigkeit und Regelmäßigkeit vor, aber sie sind nicht spezifisch, denn auch Nichtlegastheniker können sie gelegentlich und unter bestimmten Bedingungen machen. Vielleicht sind manche Mißverständnisse auf diese sprachliche Ungenauigkeit zurückzuführen.

Wien, Frühjahr 1984 Dr. Lotte Schenk-Danzinger

1. Geschichte und gegenwärtiger Stand der Legasthenieforschung

1.1. Die ältere Forschung

In der ersten Phase der Legasthenieforschung um die Jahrhundertwende nahmen sich ausschließlich Mediziner dieses Problems an. Die ersten Publikationen über normalbegabte Jugendliche und Erwachsene, die das Lesen nicht erlernen konnten, finden sich in medizinischen Fachzeitschriften [102, 103, 154].

Von Morgan und Hinchelwood stammt die Bezeichnung „angeborene Wortblindheit". Da man – mit den damals noch wenig differenzierten Methoden – bei den betroffenen Jugendlichen und Erwachsenen keine anderen Ausfälle als die in den schriftsprachlichen Techniken feststellen konnte, nahm man einen Defekt im Lesezentrum des Gehirns an. In der medizinischen Literatur wird die Bezeichnung „kongenitale Wortblindheit" [93] oder „kongenitale Legasthenie" [237] bis in die letzte Zeit verwendet. Der als „Wortblindheit" beschriebene Zustand ist auffallend genug, um zu Veröffentlichungen anzuregen, kommt in der Praxis jedoch selten vor und entspricht im deutschen Sprachraum am ehesten der „literalen Legasthenie" [236], die man vereinzelt bei Normalbegabten, häufiger bei Subnormalen, findet.

Zur ersten Phase der Legasthenieforschung kann man auch die Untersuchungen von Ranschburg [173, 174] zählen, da aus ihnen, wie auch aus den medizinischen Einzelfalldarstellungen der Jahrhundertwende, keine Konsequenzen für wissenschaftliche Problemstellungen gezogen wurden. In der Praxis haben sich die Ausführungen von Ranschburg sehr nachteilig für die betroffenen Kinder ausgewirkt. Er hat sich als erster mit „leichteren" Fällen der Lesestörung beschäftigt. Von ihm stammt die Bezeichnung „Legasthenie". Kinder, die mit 2- bis 4-jähriger Verspätung lesen lernten, gehörten nach Ranschburg in die Kategorie der Hilfsschüler. Obwohl seine Erhebungen zeigten, daß 31% im Lesen retardierte Kinder einen guten und 46,7% einen mittleren IQ hatten, stellte er die Behauptung auf: „... daß man bei Hilfsschülern die Intelligenzstufe aus der Lesefähigkeit – im Falle die letztere schwach ist – mit einer beträchtlich großen Wahrscheinlichkeit als tiefstehend prognostizieren kann, während man vom Intelligenzquotienten aus mit einer beträchtlichen Wahrscheinlichkeit aus der geringen Intelligenz auf eine schwächere oder höchstens mittelmäßige Lesefähigkeit schließen kann."

Leseschwäche bedeutete nach Ranschburg eine nachhaltige Rückständigkeit höheren Grades in der geistigen Entwicklung des Kindes, „sich äußernd in der Unfähigkeit im Alter von 6 bis 8 Jahren oder auch noch darüber hinaus sich eine genügende Geläufigkeit des Lesens anzueignen". Dieses Urteil verwies legasthenische Kinder an die Hilfsschulen, auch wenn sie geistig normal waren. Berücksichtigt man den großen Einfluß Ranschburgs auf die Entwicklung der Heilpädagogik, so kann man zwei Erscheinungen verstehen, die bis nach dem Zweiten

Weltkrieg zu beobachten waren: Die allgemeine Gepflogenheit, Kinder mit ausgeprägter Leseschwäche an die Hilfsschulen zu verweisen, und die geringe Beachtung, die diesen Kindern in der pädagogischen Praxis und Literatur zuteil wurde.

1.2. Die empirisch-kasuistische Phase

Nach dem Zweiten Weltkrieg, als es in den USA, in Skandinavien und in der Schweiz schon Therapiezentren, Legasthenikerklassen und Lesekliniken gab, entdeckten auch die Mitarbeiter der neu gegründeten schulpsychologischen Beratungsstellen in Deutschland und Österreich die Legasthenie. Ein Schlüsselerlebnis war für sie alle die Untersuchung der Schweizerin Maria Linder [135], Mitarbeiterin des Kinderpsychiaters Lutz in Zürich, an 50 legasthenischen Kindern. Sie beschrieb alles, was die Psychologen täglich an den ihnen von den Schulen zugewiesenen Lese-Rechtschreib-Versagern beobachten konnten.

Die ersten Legasthenieforscher waren Praktiker. Sie stützten ihre Ergebnisse auf sehr genaue klinische Einzeluntersuchungen der Intelligenz, der Schulleistungen, der Wahrnehmungsfunktionen, oft auch der Gedächtnisleistungen. Die Seitendominanz wurde mit Hilfe von Tests erhoben. Die Anamnese, die sich auf Schwangerschaft, Geburt, frühe Krankheiten, Familien-, Schul- und Erziehungssituation, Gesundheitszustand und emotionale Lage des Kindes bezog, wurde aus Gesprächen mit den Eltern gewonnen. Fallweise wurden projektive Tests durchgeführt. Aus Untersuchungen der gleichen Kinder über mehrere Jahre ergaben sich zahlreiche Entwicklungsverläufe. Sie offenbarten die ganze Tragödie des normalbegabten legasthenischen Kindes. In vielen Publikationen versuchte man, sein Schicksal und seine Förderung zu einem Anliegen der Normalschule zu machen. Linder [136], Kirchhoff [112], Bladergroen [34], Biglmaier [31], Schenk-Danzinger [187, 188, 189, 190, 191] waren die ersten, die im deutschsprachigen Raum ihre Erfahrungen mit normalbegabten Legasthenikern veröffentlichten. Sie lenkten die Aufmerksamkeit der Lehrer auf eine Schülergruppe, die im Schulalltag beträchtliche Sorgen bereitete, deren Schwierigkeiten jedoch meist falsch interpretiert wurden, was auch heute noch oft der Fall ist, wie die letzte große Untersuchung von Niemeyer [162] zeigt.

Die Beobachtungen, die bei den klinischen Untersuchungen in den verschiedensten Instituten gemacht wurden, stimmten im wesentlichen mit denen von Linder überein. Nur dadurch, daß sehr viele Kinder mit den gleichen Schulschwierigkeiten in die schulischen und klinischen Beratungsstellen kamen, war es möglich, die gemeinsamen Merkmale ihrer Störung zu erkennen. Der Lehrer, der ja immer nur Einzelfälle vor sich hatte, konnte seine Beobachtungen nicht generalisieren, fand sie jedoch bestätigt und entwickelte Verständnis für die betroffenen Kinder, wenn ihm in Publikationen und Vorträgen das Syndrom beschrieben und die Arbeitsproben verschiedener legasthenischer Kinder demonstriert wurden. Die fast übereinstimmend beschriebenen Phänomene waren:

(1) Die besondere *Verzögerung im Erlernen des Lesens und Rechtschreibens trotz guter Intelligenz*.

(2) Bei 6- bis 8-Jährigen im Frühstadium des Lesens „typische“ Lesefehler, nämlich das *Kippen von gestaltgleichen aber richtungsverschiedenen* Buchstaben und das gelegentliche *Umstellen der Reihenfolge der Buchstaben im Wort.* (Die damals viel verwendete, ursprünglich von Linder entworfene diagnostische Leseprobe, Abb. 14 S. 117, die als besondere Verführungssituation für die genannten Fehler angelegt ist, zeigt diese Schwäche sehr deutlich. Normal lesende Kinder erliegen dieser Verführungssituation nur ganz selten.) In Wien, wo der Lehrplan – Schreiben in der unverbundenen gemischten Antiqua bis zur Mitte des zweiten Schuljahres – eine zusätzliche Verführungssituation bot, konnte man Verwechslungen von gestaltgleichen aber richtungsverschiedenen Buchstaben auch in der Rechtschreibung beobachten; Fehler, die nicht auftreten, wenn sofort mit der verbundenen Schrift geschrieben wird.

(3) In der Rechtschreibung als „typische“ Fehler *Buchstabenauslassungen* bis zum totalen Wortzerfall sowie *Verwechslungen von Umlauten und Zwielauten* und die sog. „sächsischen Fehler“, die *Verwechslung von harten und weichen Konsonanten.*

(4) Eine deutliche und isolierte Merkschwäche (Speicherschwäche) für alle Formen der sprachlichen Information. Im akustischen Bereich: oft verzögerter Sprachbeginn, Wortschatzarmut, erschwertes Auswendiglernen von Texten, Gedichten und Einmaleins-Reihen. Im optischen Bereich: verzögertes Behalten von Wort- und Silbenbildern, woraus sich die anhaltend schlechte Rechtschreibung erklären ließ. Keinerlei Merkschwäche war in den Situationen des täglichen Lebens, wie auch bei rein visuellen, nicht sprachbezogenen Merkstoffen zu beobachten.

(5) Häufige *Abweichungen von der homogenen Rechtsdominanz* (Linkshändigkeit, Beidhändigkeit, gemischte Dominanz).

(6) Häufige *Verzögerungen in der Sprachentwicklung* und *Erschwernisse in der Sprachbeherrschung* und in der *Lautdifferenzierung.*

(7) *Risikofaktoren,* von denen oft in den Anamnesen berichtet wurde, (Blutungen während der Schwangerschaft, Frühgeburt, fieberhafte oder infektöse Erkrankungen während der ersten beiden Lebensjahre etc.).

(8) Fallweise Häufung der gleichen Schwierigkeiten in den Familien der betroffenen Kinder, was zusammen mit ererbten Abweichungen von der Rechtsdominanz vor allem Weinschenk [237] zur Annahme einer kongenitalen Verursachung der Störung veranlaßte.

(9) In Zusammenhang mit der Diskrepanztheorie von Linder [137] sprach man von den nicht „erwartungsgemäßen Leistungen“ der Legastheniker und meinte damit, daß die Schulleistungen der Legastheniker schlechter waren als man es dem Intelligenzgrad nach erwarten konnte. Diese Bezeichnung war völlig richtig, weil sie sich primär auf das *Lesen* bezog. *Lesen* ist eine vom *Intelligenzgrad weitgehend unabhängige* Leistung. Bei gutem Leseunterricht gelingt das Zusammenlauten von Phonemen und das Dechiffrieren dem Verständnis angepaßter Texte im Grundschulalter *Kindern jeden Intelligenzgrades*, selbst Sonderschülern mit subnormaler Intelligenz – *außer sie sind Legastheniker im Sinne der klassischen Definition!* Es gibt, besonders in den späteren Schuljahren, je nach Übung,

Leseinteresse und Sprachbeherrschung Unterschiede in Tempo, Fehlerzahl, Leseflüssigkeit, Deutlichkeit der Aussprache und des Ausdrucks, sowie im Textverständnis. *In den ersten fünf Schuljahren bleiben* – guter Leseunterricht und häusliches Üben vorausgesetzt – *nur Legastheniker im Lesen ernsthaft zurück*, was das Zusammenschleifen der Phoneme, das Erkennen der Zeichen, das Dechiffrieren, die Wortgliederung betrifft, so daß bei ihnen die Fehlerzahl extrem erhöht und das Tempo extrem verlangsamt erscheint. Man kann also innerhalb einer breiten Intelligenzstreuung bei Legasthenikern durchaus von *erwartungswidrigen Leistungen* sprechen. (In der Rechtschreibung liegen die Dinge anders. Hier besteht ein hoher Zusammenhang mit der Schichtenzugehörigkeit, der Spontansprache, der Übung, der Sprachbegabung, auch mit der Intelligenz und dem Leseeifer, sowie der Art des Unterrichts. In Anbetracht der vielen Faktoren, die die Rechtschreibung negativ beeinflussen können, kann man nicht so leicht von „erwartungswidrigen Leistungen" sprechen!)

Die publizierten Fallstudien und die Ergebnisse meist kleiner Reihenuntersuchungen entsprachen den Erfahrungen von Lehrern und Eltern und veranlaßten die Schulbehörden zu Hilfsmaßnahmen in Form von Legasthenikerkursen, Legasthenikerklassen und sogar -schulen sowie zu administrativen Maßnahmen: Keine Benotung in Deutsch, Befreiung von Klassenarbeiten für die Dauer einer Behandlung sowie die Möglichkeit, in die nächsthöhere Klasse aufzusteigen trotz schlechter Leistungen im Lesen und Rechtschreiben. Zahlreiche Arbeitsmaterialien zur Behandlung der Störung erschienen, „Legasthenie" war eine Modeerscheinung geworden. Da Eltern lieber ein legasthenisches als ein „dummes" Kind haben, wurden sehr oft die verschiedensten Formen des Leistungsversagens mit Legasthenie entschuldigt.

So eindeutig sich für den Praktiker das Phänomen auch von anderen Lernstörungen abhebt – es ist bis heute nicht gelungen, die „klassische Legasthenie" wissenschaftstheoretisch völlig in den Griff zu bekommen. Die Gründe dafür waren – und sind:

(1) Das in der Frühphase wichtigste Merkmal, das Reversieren von Buchstaben und das Umdrehen von Buchstabenreihen, ist eine passagere Erscheinung. Es kann (a) nur mittels einer diagnostischen Leseprobe eindeutig festgestellt werden, (b) klingt es nach dem neunten Lebensjahr ab und ist dann auch mit einer Leseprobe nicht immer zu finden – was aber nicht bedeutet, daß die Legasthenie überwunden wäre. Die ersten wissenschaftlichen Untersuchungen wurden jedoch meist ohne Leseproben und an Kindern verschiedener Altersstufen und mit unterschiedlichen Graden des Symptomabbaus durchgeführt, so daß die Erscheinungsbilder recht uneinheitlich waren.

(2) Die Untersuchungen umfaßten meist schon „vordiagnostizierte" Kinder, wobei das Außenkriterium vom Untersuchenden bestimmt wurde, mit dem Ergebnis, daß er nur die damit korrespondierenden Phänomene fand.

(3) Bei der einzigen großen Reihenuntersuchung mittels einer Stichprobe* von

* Zuerst publiziert in der 1. Auflage von L. Schenk-Danzinger: Handbuch der Legasthenie im Kindesalter (1964).

2000 nicht ausgewählten Kindern am Ende des zweiten Schuljahres (1975) ging man von den Erfahrungen der Schulpsychologie aus, daß Kinder mit Leseschwächen Buchstaben und Buchstabenreihen reversieren. Man wollte wissen, wie häufig diese Fehler in einer beliebigen Gruppe vorkommen und welche anderen Phänomene mit ihnen assoziiert sind. Man hatte nicht, wie Grissemann [81] meint, im nachhinein die Reversionen als legasthenietypisch hingestellt, sondern sie *von vornherein als solche angenommen* – in Übereinstimmung mit den Erfahrungen im täglichen Umgang mit leseschwachen Kindern, Erfahrungen, die ja von allen *Praktikern* gemacht worden waren. Die Vorgangsweise war wissenschaftstheoretisch vielleicht nicht einwandfrei, die Ergebnisse können jedoch im Hinblick auf diejenigen von Dummer [55] nicht mehr bestritten werden.

(4) Den meisten Untersuchungen der damaligen Zeit fehlten Kontrollgruppen.

(5) Es war nicht möglich, ein „Syndrom" zu finden, das auf alle Fälle anwendbar war, denn *viele*, aber *nicht alle* lese- und rechtschreibschwachen Kinder zeigten Abweichungen von der Rechtsdominanz, *bei vielen*, aber *nicht bei allen*, gab es eine ähnliche Situation in der Familie, *bei vielen,* aber *nicht bei allen*, konnten Sprachverzögerungen oder andere Entwicklungsstörfaktoren in der frühen Kindheit festgestellt werden. Die Vielfalt der Erscheinungsbilder erschwert bis heute die Theorienbildung zur Ätiologie der Legasthenie.

(6) Obwohl jeder Praktiker schon auf Grund der Hartnäckigkeit der Symptome und deren erschwerter Behandlung den Eindruck einer endogenen Disposition hatte, gab es bereits in der ersten Periode der Legasthenieforschung Psychologen, z. B. Bleidick [35], die endogene Faktoren wie Geburtstrauma, Krankheiten, Linkshändigkeit, und exogene Faktoren wie Unterrichtsform, Milieu, Schulversäumnisse etc., als Verursachungsmomente gleichwertig nebeneinandersetzten.

(7) Verwirrung schufen auch die Versuche von Grissemann [78], der nachweisen konnte, daß selbst gute Leser in Überforderungssituationen reversieren. Er definierte diese Fehlerart als „Betriebsunfall" infolge Deutungsschwäche. Das Phänomen existiert tatsächlich als Regressionserscheinung, doch trifft diese Erklärung sicher nicht für einfache Wörter zu wie: bald, beide, an, und, mit, flog etc.

1.3. Reihenuntersuchungen

Etwa um 1970 kam es zur „Hinterfragung" des Legasthenickonzeptes durch „betriebsfremde" Personen; meist Angehörige von Universitätsinstituten, auch Dissertanten, die weder als Lehrer noch als Therapeuten noch als Schulpsychologen vorher mit Legasthenikern Bekanntschaft gemacht hatten. Sie versuchten in Reihenuntersuchungen das Vorhandensein der bis dahin beschriebenen Merkmale der Legasthenie nachzuprüfen. Dabei wurden *Gruppentests* zur Anwendung gebracht, und da man Lesen nur einzeln prüfen kann, wurde auf die Prüfung verzichtet. Man beschränkte sich auf *Gruppenintelligenztests* und *Gruppenrechtschreibtests*. Die Anamnesen wurden oft von Studenten durchgeführt, die weder etwas über Entwicklungspsychologie noch über mögliche frühkindliche Noxen wußten und die auch keine Erfahrungen in der Gesprächsführung hatten. Eltern gaben z. B. an, daß ihre Kinder schon vor dem Ende des ersten Lebensjahres gesprochen hätten [229]. Die Dominanz wurde erfragt, nicht überprüft. Während man sich darauf geeinigt hatte, daß der IQ eines Legasthenikers nicht weniger als 80 betragen durfte, wurde die Rechtschreibleistung, die ein Kind zum Legastheniker macht, *willkürlich festgesetzt*. Zwei Beispiele: Valtin [229] bezeichnete Kinder als Legastheniker, die im Diagnostischen Rechtschreibtest von Müller (DRT) den Prozentrang 1–5 erreicht hatten, Niemeyer [162] ließ von einem Computer jene Kinder als Legastheniker auswählen, die beim Lese- und Rechtschreibtest im Prozentrang 1–15 lagen.

Die Ergebnisse der *Reihenuntersuchungen* unterschieden sich grundlegend von den Erfahrungen der Praktiker, und zwar aus folgenden Gründen:

(1) Das Lesen wurde ausgeklammert, obwohl es sich primär um eine Lesestörung handelte.

(2) Obwohl ein Prozentrang (PR) von 25 in der Rechtschreibung schon die Note 5–6 bedeutet [52], wurden nur die Schüler als Legastheniker in die Reihenuntersuchungen aufgenommen, deren Leistungen noch weit unter dem Grenzbereich der schlechtesten Beurteilung lagen. Damit blieben alle die Legastheniker unberücksichtigt, die infolge ihrer Intelligenz oder häuslicher Hilfe nicht zu den schlechtesten gehörten, aber doch nicht zu den Leistungen gelangen konnten, die Kindern der gleichen Intelligenzstufe und mit ähnlichen Bedingungen im schulischen und häuslichen Bereich möglich sind.

(3) Der angewendete DRT von Müller ist nicht darauf eingerichtet, die typischen Rechtschreibfehler aufzuzeigen. Er bietet keine Verführungssituation im Hinblick auf die bei Legasthenikern des zweiten Schuljahres typischen Verwechslungen von Umlauten, Zwielauten, weichen und harten Konsonanten. Die Möglichkeiten, gerade diese Fehler zu machen, sind zu gering, um den Zufall auszuschließen.

(4) Meist wurden Kinder des zweiten und dritten Schuljahres zusammengenommen ohne Rücksicht auf die Veränderungen, die der „normale“ Fehlerabbau mit sich bringt (was allerdings bei dem niedrigen PR keine große Rolle spielen dürfte).

(5) Die Dominanz wurde erfragt, die Kranken- und Entwicklungsgeschichten entweder ignoriert oder unzulänglich erhoben.

Das Ergebnis war demnach: Es gibt keine typischen Fehler. Es gibt keine Abweichungen von der Rechtsdominanz. Es gibt keine Hinweise auf einen Zusammenhang zwischen frühkindlichen Entwicklungsstörungen und legasthenischen Symptomen.

Da die Zahl der Kinder, die bei normaler Intelligenz einen so niedrigen PR in der Rechtschreibung aufweisen, gering ist, glaubte man, daß die Zahl der Legastheniker unbedeutend sei. Malmquist [149] nimmt an, daß die großen Unterschiede zwischen den Ergebnissen der Einzel- und denen der Reihenuntersuchungen auf die Tatsache zurückzuführen sei, daß es sich bei den Einzeluntersuchungen um „klinische Fälle“ handle. Diese Annahme ist falsch. Ich selbst habe viele Hunderte solcher Einzeluntersuchungen durchgeführt. Es waren keine „klinischen Fälle", sondern Volksschüler mit Lernschwierigkeiten, die zur schulpsychologischen Untersuchung kamen, und sie wurden auch nicht, wie Valtin [230] meint, wegen ihrer Linkshändigkeit von den Lehrern geschickt. Abweichungen von der Rechtsdominanz wurden meist erst mittels einer Testbatterie zur Feststellung der Dominanz erhoben. Die Unterschiede sind lediglich aus der Verschiedenheit der Untersuchungstechniken zu erklären. (Der Ausdruck „klinisch" sollte nicht auf die Kinder, sondern auf die *Untersuchungsmethoden* der Beratungsstellen angewendet werden).

Da die Rechtschreibung stärker als jede andere Leistung als milieuabhängig gesehen wurde, führte die Auslese der „Legastheniker" auf Grund der schwächsten Rechtschreibleistung zu einem starken Überwiegen der untersten Sozialschicht [162, 230]. Dieses Ergebnis verführte zu der Schlußfolgerung, Legasthenie sei ein besonderes Problem der sozialen Unterschicht, eine Annahme, gegen die die Praktiker bald heftig protestierten, da sie ja täglich in ihren Klassen mit Legasthenikern auch der Mittel- und Oberschicht konfrontiert waren.

Bei der Auslese der *schwächsten Rechtschreiber* als *Legastheniker* wurden natürlich auch keine Kinder erfaßt, die in den übrigen Bereichen passable Leistungen erbrachten, wie es der Definition von Linder entsprochen hätte, sondern meist die generellen Schulversager.

Nachdem alle bisherigen Kriterien der Unterscheidung von Legasthenikern und Nichtlegasthenikern ungültig geworden waren, blieb nur mehr die sogenannte „Diskrepanzdiagnose" übrig, ausgedrückt in *zwei „Gruppentestwerten", dem IQ und dem Prozentrang im Rechtschreibtest.* Valtin [232] schlug vor, daß als Legastheniker jene Kinder zu gelten hätten, bei denen bei einem IQ von 90 und mehr in einem diagnostischen Lese-Recht-schreib-Test ein PR von 15–1 erhoben werden konnte. Ein Lesetest wurde allerdings in der Praxis nicht verwendet. Dieses sogenannte „operative diagnostische Schema", das aus nichts anderem als zwei Gruppentestwerten bestand, kam den Schulbehörden entgegen, denn man glaubte, endlich „objektiv" feststellen zu können, für wieviele Kinder Hilfsmaßnahmen einzurichten seien.

Ein PR 1–15 für die Diagnose der Legasthenie impliziert die Gefahr, daß man überwiegend Kinder der unteren Schichten für die Legasthenieforschung berücksichtigt, wobei sich ein falsches Bild von der Verteilung der Legastheniker auf die Sozialschichten ergeben muß. Bei diesen niedrigsten Prozenträngen, die weit unter dem Niveau einer noch positiven Leistungsbeurteilung liegen, ist es unvermeidlich, daß man neben Legasthenikern auch ausschließlich milieugeschädigte Underachievers in die Untersuchung einbezieht. Eggert und Schuck [63] beschreiben das Problem folgendermaßen: „Wird eine operationale Definition, die sich am Verhältnis von Intelligenz und Rechtschreibleistung orientiert, für die Stichprobenzusammenstellung verwendet, so scheinen damit nach unserer Untersuchung in erster Linie Schüler mit einer allgemeinen, in vielen Leistungsbereichen zu beobachtenden Schulleistungsschwäche erfaßt zu werden. Nur in sehr geringem Maße scheinen nach diesem Auswahlprinzip Kinder mit isoliertem Leistungsversagen, wie es vielfach als charakteristisch für Legasthenie gilt, in die Untersuchungsstichprobe zu gelangen. Bei einem solchen Vorgehen, das weitgehend der üblichen Praxis entspricht – treten allgemeine Leistungsschwächen und soziokulturelle Determinanten des Versagens dominierend in den Vordergrund."

Zu welchen Auswüchsen das „operationale Schema" führen konnte, zeigen die Prozentzahlen von „Legasthenikern", die an Sonderschulen ermittelt wurden – nach der Definition: IQ 90+, PR im Rechtschreibtest = −25 [152a]:

Sprachbehinderte	65%
Sehbehinderte	70%
Schwerhörige	50%
Körperbehinderte	35%
Verhaltensgestörte	75%

Hier werden Kinder, deren Lernfortschritte leidensbedingt verzögert sind, zu Legasthenikern gestempelt.

Die ganze Willkür der „operationalen" Legastheniedefinition offenbart eine Feststellung von Angermaier [4]: „... denn es hat ja keinen Sinn, diese Grenzwerte so festzulegen, daß man mehr Legastheniker erhält, als im Rahmen der Schule zu fördern sind. Die Schulpolitiker und letztlich die demokratische Öffentlichkeit müssen sich fragen, wieviel Prozent Legastheniker gefördert werden sollen, und danach muß sich die Feststellung der Legasthenie mit Hilfe von Tests richten."

In der Praxis hielten sich Lehrer und Therapeuten sicher nicht immer an das von vielen abgelehnte operationale Schema und nahmen auch Kinder in ihre Kurse auf, die diesem Schema nicht entsprachen.

1.4. Die Anti-Legasthenie-Bewegung

Nur aus der Verunsicherung und den Absurditäten, die sich aus der beschriebenen diagnostischen Praxis in Schulen und Beratungsstellen ergaben, ist die „Anti-Legasthenie-Bewegung" zu verstehen, die in vielen Punkten als berechtigte Kritik gelten muß. Die Argumente der Hauptvertreter, Sirch [216] und Schlee [200], lassen sich in drei Punkten zusammenfassen:

(1) Die Auswahl der Kinder, die zu Legasthenikern deklariert werden, sei völlig willkürlich, und zwar nicht nur, was die jeweils „gewählten" Prozentränge betrifft, die naturgemäß mehr oder weniger Legastheniker liefern, sondern auch im Hinblick auf die Testsysteme, die der Begutachter wählt. Jedes Testsystem liefert nicht nur verschiedene „Mengen" von Legasthenikern, sondern auch jeweils andere Schüler, die als solche etikettiert werden.

(2) Die Diskrepanztheorie sei wissenschaftlich nicht fundiert, da es zwischen Leistung und Intelligenz immer Diskrepanzen gäbe (die Korrelation zwischen Schulnoten und IQ beträgt nur 0,4–0,5) und eine Minderleistung in der Rechtschreibung bei einem IQ 90 zu erwarten sei.

(3) Wichtiger, als eine imaginäre Krankheit in das Kind zu projizieren, sei es, sich mit den Lernbedingungen zu beschäftigen, die die Schuld an den zahlreichen Versagern trügen.

Die Kritik in (1) ist berechtigt, auch weitgehend die in (2), zumindest was die niedrigsten Diskrepanzwerte in der Rechtschreibung betrifft. (In Bezug auf das Lesen, das im operationalen Diagnosechema praktisch ausgeklammert blieb, hat die Diskrepanztheorie jedoch ihre volle Berechtigung.) Punkt (3) ist im Hinblick auf die Lehrerbildung und die Schulpraxis in den bundesdeutschen Schulen zumindest verständlich, denn wenn man erfährt, daß

(a) viele deutsche Grundschullehrer in der Methode des Lese- und Rechtschreibunterrichts nicht ausgebildet sind, aber trotzdem Elementarklassen übernehmen,

(b) die deutschen Grundschulen nach der operationalen Definition bis zu 30% „Legastheniker" produzieren,

(c) die meisten dieser Kinder den unteren Sozialschichten angehören, somit auf häusliche Hilfe verzichten müssen,

kann man nur den Schluß ziehen, daß der Unterricht schlecht ist und es an der Zeit wäre, Abhilfe zu schaffen. Sirch und Schlee („der noch nie ein legasthenisches Kind gesehen hat", Müller-Küppers bei seinem Vortrag am 4. Legasthenie-Kongreß 1980 in Koblenz) aber gehen zu weit. Aus Schlee [199]: „. . .Der Legastheniebegriff kann sich weder durch die Nützlichkeit für die Forschung noch durch die Nützlichkeit für die Theoriebildung noch durch die Nützlichkeit für die Praxis legitimieren. Der Legastheniebegriff ist weder wissenschaftslogisch noch begriffstheoretisch haltbar. Es gibt keine Anhaltspunkte dafür, wie sich Legasthenie als eigenständiges Persönlichkeitsmerkmal bzw. als Konstrukt etablieren ließe. Legasthenie ist eine überflüssige Leerformel . . . Das Legastheniekonzept ist nicht nur überflüssig, sondern auch pädagogisch gefährlich, da es den Schülern, die an den Unzulänglichkeiten und Widersprüchen der schulischen Lehr- und Lernverhältnisse scheitern, eine krankheitsähnliche Lernstörung zuschreibt. Es ist daher ersatzlos zu streichen. Konsequenterweise ist auch die Legasthenieforschung unverzüglich einzustellen."

Sirch [216] versteigt sich sogar zu der Behauptung, Lesen und Schreiben seien Fertigkeiten des Menschen, die nichts mit seiner biologischen Existenz zu tun hätten. Die ätiologische Betrachtung der Funktionsstörungen und einer möglichen hirnorganischen Verursachung verlege die Ursachen ins Kind, mache die Legasthenie zu einer Krankheit. Eine solche Betrachtungsweise diene als Alibi für den Lehrer, unterstütze eine fatalistische Haltung, gebe den Eltern eine billige Erklärung in die Hand. Die Forschung sei zu sehr kindkonzentriert, vernachlässige das Umfeld.

Dazu muß bemerkt werden, daß in den USA und in Holland schon in den sechziger und siebziger Jahren Ergebnisse experimenteller Untersuchungen zur hirnphysiologischen Struktur legasthenischer Kinder erschienen waren. Sie fanden jedoch im deutschsprachigen Raum keine Beachtung.

Zu den Ausführungen von Schlee und Sirch meint Klasen [114]: „So verstreut und unvollkommen die Legasthenieforschung bisher gewesen sein mag, so widersprüchlich ihre Ergebnisse – eines ist für den Praktiker klar: die Legasthenie läßt sich nicht wegdiskutieren. Wenn es heute Autoren gibt, die meinen, die Legasthenieforschung sei wegen erheblicher Wissenslücken unverzüglich einzustellen, so enthebt uns das nicht der Tatsache, daß es überall Kinder gibt, die trotz intakter

Sinne, gesundem Familienmilieu, normaler oder sogar hoher Allgemeinbegabung, trotz regelmäßigem Schulbesuch und normalem Leistungswillen außerordentliche Schwierigkeiten im Erlernen der Lese- und Schreibtechniken zeigen. Um diese Kinder muß es bei der Legasthenieforschung gehen. Sie brauchen gezielte Maßnahmen, um ihre Begabungen voll entfalten zu können, nicht viel anders als etwa bewegungs- oder sehgestörte Kinder, die besonderer pädagogischer, medizinischer, psychologischer, apparativer und methodischer Hilfen bedürfen, um ihre noch vorhandenen Potentiale voll ausschöpfen zu können."

Damit spielt Klasen auf die verheerenden Konsequenzen an, die die Kritik von Sirch und Schlee am Legasthenickonzept ausgelöst hat. Sie fand bei den Schulpolitikern, die offenbar Hilfen für Legastheniker nur unwillig finanzieren, offene Ohren. In vielen Bundesländern wurden die Vergünstigungen für Legastheniker gestrichen, Kurse gibt es erst vom vierten Schuljahr an, wenn die Störung meist schon ein nicht mehr therapierbares Ausmaß erreicht hat.

In seinem Vorwort zum Programm des Legasthenie-Kongresses 1980 in Koblenz sagt Atzesberger: „Der Kongreß des Bundesverbandes Legasthenie e. V. findet zu einem Zeitpunkt statt, in dem die modernen Thesen zur Legasthenie in den Rahmen-Bestimmungen der KMK und in den neuen Erlassen von bisher zwei Bundesländern schulpolitische Konsequenzen gezeitigt haben: Der Begriff ‚Legasthenie' taucht in diesen Bestimmungen nicht mehr auf. Man spricht nur noch allgemein ‚von besonderen Schwierigkeiten des Lesens und Schreibens'. Die Wahl dieses Ausdrucks läßt erkennen, daß differentialdiagnostische Unterscheidungen und entsprechende, differenzierte Hilfen nicht mehr für nötig erachtet werden. Die Vorstellungen, die diesen Erlassen zugrunde liegen, laufen darauf hinaus, daß durch zusätzliches Üben während der ersten vier Schuljahre jedes Lese-Rechtschreibversagen ungeachtet seiner Verursachung abgebaut werden kann." Er zitiert eine Schulärztin, selbst Mutter eines betroffenen Kindes: „Legasthenie ist für jeden Betroffenen – und für seine Familie – eine schlimme Wirklichkeit. Ich fände es verhängnisvoll, wenn sogenannte ‚Fachleute' und Politiker, die ihnen glauben, ‚Legasthenie gibt es nicht', sich verbünden würden, um die mühsam erreichten Hilfen für Legastheniker wieder abzuschaffen ..."

Weinschenk [238 a] zitiert folgenden Ausspruch des Regierungsdirektors I. Doro vom Niedersächsischen Kultusministerium: „Wir wissen heute, daß Legasthenie lediglich ein Konstrukt ist, das bedeutet, daß Legasthenie ausschließlich durch theoretische Vorannahmen definiert wird und nicht unabhängig von der Definition existiert."

Damit war alles, was bis dahin an Fördermöglichkeiten für Legastheniker in den Grund- und Sonderschulen der Bundesrepublik aufgebaut worden war, zunichtegemacht. Es ist tief bedauerlich, daß sich Regierungsstellen, die für das Schicksal von Kindern verantwortlich sind, von Personen beeinflussen ließen, die – wie Valtin, Sirch oder Schlee von den Hochschulen kommend – das Problem der Legasthenie rein theoretisch „hinterfragt" hatten, ohne jemals legasthenische Kinder in größerer Zahl als Lehrer, Schulpsychologen oder Therapeuten kennengelernt zu haben. Hier wurden schwerwiegende Entscheidungen getroffen ohne Rücksicht auf die Erfahrungen der Praktiker und auf die Bedürfnisse der Kinder.

Mit „innerer Differenzierung und intensiver Zuwendung im Klassenverband" kann man eine Legasthenie nicht heilen.

Da alle differenzierenden Kriterien ausgeschieden sind, gilt z. Z. *jedes Kind mit Lese-Rechtschreibeschwächen als Legastheniker*, ob diese nun milieubedingt, unterrichtsbedingt, intelligenzbedingt oder in der besonderen Struktur der Verarbeitungs- und Speicherfunktionen begründet sind.

Mit der Ablehnung der Ergebnisse früherer Forschungen – insbesondere einer Diagnose der Legasthenie auf Grund typischer Fehler – mit der Zurückweisung aller kausaltheoretischen Erörterungen und mit der begründeten Ablehnung des „operationalen Diagnoseschemas" – wobei all dem nichts entgegengestellt werden kann, was für die Praxis brauchbar wäre – ist die Legasthenieforschung in eine Krise geraten. Man versucht gegenwärtig, die gesamte Verantwortung auf die Inkompetenz der Lehrer, auf die Unbrauchbarkeit der Lesemethoden und auf Milieuschäden abzuwälzen und übersieht dabei, daß alle diese Erklärungsversuche aus dem Umfeld des Kindes die Tatsache einer Lese-Rechtschreib-Behinderung bei sonst guten Lernvoraussetzungen nicht aus der Welt schaffen können.

1.5. Der Ruf nach einer linguistisch orientierten Legasthenieforschung

Die Kritik am Lese- und Rechtschreibunterricht führt folgerichtig zur Forderung nach einer besseren Erfassung des Lesevorgangs und der Lernprozesse, die diesem zugrunde liegen. Dabei sollen linguistische Gesichtspunkte berücksichtigt werden. Die Bemühungen erstrecken sich gegenwärtig auf zwei Bereiche:

(1) *Grundlagenforschung:* Untersuchungen des Lesenlernens unter psycholinguistischer und kommunikationstheoretischer Betrachtungsweise; Zusammenhänge zwischen Lesenlernen und Affektivität, Motivation und Leseinteresse.

(2) *Praxisorientierte Unterrichtsforschung:* Untersuchungen der Auswirkungen verschiedener Lehrmethoden auf den Leselernprozeß, der Abhängigkeit des Leselernerfolgs vom Schultyp, der Bedeutung der Illustration für den Lesererfolg innerhalb verschiedener Lernphasen etc.

Es wurde bereits eine Reihe von Modellen zur Prävention und zur Therapie von Lese- und Rechtschreibschwächen entwickelt. Diese Methoden sind es vor allem, die milieugeschädigte Kinder brauchen und die das Erscheinungsbild des unterrichtsgeschädigten Schülers verschwinden lassen sollen. Es ist jedoch nicht anzunehmen, daß auf diese Art die Entstehung einer „klassischen Legasthenie" verhindert oder eine solche therapiert werden kann, denn der „echte" Legastheniker bedarf einer schwerpunktmäßigen Behandlung seiner Fehler.

2. Theorien zur Ätiologie der Legasthenie

Die Theoriebildung zur Ätiologie der Legasthenie ist mit der Geschichte der Legasthenieforschung eng verbunden. Die Theorien stehen in Wechselbeziehung zu den im vorigen Kapitel beschriebenen Stadien der Legasthenieforschung. Morgan und Hinchelwood glaubten an einen „Defekt des Lesezentrums", Ranschburg setzte Leseversagen mit Debilität gleich. Erst in der empirisch-kasuistischen Phase der fünfziger und sechziger Jahre kam es zu Theorienbildungen über die Entstehung des Phänomens.

2.1. Monistische Theorien

Jeweils *eines* der Phänomene, die wir heute dem Syndrom der „klassischen Legasthenie" zuordnen, wurde als alleinige Ursache gesehen. Für Walter [236] und Weinschenk [237] war es die *Gliederungsschwäche,* Grissemann [78] führte die Fehlleistungen der Legastheniker auf Deutungsschwäche zurück, Fehler, die sich in Deutungsnot einstellen und als deren Ursache wiederum eine *ungenügende Gestaltdurchgliederung zu sehen sei.* Schubenz und Buchwald [208] und auch Kemmler [108] hielten *mangelhaftes Wortbildgedächtnis* (Speicherschwäche) für das Kernproblem. Die ostdeutschen Legasthenieforscher, in erster Linie Kossakowski [120] und Becker [16], sahen die Ursachen der Legasthenie in der Unfähigkeit zur *differenzierten akustischen Wahrnehmung,* wodurch die sprechmotorischen Leistungen unzulänglich blieben. Bladergroen [34], von der eine der ersten Publikationen zur Legasthenie stammt, sprach von *Lautnuancentaubheit. Raumlagelabilität* wurde von vielen Autoren, so von Linder [135], Kirchhoff [112], Straub [221] und von der Verfasserin [196] als ein wichtiges Verursachungsmoment angenommen, und noch in letzter Zeit hat Dieter Betz [25] die Meinung geäußert, daß die einzige Ursache der Legasthenie im Frühstadium eine Differenzierungsschwäche hinsichtlich der Raumlage der Buchstaben sei. Die frühkindliche Raumlageindifferenz, wie sie auch Piaget an vielen Beispielen beschrieben hat, sei bei legasthenischen Schulanfängern noch nicht überwunden. Alle übrigen Schwierigkeiten ergäben sich aus den Reaktionen der Umwelt, aus dem Gefühl des Versagens und der Hilflosigkeit gegenüber diesem Phänomen.

2.2. Mehrfaktorielle Theorien

Den Schulpsychologen, die bei den Einzeluntersuchungen sehr genaue Anamnesen erhoben, fielen jedoch verschiedene „assoziierte" Phänomene auf: Häufige Erwähnung von Ereignissen, die frühe Hirnschäden hervorrufen können, verspätete Sprachentwicklung, Abweichungen von der Rechtsdominanz bei den Kindern oder nahen Familienangehörigen, feinmotorische Schwierigkeiten. Da aber keine dieser Beobachtungen auf alle Fälle zutraf, wurden auch exogene Faktoren verantwortlich gemacht und den endogenen als mögliche Ursachen gleichgesetzt. Bleidick [35] z. B. ordnete den endogenen Faktoren Linkshändigkeit, Dysphasie, Begabungsmangel und Unreife die exogenen Faktoren Umweltschäden und methodische Fehler beim Leseunterricht zu. Er weist den exogenen Faktoren die gleiche auslösende Wirkung für die Entstehung einer Legasthenie zu wie den endogenen. Biglmaier [31] stellt einen Katalog möglicher verursachender Faktoren zusammen, in dem er *endogene Faktoren* im somatisch-physiologischen, im geistig-intellektuellen und im emotionalen Bereich und *exogene Faktoren* (Elternhaus, Schul- und Freundeskreis, Lesestoff) gleichwertig nebeneinandergereiht.

H. u. R. Meyer [151] haben ein Modell zusammengestellt, in dem sie Umwelt- und Konstitutionsmängel gleich bewerten (Tabelle 1).

Tabelle 1

Erscheinungsformen: Phänomenologisch Ebene der Symptomatik	Lese- und Rechtschreibversagen (Primärsymptomatik)	Verhaltensstörungen (Sekundärsymptomatik)
Funktionsschwächen: Zweite ätiologische Ebene der sekundären Ursachen	Auditive und visuelle Wahrnehmungsschwächen sprechmotorische und sprachliche Mängel Raumlagelabilität Speicherschwäche Konzentrationsschwierigkeit Motivationsstörungen	
Umwelt- und Konstitutionsmängel: Erste ätiologische Ebene der primären Ursachen	Exogene Ursachen: Umweltschäden (anregungsloses Milieu, chronische Konfliktbelastung, Erziehungsfehler, methodische Fehler) Endogene Ursachen: Organische Störungen (Seh-, Hör-, Hirnstörungen), Erbfaktoren, Linksdominanz	

2.3. Theorien der zentralen Bedingtheit

Die Theorie von Orton

Die erste Theorie der zentralen Bedingtheit stammt von dem Amerikaner Orton [167]. Er sah die Ursache der Legasthenie in einer abnormen *Gehirnstruktur,* wobei die Abweichung von der Norm darin bestehe, daß keine der beiden Hemisphären dominant wurde. Mit dieser neurologischen Hypothese versuchte er eine Erklärung der beiden Phänomene, die ihn am stärksten beeindruckten: (1) die Tendenz leseschwacher Kinder, Buchstaben und Buchstabenreihen beim

Lesen und Schreiben umzustellen und (2) das häufige Vorkommen einer von der reinen Rechtsdominanz abweichenden Lateralisation (Linkshändigkeit, Beidhändigkeit, fehlende Übereinstimmung von Auge und Handbevorzugung). Er nahm an, daß die Aktivitäten der beiden Hemisphären zu Kollisionen führten und die richtungsgerechte Wahrnehmung beeinträchtigen.

So einleuchtend seine Theorie für das im Frühstadium des Lesenlernens zu beobachtende Phänomen der Umstellung von Buchstaben und Buchstabenfolgen auch sein mag, so wenig erklärt sie die bei vielen Legasthenikern gleichzeitig auftretenden sprachlichen Schwierigkeiten. Es gab vorerst keine Möglichkeit, die Theorie von Orton nachzuprüfen.

2.3.1. Experimentelle Möglichkeiten zur Feststellung der Hemisphärenspezialisierung

Erst seit den sechziger Jahren läßt sich die *Dominanz der Gehirnhälften*, deren *Spezialisierungen* und deren *Beziehungen zur Lateralität* experimentell feststellen und zwar mit Hilfe von zwei Verfahren:

(1) *Das Dychotic Listening Verfahren (DLV).* Verschiedenes verbales Material (Zahlen und einsilbige Wörter) oder nichtverbales Material (z. B. Tonfolgen) wird gleichzeitig in beide Ohren eingespielt. Daran, ob mehr von dem links oder mehr von dem rechts eingespielten Material reproduziert wird, erkennt man die „Vorherrschaft" der einen oder anderen Hemisphäre bei der Bewältigung des jeweiligen Materials. Jede Hemisphäre ist durch die Leistungen *des ihr entgegengesetzten Wahrnehmungsfeldes* repräsentiert, die linke durch die Wahrnehmungsleistung des rechten Ohres, die rechte durch die des linken Ohres.

(2) *Tachistoskopische (kurzzeitige) Darbietung sprachlicher oder visueller Reize in voneinander getrennten Gesichtsfeldern.* Auch hier repräsentiert die Leistung des linken Gesichtsfeldes den Grad der Spezialisierung in der rechten Hemisphäre, die Leistung des rechten Gesichtsfeldes den Grad der Spezialisierung der linken Hemisphäre.

2.3.2. Die Korrektur des Dominanzbegriffes

Mit diesen Methoden gelang nicht nur eine Korrektur der Theorie von Orton, sondern auch die *Überwindung des globalen Begriffs der Hemisphärendominanz.* Dieser Begriff implizierte die generelle Überlegenheit einer Gehirnhälfte über die andere für *alle* zentralgesteuerten Funktionen. Mit Hilfe der neuen experimentellen Methoden erkannte man die *Spezialisierungen* der beiden Hemisphären, die *Arbeitsteilung zwischen den Hemisphären.* „Der Ausprägungsgrad dieser funktionalen Hemisphärenasymmetrien wechselt dabei von Funktion zu Funktion, so daß der Begriff der Spezialisierung einer Hirnhälfte nur bei gleichzeitiger Nennung der angesprochenen Funktion sinnvoll erscheint – also z. B. ‚Dominanz' für räumliche Wahrnehmung, für Wahrnehmung von Worten oder Melodien" [Deegener, 45].

Im deutschen Sprachraum sind Gutezeit und seine Mitarbeiter seit 1974 [83, 90 a] sowie Deegener [45 a, b] die einzigen, die sich der erwähnten Methoden bei der Erforschung des Leselernvorganges bedienen. Auf Grund dieser Untersuchungen können wir heute mit Sicherheit annehmen, *daß das Erscheinungsbild der klassischen Legasthenie dadurch zustandekommt, daß die für das Erlernen des Lesens und Rechtschreibens nötige Interaktion der Hemisphären nicht zur richtigen Zeit und im richtigen Ausmaß gegeben ist.*

Die Arten der Hemisphärenspezialisierung und die möglichen Ursachen mangelhaften Funktionierens der für das Erlernen der schriftsprachlichen Kommunikation nötigen „Arbeitsteilung" der Hemisphären werden in den Kapiteln 3, 4 und 5 diskutiert.

2.4. Die Milieutheorie

Während sich die amerikanische Forschung und auch eine niederländische Gruppe um Bakker [13, 14, 15] bereits seit den sechziger Jahren intensiv und erfolgreich mit den *organischen Ursachen* des Leseversagens normal begabter, sozioökonomisch nicht benachteiligter und auch lernmäßig nicht vernachlässigter Kinder beschäftigt, wurden in der Bundesrepublik diese Ergebnisse ignoriert und alle Vermutungen derartiger Zusammenhänge zurückgewiesen: Der Versuch, die Ursachen der Legasthenie als „eine Art Krankheit" in das Kind zu verlegen, sei ein Alibiverhalten. Das Umfeld des Kindes, sein Milieu in Elternhaus und Schule, sei *allein* schuld. Dies werde jedoch zur Erklärung der Legasthenie nicht in Betracht gezogen.

Valtin [229] verglich Leistungen und Umweltbedingungen von 100 Legasthenikern, die alle nur den Prozentrang von 5* und weniger im DRT 2, 3 und einen IQ von mindestens 95 im BT 2, 3 erreicht hatten, mit einer entsprechenden Kontrollgruppe von Nichtlegasthenikern. Sie fand bei dieser auf Grund der *schlechtesten Rechtschreibleistungen* ausgewählten Gruppe alle Merkmale der Unterschicht, nämlich schlechte Wohnverhältnisse, hohe Geschwisterzahlen, niedriges Bildungsniveau, geringes Leseinteresse und frühere Lernschwierigkeiten der Eltern sowie mangelhafte Sprachentwicklung der Kinder. Daraus schloß sie, daß es sich bei der Legasthenie in den meisten Fällen ausschließlich um eine *Milieuschädigung* handelt, hervorgerufen durch das mangelhafte sprachliche Vorbild der Eltern und die geringen Lernanreize, die wiederum zu Störungen der kindlichen Leistungsmotivation führen.

Die extreme Milieutheorie von Valtin hat den Widerspruch vor allem der Praktiker hervorgerufen, die in den Klassen und im schulpsychologischen Dienst zahlreichen Kindern begegnen, die beträchtliche Schwierigkeiten haben, aber keineswegs der sozialen Unterschicht angehören.

Gegen die Milieutheorie muß eingewendet werden, daß schlechte Schüler, wie auch Kemmler [108] und Höhn [103 a] zeigten, in der sozialen Unterschicht

---

* Ein Prozentrang von 5 bedeutet, daß 95% der Altersgruppe bessere Leistungen erbringen und nur 4% noch schlechtere. DRT 2,3 = Deutscher Rechtschreibtest von R. Müller für das zweite und dritte Schuljahr. BT 2,3 = Bildertest von Emnett für das zweite und dritte Schuljahr, deutsche Bearbeitung von Ingenkamp.

überrepräsentiert sind und das Überwiegen der Unterschichtsmerkmale bei der von Valtin untersuchten Gruppe ein Ergebnis des Ausleseverfahrens ist. Bei den schlechtesten Schülern spielen sicher Faktoren der kulturellen Deprivation eine größere Rolle als dispositionelle Faktoren. Kobi [117 a] bemerkt zu diesem Problem: „Daß ein niedriger sozio-ökonomischer Status für das schulische Fortkommen eines Kindes nicht ohne Belang ist, wird heute kaum mehr ernsthaft in Frage gestellt. Unterschiedliche Ergebnisse und Auffassungen liegen hingegen vor bezüglich der Frage, ob sich ein niedriger Sozialstatus LRS-spezifisch und als Primär-Ursache auswirken kann, oder eher nur unspezifisch, indirekt, im Sinne eines erschwerenden Umstandes. Die These, wonach niedriger sozio-ökonomischer Status sich überzufällig häufig verbindet mit sprachlicher Dürftigkeit (speziell was die Hochsprache anbetrifft), aber auch mit gedämpfter Schulmotivation, Kenntnis- und Wissensmängeln, mangelhafter Beübtheit, wird gestützt durch zahlreiche anglo-amerikanische und deutschsprachige Untersuchungen. Trotzdem dürfen derartige Erfahrungen nicht zum Gesetz erhoben und als unausweichliches Schicksal für den Einzelnen betrachtet werden. Es ist zu beachten, daß die Einteilungskriterien für die jeweilige Sozialschicht unterschiedlich gehandhabt werden und man sich z. T. an vereinzelten, äußerlichen Merkmalen (Beruf des Vaters) orientiert. Ferner ist zu beachten, daß auch *cerebrale Dysfunktionen* erscheinungsbildlich sehr ähnliche Leistungsprofile ergeben können. Es darf auch nicht unterschlagen werden, daß z. T. sogar extreme Fälle von LRS ohne jeglichen organischen Befund in den ‚besten', schulisch hochmotivierten Familien mit gehobenem Sprachniveau auftreten können."

Die klassische Legasthenieforschung hatte den Umfeldbedingungen genügend Beachtung geschenkt, allerdings nicht als verursachende, sondern als erschwerende Faktoren. Linder [136] hat sich ausführlich mit der sekundären Symptomatik beschäftigt. Die Verfasserin hat schon 1968 [196] die akzidentellen Faktoren im exogenen Bereich ausführlich diskutiert und in der Kasuistik dargestellt.

2.5. Die Theorie vom inadäquaten Unterricht

In den Anfängen der Legasthenieforschung wurde die Ganzheitsmethode von manchen Fachleuten, vor allem aber von vielen Eltern als Ursache der Legasthenie angesehen. Heute werden Lese- und Rechtschreibschwierigkeiten dem Lehrer angelastet. Im Hinblick auf die totale Verwirrung, die gegenwärtig in bezug auf Ätiologie, Definition und Diagnostik der Legasthenie herrscht, ist es nicht verwunderlich, daß man einen Sündenbock sucht und findet, um so mehr, als die Ausbildung der Grundschullehrer an den *Pädagogischen Hochschulen* der Bundesrepublik unverständliche Mängel aufweist. Ich zitiere Gertrud Heuss [100]: „Die gegenwärtige Lehrerbildung läßt es zu, daß ein Großteil der späteren Grundschullehrer ohne entsprechende Qualifikation für den ersten Leseunterricht eingesetzt wird. Das soll am Beispiel Bayern stellvertretend für andere Bundesländer verdeutlicht werden: Je nachdem, ob der Studierende das Fach Grundschuldidaktik als Pflicht- oder Wahldidaktik wählt, belegt er während seines Studiums gegenwärtig in Bayern 7 bzw. 16 Semesterwochenstunden in diesem Fach, um sich dadurch seine Qualifikation in allen grundschulrelevanten Lehrprozessen zu erwerben. Selbst 16 Wochenstunden sind aber zu wenig, um sich in Spezialprobleme vertiefen zu können. Der Studiengang der gegenwärtigen bayerischen Lehrerbildung läßt es außerdem zu, die Grundschuldidaktik ganz abzuwählen. So haben beispielsweise durchschnittlich 19% der Prüflinge in den Jahren 1970 bis 1975 Grundschuldidaktik als Wahldidaktik belegt, d. h. im Durchschnitt haben 81% aller Studierenden entweder keine oder nur 7 Semesterwochenstunden für das Studium dieses Faches verwendet. Trotzdem ist es möglich und in der Praxis durchaus keine Seltenheit, daß auch diese Lehrer in der Grundschule voll eingesetzt werden und damit den ersten Leseunterricht verantworten."

Die Vertreter der Anti-Legasthenie-Bewegung werfen der konventionellen Legasthenieforschung vor, sie sei zu kindzentriert gewesen. Sie habe die Ursachen der Legasthenie ausschließlich in Schwächen der kindlichen Lernfähigkeit gesucht und dabei das schulische Umfeld, die emotionalen Faktoren und Motive des Lesenlernens vernachlässigt. Auch sei bisher verabsäumt worden, die Bedingungen des Lesens zu erforschen. Die Legasthenieforschung solle sich auf die Struktur und Dynamik des Leselernprozesses konzentrieren. Die Tendenz, die Legasthenie als eine Art Krankheit in den Patienten hineinzuverlegen, lenke nur die Aufmerksamkeit von den Defiziten der Lernsituation ab.

3. Die Spezialisierung der Hemisphären und der Leseprozeß

Wie bereits erwähnt, führten die neuen Ergebnisse der Zerebralforschung zur Überwindung des globalen Begriffs der Hemisphärendominanz und lassen die Spezialisierungen der Hemisphären und ihre Bedeutung für das Leistungsverhalten erkennen. Dabei soll in Erinnerung gebracht werden, daß die Nervenbahnen kreuzweise angeordnet sind. Das bedeutet: Die Leistung des linken Ohres (Linksohreffekt)* widerspiegelt die Funktion der rechten Hemisphäre, die des rechten Ohres (Rechtsohreffekt) die der linken Hemisphäre. Bei tachistoskopischer Darbietung eines Reizes entspricht die Leistung im rechten Gesichtsfeld der Funktion der linken Hemisphäre und die Leistung im linken Gesichtsfeld der Funktion der rechten Hemisphäre.

3.1. Die Spezialisierung der Hemisphären

Faßt man die neueren Ergebnisse der Hirnforschung zusammen, so sind folgende Spezialisierungen der Hemisphären festzustellen:

In der *linken Hemisphäre* sind die *sprachlichen, lautanalytischen* und *auf der Sprache basierenden kognitiven Prozesse lokalisiert*, ebenso Prozesse, die der *Wahrnehmung zeitlicher Aufeinanderfolgen* dienen.

In der *rechten Gehirnhälfte* werden *räumliche* und *ganzheitliche, gestalthafte visuelle Informationen* verarbeitet. Die *rechte Hemisphäre* „bewältigt" das *Tiefensehen*, sie ist besser geeignet zum *Erkennen von Gesichtern, bildhaften Darstellungen, sinnlosen Gestalten* (das sind auch die Buchstaben vorerst für den Elementarschüler), von *optischen Ähnlichkeiten.* Gestaltanalysen sind nicht möglich.

Die *linke Hemisphäre* leistet mehr im Bereich der *Begriffsbildung,* des *kategorialen Denkens,* aber auch der *phonologischen* Analyse, des *teilinhaltlichen Erfassens überhaupt* und des *Erfassens von Verlaufsmustern* (ein solches ist auch die Aufeinanderfolge der Laute und der ihnen zugeordneten Schriftzeichen im Wort). Auch die *Feinmotorik* wird von der linken Hemisphäre gesteuert.

Luria [145] unterscheidet zwei basale Formen der integrativen Fähigkeiten des Kortex:

(1) die *simultane* (räumlich, gestaltauffassend, ganzheitlich)

(2) die *sukzessive* (Aufeinanderfolgen analysierend, hierarchisch gruppierend, ableitend).

Die erste ist normalerweise der rechten Hemisphäre zugeordnet, die letztere der linken.

---

* In der englischen Literatur LEE (left ear effect) und REE (right ear effect); diese Abkürzungen werden auch in den deutschen Untersuchungen verwendet.

Am „Ganzwortlesen" ist primär die rechte Hemisphäre, am „synthetischen Leseakt" die linke Gehirnhälfte wesentlich beteiligt. Levy [133] meint, daß ein Analphabet, der nach einer Schädigung der linken Hemisphäre lesen lernen wollte, dies nur mit Hilfe der eingeschränkten Möglichkeiten der Ganzwortmethode tun könne.

Auch bei der viel seltener angewendeten tachistoskopischen Methode findet man bessere Leistungen im *rechten* als im linken Sehfeld, wenn eine *sprachliche Verarbeitung* der Reize notwendig ist, etwa die Benennung von Figuren oder die sprachliche Formulierung von optischen Vergleichen – entsprechend der Sprachspezialisierung in der linken Hemisphäre.

Bessere Leistungen werden dagegen im *linken Gesichtsfeld* registriert, wenn es sich um eine nichtsprachliche Verarbeitung von Reizen handelt – entsprechend der Spezialisierung der *rechten Hemisphäre* auf die Verarbeitung *visueller Reizkonfigurationen.*

Für die Untersuchung der Hemisphärenspezialisierung im Leseprozeß eignen sich besonders die beiden Schriften, die von allen Japanern gelernt werden müssen. Die eine, „Kanji" genannt, entspricht genau den komplizierten Logogrammen der Chinesen. Diese werden jedoch mit anderen Lautkomplexen assoziiert, so daß Chinesen und Japaner zwar einem Text in „Kanji" den gleichen Inhalt entnehmen, ihn jedoch anders aussprechen. Die andere Schrift, „Kana" genannt, ist dagegen eine Silbenschrift, bei der jedes Zeichen (ähnlich unseren stenographischen Kürzeln) einer phonetischen Konsonant-Vokal-Silbe entspricht. Die Entsprechung ist ganz konsequent. Während das Kanji keine Endungen und Beugungen, sondern nur Wortbilder kennt, besteht das Kana aus 69 Silbenzeichen. Es wird von den Kindern zuerst gelernt und soll am Ende des ersten Schuljahres beherrscht werden. Erst dann beginnt man mit Kanji. Kanji ist visuelles Lesen (Ganzwortlesen), Kana phonetisches Lesen, ähnlich dem alphabetischen System. Sasanuma [180 a] berichtet von Experimenten japanischer Psychologen: Werden einzelne Kanji-Zeichen tachistoskopisch dem linken Gesichtsfeld dargeboten, so ist die verbale Zuordnung genauer, als wenn dies im rechten Gesichtsfeld geschieht. Die Zuordnung verläuft offenbar auf dem Weg: Logogramm (visuell) – Sachvorstellung (visuell) – Lautkomplex (sprachlich). Zeigt man dagegen einzelne Kana-Zeichen, so ist die Benennung genauer, wenn diese im rechten Gesichtsfeld aufscheinen. Die Zuordnung verläuft hier: Zeichen (visuell) – Lautkomplex (sprachlich). Besonders deutlich zeigt sich der Vorteil der linken Hemisphäre, wenn Wörter, die aus mehreren Kana-Zeichen bestehen, angeboten werden. Die Dechiffrierung gelingt bei rechtsseitiger Darbietung bedeutend besser als bei linksseitiger. Hier spielt das sprachkombinatorische Element die entscheidende Rolle.

Witelson [239] berichtet, daß schwere Legastheniker die chinesischen Logogramme (das Kanji) erlernen, das Lesen des Englischen jedoch nicht.

Das normale Funktionieren aller kognitiven Prozesse, besonders aber auch des Lesens, beruht auf einer *Interaktion der beiden Hemisphären*, die sich in einem dynamischen Gleichgewicht befinden.

3.2. Die Entwicklung der Lokalisation des Sprachzentrums

Die Spezialisierung der Hemisphären vollzieht sich im Laufe der Kindheit und scheint mit dem Beginn der Pubertät abgeschlossen zu sein. Im Vorschulalter ist die Sprache meistens noch diffus und offenbar zweiseitig repräsentiert. Die Entwicklung soll im Folgenden am Erlernen des Lesens demonstriert werden. Vorausgeschickt muß werden, daß beim Erlernen des Lesens sowohl visuelle als auch sprachliche Informationen verarbeitet werden müssen und in den ersten Stadien des Leseprozesses der Faktor der optischen Differenzierung (Gestaltwahrnehmung der Buchstaben und Buchstabenfolgen) sehr wichtig ist.

Die Untersuchungen von Bakker, Teunissen und Bosch [15 a] wurden an *guten Lesern* durchgeführt. Sie zeigen, daß gute Lesefähigkeit bei Knaben und Mädchen des zweiten Schuljahres einhergeht mit mittleren Rechts- und Linksohreffekten, was bedeutet, daß beide Gehirnhälften etwa im gleichen Ausmaß an der Lösung der Aufgabe, lesen zu lernen, beteiligt sind, wobei geringfügige Vorteile des einen oder anderen Ohres keine Rolle spielen. Auch Gutezeit [90 a] konnte bei Kindern des ersten und zweiten Schuljahres feststellen, daß *gute Leser* häufiger unter Kindern mit *mittlerem und leichtem REE* zu finden waren als bei Kindern mit extremen REE und mit LEE.

Am Beginn des Lesenlernens liegt der Akzent stärker auf der visuell räumlichen Reizverarbeitung. Ein extrem ausgebildeter REE kann ebenso eine Interaktionsstörung der innerhemisphärischen Aktivität hervorrufen wie ein LEE. Die Theorie von Orton, daß Lesestörungen durch Störungen der Hemisphärendominanz bewirkt werden, korrigierte Gutezeit insofern, als er nachweisen konnte, daß es primär auf die *Interaktion der Hemisphären ankommt, wobei extreme Ausprägungen der Dominanz die Interaktion stören können*, mittlere Ausprägungen sie hingegen erleichtern.

Bakker et al. [15 a] beweisen mit ihren Experimenten, daß sich von der dritten Klasse an Geschlechtsunterschiede beobachten lassen. Während Knaben noch eine ähnliche Struktur zeigen wie im ersten und zweiten Schuljahr, *durchlaufen Mädchen den Spezialisierungsprozeß der linken Hemisphäre rascher*. Sie zeigen bereits im dritten Schuljahr das Lokalisationsmuster mit starker Spezialisierung der linken Gehirnhälfte für sprachliche Funktionen, das man bei Knaben erst im fünften und sechsten Schuljahr findet. *Buben lesen in der dritten Klasse noch mit beiden Hemisphären, Mädchen schon überwiegend mit der linken*. Daher auch der meist raschere Fortschritt der Mädchen im Leseunterricht und ihre frühere Anpassung an das Lesemuster des Erwachsenen. Vollkommene Leseleistungen auf dem Erwachsenenniveau sind nur mit REE möglich.

Starke einseitige Spezialisierung einer Gehirnhälfte, die sich in Leistungsunterschieden der beiden Hemisphären äußert, *kann, aber muß* kein Hindernis beim Erlernen des Lesens im ersten und zweiten Schuljahr sein. Bei guten Lesern dieser Schulstufen, bei denen eine deutliche Linksohrbevorzugung bestand, konzentrierte sich – wie es dieser Altersstufe entspricht – der Leseprozeß noch stark auf die Wahrnehmung. Sie lasen langsam, aber machten wenig Fehler. Kinder mit starkem REE, bei denen sich eine frühzeitige Lokalisierung der Sprache in der linken Hemisphäre vollzogen hatte – jeder Lehrer kennt diese Sprachbegabten, die schon im Vorschulalter eine souveräne Beherrschung der Syntax zeigen – neigen dazu, schnell und ähnlich wie Erwachsene zu lesen, aber mit dem Risiko vieler Wahrnehmungsfehler.

3.3. Die Theorie von Witelson

Eine sehr einleuchtende Theorie von Witelson [239, 239a] beruht auf zwei Beobachtungen, die sich nach einer genauen Funktionsprüfung bei Legasthenikern ergeben:

(1) Sehr gute Wahrnehmungsleistungen. Wie viele Untersuchungen zeigen [Schenk-Danzinger, 194], übertreffen Legastheniker bei allen Arten visueller Informationsverarbeitung mit Ausnahme der Lageorientierung die Nichtlegastheniker.

(2) Mangelhafte sprachliche, sequentielle und analytische Informationsverarbeitung; schwache feinmotorische Leistungen.

Diese Kinder zeigen oft nach verspätetem Sprachbeginn ein dysphasisches Syndrom* und haben besondere Schwierigkeiten, ein Phonem aus dem Ganzen des Klangbildes zu isolieren, ebenso bei der Zuordnung der Phoneme zu den Normallauten und der Phoneme zu den Graphemen – was zu Dekodierungsschwierigkeiten im Frühstadium des Lesens führt. Schwer fällt ihnen auch die Anordnung der Grapheme in ihrer zeitlichen Abfolge, wodurch vor allem die Rechtschreibung durch Buchstabenumstellung und -auslassungen behindert wird. Die Schrift der Legastheniker – auch der Rechtshändigen – gibt meist Anlaß zur Klage und erschwert die Erfassung der Schriftbilder: Die Feinmotorik läßt zu wünschen übrig.

Auf Grund dieser Beobachtungen entwickelt Witelson die Hypothese von der *beidseitigen Repräsentanz der „rechten Hemisphäre“* (d. h. beidseitige Spezialisie-

---

* Langsames Anwachsen des Wortschatzes, der dürftig bleibt;

geringe Wortbereitschaft;

mit Dialekt als Umgangssprache erschwerte Anpassung an die Schulsprache;

im süddeutschen Raum stark verzögerter Erwerb der starken Mitvergangenheitsformen, die lange in Analogie zu den schwachen Zeitwörtern gebildet werden (schreibte, liegte, etc.);

sehr schlechtes Sprachgedächtnis – bei geeichten Testaufgaben zeigen sich bei der Reproduktion von sinnvollen Sätzen und von gebundenen Texten Rückstände von einigen Jahren;

Schwierigkeiten beim Nachsprechen mehrsilbiger Wörter (Detektiv – Deketiv, Akkumulator – Amukulator, etc.);

Schwierigkeiten beim richtigen Gebrauch der Zeiten – oft werden im gleichen Satz Gegenwarts- und Vergangenheitsformen verwendet; im Verlauf einer Erzählung wechseln die Zeiten; Plusquamperfekt und Futur 2 sowie die Möglichkeitsformen werden nicht bewältigt;

Unfähigkeit, abhängige Nebensätze zu bilden (vom zwölften Lebensjahr an ist der normale Schüler dazu in der Lage). Durch die ausschließliche Verwendung einfacher Sätze bleibt der Stil der schriftlichen Aussagen primitiv;

in schweren Fällen fehlender Sinn für die Einheit des Satzes; das Kind weiß nicht, wann ein Satz beginnt und wann er aufhört.

rung auf den räumlich-visuellen Verarbeitungsmodus) bei gleichzeitiger abgeschwächter Funktionsfähigkeit der linken Hemisphäre. Die Hypothese wurde an 85 rechtshändigen männlichen Legasthenikern im Alter von 6 bis 11 Jahren und einer entsprechenden Kontrollgruppe von 156 Kindern ohne Leseschwierigkeiten überprüft. Zur Anwendung kamen zwei Aufgaben zur Prüfung der rechtshemisphärischen Spezialisation (Formenvergleich sinnloser Gestalten durch Tasten mit beiden Händen und Vergleich menschlicher Gestalten mittels tachistoskopischer Darbietung im rechten und linken Gesichtsfeld) und zwei Aufgaben zur linkshemisphärischen Spezialisation der Sprache (Einspielen von Wörtern nach dem DLV und beidhändiges Betasten und Benennen von Buchstabenformen).

Beim Formenvergleich durch Tasten zeigten sich bei Legasthenikern keine Unterschiede in den Leistungen der rechten und linken Hand, während die Kontrollgruppe bessere linkshändige Ergebnisse hatte. Daraus läßt sich bei Legasthenikern auf ein *beidseitiges Funktionieren* der das *räumliche Erfassen* steuernden Instanzen schließen und bei der Kontrollgruppe auf eine stärkere *einseitige Beteiligung* der rechten Hemisphäre. Auch bei der visuellen Aufgabe des Gestaltvergleichs zeigten sich bei den Legasthenikern keine Unterschiede im rechten und linken Feld, während die Kontrollgruppe bessere Leistungen bei den im linken Feld gebotenen Reizen zeigte.

Was die sprachlichen Aufgaben betraf, ergab das DLV bei beiden Gruppen eine Rechtsohr-Überlegenheit. Das Sprachzentrum lag also auch bei den Legasthenikern im linken Feld, ihre Leistungen waren jedoch deutlich schlechter als die der Kontrollgruppe, was auf ein mangelhaftes Funktionieren der linken Hemisphäre schließen läßt.

Für die Lösung der letzten beiden Aufgaben mußten sprachliche und visuelle Leistungen erbracht werden. Die Kontrollgruppe konnte etwas mehr rechtshändig ertastete Buchstaben benennen, die Legastheniker dagegen signifikant mehr linkshändig ertastete. Die beiden Gruppen verwendeten offenbar verschiedene Lösungsstrategien. Die beschränkte Leistungsfähigkeit der linken Hemisphäre zwingt wohl den Legastheniker, seine überlegene rechte Hemisphäre einzusetzen.

Die beidseitige Repräsentanz einer Funktion, die normalerweise einseitig gelagert ist, bedeutet nicht deren Minderung, im Gegenteil. Sie kann aber mit einer *Minderung jener Funktion* einhergehen, die sie auf der ihr nicht „zukommenden" Seite *überlagert.* Witelson meint, daß dies bei Legasthenikern der Fall sei und führt als Beweis die besseren Leistungen von Legasthenikern im Handlungsteil des HAWIK gegenüber dem Verbalteil an (durchschnittlicher IQ HT:VT = 107:97). Legastheniker neigten dazu, auch im Leseprozeß ganzheitlich-visuelle Strategien einzusetzen. Wenn phonetisch-analytisch-sequentielle Strategien erforderlich seien, versagten sie oder hätten große Schwierigkeiten.

Diese Theorie ist einleuchtend, denn beim Lesenlernen nach der Ganzwortmethode bestehen erfahrungsgemäß vorerst keine Probleme. Diese zeigen sich erst, wenn die Analyse einsetzt und das Kind mit seiner ganzheitlichen Strategie nicht mehr zurechtkommt. Oft wird die Störung erst sehr spät erkannt, am Ende des zweiten Schuljahres, wenn sie längst hätte behandelt werden sollen.

So interessant Witelsons Theorie ist, so ist sie doch nicht auf alle Typen der klassischen Legasthenie anwendbar. Wir wissen, daß es zahlreiche Legastheniker ohne jede dysphasische Komponente, ja mit völlig ungestörter und oft überdurchschnittlich guter Sprachentwicklung gibt. Klasen [113] fand in 22,3% ihrer Fälle einen deutlich höheren IQ im Verbalteil des HAWIK, nur in 18,9% einen signifikant höheren IQ im Handlungsteil, in 48,6% Subtestschwankungen und nur in 10,2% keine signifikanten Differenzen. Klasen vergleicht die typischen Minderleistungen von Legasthenikern im HAWIK mit den Subtestprofilen von klinisch nachweisbar Hirngeschädigten und sieht sich in ihrer wiederholt ausgesprochenen Vermutung bestärkt, daß Legasthenie entweder eine funktionelle Entwicklungsstörung der kortikalen Region oder die Folge einer minimalen Hirnschädigung ist. Sie empfiehlt der Frage nachzugehen, ob nicht Legastheniker mit signifikant niedrigeren Verbal-IQ Schäden der linken Hemisphäre, Legastheniker mit signifikant höherem Handlungs-IQ Schäden der rechten Hemisphäre und Kinder mit Untertestschwankungen diffuse Schäden zeigten.

Diese Frage läßt sich heute so beantworten: Es gibt nicht nur eine beidseitige Repräsentanz der visuellen Wahrnehmung bei gleichzeitiger Beeinträchtigung der Funktionstüchtigkeit der linken Hemisphäre. Es gibt auch, wie wir den Werten von Satz [181] entnehmen können, eine *bilaterale Sprachdominanz* und zwar bei 5% der Rechtshänder, bei 17% der Linkshänder und bei 13% der Beidhänder. *In solchen Fällen kann es sehr wohl zu einer mangelhaften Repräsentanz der in der rechten Hemisphäre lokalisierten visuell-räumlichen Wahrnehmung kommen,* was besonders am Anfang des Lesenlernens und des Rechtschreibens zu den gleichen Interaktionsstörungen führen muß wie bei den von Witelson beschriebenen Konstellationen. Jedenfalls können wir, wie unsere Kasuistik zeigen wird, im Frühstadium des Leseprozesses keine wesentlichen Unterschiede in der Symptomatik sprachlich beeinträchtigter und sprachlich kompetenter Legastheniker finden.

4. Die Symptome der klassischen Legasthenie aus der Sicht der neueren Hirnforschung

4.1. Die sogenannten optischen Wahrnehmungsfehler

Die Verwechslungen von d-b, b-p, g-d, p-q wurden bisher immer als *optische Wahrnehmungsfehler* bezeichnet und als infantile Symptome klassifiziert, da Versuche mit gestaltgleichen, aber richtungsverschiedenen Figuren gezeigt haben, daß Vorschulkinder sich indifferent gegenüber Richtungsunterschieden verhalten und Gestaltgleiches stets als „gleich" bezeichnen, unabhängig vom Gerichtetsein der Gestalten.

4.1.1. Die frühkindliche Wahrnehmung

Zu *Beginn des Lesenlernens* stehen die Verwechslungen von gestaltgleichen aber richtungsverschiedenen Buchstaben, zu denen auch t und f, j und l, W und M gehören können, tatsächlich mit der frühkindlichen Wahrnehmungsentwicklung in Zusammenhang, und zwar mit einer der wichtigsten Anpassungsleistungen, die der junge Mensch zu leisten hat, um sich in der Objektwelt zu orientieren: mit der *Konstanz der Wahrnehmung*.

Dem Kind gelingt es schon im zweiten Lebensjahr, einen Gegenstand oder eine Person zu identifizieren, unabhängig von der Entfernung, der Farbe, der Stellung und vom Lichteinfall. Das Kind erkennt eine bekannte Person von vorne, aber auch von hinten, nach rechts oder nach links gewendet. Es weiß, daß eine Tasse eine Tasse ist, ob nun die Öffnung nach oben oder unten zeigt, ob der Henkel nach rechts oder links gerichtet ist. Es erkennt eine Blume, ob sie sich nach rechts oder nach links neigt, und es weiß, daß es die gleiche Pfanne ist, in der die Mutter die Milch kocht, egal, ob der Stiel nach rechts oder nach links gewendet ist. Diese Raumlageindifferenz geht im zweiten und oft noch im dritten Lebensjahr so weit, daß das Kind ein Bilderbuch verkehrt herum halten kann, ohne es zu bemerken, weil es die Gestalten dennoch erkennt. Eine Korrektur vollzieht sich vorerst aus der Erfahrung mit der vertikalen Lage vertrauter Gestalten. Das Kind lernt, daß Menschen, Bäume, Häuser etc. „aufrecht stehen", und der 3-Jährige merkt in der Regel schon, wenn man ihm ein Bild dieser Art verkehrt in die Hand gegeben hat. Er dreht es um. Drehungen in der Horizontalen werden dagegen nicht beachtet (Abb. 37, S. 149).

Bei *sinnlosen Gestalten*, die für die Umweltorientierung des Vorschulkindes keine Rolle spielen, werden weder horizontale noch vertikale Drehungen als „Unterschiede" erkannt. Buchstaben aber sind für Vorschulkinder sinnlose Gestalten.

Edtfeld [59] hat die Entwicklung des Lagebewußtseins vom Vorschulkind zum Schulkind untersucht. Aus 90 Figurenpaaren, die teils kongruent, teils gestaltgleich aber richtungsverschieden, teils von unterschiedlicher Gestalt waren, sollten die Kinder die *kongruenten Paare* finden und durchstreichen (Abb. 1).

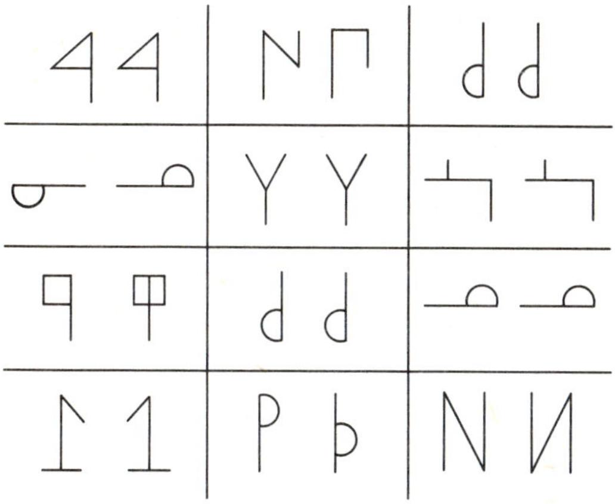

Abb. 1. Beispiel aus dem Lesereifetest von Edtfeldt

Die verschieden gestalteten Paare (etwa das erste Paar in der zweiten Reihe von unten oder das mittlere Paar in der obersten Reihe) konnten schon die 4-Jährigen eindeutig als „nicht gleich" identifizieren. Die gestaltgleichen, aber verschieden gelagerten Paare wurden von 4-Jährigen jedoch noch überwiegend als „gleich" betrachtet.

Die Fehlerzahl bei dieser Aufgabe nahm von einem Durchschnitt von 45 bei den 3- bis 4-Jährigen langsam ab bis zu einem Durchschnitt von zehn Fehlern bei 6-Jährigen. Fehlerlose Lösungen fanden sich erst bei 8-Jährigen.

Zu ähnlichen Ergebnissen kam auch Neubauer [160] bei einer Studie über die Raumlage-Sicherheit 5- bis 8-Jähriger. Die Kinder mußten eine bestimmte Figur unter anderen, ähnlichen Figuren wiedererkennen (Gestalt wiedererkennen, Abb. 2a), eine bestimmte Figur unter gestaltgleichen, aber nach rechts, links, oben oder unten gekippten Figuren wiederfinden (Lage wiedererkennen, Abb. 2b), eine Figur, die sich in der Ecke eines Quadrates befand, unter gestaltgleichen Figuren wiederfinden, die sich in der gleichen oder in anderen Ecken eines Quadrates befanden (Ort wiederfinden, Abb. 2c).

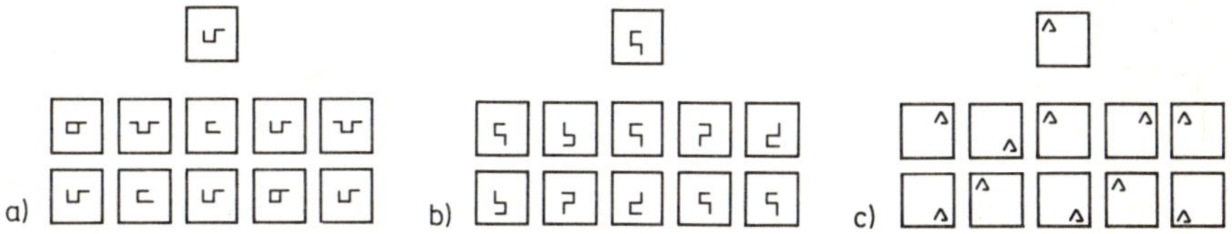

Abb. 2a–c. Beispiele aus der Studie über Raumlage-Sicherheit von Neubauer

Es zeigte sich, daß schon die 5-Jährigen keine Schwierigkeiten hatten, die Gestalten wiederzuerkennen. Ortsveränderungen bereiteten die größten Probleme. Bei *Lageveränderungen war die Fehlerzahl bei 5-Jährigen noch groß, sie sank jedoch rasch ab, am stärksten zwischen fünf und sechs Jahren.* Drehungen in der Horizontalen waren für alle Kinder schwieriger zu bewältigen als Veränderungen in der Vertikalen.

Der Vergleich zwischen 8-jährigen Normalschülern und einer entsprechenden Gruppe von Legasthenikern zeigte, daß Letztere beim Wiedererkennen von Formen sogar bessere Leistungen erbrachten als die Normalschüler, bei *Lage- und Ortsveränderungen jedoch doppelt so viele Fehler machten als diese.*

Wir sehen: Bei Legasthenikern handelte es sich am Anfang des Leseprozesses bei der Verwechslung gestaltgleicher Buchstaben tatsächlich um ein „Nachhängen" der Wahrnehmungsentwicklung im Sinne eines verlängerten *Festhaltens am Prinzip der Gestaltkonstanz.*

Übrigens: „Verkehrtes Schreiben" und auch die später legasthenietypischen Buchstabenverwechslungen beim Lesen kommen am *Beginn des Lesen- und Schreibenlernens* auch gelegentlich bei Kindern vor (besonders bei Linkshändern), die später keine Legastheniker werden. Erst ein Perseverieren der Reversionsfehler über das erste Schuljahr hinaus deutet mit Sicherheit auf eine Legasthenie.

4.1.2. Die intermodale* Zuordnung gelingt nicht

Nun kommt das Entscheidende: Auch das legasthenische Kind lernt, daß Buchstaben, die nach rechts gewendet sind, etwas anderes bedeuten können als solche, die nach links gewendet sind. Das Problem wird nun die *Zuordnung zur Bedeutung,* das heißt, *die intermodale Assoziation des optischen Zeichens mit seinem verbalakustischen Korrelat.*

Ein Versuch soll dies illustrieren: Man macht oft die Beobachtung, daß Kinder, die beim Lesen stark reversieren, keinerlei Schwierigkeiten haben, die Funktionsübungen von Kowarik („Kannst du das auch? Funktionstraining für die Vorschule und die erste Schulstufe") durchzuführen, wo es z. B. darum geht, nach rechts fahrende Eisenbahnwagen rot und nach links fahrende blau anzumalen. Bei dieser *unimodalen** Aufgabe,* Optisches mit Optischem zu assoziieren, bestehen keine Schwierigkeiten.

Dabei kam ich auf den Gedanken, bei den Funktionsübungen Optisches mit Sprachlichem assoziieren zu lassen. In mehreren Zeilen mit gleich aussehenden Hunden, von denen in unregelmäßiger Reihenfolge immer einige nach rechts, einige nach links gewendet waren, sollte das Kind, ein 7-jähriger Legastheniker, die nach rechts gerichteten Hunde „Foxi" und die nach links gerichteten „Hexi" benennen. Das gelang nicht. Das Kind konnte die Richtungen nicht mit den

---

* Intermodal: Zusammenwirken von verschiedenen Wahrnehmungsarten (modi), beim Lesen vor allem optische Wahrnehmung und Sprachakustik.

** Unimodal: Nur ein Sinnesgebiet betreffend.

Namen assoziieren. Es irrte sich ständig und kam schließlich auf folgende Idee: „Könnten wir die *l*inken nicht *L*uxi und die *r*echten *R*exi nennen? Das merke ich mir leichter." Danach löste das Kind die Aufgabe ohne Fehler.

Auch bei Verwechslungen der gestaltgleichen, aber richtungsverschiedenen Buchstaben geht es um die *Zuordnung der jeweiligen Lage zum sprachlichen Korrelat.* Es ist dies kein reines Wahrnehmungsproblem. Es ist eine Störung der intermodalen Assoziation. Wir wissen aus den DL-Versuchen, daß bei vielen Legasthenikern die Spezialisierung der Hemisphären von der der Nichtlegastheniker abweicht, was eben diese *intermodalen Assoziationen* erschwert.

Bestätigung findet diese Deutung des Fehlverhaltens in den Versuchen von Libermann u. a. [134]. Sie und ihre Mitarbeiter ließen sämtliche Kinder einer örtlichen zweiten Grundschulklasse

(1) eine Liste von 60 einsilbigen Wörtern lesen, unterzogen sie

(2) einem Lesetest und präsentierten ihnen

(3) tachistoskopisch in 20 verschiedenen Gruppierungen nacheinander die Buchstaben b, d, p, g, e, die sie jeweils den gleichen Buchstaben auf einem Antwortblatt zuordnen mußten.

Die 18 schlechtesten Leser wurden ausgesondert und deren Leistungen besonders untersucht:

– Die schlechtesten Leser hatten die meisten Reversionsfehler, aber sie machten *viel mehr derartige Fehler* in den *Wortlisten* als bei der *Einzelpräsentation* der *Buchstaben*. Das bedeutet, daß die Schwierigkeiten nicht beim visuellen Vergleich der Buchstabenformen auftraten, sondern bei der *intermodalen Transformation vom Visuellen ins Sprachliche:* Die Reversionsfehler haben – wie die Verfasser es ausdrücken – *optische sowie sprachliche Determinanten.*

– Die Reversionsfehler machten nur einen Teil aller Fehler aus, und zwar 15,5%.

– Bei Wiederholung des Wortlesetests zeigte sich die schon immer beobachtete Raumlage-Labilität. Der Korrelationskoffizient für die Reversionsfehler in beiden Tests betrug nur 0,5. Die Fehler werden als eine nicht sehr stabile Fehlerkategorie beschrieben, d. h., die *Zuordnungsleistung kann erbracht werden, die Zuordnung ist jedoch extrem unsicher.*

– Die Reversionen, obwohl nicht die häufigsten Fehler, sind *typisch für die schlechtesten Leser dieser Schulstufe.*

4.1.3. Wie sich Kinder zu helfen versuchen

Beim Lesen kommt es um so häufiger zu Reversionen oder Umstellungen, je naiver das Kind liest, d. h., je weniger es noch daran denkt, daß jedes gelesene Wort auch einen Sinn haben muß. Bei einsetzendem Sinn- und Fehlerbewußtsein treten dann die Zuordnungsschwierigkeiten stärker ins Bewußtsein. Das Kind betrachtet die Form genauer. Aber nun kommt das Problem der *Koordination des Richtungsmerkmales mit der Benennung:* „Ist das mit dem ‚Bauch' zum Fenster ein d oder ein b?"

Vom neunten Lebensjahr an kann man beobachten, wie manches Kind im

Bewußtsein der Fehlerquelle ein Wort nach dem Prinzip von Versuch und Irrtum liest, indem es alle Möglichkeiten ausprobiert und sich für die entscheidet, die einen Sinn ergibt. Das Wort „bald" soll gelesen werden. Das Kind liest leise vor sich hin: „dald" – Kopfschütteln; „dalb" – Kopfschütteln; „balb" – Kopfschütteln; „blad" – das heißt schon was, ist aber doch nicht gemeint; „bald" – jetzt hab ich's!

Manche Legastheniker lesen jedes Wort zuerst leise und überprüfen es auf einen Sinn, bevor sie es laut aussprechen. Andere setzen auf das „vorwegnehmende Sinnverständnis" und erfinden auf Grund weniger Anhaltspunkte oder auch nur Vermutungen einen Text, der sich als weit entfernt vom richtigen erweist. Aus eben diesem Grund hat es wenig Sinn, Legastheniker zum stillen Lesen zu ermutigen. Sie müssen laut und unter Kontrolle lesen, sonst lesen sie irgendetwas.

Wenn Kinder eineinhalb Jahre lang in der Druckschrift schreiben, wie das z. B. in Wien praktiziert wird, kommen zuerst ebenfalls „naive", vom Kind nicht zur Kenntnis genommene Reversionen vor. Später, wenn sich der Legastheniker seiner Fehler bewußt geworden ist, gibt es verschiedene Versuche, die Unsicherheit zu überwinden. Einer besteht darin, den Großbuchstaben, den man sicher kennt, statt des Kleinbuchstabens zu verwenden, z. B. SchtauBseuger, Bürstet, Der (Abb. 25, S. 123). Ein anderer Ausweg ist die Kugel mit dem Strich in der Mitte oder mit Strichen auf beiden Seiten (Abb. 25, S. 123). Während also die Unsicherheit hinsichtlich d und b dem Legastheniker meist allmählich bewußt wird, bemerkt er weder Inversionen noch Umstellungen der Buchstabenfolgen und liest seine so geschriebenen Texte richtig, ohne die Fehler zu bemerken.

4.2. Die sogenannten akustischen Wahrnehmungsfehler

4.2.1. Die Entwicklung der Lautisolierung

Die Verwechslungen von Umlauten, Zwielauten, harten und weichen Konsonanten in der Rechtschreibung wurden von der klassischen Legasthenieforschung als akustische Wahrnehmungsfehler im Sinne einer Unfähigkeit zur akustischen Differenzierung interpretiert. Eine solche liegt sicher bei Kindern vor, die zu Beginn des Leselernprozesses noch nicht „lesereif" sind, sei es infolge eines allgemeinen Entwicklungsrückstandes oder einer späteren Legasthenie. So konnte Schmalohr [204] experimentell nachweisen, daß die Fähigkeit zu sprachlichen Diskriminierungsleistungen verschiedener Art, besonders aber zur *Lautisolierung* (Aufgaben VII und VIII in Tabelle 2), bei Kindern, die vom Unterricht befreit wurden, unvergleichlich schlechter entwickelt war als bei anderen 6-Jährigen. Unter den ersteren sind aber sicher die Legastheniker.

Man sieht, daß bei Kindern zwischen vier und sieben Jahren in allen Aufgaben eine deutliche Entwicklung zu erkennen ist. Schon eine kleine Minderheit von 4-Jährigen ist zur akustischen Durchgliederung fähig. Die 6-Jährigen, die in der Schule verbleiben, sind es offenbar fast zu hundert Prozent (wenn man von den Aufgaben IV, V, VI absieht). Die Schulversager aber (wir wissen aus Erfahrung, daß Leseversagen der Hauptgrund für Rückstellung ist) zeigen *Entwicklungsrückstände im Bereich aller sprachlichen Diskriminierungsleistungen*. Sie haben demge-

Tabelle 2. Prozentanteil der Kinder mit positiver Bewertung in den Aufgabenreihen von Schmalohr

Aufgaben		Durchschnittsalter 4;7	5;5	6;5 Kindergarten- und Schulkinder	6;7 zurückgestellte Kinder
I	Von zwei verschiedenen langen Wörtern das längere Erkennen, z. B. Tisch – Streichholzschachtel	53	82	95	71
II	Zwei Satzlängen vergleichen	42	82	96	60
III	Die Zahl der Wörter in einem Satz angeben	28	76	98	54
IV	Zusammengesetzte Wörter zerlegen, z. B. Kindergarten	15	56	77	20
V	An zwei zusammengesetzten Wörtern das gleiche Wort herausfinden, z. B. Türschloß – Haustür	6	31	48	0
VI	Reime bilden, z. B. Hand – Sand – Land	18	60	77	26
VII	Heraushören der Stellung der Vokale a und e aus Wörtern, z. B. Lampe – a zuerst, e später	18	60	99	34
VIII	Heraushören und Angeben der Anfangs- und Endlaute von Wörtern, z. B. aus Abend a und d	17	69	98	40

mäß im Anfangsstadium auch Schwierigkeiten, die Normallaute, die sie erlernt haben, beim Lesen in Individuallaute (Phoneme) umzuwandeln und zu sinnvollen Wörtern zu verbinden. Beim Schreiben nach Diktat gelingt es ihnen umgekehrt nicht, aus dem Klangbild des Wortes die Phoneme zu isolieren, mit den Normallauten zu assoziieren und diese wieder mit den Schriftzeichen.

4.2.2. Die intermodale Zuordnung

Diese Schwierigkeiten klingen bei Legasthenikern sehr allmählich ab. Dazu kommt – gleichzeitig oder später – *beim Schreiben* das Problem der *intermodalen Zuordnung bei Klangähnlichkeiten.* Die Kinder hören schon, daß ö anders klingt als ü und eu anders als au, k anders als g, b anders als p, d anders als t. Aber welches

Zeichen gehört zu welchem Laut? Hatten wir beim *Lesen* die Schwierigkeiten mit der intermodalen Koordination des *visuellen Reizes* (rechte Hemisphäre) *zum sprachlichen Korrelat* (linke Hemisphäre), so haben wir beim *Schreiben* die Schwierigkeit mit der intermodalen Koordination des *sprachlichen Reizes* (linke Hemisphäre) *und seinem visuellen Korrelat* (rechte Hemisphäre).

Ganz deutlich brachte ein 9-Jähriger sein Dilemma zum Ausdruck. Dem intelligenten Kind, das in der Legastheniebehandlung sehr auf „das Heraushören" der harten und weichen Konsonanten dressiert worden war, wurde das Wort „Dach" diktiert. Der Knabe zögerte. Lehrer: „Sprich das Wort schön vor." Kind: „Dach – D – D-Dach." Lehrer: „Was hörst Du?" Kind: „Ein weiches D." Lehrer: „Also dann schreib!" Der Knabe spricht das Wort richtig mit betont weichem D und schreibt „Tach". Lehrer: „Du sagst D und schreibst T?" Kind: „Ach Gott, ich kann mir nicht merken, welcher zum D und welcher zum T gehört!"

Auf das Zuordnungsproblem als Phänomen wurde auch schon in der „klassischen" Legasthenieforschung hingewiesen [Schenk-Danzinger, 196, S. 123, 129]. Auf Grund amerikanischer und holländischer Forschungsergebnisse erscheint uns dieses Phänomen jedoch heute erklärbar als ein *Versagen der zerebral gesteuerten intermodalen Interaktionsprozesse zwischen visuellen und sprachlichen Funktionen.* Da sowohl die „visuellen" als auch die „akustischen" Fehler auf dieselbe Insuffizienz der Koordinationsleistung zurückzuführen sind, ist es nicht erstaunlich, daß beide Fehlerarten im *Frühstadium nebeneinander* zu finden sind. *Sie sind zwei Seiten desselben Problems.* Die Zuordnung der gestaltgleichen, verschieden gerichteten Zeichen zu ihren Bezeichnungen scheint jedoch für den Legastheniker leichter erlernbar zu sein als die Zuordnung ähnlicher Laute zu ihren Zeichen. Unter den ähnlichen Lauten wieder scheinen die Umlaute und Zwielaute weniger „ähnlich" zu sein als die harten und weichen Konsonanten. So ergibt sich die auf S. 104 beschriebene Reihenfolge des Fehlerabbaus, in der Reversionen beim Lesen (und beim Schreiben der Druckschrift sowie Verwechslungen der Umlaute und Zwielaute beim Schreiben etwa gleichzeitig, meist nach dem zweiten Schuljahr, allmählich abklingen, während die Zuordnungsschwierigkeiten bei harten und weichen Konsonanten andauern.

Im Hinblick auf die Parallelität der Prozesse bei scheinbar visuellen und scheinbar akustischen Fehlern kann man auf die Begriffe „visuelle" und „akustische" Legasthenie verzichten.

4.3. Buchstabenumstellungen und -auslassungen

4.3.1. Reihungsschwierigkeiten

Alle sprachlichen Signale werden uns in Reihenfolgen mit Zeitdimension dargeboten. Jedes Wort ist eine in der Zeit ablaufende Folge von Phonemen, jeder Satz eine zeitliche Abfolge von Wörtern. Beim Lesen wird eine räumlich geordnete Konfiguration in eine zeitlich geordnete, akustische verwandelt. Im Anfangsstadium des Lesens nach dem phonetischen Prinzip vollzieht das Kind mehr oder weniger mühsam die Umwandlung einer genau festgelegten, von links nach rechts verlaufenden Ordnung optischer Zeichen in eine zeitlich verlaufende entsprechende Ordnung akustischer Zeichen. Beim Schreiben ist es umgekehrt.

Alle Praktiker, die sich mit legasthenischen Kindern beschäftigen, kennen deren Schwierigkeiten, wenn sie beim Schreiben eines Wortes das *Nacheinander der gehörten Phoneme* in ein *Nebeneinander der entsprechenden Lautzeichen* umsetzen sollen. Die Fehler, die daraus resultieren, sind einerseits *Umstellungen der Buchstabenfolgen* (Trum statt Turm), andererseits *Buchstabenauslassungen*. Von den meisten Autoren wurde die erste Fehlerart als die Folge visueller, die letztere als die Folge akustischer Differenzierungsschwäche aufgefaßt. Nach den Ergebnissen amerikanischer und holländischer Forschungen müssen wir jedoch diese Fehlerarten mit anderen Beobachtungen in Zusammenhang bringen.

Immer wieder wurde in der Literatur [Lobrot, 141; Schenk-Danzinger, 196; Kowarik, 122] auf die *Reihungsschwierigkeiten* der Legastheniker hingewiesen. Nicht nur haben sie Mühe, Reihen als solche zu erlernen (Alphabet, Einmaleins-Reihen, etc.), viel schwieriger ist es für sie, die *Stellung eines Gliedes in einer Reihe zu definieren* (etwa den „rechten‘ und „linken“ Nachbarn einer Zahl, den einem Buchstaben im Alphabet vorangehenden oder nachfolgenden Buchstaben, die Assoziation eines Monatsnamens mit der ihm zugehörigen Ordnungszahl Mai = 5. Monat, die Position eines Mal-Sätzchens in der betreffenden Einmaleins-Reihe). In der Regel muß das Alphabet, die Einmaleins-Reihe, die Reihe der Monatsnamen, die Zahlenreihe von Anfang an aufgesagt werden, um zu der entsprechenden Lösung zu gelangen. Rücklaufende Reihen, etwa das Zählen von 20 zurück, das Aufsagen der Monatsnamen von Dezember bis Januar etc. bereitet oft unüberwindliche Schwierigkeiten.

Alle erwähnten Phänomene haben eine gemeinsame Ursache: die Störung in der *Wahrnehmung zeitlicher Abfolgen* (WZA; im Englischen: Temporal Order Perception, TOP).

4.3.2. Untersuchungen zur WZA

Trotz der vielfachen Beobachtungen solcher *Reihungsschwierigkeiten* gibt es im deutschen Sprachraum keine wissenschaftlichen Untersuchungen dazu. Die erste stammt aus Amerika.

Birch und Belmont [33] hatten bei ihrer Untersuchung die Reihungsschwierigkeiten noch gar nicht im Auge. Sie vermuteten ganz richtig, daß unterdurchschnittliche Leistungen im Erlernen des Lesens auf eine primäre Unfähigkeit zurückzuführen seien, *akustische und visuelle Reize zu integrieren,* aber sie untersuchten dieses Phänomen mit Aufgaben, die eigentlich die Fähigkeit zur WZA prüfen. Die Kinder sollten einem rhythmischen, auditiven Reiz in Form eines Klopfmusters (etwa. . . .) ein entsprechendes Punktmuster zuordnen, wobei die Versuchspersonen die Wahl zwischen drei Konfigurationen hatten (. . . . <u>. . . .</u> . . . . .). Die richtige war zu unterstreichen. Es handelte sich somit um die Aufgabe, einen *zeitlich verlaufenden auditiven Reiz mit einem räumlich verlaufenden visuellen Reiz* in Beziehung zu setzen. Die VPn waren 150 Knaben im Alter von 9;4 bis 10;4 mit stark herabgesetzten Leseleistungen (unter dem 10%-Niveau bei drei

Lesetests) und eine Kontrollgruppe von 50 normalen Lesern desselben Alters. Die guten Leser konnten die Aufgaben sehr viel besser lösen als die schlechten. Von den ersteren machten 40% einen oder keinen Fehler, von den letzteren nur 14%. Auch innerhalb der beiden Gruppen zeigten die besseren Leser bessere Leistungen als die schlechteren.

Da die beiden Gruppen starke Unterschiede im IQ zu Ungunsten der Leseschwachen aufwiesen, wurden aus beiden Gruppen die Schüler mit IQ 100 herausgenommen und deren Leistungen im A-V-Test (Auditiv-Visual) verglichen. Auch hier blieb der Unterschied bestehen, d. h. bei gleichem IQ machten die Leseschwachen mehr Fehler als die normalen Leser. Die Autoren vermuteten, daß eine *primäre Störung in der Fähigkeit, Reize aus dem auditiven und visuellen Bereich zu integrieren, das Risiko der Lesestörung impliziert.* Daß diese Annahme richtig ist, haben inzwischen vor allem die Untersuchungen mit Hilfe des DLV gezeigt. Bei den Versuchen von Birch und Belmont ist aber vor allem der erste Nachweis des *Zusammenhangs zwischen der Lesefähigkeit und der Fähigkeit zum Erfassen und Übertragen serialer Ordnungen* bedeutsam.

Eine spätere amerikanische Untersuchung von Corkin [42] beschäftigt sich schon ausdrücklich mit Reihungsschwierigkeiten bei schlechten Lesern. Es waren 24 Schüler zwischen 6;5 und 11;9 mit beträchtlichen Leseschwierigkeiten, die Kontrollgruppe bestand aus 24 guten Lesern. Beide Gruppen entsprachen sich in Alter und Intelligenz. Es wurden *vier visuelle Aufgaben gestellt:*

(1) Fünf nebeneinander aufgestellte Würfel wurden vom Versuchsleiter in einer bestimmten Reihenfolge berührt (z. B. 1,2,4,3,5), das Kind mußte die Reihenfolge der Berührungen wiederholen.

(2) Der VL ging in der gleichen Weise vor (die Reihenfolge wurde natürlich variiert), aber es wurde eine Pause von sechs Sekunden eingeschoben, bevor das Kind die Würfel in der vorgegebenen Reihenfolge berühren mußte. Während dieser Pause waren die Würfel abgedeckt.

(3) Einer der Würfel wurde nicht berührt, dafür ein anderer zweimal (z. B. 1,2,4,2,3).

(4) Bei einem vierten Versuch hatte die Reaktion der Kinder wieder nach einer Pause zu erfolgen.

Es zeigt sich, daß beim ersten und beim dritten Versuch keine Leistungsunterschiede zwischen guten und schlechten Lesern zu erkennen waren. Dieser stellte sich erst bei der *Zeitverschiebung* ein, d. h. bei den Aufgaben (2) und (4). Hier waren die Leistungen der schwachen Leser signifikant schlechter, was auf ein *mangelhaftes Kurzzeitgedächtnis* der Legastheniker schließen läßt.

Die *akustischen Aufgaben* bestanden in der Wiederholung von Zahlenreihen, und zwar wurden Reihen ohne Zahlenwiederholung im Umfang von 3–9 Zahlen und Reihen mit einer Zahlenwiederholung (z. B. 7-2-8-5-8-1) vorgesprochen. Bewertet wurden sowohl vollständig wiedergegebene Reihen als auch – da die längeren Reihen kaum bewältigt wurden – die Anzahl der Zahlenpaare, die in richtiger Abfolge gebracht wurde.

Bei allen Kindern wurde eine Zunahme der Gedächtnisspanne mit dem Alter beobachtet. *Die Leistungen der schwachen Leser lagen jedoch signifikant unter denen der guten,* sowohl bei der Wiederholung ganzer Reihen als auch bei der Zahl der reproduzierten Paare. Die Zahlenwiederholungen in den Reihen hatten hier keine Bedeutung.

Die Kinder wurden auch auf ihre Augen- und Handdominanz geprüft. Von den schwachen Lesern zeigten 21% Abweichungen von der Rechtsdominanz, von den guten Lesern nur 8%.

Ich beschreibe diese Untersuchung deshalb so ausführlich, weil ihr Resultat bei Aufgaben, die mit dem Lesen an sich nichts zu tun haben, neben der Reihungsschwierigkeit die offenbar *generelle Speicherschwäche* für sprachliche Informationen aufzeigt. Sie scheint eine der Ursachen der *serialen* Defizite zu sein.

Die wichtigsten Untersuchungen zum Problem der serialen Insuffizienz stammen aus dem Arbeitskreis des Holländers Bakker [15]. Einer seiner Versuche wurde mit zwei Gruppen von 10- bis 12-jährigen Knaben aus einer Sonderschule für Leseschwache durchgeführt, von denen – bei normaler Intelligenz – eine Gruppe in ihrer Lesefertigkeit zwei Jahre, eine andere vier Jahre hinter der Altersnorm zurückgeblieben war (letztere waren praktisch Analphabeten). Den Kindern wurden in einer Versuchsreihe nacheinander vier *benennbare Elemente* (Gestalten, Buchstaben und Zahlen) und in einer zweiten Versuchsreihe je vier *nicht benennbare* Elemente (abstrakte Figuren) gezeigt. Nach jeder Darbietung erhielten sie eine Tafel, auf der jeweils die ganze Serie in anderer Reihenfolge abgebildet war. Sie sollten angeben, welches Element als erstes, zweites, drittes und viertes gezeigt worden war. Es stellte sich heraus, daß die besseren Leser bei *benennbaren* Elementen signifikant besser abschnitten als die stärker zurückgebliebenen. Bei den *nicht benennbaren* Elementen bestand kein Unterschied.

Die Schwierigkeit liegt offenbar bei der *Interaktion der seriellen visuellen Reizbewältigung mit der Sprache. Die Leistungen im WZA korrelieren mit dem Lesen nur bei sprachlichen Aufgaben, nicht bei rein visuellen.*

Das gleiche Experiment wurde mit Normalschülern zwischen sieben und elf Jahren durchgeführt. Die Kinder waren in zwei Gruppen geteilt, in eine, deren Lesefertigkeit unter und in eine, deren Lesefertigkeit über dem normalen Altersdurchschnitt lag. Der Unterschied in den Leistungen war nur bei den *7- und 8-Jährigen signifikant,* die sich in jenem Stadium des Lesenlernens befanden, in dem bei *Umsetzen von Gesehenem in Sprache und umgekehrt die WZA* von Bedeutung ist, d. h., in dem noch Buchstabenzeichen in Phoneme oder Buchstabengruppen in Sprechsilben umgesetzt und in der *richtigen Reihenfolge* zu Wortklangbildern „zusammengebaut" werden müssen.

Bei allen Schülern gab es einen Leistungszuwachs mit zunehmendem Alter. *Aber die Leseschwachen hatten einen beträchtlichen Rückstand.* Auch wenn sie älter waren, leisteten sie weniger als die jüngeren Normalschüler, und ihr altersbedingter Fortschritt war viel langsamer. Die 11- bis 12-jährigen Leseschwachen befanden sich auf dem Niveau der 8-jährigen Normalschüler – *es war der gleiche Rückstand wie im Lesen. Damit scheint der Zusammenhang zwischen der Lesefertigkeit und der WZA nachgewiesen!* Die Frage ist nur, ob dieses Leistungsversagen nicht ebenfalls weitgehend durch die Mängel des Kurzspeichergedächtnisses verursacht wird.

Daß der Zusammenhang zwischen Lesen und der WZA nicht in jedem Alter und bei beiden Geschlechtern in gleicher Weise besteht, zeigten weitere Versuche, die schon bei 5-Jährigen begannen. Dabei wurden zehn Serien von Bilderfolgen gezeigt, danach Tafeln, auf denen die gleichen Bilder alle gleichzeitig zu sehen waren. Die Kinder hatten anzugeben, in welcher Reihenfolge die Bilder hintereinander erschienen waren. *Bei diesem Versuch wurde nicht gesprochen,* die Bilder wurden weder vom VL noch von den VPn benannt. Der Versuch wurde VV (Visual-Visual) benannt.

Der zweite Versuch verlief in gleicher Weise, nur wurde dabei *gesprochen.* Die Bilder wurden vom VL benannt, ebenso von den Kindern. Der Versuch wurde AV (Auditory-Visual) benannt.

Mit denselben Kindern wurden die Versuche zwei Jahre später, als sie schon lesen gelernt haben sollten, wiederholt, zusammen mit einem Lesetest. Es zeigte sich:

(1) Die Leistungen im AV-Versuch korrelierten signifikant mit der Leseleistung, d. h., je besser die Lokalisierung der *benannten Items* in den Reihen im Alter von 5 Jahren gelungen war, desto besser war die Leseleistung. Die Leistungen im VV-Versuch ließen keinen Zusammenhang erkennen. Die Leistungen im AV-Versuch bei Vorschulkindern gestatten also eine *Vorhersage der Leseleistung.*

(2) Die Leistungen im AV-Versuch wurden mit dem Alter besser und zwar *bei Mädchen sehr viel rascher als bei Buben.* Die Buben holten die Mädchen erst im Alter von neun Jahren ein (Abb. 3).

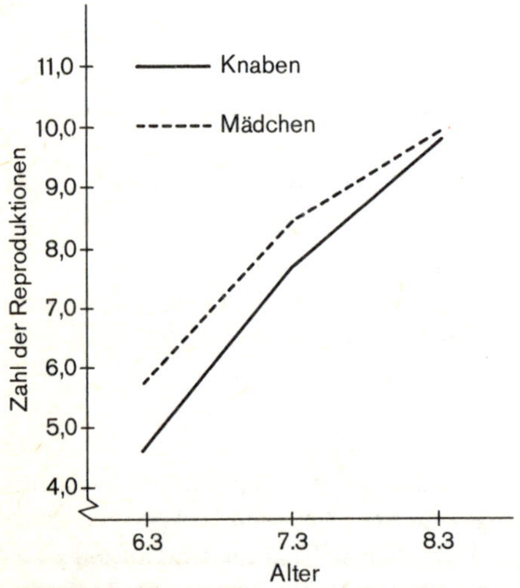

Abb. 3. Mittelwert der richtig wiedergegebenen Zeitsequenzen (WZA) nach Alter und Geschlecht

In einer weiteren Untersuchung wurden die schon erwähnten 100 7- bis 11-jährigen Knaben und Mädchen aus Normalschulen und die 75 leseschwachen

Knaben aus Sonderklassen herangezogen. Ihnen wurden verschiedene Buchstabenreihen vorgegeben, einmal visuell, einmal sprachlich, und einmal, verdeckt und in plastischer Form, zum Greifen. Danach sollten sie von jeweils zwei Buchstaben deren Stellungen in der Reihe angeben. *Bei 7- und 8-jährigen Knaben der Normalschulen zeigte sich ein hochsignifikanter Zusammenhang zwischen den Leseleistungen und den Leistungen im auditiven WZA, bei gleichaltrigen Mädchen war kein solcher Zusammenhang zu erkennen und auch nicht mehr bei 9-jährigen Knaben.* Bei leseschwachen Knaben jedoch bestand dieser hochsignifikante Zusammenhang zwischen *Lesen und der auditiven WZA noch auf höheren Altersstufen,* nicht aber zwischen Lesen und der visuellen und haptischen WZA. Allerdings bleiben die Leistungen Lernschwacher bei jeder Sinnesmodalität um einige Jahre hinter denen von Normalschülern zurück.

Bakker entwickelte eine interessante Theorie, um den Geschlechtsunterschied zu erklären. Es gibt – wie er meint – eine kritische Periode, in der die WZA den Leseprozeß beeinflußt. Wenn die Fähigkeit zur WZA unter einer gewissen Schwelle liegt, können Leseschwierigkeiten entstehen. Diese Schwelle wird von Mädchen, wie die Voruntersuchungen gezeigt haben, früher erreicht als von Knaben, nämlich zwischen vier und sechs Jahren. Mädchen lernen also in der „nachkritischen Periode" lesen. Bei Buben wird der Schwellenwert erst zwischen sechs und acht Jahren erreicht und die kritische Periode fällt bei Buben mit dem Leseprozeß zusammen. Daher lassen sich bei ihnen Beziehungen zwischen den Leistungen im WZA und der Lesefähigkeit erkennen, bei den Mädchen nicht (Abb. 4). Bei Rückständen in der Entwicklung der WZA kann es zu mehr oder

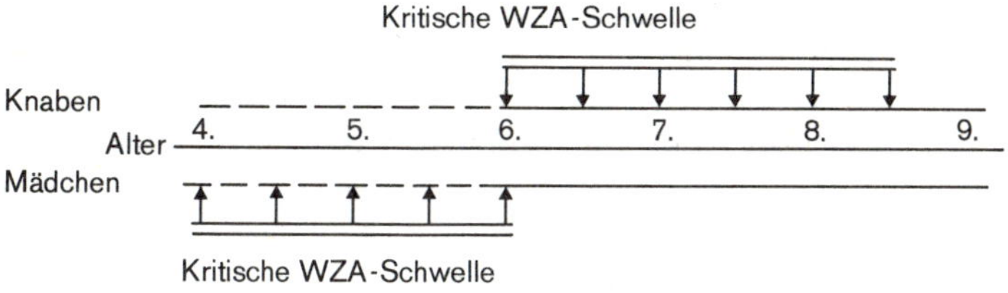

Abb. 4. Das kritische Phasenmodell von Bakker [15, S. 63]. Bei Knaben fällt die kritische WZA-Schwelle mit dem Leselernprozeß zusammen, bei Mädchen liegt sie vor dem Beginn des Leselernprozesses

weniger schweren Lesestörungen kommen. Bakker sieht in diesem Unterschied des neurophysiologischen Reifungsprozesses die Ursache der *größeren Häufigkeit* von *Legasthenien bei Buben* und der *besseren Leseleistungen der Mädchen.* Da sich die WZA bei Mädchen früher entwickelt, ist bei ihnen auch die Leseleistung aus den Leistungen in der WZA des Vorschulalters besser vorherzusagen als bei Buben. Abb. 5 zeigt die angenommenen Altersunterschiede bei der Interaktion von kritischer WZA-Schwelle und dem Leselernprozeß bei normallesenden Mädchen und Knaben sowie bei lerngestörten Knaben.

Leider waren unter den schwer lesegestörten Versuchspersonen keine Mädchen. Es wäre interessant, zu wissen, wie es sich bei ihnen mit dem Zusammenhang zwischen Leseleistung und WZA verhält. *Versuche mit dem DLV haben gezeigt, daß die WZA für verbale Reize in der gleichen Hemisphäre lateralisiert ist wie die Sprache.*

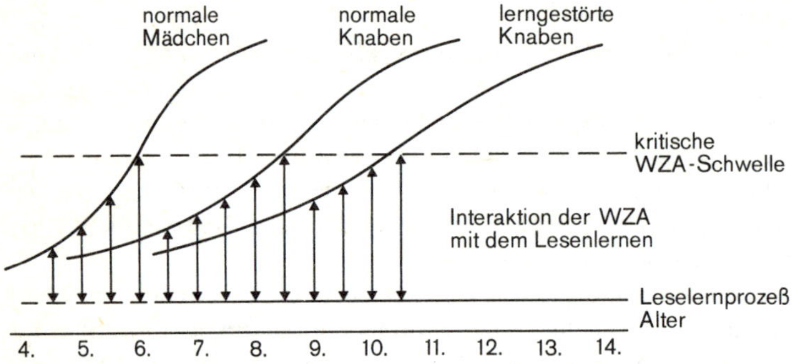

Abb. 5. Das Alter, in dem bei normallesenden Mädchen und Knaben sowie bei leseschwachen Knaben die kritische WZA-Schwelle erreicht wird [Bakker, 15, S. 63]. Das Modell zeigt, daß die kritische WZA-Schwelle bei Mädchen mit sechs Jahren, wenn das Lesen beginnt, schon erreicht ist, von den Knaben mit acht Jahren und von den leseschwachen Knaben erst mit etwa zehn bis elf Jahren erreicht wird

4.3.3. Buchstabenumstellungen und Reversionen – verschiedene Fehlerarten

Zwischen den Umstellungen von Buchstabenreihen, auch kinetische Reversionen genannt, und den Reversionsfehlern, dem „Kippen" von Buchstaben, wurde bis heute, auch noch bei Dummer [55] nicht unterschieden, d. h., sie wurden zu einer Fehlerkategorie zusammengezogen und implizit auch derselben visuellen Wahrnehmungsstörung zugeordnet. Auf Grund der aus der neueren Hirnforschung beschriebenen Versuchsergebnisse müssen wir jedoch annehmen, daß das Umstellen der Buchstaben (wozu vor allem auch das Vertauschen von ei und ie und von zweistelligen Zahlen gehört) mit der *Teilleistungsschwäche im Bereich der Wahrnehmung zeitlicher Abfolgen,* mit den *Reihungsschwierigkeiten* der Legastheniker zusammenhängt. Wenn Reversionen und Umstellungen auf die gleiche spezielle Wahrnehmungsstörung zurückzuführen wären, müßten sie auch mit einiger Regelmäßigkeit gemeinsam auftreten. Tatsächlich gibt es aber Legastheniker, bei denen beide Fehlerarten auftreten (Abb. 13, S. 116), andere, bei denen nur eine oder vorwiegend eine der beiden vorkommt, solche, bei denen nur ganz bestimmte Konstellationen betroffen sind (vor allem ei-ie und die Aufeinanderfolge von zwei Konsonanten und einem Vokal: Kran – Karn, Brot – Bort etc.) Auch das Umstellen von Zahlen ist nicht bei allen Legasthenikern in gleicher Weise zu beobachten; bei manchen mit großer Häufigkeit, bei manchen immer wieder und ganz unberechenbar, bei fast allen gelegentlich und bei manchen gar nicht. Legastheniker sind von jeder der beiden Fehlerarten in unterschiedlichem Maße betroffen.

Libermann et al. [134], die die Häufigkeit von Umstellungen und Sequenzfehlern untersuchten und sich die Frage stellten, ob die beiden Fehlerarten verwandt seien, fanden, daß sie nicht miteinander korrelieren. Auch war der Prozentsatz der Umstellungsfehler (Sequenzfehler) bei den schlechtesten Lesern aus zweiten Klassen (nur ihnen unterliefen diese Fehler) sehr unteschiedlich: Sie machten zwischen 4% und 19% aller Lesefehler aus, im Durchschnitt 6,3%. Orientierungsfehler (Reversionen) waren viel häufiger. Der Prozentanteil betrug hier zwischen 3% und 32%, im Durchschnitt 15,5%. Sequenzfehler haben nach Libermann eine stärkere Beziehung zu anderen Fehlern als Reversionen, d. h., wenn viele Sequenzfehler (z. B. lap – pal, form – from etc.) vorkamen, gab es auch viele Konsonanten- und Vokalfehler. Reversionen (bad – dad, bad – beg) konnten jedoch auch relativ isoliert auftreten.

Sequenzfehler sind beständiger als Reversionsfehler. Sie treten *sporadisch* immer wieder in Erscheinung. Da Erfindungen, Zusätze, Auslassungen und sinnlose Konglomerate im Verlauf des Abklingens einer Legasthenie völlig verschwinden können, entfällt auf die Umstellungsfehler, so spärlich sie sind, ein immer größerer Prozentsatz der Gesamtfehlerzahl. Daher konnte auch Tordrup [224] zu der auf den ersten Blick erstaunlichen Feststellung kommen, daß in der vierten Schulstufe die Umstellungen bei den besseren Lesern unter den Legasthenikern einen prozentual höheren Fehleranteil ausmachen als bei den schwächeren.

Bei einer 10-Jährigen, die ich behandelte, waren (außer Stockungen bei langen Wörtern) die Umstellungen „fort" statt froh, „man" statt am, „wie" statt weil, „oft" statt fort, „als" statt las, „Hexenrat" statt Hexenart, „Wundsable" statt Wundsalbe, „Stante" statt Statue, „Gespärch" statt Gespräch, „Währden" statt während, „Porgramm" statt Programm die einzigen Fehler.

In der Rechtschreibung sind Umstellungen nicht sehr häufig, aber sie werden fast nur von Legasthenikern gemacht.

„Umstellungen in der Lautfolge gelten zwar heute nicht mehr als legastheniespezifisch, treten jedoch bei leseschwachen Kindern durchaus auf" [Scheerer-Neumann, 186]. Nun, sie sind vielleicht nicht *legastheniespezifisch*, da wir ja auf Anregung von Dummer [52] auf diesen Ausdruck lieber verzichten, aber sie sind sicher *legasthenietypisch*.

4.3.4. Die Leseprobe als Verführungssituation

Schwierigkeiten bei der Zuordnung gestaltgleicher, aber seitenverkehrter oder gestürzter Buchstabenformen zu ihren akustischen Korrelaten („Reversionstendenz") und Buchstabenumstellungen sind charakteristisch für Legastheniker im ersten und zweiten Schuljahr, also für ein relativ frühes Stadium des Erwerbs der Lesefertigkeit. Sie treten am deutlichsten in der Verführungssituation einer *Leseprobe* in Erscheinung, in der Wörter mit reversiblen Buchstaben (bald, dabei) und Wörter mit ei und ie (Lieb, Leib) sowie mit einem Vokal nach zwei Konsonanten (Kran, Gras) gehäuft vorkommen.

Die erste Leseprobe dieser Art stammt von Monroe [153 a]. Sie diente als

Vorbild für den von Linder entwickelten Wortlesetest (Abb. 14, S. 117).* Die Wörter sind ohne Sinnzusammenhang untereinandergestellt und müssen von oben nach unten gelesen werden. Die Möglichkeit einer Sinndeutung aus dem Satzzusammenhang fällt weg. Das ist auch der Grund, warum Reversions- und Umstellungsfehler in gebundenen Texten seltener vorkommen als in der Leseprobe, was schon 1966 in der Wiener Reihenuntersuchung [196] deutlich zu erkennen war. Im gebundenen Text kommt dem Kind der Sinnzusammenhang, die „Leseerwartung", wie Grissemann [81 a] es nennt, entgegen. Wenn das Kind liest: „Der Mann stieg auf die ...... Leiter" ist die Wahrscheinlichkeit, daß das Wort „Leiter" aus dem Sinnzusammenhang heraus richtig gelesen wird, größer, als wenn es isoliert in der Leseprobe stünde. Grissemann meint, daß auch die grammatikalische „Leseerwartung" der Umstellungstendenz entgegenwirkt. Wenn das Kind erkannt hat, daß die Geschichte, aus der der erwähnte Satz stammt, im Imperfektum erzählt ist, wird es eher „stieg" als „steigt" lesen.

Die Gründe, weshalb es nun trotzdem, auch im gebundenen Text, (wenn auch seltener als in der Leseprobe) zu Reversionen und – viel länger und häufiger – zu Störungen bei der Beachtung der Buchstabenreihung (WZA-Fehler) kommt, sind folgende:

(1) Das Kind ist noch so mit der Dechiffrierung jedes einzelnen Wortes beschäftigt, daß eine vorwegnehmende Erfassung des Sinnzusammenhanges vorerst gar nicht möglich ist. Schwerere Legastheniker im zweiten Schuljahr befinden sich noch auf dieser Stufe. Sie würgen an jedem Wort, und damit stehen die einzelnen Wörter im Satz ebenso isoliert da wie in der Leseprobe. Eine Hilfe vom Sinnzusammenhang her fällt weg.

(2) Legastheniker des dysphasischen Typs (Fußnote S. 33) haben ein sehr geringes Verständnis für grammatische Strukturen. Das bezieht sich besonders auf die zeitbezogenen Sprachsignale. Sie verwenden ja selbst noch verschiedene Zeitformen in einem Satz. So kann ihnen auch die grammatikalische Leseerwartung hinsichtlich der Zeit, in der ein Ereignis erzählt wird, wenig Hilfe bieten.

(3) Natürlich wird die Unsicherheit bei der Zuordnung von gestaltgleichen Zeichen zu deren Lauten und bei der konsequenten Beachtung der Buchstabenreihungen durch *Deutungsschwäche* verstärkt. Bei schwierigen neuen Wörtern, die meist auch von 9- bis 10-jährigen Legasthenikern noch Buchstabe für Buchstabe gelesen werden müssen – während kürzere, bekannte Wörter schon überblickt werden – können Fehler vorkommen wie „Körtenhaus" für Krötenhaus, „Schirftsteller", für Schriftsteller, „Klolibri" für Kolibri, „Plezmantel", für Pelzmantel, „waldne" für wandle. Bei „Radtour" wurde verzweifelt gefragt: „Ist das jetzt ein d oder ein b?" Die Texte, die zu diesen Fehlern verleiteten, stammten aus dem Lesebuch der betreffenden Schulstufe, sie waren für die legasthenische Zehnjährige viel zu schwierig.

(4) Sätze wie: „Der Mann stieg auf die Leiter" gestatten eine vorwegnehmende

---

* Dieser Lesetest wird in Wien noch unverändert in der von Linder konzipierten Form verwendet. Im Zürcher Lesetest von Linder und Grissemann findet er sich in etwas abgeänderter und erweiterter Form.

Sinnentnahme. Aber oft sind Sätze so konstruiert, daß das nicht möglich ist. Ein Beispiel: Bei der Geschichte handelte es sich um einen jugoslawischen Buben, der die Gelegenheit eines Autostaus an der Grenze dazu benützte, den Leuten auf seiner Flöte etwas vorzuspielen und dann eine kleine Belohnung zu kassieren. Doch nach einiger Zeit setzte er sich auf einen Stein und spielte nur noch zu seinem Vergnügen. Dieser letzte Teil der Geschichte wird mit dem Satz eingeleitet: „Es reichte ihm, was er verdient hatte." Das Kind, unfähig den Zusammenhang vorwegzunehmen, las: „Es riechte ihm . . ." Bei dem Satz: „Eigentlich ist er kein Weiser", gelesen als „Eigentlich ist es keine Wiese" ist zwar so etwas wie Sinnantizipation zu bemerken, aber falsche.

(5) Und schließlich gibt es die Reihungsschwierigkeiten als solche, völlig unabhängig von Wort- und Sinnverständnis, wie sie beim selbständigen Schreiben vorkommen, wo die Sinnantizipation von vornherein gegeben ist und die Wörter auch meist verstanden werden. Wenn ein 15-jähriger, schon weitgehend „geheilter" Legastheniker im Diktat einen einzigen Fehler machte („Rhoöl") und bei einem 9-Jährigen, sehr intelligenten, schon lange behandelten Legastheniker in einer 15 Zeilen langen, auswendig gelernten Gedächtnisübung nur drei Fehler vorkamen („Gedächtinsübung", „Aprli", „Stepahnskirche") so ist weder mangelnde Sinnantizipation noch fehlendes Wortverständnis im Spiel. Auch nicht bei einer jungen Stenotypistin, die wegen ihrer Legasthenie im Beruf nicht weiterkam. Sie schrieb z. B. „Benatowrtung" statt „Beantwortung." Dieses Mädchen, das eine Zeitlang die Gutachten der Wiener Schulpsychologischen Beratungsstelle abschrieb, konnte „Knabe" nie anders schreiben als „Kanbe". Sie bemerkte den Fehler gar nicht, auch nicht beim Durchlesen.

Eine *Leseprobe* mit einer Häufung reversions- und umstellungsgefährdeter Wörter, die ohne Sinnzusammenhang untereinander stehen, ist jedenfalls die einzige Möglichkeit, die bei Legasthenikern im zweiten Schuljahr manifeste Tendenz zu den erwähnten Fehlerarten festzustellen. Das Dechiffrieren bleibt dabei unbeeinflußt von jedem anderen Faktor, und die Fehler sind auch leicht zählbar. Man könnte annehmen, daß mit dieser Leseprobe bei sehr vielen 7- bis 8-Jährigen eine noch aus dem Vorschulalter stammende Indifferenz gegenüber Raumlageunterschieden und Reihungen „regressionsartig" zum Durchbruch käme. Dies ist jedoch nur bei Beginn des synthetischen Lesens in der Druckschrift gelegentlich der Fall. Im zweiten Schuljahr scheiden sich die Geister. 78% der Wiener Schüler machten, wie eine Reihenerhebung zeigte [Schenk-Danzinger, 196], am Ende des zweiten Schuljahres nicht mehr als vier Reversionsfehler in der Leseprobe – erlagen der Versuchung somit nicht oder sehr selten – 22% machten fünf bis zwölf solcher Fehler, offenbarten somit eine häufiger auftretende Unsicherheit bei der intermodalen Zuordnung oder der WZA, während 3,9% mit zwölf und mehr Fehlern große Schwierigkeiten hatten.

4.3.5. Die Untersuchung von Dummer

Um die Häufigkeit von Reversions- und Umstellungsfehlern bei diagnostizierten (z. T. stark überalteten) Legasthenikern aus zweiten Klassen im Vergleich zu

Zufallsstichproben bei Zweitkläßlern zu untersuchen, verwendete Dummer die Diagnostische Wortleseprobe aus dem Zürcher Lesetest. Errechnet wurde die Zahl der Wörter, in denen Reversionen und Umstellungsfehler vorgekommen waren, in Prozent der Gesamtfehlerzahlen. Beide Gruppen wurden unterteilt in Kinder, bei denen die genannten Fehler mehr, und in solche, bei denen sie weniger als 50% der Fehlerzahlen ausgemacht hatten. Kinder, die keine Fehler gemacht hatten, wurden herausgenommen, weil für sie keine Prozentwerte errechnet werden konnten. Die Legastheniker wiesen signifikant häufiger Reversions- und Umstellungsfehler auf als die Kinder der Kontrollgruppe, auch dann, wenn man die schlechtesten Leser beider Gruppen verglich. Das bedeutet, daß unter den Fehlern, die Legastheniker machen, die Umstellungs- und Reversionsfehler eine viel größere Rolle spielen als unter den Fehlern nichtlegasthenischer schwacher Rechtschreiber. Interessant war auch, daß der Prozentsatz der Umstellungs- und Reversionsfehler bei den Legasthenikern mit zunehmendem Alter zunahm, das heißt also, daß die Gesamtfehlerzahlen stärker abnehmen als die „typischen Fehler". „Damit kann der Behauptung der modernen Legasthenieforschung, die typischen Fehler seien bei allen Kindern im gleichen Verhältnis zur individuellen Gesamtfehlerzahl zu finden, begründet widersprochen werden" [Dummer, 56 a]. Der zweite Teil dieser Untersuchung bezieht sich auf das an sich seltene, aber für Legastheniker typische Vorkommen von Umstellungen in der Rechtschreibung. Dummer fand sowohl bei diagnostizierten Legasthenikern als auch bei Schülern mit *Diskrepanzen zwischen Intelligenz und Rechtschreibniveau* ein signifikant höheres Auftreten dieser Fehlerart. Die Versuchspersonen waren 476 Knaben aus vierten Klassen. Sie wurden mit einem Schulintelligenztest und mit einem Rechtschreibtest geprüft. Um sie vergleichbar zu machen, wurden die Ergebnisse beider Tests in T-Werte umgerechnet.

Bei Kindern, deren Rechtschreibung besser war als ihre Intelligenz, fanden sich 3,7%, die Umstellungen machten, bei Schülern mit Differenzen von 1–10 T-Werten zu Ungunsten der Rechtschreibung waren es 16,7%, bei Schülern mit Differenzen zwischen 11–20 T-Werten, 23,1% und bei den Intelligentesten mit Differenzen von 21 T-Werten und darüber 50%. *Umstellungen korrelieren stärker mit der Größe der Diskrepanz als mit dem Rechtschreibniveau,* d. h., daß bei gleichem Rechtschreibniveau der Intelligentere mehr Umstellungsfehler machte als der weniger Intelligente. Bei den Nicht-Legasthenikern gab es jedoch weder eine Korrelation von Umstellungen mit der Intelligenz noch mit der Rechenleistung. Das bedeutet, daß bei *Nicht-Legasthenikern* schwächer Begabte nicht öfter umstellen als höher Begabte und schwache Rechner nicht öfter als gute. Unter den Legasthenikern waren es zwischen 50% und 53%, die Umstellungsfehler zeigten.

„Entgegen der Annahme von Schlee, scheint die Größe der Diskrepanz zwischen Intelligenz und Rechtschreibleistung für das Auftreten von Reversionsfehlern* und damit für die Diagnose der klassischen Legasthenie doch von Bedeutung zu sein" [Dummer, 56 a, S. 127]. Bekanntlich meint Schlee [199], daß Diskrepanzen zwischen Intelligenz- und Rechtschreibniveau „normal" seien und daher für

* Dummer zieht Reversionen und Umstellungen zusammen.

die Diagnose der Legasthenie nichts zu bedeuten hätten. Dummer meint, daß Umstellungs- und Reversionsfehler auftreten können:

(1) Als normales Phänomen im Erstleseunterricht bei noch labilem, nicht voll ausgereiften neurologischem Funktionssystem. Erst das Perseverieren dieser Fehler im zweiten Schuljahr ist legasthenietypisch.

(2) Ganz allgemein bei Streß und Überforderung. Solche Fehler kann man auch bei nicht legasthenischen Stenotypistinnen und Schriftsetzern gelegentlich finden, wenn ein Ermüdungszustand eingetreten ist oder Zeitdruck herrscht. In diesem Sinne sind auch die Ergebnisse von Grissemann aufzufassen: Es handelt sich dabei um einen streßbedingten teilweisen Zusammenbruch des neurologischen Funktionssystems.

(3) Unter den Bedingungen der *Teilleistungsschwächen*, die der Legasthenie zugrunde liegen, d. h., als Symptome eines durch längere Zeit nicht voll leistungsfähigen neurologischen Funktionssystems.

Dummer bezeichnet Umstellungsfehler als „Betriebsunfälle" und vergleicht sie mit Unfällen im Straßenverkehr: Bedingungen der äußeren Situation (Nebel, Straßenglätte) können die Unfallhäufigkeit erhöhen. Aber ebenso können Bedingungen, die beim Fahrer liegen (Übermüdung, Augenfehler, verminderte Reaktionsfähigkeit), unabhängig von äußeren Voraussetzungen das Unfallrisiko steigern. „So gesehen könnte der Legastheniker als ‚Unfäller' aufgefaßt werden, der auf *Grund von inneren Bedingungen* und nicht allein wegen individueller Überforderung stärker als andere Schüler dazu neigt, diesen Fehler hervorzubringen" [Dummer, 55, S. 166]. Bei Legasthenikern besteht ein erhöhtes „Unfallrisiko", auch wenn in der gegebenen Versuchssituation Umstellungen nur bei 50% der als klassische Legastheniker und als Diskrepanzfälle erkannten Schüler auftraten. Es gab unter diesen Schülern sicher welche, die nicht bei dieser Gelegenheit, aber bei einer anderen Umstellungen produzieren. Es handelt sich um eine *erhöhte Disposition,* die sich nicht bei jeder Gelegenheit realisiert.

4.3.6. Schwierigkeiten mit semantischen Symbolen bei erwachsenen Legasthenikern

Hermann und Norrie [98] machten darauf aufmerksam, daß Legastheniker auch noch als Erwachsene große Schwierigkeiten mit semantischen Symbolen haben, die sich nur durch Lage oder Anordnung in einem räumlichen Bezugssystem unterscheiden. Stenographieren, Morsen, Flaggensignale und Notenlesen bereiten außerordentliche Schwierigkeiten. Das Bemerkenswerte dabei ist die Tatsache, daß die Unsicherheit bei der Zuordnung von Richtung und Bedeutung jede Mechanisierung unmöglich macht und daher bei den erwähnten Tätigkeiten das erforderliche Mindesttempo nicht erreicht werden kann, abgesehen von den zahlreichen Fehlleistungen. Beim Maschineschreiben bestehen fast unüberwindliche Schwierigkeiten, den Laut mit der Lage der entsprechenden Taste auf der Tastatur (recht-links oben-unten) zu assoziieren. Immer wieder sind neue Überlegungen nötig, so daß es nicht zur Mechanisierung kommt. Auch können in einer

Streßsituation Rechtschreibfehler wieder auftreten, die sonst nicht mehr gemacht werden.

Beim Stenographieren kann der Legastheniker die Zuordnung der nach rechts oder links, oben oder unten gerichteten Zeichen zu den entsprechenden Silben oder Buchstabenbedeutungen nur schwer automatisieren, weil bei jedem gestaltgleichen, aber richtungsverschiedenen Zeichen eine Verwirrung eintritt. Die Zuordnung von Zeichen und Bedeutung erfolgt jedesmal von neuem nur langsam und mit verschiedenen Hilfsmitteln und Gedächtnisstützen. Die immer wieder auftretenden Verzögerungen hindern den Schüler daran, im Maschineschreiben und beim Stenographieren die geforderte Geschwindigkeit zu erreichen. Auch intensives Üben kann nur geringfügige Erfolge zeitigen. Diese Tatsachen sind wichtig bei der Schul- und Berufsberatung. Legastheniker sollten nicht nur weiterführende Schulen meiden, die stark neusprachlich orientiert sind, sondern auch eine Ausbildung als Büroangestellte.

4.4. Die Speicherschwäche

4.4.1. Wie äußert sich Speicherschwäche?

Schubenz [208] hat den Begriff der „Speicherschwäche“ als letzte Ursache der Legasthenie geprägt. Sie ist sicher nicht die einzige, aber eine der wichtigsten Ursachen der überdurchschnittlichen Fehlerhaftigkeit aller schriftsprachlichen Leistungen legasthenischer Kinder. Tatsächlich beobachten wir vom ersten Schuljahr an, daß Wort- und Silbenbilder von diesen Kindern trotz häufiger Darbietung nicht so rasch und mühelos im Gedächtnis eingespeichert werden wie von Nicht-Legasthenikern und daher auch nur mit großer „Verspätung“ wiedererkannt und mit noch größerer Verspätung – wenn überhaupt – richtig reproduziert werden können. Da Wiedererkennen leichter ist als Reproduzieren aus dem Gedächtnis, beeinträchtigt der schlechte Wortbildspeicher das Rechtschreiben nachhaltiger als das Lesen. Das zu reproduzierende Wortbild bleibt lange Zeit im Bereich des Vorgestalthaften.

Neben der Wortbildschwäche besteht auch eine herabgesetzte Merkfähigkeit für das Auswendiglernen von Texten, für das Einmaleins und für Wörter, die nicht nur den unmittelbaren Kommunikationsbereich betreffen. Das ganze Syndrom der Dysphasie in seinen mehr oder weniger ausgeprägten Formen gehört hierher. Der Begriff der „Speicherschwäche“ bezieht sich hier ausschließlich auf die Bereiche der verbalen Kommunikation.

4.4.2. Speicherschwäche bei verbalen Input – eine Folge der Insuffizienz der linken Hemisphäre

Blieb man mit diesem Begriff in der klassischen Legasthenieforschung der fünfziger und sechziger Jahre noch im Deskriptiven, ohne zu erkennen, wodurch diese gnostische Insuffizienz verursacht wird, so gestattet uns die moderne Hirnforschung eine Erklärung. Auch hier haben wir es allem Anschein nach mit den

Auswirkungen der *Insuffizienz der linken Hemisphäre* zu tun, die eine *bimodale** *Bewältigung* des visuellen Angebots verhindert, denn das Gedächtnis speichert Wort- und Silbenbilder nicht als Ganzes wie ein Film, durch bloßes Anschauen. Graphisch dargebotenes verbales Material kann nur über *dessen Bedeutung und nach Durchdringung und Aufschlüsselung der sprach-akustischen Binnenstruktur, des Wortaufbaus,* gespeichert werden. Die Störung der bimodalen Interaktion bildet eine wesentliche und nachhaltige Beeinträchtigung der schriftsprachlichen Kommunikation.

Um die Jahrhundertwende und bis in die dreißiger Jahre beschäftigte man sich intensiv mit der *Eidetik.*** Heute besteht kein Interesse mehr an diesem Phänomen, dessen Existenz – wie ich glaube, zu Unrecht – von manchen Psychologen sogar bestritten wird. Die Forscher fanden heraus, daß sehr starke Eidetiker häufig schlechte Rechtschreiber waren. Rössler [177 b], ein Volksschullehrer, versuchte, die Auswirkungen der eidetischen Anlagen auf die Schulleistung experimentell zu erforschen. Er nahm an, daß die wahrnehmungsähnlichen Anschauungsbilder gerade den schlechten Rechtschreibern helfen müßten, sich Wortbilder zu merken. Das Ergebnis seiner Untersuchung war: Eidetische Fähigkeiten ließen sich nur in Geographie- und Naturkundeunterricht verwenden. Seine Eidetiker hatten eine *bessere anschauliche Merkfähigkeit* als Nichteidetiker. Aber *eidetische Fähigkeiten hatten keinerlei Einfluß auf das Erlernen der Rechtschreibung und konnten selbst bei starker Ausprägung für das Merken von Wortbildern nicht nutzbar gemacht werden.*

Dieses damals völlig unverständliche Phänomen können wir heute erklären und zwar auf der Linie der Witelson'schen Theorie. Die starke eidetische Anlage ebenso wie die sehr gute anschauliche Merkfähigkeit der rechtschreibschwachen Schüler dürften in Zusammenhang mit einer ausgeprägten „zweiseitigen" Repräsentanz der rechten Hemisphäre bei gleichzeitiger Beeinträchtigung der Leistungsfähigkeit der linken Hemisphäre stehen. Die besondere Schwäche der Sprachkomponente verhindert eine Speicherung der Wortbilder auf der Basis einer intermodalen Koordination.

4.4.3. Der experimentelle Nachweis der Speicherschwäche

Deegener [45 b] verglich die Leistungen von 25 Legasthenikern im mittleren Alter von 10;6 im DLV mit denen von 66 Nicht-Legasthenikern des dritten Schuljahres im Durchschnittsalter von 8;6. Bei dieser nichtlegasthenischen Vergleichsgruppe wurden auch die Leistungen der Rechts- und der Linkshänder gesondert untersucht. Abb. 6 zeigt die unterschiedlichen Leistungen der beiden Hemisphären im DLV bei den Rechtshändern der nicht ausgewählten Vergleichsgruppe (RH), der

---

* Bimodal: Zwei Sinnesbereiche betreffend, in diesem Fall visuell und sprachakustisch.

** Unter Eidetik (nach dem griechischen Wort eidos = Bild) versteht man das Auftreten von subjektiv-optischen Anschauungsbildern. Diese sind infolge ihrer großen Deutlichkeit von Wahrnehmungen kaum zu unterscheiden.

Vergleichsgruppe als ganzer (Vergl.), den Linkshändern der Vergleichsgruppe (LH) und bei den Legasthenikern (LRS).

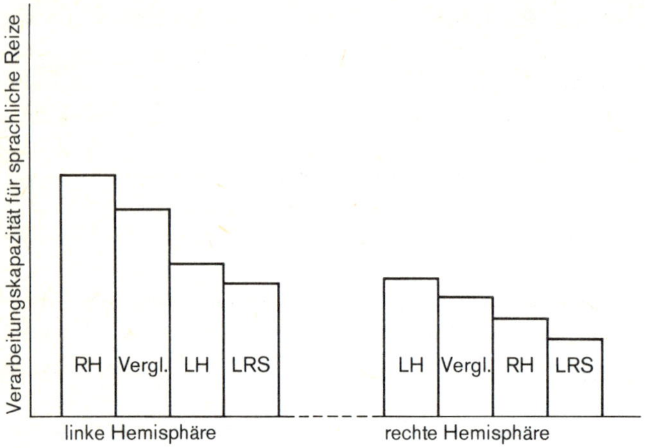

Abb. 6. Ausprägungsgrad der funktionalen Hemisphärenasymmetrie für sprachliche Reize bei verschiedenen Stichproben

Wir sehen, daß bei der Vergleichsgruppe bessere Leistungen der linken als der rechten Hemisphäre zu beobachten waren. Sonderte man aus dieser Gruppe die Rechtshänder aus, so zeigten sie noch bessere Leistungen der linken Hemisphäre. Bei den aus der Vergleichsgruppe ausgewählten Linkshändern gab es keine Unterschiede in den Leistungen der beiden Hemisphären. Die Legastheniker hatten zwar auch eine Überlegenheit der linken Hemisphäre, ihre Leistungen waren jedoch *wesentlich geringer* als die der anderen Gruppen. „Die Verarbeitungsmöglichkeiten scheinen sowohl für die rechte wie für die linke Hemisphäre eingeschränkt. *Bei ihnen weisen die Ergebnisse auf geringe Merkfähigkeit und Speicherkapazität*" [Deegener, S. 254].

4.4.4. Auswirkungen der Speicherschwäche auf die Rechtschreibung

Die Schwierigkeit bei der Speicherung von Wortbildern wirkt sich auf die Rechtschreibung auf dreifache Weise aus:

(1) *Buchstabenauslassungen* stehen im ersten und zweiten Schuljahr mit der noch geringen Fähigkeit zur Lautisolierung im Zusammenhang, später jedoch mit der ungenügend erfaßten Binnenstruktur der Wörter und mangelnder Kontrolle durch ein Inventar bereits voll automatisierter Wortgestalten, durch die fehlerhafte „Andersartigkeit" bzw. „falsches Aussehen" auffallen und zur Korrektur veranlassen würde. Das legasthenische Kind bemerkt Buchstabenauslassungen nicht und liest über sie hinweg.

(2) Die Persistenz der *„gewöhnlichen Rechtschreibfehler"*, die alle Kinder machen und deren Bearbeitung in den Lehrplänen für den Rechtschreibunterricht

vorgesehen ist, die aber bei Legasthenikern viel länger und in viel größerer Zahl vorkommen. Es sind dies hauptsächlich Verstöße gegen die Groß- und Kleinschreibung, gegen die Regeln der S-Schreibung, der V-F-Schreibung und gegen die Zufälligkeiten (von Regeln kann man bei der diesbezüglichen Inkonsequenz der deutschen Rechtschreibung wohl nicht sprechen) der Dehnungen und Kürzungen. Sowohl die Buchstabenauslassungen als auch die eben erwähnten Fehler bleiben erhalten, auch wenn die „typischen" Fehler, vor allem die Umstellungen und Verwechslungen von Konsonanten, schon recht selten geworden sind. Sie bilden die sogenannte Restsymptomatik (S. 106), die jedoch so massiv und nachhaltig in Erscheinung treten kann, daß damit eine der Allgemeinbegabung des Kindes entsprechende Schullaufbahn in Frage gestellt ist.

(3) *Abschreibfehler.* Legastheniker machen nicht nur beim Aufsatz und beim Diktat viele Rechtschreibfehler, sondern auch beim Abschreiben, was von vielen Lehrern als besonderes Zeichen geistiger Inferiorität interpretiert wird. Immer wieder hört man: „Er kann nicht einmal abschreiben!" Dabei gilt für den Kurzzeitspeicher, der beim Abschreiben in Aktion treten muß, dasselbe wie für den Langzeitspeicher. Das „Bild' kann bei *verbalem Material* nicht kurzfristig zum Zweck der Reproduktion gespeichert werden. Eine Interaktion des verbalen Faktors mit dem visuellen wäre nötig; diese gelingt jedoch nicht. Auch fehlt, genau wie beim Schreiben aus dem Gedächtnis, die Kontrollinstanz bereits beherrschter, abrufbarer klarer Wort- oder Silbenbilder. Auch über Abschreibfehler liest der Legastheniker ohne Schwierigkeiten hinweg. Er „sieht" sie nicht.

4.5. Die Rechenschwäche der Legastheniker

4.5.1. Rechenschwäche als Begleitphänomen der Legasthenie

Es wird in der Literatur vielfach darauf hingewiesen, daß Legastheniker nicht nur jene „umschriebene", auf Lese- und Rechtschreibdefizite beschränkte Lernstörung zeigen, die in der klassischen Definition angesprochen wird – daß sie vielmehr häufig auch im Rechnen unterdurchschnittliche Leistungen erbringen. Als Beweis dafür gilt vor allem das schlechte Resultat der Legastheniker im Subtest „Rechnerisches Denken" aus dem HAWIK. Es gibt keine Untersuchung von Legasthenikern mit diesem Subtest, in der, auch bei gutem bis überdurchschnittlichem Gesamt-IQ, ihre Leistungen nicht aus dem Rahmen fielen, ebenso wie die beim „Zahlennachsprechen". In diesen beiden Subtests liegen die Wertpunkte in der Regel unter dem Durchschnitt.

Während das HAWIK-Profil jedoch beinahe ausnahmslos relative Schwächen im Zahlenbereich aufzeigt, erbringen keineswegs alle Legastheniker auch in der Schule schlechte Rechenleistungen. Etwa 70% gehören nach Grissemann [79] im zweiten Schuljahr nicht zu den schlechtesten Rechnern. Von vielen Legasthenikern wird berichtet, daß sie gute Rechner seien – das allerdings oft erst in höheren Klassen. Die Diskrepanz zwischen dem Testergebnis im HAWIK-Subtest „Rechnerisches Denken" und den meist besseren Rechenleistungen in der Schule dürfte darin begründet sein, daß beim Test nur begrenzte Zeit für die Lösung der

Aufgaben zur Verfügung steht. Trotzdem ist die Zahl der Rechenschwachen unter den Legasthenikern signifikant höher als unter Nicht-Legasthenikern mit gleicher Intelligenz.

Verfolgt man die schulische Entwicklung legasthenischer Kinder mit Rechenschwierigkeiten, so zeigt sich,

(1) daß erste Schwierigkeiten schon im ersten Schuljahr auftreten, jedoch durch den noch sehr unmittelbaren Zugang zu Anschauungsmaterial in Grenzen gehalten werden. Die eigentlichen Probleme beginnen im zweiten Schuljahr;

(2) daß die Rechenschwäche auf denselben Teilleistungsstörungen beruht, die auch die Lese- und Rechtschreibleistungen beeinträchtigen:

– Schwierigkeiten bei der Wahrnehmung und Reproduktion zeitlicher und räumlicher Abfolgen. Daraus ergeben sich Reihungsprobleme bei der Anordnung zweistelliger Zahlen, die „verkehrt" angeschrieben oder gelesen werden, sowie Verwirrungsphänomene, wenn bei rechnerischen Handlungsabläufen (Subtrahieren, Dividieren, Multiplizieren) bestimmte Richtungen einzuhalten sind;

– die Speicherschwäche für akustische Informationen.

4.5.2. Gestörte WZA behindert das Rechnen und die Interiorisation des Zahlenschemas

Nur im deutschen Sprachraum werden zweistellige Zahlen von rechts nach links gelesen, und nur bei deutschen Legasthenikern gibt es das Umstellen dieser Zahlen (36 – 63), hervorgerufen wahrscheinlich durch den verwirrenden Gegensatz zur sonstigen Leserichtung.

Bei Legasthenikern mit Rechenschwierigkeiten tritt das Phänomen der Zahlenumstellung im zweiten Schuljahr auf, wenn der Zahlenraum auf 100 erweitert wird, und zwar in sehr unterschiedlicher Häufigkeit. Ebenso wie die Verwechslung gestaltgleicher, im Koordinatensystem verschieden gelagerter Buchstaben können Zahlenumstellungen am Anfang des zweiten Schuljahres bei allen Kindern vorkommen. Das Perseverieren dieses Fehlers allerdings ist Legathenikern vorbehalten und typisch für ihre Schwäche. Es gibt aber Legastheniker, die diese Fehler gar nicht, andere, die sie sporadisch produzieren, und andere, die sie fast konsequent machen. Abb. 7 ist dafür ein Beispiel.

Falsche Resultate können sich ergeben, weil die Kinder die Zahlen manchmal richtig sprechen und falsch anschreiben, ein andermal falsch sprechen und richtig anschreiben, oder auch verkehrt abschreiben, eine richtig geschriebene Zahl beim Rechnen verdrehen, dann wieder mit einer falsch angeschriebenen Zahl richtig rechnen. Auch bei Kindern, die nur sporadisch umkehren, bildet die Tendenz dazu eine ständige Bedrohung für die Richtigkeit der Resultate. Hier einige Beispiele aus Heften:

42+10= 34	(1 statt 10 wurde zugerechnet und das Ergebnis dann umgedreht)
170+40=201	(mündlich richtig gerechnet)
15 : 3= 17	(diktiert wurde 51:3)
23+17= 04	

Auch Fehlerlosigkeit bei einer Zahlenleseprobe besagt noch nicht, daß der Fehler

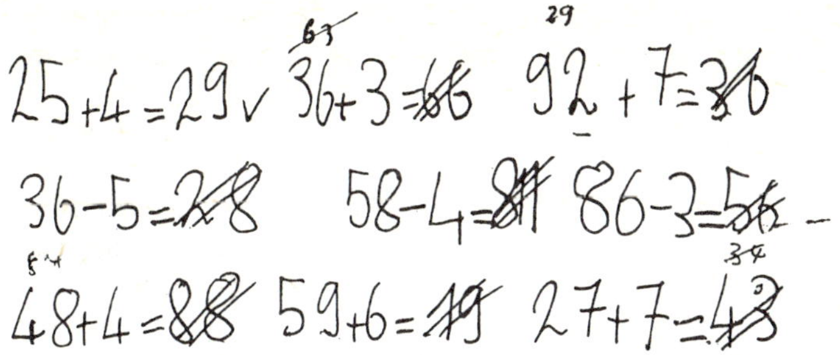

Abb. 7. Ein Beispiel vom Rechnen mit Zahlenumstellungen. Bei der 2., 3., 5., 6. und 7. Rechnung wurde die erste Zahl umgestellt, bei der letzten Rechnung dagegen das Ergebnis. Bei der 6. Rechnung (86 – 3 = 56) wurde die erste Zahl umgestellt und dann das Ergebnis neuerdings. Lediglich die Ergebnisse der 4. und 8. Rechnung sind nicht durch Umstellungen zu erklären. Bei der 8. Rechnung scheint eine Umstellung mit einem Rechenfehler kombiniert zu sein.

nie gemacht wird. Man kann ihn in den Heften oder bei der Rechenprobe finden, während das Kind, das seine Schwäche schon kennt, beim Test „aufpaßt" und die Leserichtung auch durch eine Fingerbewegung von rechts nach links unterstützt.

Ebenso wie das Reversieren von Buchstaben verliert das Umstellen zweistelliger Zahlen nach dem zweiten Schuljahr an Bedeutung. Es kommt aber bei Legasthenikern immer noch – und zwar zeitlebens – sporadisch vor. Die Inhaberin eines kleinen Geschäftes erzählte mir, „das Schreiben und das Lesen sei nie ihr Fall gewesen", und sie kämpfe noch als Erwachsene mit der Rechtschreibung. Das sei aber nicht das Ärgste, denn man könne ja im Wörterbuch nachschlagen. Viel ärger sei das mit den Zahlen! „Wissen Sie, ich schreibe sie nämlich manchmal verdreht an. Wenn meine Bücher nicht stimmen, nehme ich mir noch einmal alle Fakturen her und vergleiche die Zahlen. Dann kommt es meistens heraus. Irgendwo hat sich so ein Teufel umgedreht, und dann ist alles falsch."

Werden die Zahlenumstellungen nach dem zweiten Schuljahr bei mittelschweren bis leichten Legasthenien auch immer seltener, so üben sie doch im *zweiten Schuljahr selbst* eine nachhaltige Wirkung auf die „Interiorisation" des Zahlenraumes bis 100 aus, der ja zuerst anschaulich-räumlich in Form von Hundertertafeln, Rechenmaschinen und dergleichen angeboten wird. Durch ausgiebigen Gebrauch der Anschauungshilfen soll das Kind das Schema des Zahlenraumes in seine Vorstellung übernehmen. Dabei bilden sich Mengenbegriffe, die von der räumlichen Anschauungshilfe mitbestimmt werden, etwa in der Art: „36" ist eine Zahl (Menge) kleiner als 50, sie gehört in den „oberen Teil" der Hundertertafel; „63" ist größer als 50, es gehört in den „unteren Teil" der Hundertertafel. Wenn nun Stellenwerte ständig verwechselt werden, können sich mit den Zahlensymbolen *keine festen Mengenbegriffe* verbinden, was sich besonders ungünstig auf die *Kontrollfunktion* auswirkt, wenn das Kind nämlich beurteilen soll, ob ein Ergebnis „möglich" oder „unmöglich" ist. Diese Unsicherheit wirkt sich über das zweite Schuljahr hinaus auf die Rechenleistungen aus.

Mit der Insuffizienz der Wahrnehmung und Reproduktion von Abfolgen (zeitlichen und optischen Reihungen) dürften zwei weitere Phänomene zusammenhängen:

(1) *Die Schwierigkeiten beim Über- und besonders beim Unterschreiten des Zehners.* Dieses Problem ist m. E. verantwortlich dafür, daß die Ergebnisse im HAWIK-Subtest „Rechnerisches Denken" so schlecht sind. Hier muß das Kind verhältnismäßig rasch Über- und Unterschreitungen des Zehners vornehmen (Aufgabe 6: 8+6, Aufgabe 7: 12−5, Aufgabe 9: 25−11), die ihm wahrscheinlich möglich sind, aber nicht in jeweils 30 Sekunden. Kinder, die Schwierigkeiten haben, aus der Vorstellung Reihungen vorzunehmen, helfen sich über das erste Schuljahr hinaus – meist heimlich – mit dem Gebrauch der Finger.

(2) *Die Stellenwertindifferenz* mancher Legastheniker. Es scheint, daß manche dieser Kinder nicht in der Lage sind, eine Assoziation zwischen der Reihung und deren „Bedeutung" herzustellen. Es kann dabei zu Lösungen kommen wie: 16+10 = 17 oder 58+10 = 96. Hier wurde 58 umgestellt und dann außer 10 auch noch 1 dazugerechnet. Methodische Versäumnisse im Unterricht können bei diesen Kindern zu totalem Versagen führen.

4.5.3. Schwierigkeiten bei der Zuordnung von Rechenprozessen zu bestimmten Richtungen

In einzelnen Fällen kann die Richtungsunsicherheit – speziell im dritten Schuljahr, wenn das schriftliche Rechnen erlernt wird – häufig oder nur sporadisch bei Streß, Zeitnot, Müdigkeit oder nach einer längeren Übungspause Fehlleistungen verursachen. Da kann es vorkommen, daß ein Legastheniker beim Subtrahieren plötzlich die Richtung wechselt und „von oben nach unten" subtrahiert. Die folgenden Beispiele wurden in einem Heft unter richtigen Subtraktionen gefunden:

$$\begin{array}{r} 873 \\ -\underline{498} \\ 425 \end{array} \qquad \begin{array}{r} 166 \\ -\underline{83} \\ 123 \end{array}$$

Gelegentlich kann auf diese Art aus einer Subtraktion eine Addition werden:

$$\begin{array}{r} 863 \\ -\underline{281} \\ 1022 \end{array}$$

Große Schwierigkeiten bereitet es manchen Kindern, sich zu merken, daß man beim Multiplizieren „hinten", beim niedrigsten Stellenwert beginnt, beim Dividieren aber „vorne", bei den höchsten Stellenwerten. Hier kann zeitweise eine heillose Verwirrung entstehen. Ein 9-jähriger schwerer Legastheniker produzierte in der dritten Klasse, als die Kinder gerade anfingen, das Dividieren zu lernen, folgendes:

396:3 = 231
448:4 = 211
996:3 = 233
884:4 = 122

Ungünstig wirkt sich bei Legasthenikern auch aus, wenn der Lehrer die Schüler darauf hinweist, daß man auf zwei Arten multiplizieren kann: Indem man mit der letzten Stelle des Multiplikators beginnt und die Teilergebnisse von rechts nach links verschiebt oder indem man mit der höchsten Stelle des Multiplikators beginnt und die Teilergebnisse von links nach rechts staffelt. Im Rechenheft eines 10-jährigen Legasthenikers (vierten Schulstufe) fand ich einmal folgendes:

$$\begin{array}{r l} & 418\times 327 \\ \hline & 1254 \\ & 836 \\ 2935 & \\ \hline 303114 & \end{array}$$

Das Resultat war nicht nur falsch, weil die Teilfaktoren in verkehrter Richtung gereiht waren, sondern auch, weil der Schüler bei 7×8 = 56 reversiert hatte, indem er 5 anschrieb und 6 weiterzählte.

Bei jeder Diagnose einer Legasthenie, bei der auch über Rechenschwierigkeiten geklagt wird, müssen die Fehlleistungen genau untersucht werden.

4.5.4. Speicherschwäche bei verbal-rechnerischen Informationen

Im allgemeinen ist – trotz der Tücken, die auch der Rechenstoff des dritten Schuljahres für manche Legastheniker bergen kann – der Einsatz des schriftlichen Rechnens eine Erleichterung gegenüber dem Kopfrechnen des zweiten Schuljahres, und bei vielen betroffenen Kindern bessert sich die Rechenleistung im dritten Schuljahr schlagartig. In der zweiten Klasse wird noch sehr viel Kopfrechnen betrieben. Manche Lehrer arrangieren Wettbewerbe im Kopfrechnen, und da sind Legastheniker verloren. Denn die *Kurzspeicherschwäche* für akustische Informationen wirkt sich beim Kopfrechnen aus; das Kind merkt sich die errechneten Teilfaktoren nicht. Es soll etwa 273×3 rechnen. Es rechnet 200×3. Aber wenn es 70×3 gerechnet hat, sind die 600 des ersten Teilresultats schon vergessen, und es muß von vorne anfangen. Man sollte Legastheniker ihre Teilresultate aufschreiben lassen. Das Problem erledigt sich, wenn das schriftliche Rechnen im dritten Schuljahr einen immer größeren Raum einnimmt. Sehr zu leiden haben Legastheniker, wenn Lehrer auch nach dem zweiten Schuljahr als Konzentrationstraining auf Übungen im Kopfrechnen bestehen und sowohl den Schwierigkeitsgrad der Rechnungen als auch das Tempo forcieren.

Auch das Erlernen des Einmaleins macht große Schwierigkeiten. Trotz aller Veranschaulichung, die beim Aufbau jeder einzelnen *Einmaleins-Reihe* im Unterricht geboten wird, kommt es letztlich doch darauf an, daß die Reihen auswendig gelernt werden und schließlich auch „durcheinander" beherrscht werden. Beim Auswendiglernen der Reihen bilden sowohl die Reihungsschwierigkeiten als auch die Speicherschwäche für Sprache eine Erschwernis, beim Beherrschen der einzelnen Malsätze außerhalb der Reihen wirkt sich die fehlende Orientierung innerhalb der Reihen aus. Ohne intensive Übung kann dieser fundamentale Wissensstoff nicht erlernt werden, und da sind Kinder ohne häusliche Unterstützung schwer benachteiligt.

4.5.5. Nachfolgende Störungen

Wenn auch für viele Legastheniker nach dem zweiten Schuljahr eine Erleichterung eintritt, so gibt es doch auch Fälle, in denen die Beeinträchtigung anhält. Die Gründe können sein:

(1) *Lernlücken* aus dem Stoff des ersten und zweiten Schuljahres (mangelhafte Beherrschung des Einmaleins, Unsicherheit bei der Orientierung im Zahlenraum, Schwierigkeiten bei der Beachtung des Stellenwertes, gelegentliche Entgleisung beim Zahlenlesen und Zahlenschreiben im Sinne von Umstellungen). In diesen Fällen hat die methodische und übungsmäßige Betreuung des Kindes versagt.

(2) Der *Halo-Effekt,* den Grissemann [81] und Niemeyer [162] beschrieben haben. Die Lehrer sind geneigt, auf Grund der schlechten Lese- und Rechtschreibleistungen die Rechenleistung ungünstiger zu beurteilen, als sie sich, gemessen mit objektiven Maßstäben (Rechentests), präsentiert. Auch Fortschritte, die die Kinder während einer Behandlung machen, werden nur zögernd anerkannt.

(3) *Störungen der Arbeitshaltung* als Folge permanenter Entmutigung durch das Versagen im Sprachbereich. Diese Entmutigung kann sich generalisieren und zu Leistungsausfällen im Rechnen führen, trotz guter Voraussetzungen für ausreichende Leistungen.

(4) *Besondere Abneigung gegen das Rechnen* als Folge der dabei erlebten Mißerfolge.

(5) *Neurotische Überlagerungen* und *allgemeine Ängstlichkeit*, die zu gedanklicher Verwirrung, besonders unter Zeitdruck führen.

(6) *Konzentrationsschwäche* und *überhasteter, nervöser Arbeitsstil,* der zu Fehlentscheidungen verleitet.

(7) *Zu langsames Lesetempo.* Das Lesen hat sich zwar im dritten Schuljahr meist so weit gebessert, daß das Kind sich irgendwo im unteren Drittel der Klasse „halten kann", das *Dekodierungstempo* und die *Dekodierungsgenauigkeit* reichen aber oft nicht aus, um bei Klassenarbeiten (unter Zeitdruck) Textrechnungen richtig zu verstehen. Dieses Problem kann sogar noch in der höheren Schule auftreten.

5. Die möglichen Ursachen einer klassischen Legasthenie

In der klassischen Legasthenieforschung bestand von Anfang an der Verdacht, daß die Schwierigkeiten, Lesen und Rechtschreiben zu erlernen, bei normal intelligenten, weder lern- noch milieumäßig vernachlässigten Kindern etwas mit *mangelnder Funktionstüchtigkeit jener zentralen Instanzen* zu tun haben müßten, die den Leseakt beeinflussen. Diesen Verdacht konnte die moderne Hirnforschung verifizieren. Wie kann es aber zu den beschriebenen Interaktionsstörungen der Hemisphären kommen? So weit wir heute sehen können, gibt es zwei Risikosituationen: die *Minimale Cerebrale Dysfunktion* und ungünstige Konstellationen bei *Abweichungen von der reinen Rechtsdominanz*.*

5.1. Legasthenie und Minimale Cerebrale Dysfunktion (MCD)

5.1.1. Wie kann eine MCD entstehen?

Nach Müller-Küppers** gibt es 600 Möglichkeiten der Schädigungen vor, während und nach der Geburt. Einige davon sollen hier aufgezeigt werden.

Vor der Geburt

- Infektionskrankheiten der Mutter
- Rhesusinkompatibilität
- Schwangerschaftsblutungen
- Schädigungen, die zu Frühgeburten führen können (z. B. das Rauchen der Mutter)
- Vorgeburtliche Gehirnhautentzündung

Während der Geburt

- Quetschung des Kopfes
- Verlängerung des Geburtsvorganges infolge Lageanomalie

Nach der Geburt

- Asphyxie (mangelhafte Sauerstoffversorgung des Gehirns durch Ausbleiben der Lungenatmung nach dem Abnabeln)
- jede infektiöse oder fieberhafte Erkrankung, besonders in den ersten zwei Lebensjahren (Scharlach, Diphterie, Keuchhusten, Masern, Grippe, Mittelohrentzündung, Lungenentzündung, Darminfektion). Bei Keuchhusten kann eine dreifache Schädigung

---

* Unter reiner Rechtsdominanz versteht man den bevorzugten Gebrauch der rechten Hand, des rechten Auges (z. B. beim Schauen durch eine kleine Öffnung) und des rechten Beines (z. B. beim Fußballspiel oder beim Hüpfen auf einem Bein).

** Vortrag, gehalten 1980 beim Kongreß des Bundesverbandes Legasthenie e. V. in Koblenz.

auftreten: durch die Toxine an sich, durch das Fieber und durch die von den Hustenkrämpfen hervorgerufenen Sprengungen kleiner Äderchen
- Gehirnhautentzündung (Meningitis) und
- Gehirnentzündung (Enzephalitis)
- Krampfanfälle, sogenannte Fieberfraisen.

5.1.2. Folgeerscheinungen von Hirnschäden

Folgeerscheinungen müssen nicht, können aber eintreten, und zwar gibt es drei Möglichkeiten:

(1) *Schwere motorische Defekte* (z. B. spastische Lähmung oder Littlsche Lähmung). Davon betroffene Kinder müssen in Behindertenschulen erzogen werden.

(2) *Schwere Intelligenzausfälle.* Solche Kinder kommen in allgemeine Sonderschulen oder in Spezialsonderschulen. Es gibt auch sehr häufig Kombinationen von schweren motorischen Defekten und Intelligenzausfällen (Mehrfachbehinderungen).

(3) *Fast ausschließlich psychische Störungen,* begleitet von minimalen neurologischen Zeichen – manchmal auch ohne solche – und von geringfügigen Schwierigkeiten in der motorischen Koordination. Es handelt sich um *intellektuell normale* Kinder ohne auffällige motorische oder intellektuelle Defekte, die somit weder in eine Einrichtung für Körperbehinderte gehören noch in eine für Minderbegabte. Als Folge einer leichten Hirnschädigung können sich *Verhaltens- und Funktions-(Teilleistungs-)störungen* zeigen, die eine organische Grundlage haben.

Es muß allerdings noch einmal betont werden, daß die genannten Ereignisse Teilleistungsschwächen und manifeste Störungen verursachen *können*, aber *nicht müssen*, da die Plastizität des kindlichen Gehirns die Übernahme einer Funktion durch eine Ersatzregion gestattet. Es zeigt daher nicht jedes Kind, bei dem auf Grund seiner Krankengeschichte eine MCD angenommen werden kann, auch tatsächlich Lern- und Verhaltensstörungen. In einer Gruppe von 273 Schulneulingen fand Lempp [126] bei 18% der Kinder einen eindeutigen Hinweis auf eine erlittene Schädigung. Aber nur bei etwa 6% zeigten sich auch tatsächlich Lern- und Verhaltensstörungen. Wenn eine MCD jedoch manifest wird, sind die häufigsten zu beobachtenden *Verhaltensstörungen* Unruhe, Distanzlosigkeit, Ablenkbarkeit, erhöhte Frustrationsintoleranz und Konzentrationsschwäche.

5.1.3. Teilleistungsstörungen als mögliche Folgen einer MCD

Mit Hilfe von Versuchsanordnungen, die *nicht* das Lesen betrafen, konnte der Arbeitskreis von Friedrich und Berger [21, 22, 37, 70] an der Wiener Universitätsklinik für Neuropsychiatrie des Kindes- und Jugendalters bei Kindern mit einer MCD eine Reihe von Teilleistungsstörungen finden, wobei die Intelligenz der Kinder in der Regel in keiner Weise betroffen war. Es sind dies

(1) die wenig entwickelte *Feinmotorik,* deren Schwäche vor allem das Schreiben negativ beeinflußt. Beim Schreiben liegen die Schwierigkeiten nicht nur in der richtigen Buchstabenformung, sondern auch in der Zeilenführung, im Einhalten

von richtigen Abständen, bei der Anordnung von Kolonnen usw. Alle Hefte und Zeichnungen dieser Kinder machen einen äußerst unordentlichen Eindruck;

(2) die gestörte Sprachentwicklung. Hier fand sich häufig das sog. *dysphasische Syndrom* (Fußnote S. 33);

(3) Schwierigkeiten beim *Erfassen von Raum-Lage-Beziehungen* und bei der *Raumorientierung*;

(4) Mängel bei der *optischen und akustischen Wahrnehmung von zeitlichen Abläufen*;

(5) Schwächen des *Kurzzeit-* und auch des *Langzeitspeichers* für schriftsprachliche Informationen;

(6) mangelhafte Fähigkeit zu *intersensorischen Leistungen*, d. h., Schwierigkeiten, Reize, die verschiedene Sinnesgebiete betreffen, sinnvoll aufeinander und auf die Sprache zu beziehen.

Die genannten Teilleistungsstörungen sind jedoch gerade die, die die Symptomatik der klassischen Legasthenie konstituieren. Peres [169] weist darauf hin, daß MCD nicht selten als Ursache der Legasthenie in Frage kommt, da ja 20–25% aller Lernstörungen auf eine MCD zurückzuführen sind. Lempp [127] sagt: „Wie bei allen Teilleistungsstörungen kann auch die Rechtschreib-Leseschwäche Folge einer *frühkindlich-erworbenen, leichtgradigen hirnorganischen* Schädigung sein, sie kann aber auch als *erbliche Anlage vorkommen.* Im letzteren Fall kann man ganze Familien und Geschwisterreihen finden, die unter derselben Leistungsschwäche leiden." (Zur erblichen Anlage s. S. 74).

Nach Lempp weisen ein Drittel der normalbegabten Schulversager sicher frühkindliche Hirnschäden auf, bei einem Drittel liegen umweltbedingte Gründe vor, beim letzten Drittel besteht eine Kombination beider Ursachen. *Die zwei Drittel der durch MCD verursachten Schulversager schließen mit ziemlicher Sicherheit Legastheniker ein.*

5.1.4. Schwere der Zerebralschädigung und Lernfortschritt legasthenischer Kinder

Eine Untersuchung von Atzesberger [10, 12], bei der es darum ging, die Fortschritte von Legasthenikern nach zweijähriger Behandlung festzustellen, zeigt die Bedeutung der MCD im Zusammenhang mit der Therapierbarkeit dieser Störung. Bei 50% der behandelten Kinder bestand auf Grund der Anamnese Verdacht auf MCD, 24% hatten verspätet zu sprechen begonnen.

Bei der Untersuchung des Zusammenhangs zwischen den Lernfortschritten und den in der Anamnese erhobenen Entwicklungsstörfaktoren* zeigte sich, daß Kinder mit *einem einzigen Störfaktor,* der mit MCD in Zusammenhang stehen kann – etwa einem Geburtsschaden oder einer verlangsamten Sprachentwicklung

---

* Als Entwicklungsstörfaktoren galten z. B.: *Pränatal:* Rhesus-Faktor, Blutungen, Infektionskrankheiten der Mutter, langanhaltende Blutungen, Lageanomalien. *Perinatal:* Frühgeburt, Zangengeburt, extremes Gewicht, Schädeldeformation, Gelbsucht. *Postnatal:* Kinderkrankheiten, Säuglingskrämpfe, Rachitis, lange Klinikaufenthalte, hochfiebrige Erkrankungen, verspäteter Sprachbeginn.

– bei entsprechender Behandlung durchschnittliche Fortschritte im Abbau von Lese- und Rechtschreibfehlern machten. Untersuchte man jedoch Kinder mit *mehreren Belastungsfaktoren,* so zeigte sich, daß *sämtliche Leistungsfortschritte bei dieser Gruppe* rund um ein Viertel reduziert waren, das Lesetempo sogar um rund 43%. Atzesberger kommentiert dazu: „Mit Häufung von belastenden Entwicklungsfaktoren wird der gesamte Lese-Rechtschreib-Lernbereich spürbar gebremst, überwiegend aber das Lesetempo. Jedenfalls muß *gegenüber einseitigen milieutheoretischen Interpretierungen der Legastheniedisponierung* [z. B. Valtin, Niemeyer] auf lernhemmende Wirkungen frühkindlicher, dabei überwiegend zentralorganischer Faktoren hingewiesen werden, so daß bei einer großen Zahl von Legasthenikern soziale *und* biologische Störfaktoren gesehen werden müssen."

Die Ursachen dieser Entwicklungsstörfaktoren sind komplex und vielfältig. Biermann [28] weist darauf hin, daß emotionale Belastungen der Mutter nicht selten Risikoschwangerschaften und Frühgeburten auslösen. Von den sozialen Störfaktoren wird im Zusammenhang mit dem Milieuproblem noch zu sprechen sein (S. 99). Malmquist [148, 149] fand unter schlechten Lesern eine signifikant höhere Zahl von Risikofällen (Frühgeborene und Kinder mit besonders niedrigem Geburtsgewicht). Beim Vergleich von 298 schulpsychologisch und neurologisch untersuchten Legasthenikern mit einer etwa gleich großen Gruppe von altersmäßig entsprechenden, normalen Schulkindern, die von Lempp [126] neurologisch untersucht worden waren, fand Schenk-Danzinger [196] bei den Legasthenikern signifikant häufiger fieberhafte und infektiöse Erkrankungen in den ersten beiden Lebensjahren. Es ist bekannt, daß solche frühe Erkrankungen minimale Hirnschäden hervorrufen können.

Nicht alle Legasthenieforscher kamen zu den gleichen Ergebnissen. Weder Niemeyer [162] noch Valtin [229] fanden bei Legasthenikern mehr Krankheiten als bei der Kontrollgruppe. Doch wurde nur allgemein einerseits nach der Zahl der Krankheiten, andererseits nach der Art der Krankheiten im Vorschulalter gefragt, aber weder nach Schwangerschaft und Geburt noch nach *fieberhaften oder infektiösen Erkrankungen in den ersten beiden Lebensjahren* – in jenem Alter, in dem schon eine einzige Krankheit dieser Art zerebrale Implikationen haben kann. Daß nicht nur Infektionskrankheiten, sondern auch fieberhafte Erkrankungen (Darmkatarrh, Grippe etc.) in den ersten Lebensjahren minimale Hirnschäden hervorrufen können, wird bei standardisierten Befragungen überhaupt nicht in Betracht gezogen.

5.1.5. MCD ist keine Krankheit

Biermann [28] zitiert die Einleitung zu Goethes Autobiographie „Dichtung und Wahrheit": ‚Durch Ungeschicklichkeit der Hebamme kam ich fast tot zur Welt und nur durch vielfältige Bemühungen brachte man es dahin, daß ich das Licht erblickte.'

Was immer die Auswirkungen dieses risikoreichen Lebensstartes in Goethes Kindheit gewesen sein mögen – im späteren Leben gab es keine, ebensowenig wie bei vielen anderen bedeutenden Menschen, bei denen man auf Grund von Berichten über Geburt und frühe Krankheiten eine MCD vermuten könnte [28].

MCD kann zwar durch Krankheiten entstehen, *ist aber selbst keine Krankheit*, und die Auswirkungen werden in der Pubertät „überwachsen". Beim Erwachsenen sind in der Regel keine der in 5.1.3. beschriebenen Teilleistungsstörungen mehr feststellbar. Was als Schädigung überdauern kann, sind bei nicht ganz erfolgreicher Legastheniebehandlung die *Restsymptomatik der fehlerhaften Rechtschreibung und*, als Folge nicht verarbeiteter Mißerfolge in der Kindheit und Jugend, *eine zu Minderwertigkeitsgefühlen neigende oder neurotisierte Persönlichkeit.*

Die „Anti-Legastheniebewegung" wirft der älteren Legasthenieforschung vor, sie mache die Legasthenie zu einer Krankheit, verlege deren Ursachen ins Kind, schaffe damit dem schlechten Lehrer ein Alibi. Dazu ist folgendes zu sagen: Schon im Hinblick auf die Tatsache, daß geistig behinderte Kinder bei entsprechendem Unterricht ohne besondere Schwierigkeiten lesen lernen, war es von Anfang an nur logisch, anzunehmen, daß bei *geistig nicht behinderten, sozial nicht benachteiligten und beim Lernen ausreichend geförderten* Kindern die Lese- und Rechtschreibschwäche ihre Ursachen in mehr oder weniger isolierten Funktionsstörungen haben müsse. Diese Annahme bestand seit der „Entdeckung" der Legasthenie um die Jahrhundertwende, aber erst die neueren Methoden der Hirnforschung erlauben uns, sie zu verifizieren. Trotzdem, und das muß mit aller Deutlichkeit wiederholt werden, *handelt es sich bei diesen Funktionsstörungen nicht um Krankheiten.* Sie wirken sich *primär* auf die Fähigkeit zu lesen und zu schreiben aus. Eine Eskalation der Schwierigkeiten auf andere Lerngegenstände ist möglich, wenn – wie bei einer Fremdsprache oder in manchen Bereichen des Rechnens – ähnliche Leistungen erbracht werden sollen wie beim Erlernen des Lesens und Schreibens.

Aber es ist vor allem das schulische Lernen betroffen – ein schweres Handicap also bei allgemeiner Schulpflicht und gesetzlich geregeltem Schuleintrittsalter in einer hochindustrialisierten Leistungsgesellschaft, mit Unterrichtsformen, bei denen die schriftsprachliche Kommunikation dominiert und schriftsprachliche Inkompetenz mit Intelligenzmangel gleichgesetzt wird. Wenn man absieht von partiellen Schulschwierigkeiten und deren Auswirkungen auf das Selbstwertgefühl der Betroffenen, *sind Legastheniker völlig gesunde Menschen* und in allen anderen Lebensbereichen durchaus kompetent (Fall Franz, S. 192). Nach einer erfolgreichen Behandlung und bei richtiger Berufswahl – allerdings nur dann – meistern sie das Leben ebenso gut wie Personen, die als Kinder nicht von einer Legasthenie betroffen waren.

5.1.6. Die Wirkung der Diagnose „MCD" auf die Einstellung der Umwelt

Daß MCD keine Krankheit ist, sollte bei jeder Beratung von Eltern und Lehrern legasthenischer Kinder mit großem Nachdruck betont werden. Denn die „Aufklärung" über den wahrscheinlichen Zusammenhang der Lernschwäche mit einem ungünstigen Ereignis im vor- oder nachgeburtlichen Leben des Kindes kann unterschiedliche Folgen haben.

Es kommt oft vor, daß das Wissen um einen solchen Zusammenhang die emotionale Situation zwischen Eltern und Kind und zwischen Lehrer und Kind entlastet. Bisher hatte man die Schuld am Lernversagen dem Kind angelastet, seiner „Dummheit“, seiner „Faulheit“, seinem Unwillen, zu üben. Jetzt weiß man, daß es nichts dafür kann. Der vernünftige Lehrer wird ein solches Kind nicht abwerten, er wird ihm gegenüber eine helfende, heilpädagogische Haltung einnehmen. Auch vernünftige Eltern sollten nun eine neue Einstellung gewinnen und eher helfen als strafen wollen. Das ist aber nur möglich, wenn sie mit Nachdruck darauf hingewiesen werden, *daß das Kind nicht dumm* ist, daß die *Folgeerscheinungen der Schädigung vorübergehend* sind, und daß die *Zukunft des Kindes vom Verständnis gegenüber seiner Schwäche* abhängt. Es gibt aber auch – leider häufig – bei Lehrern Vorurteile gegenüber Kindern, die mit einem „Dachschaden“ belastet sind. Zu deutlich weist der Ausdruck „Minimale Cerebrale Dysfunktion“ auf einen krankhaften Befund hin, auf eine Abnormität. Biermann [28] schlägt daher mit Recht vor, anstatt MCD die Bezeichnung „Geringe frühkindliche Entwicklungsstörung“ zu verwenden.

In der Familie kann der Hinweis auf den Zusammenhang zwischen Lernstörung und Zerebralschädigung ohne Aufklärung – aber auch oft trotz einer solchen – zur Diskriminierung des Kindes, zu dessen Abwertung, zu Lieblosigkeit, zu allzu offen gezeigter Enttäuschung über dessen verringerte Zukunftsperspektiven führen. Auch in der Familie kommt man schwer über Vorurteile hinweg. In einem Bericht über die Therapie eines 10-Jährigen schreibt McLeod [150]: „Als ich mich über das schwarze Kreuz (auf einem Nikolaus) wunderte, fiel ihm noch etwas ein, das ihn geärgert hatte: die ‚Hirnpillen‘. Da er wegen Verdachtes auf eine minimale cerebrale Dysfunktion eine Weile Insteron bekommen hatte, sprach die Familie damals ironisierend von Hannes ‚Hirnpillen‘. Deshalb hatte er immer geglaubt, er sei ‚nicht richtig im Kopf‘ – was ihm die schlechten Deutschnoten auch zu bestätigen schienen!“

Auf die Reaktionen der Umwelt (s. S. 80ff.) gehen vor allem die Nachfolgewirkungen einer Legasthenie zurück. Daher hält Biermann psychotherapeutische Vorkehrungen zur Sanierung der Familiensituation des betroffenen Kindes als flankierende Maßnahme neben der heilpädagogischen Betreuung für unerläßlich.

Solche Vorkehrungen sind nicht überall möglich, und so wichtig es auch ist, den Eltern klar zu machen, daß das Kind für seine Störung nicht verantwortlich ist, muß man sich doch in jedem Fall sehr genau überlegen, ob eine Aufklärung über den möglichen Zusammenhang von Legasthenie mit MCD zweckmäßig ist, und, falls man sich dazu entschließt, wie sie zu formulieren ist. Lehrer sollten in ihrer Ausbildung über diese Problematik informiert werden.

5.2. Abweichungen von der homogenen Rechtsdominanz* als mögliche Ursache der Legasthenie

5.2.1. Kontroverse Meinungen zum Problem der Lateralität

Allen Forschern, die sich mit *einzelnen Fällen von Legasthenie* intensiver beschäftigt haben, fiel das relativ häufige Vorkommen von Linkshändigkeit, Beidhändigkeit oder gekreuzter Lateralität auf. Manche berichten von überdurchschnittlich vielen Fällen linkshändiger Verwandter bei rechtshändigen Legasthenikern [112, 196].

In einer Reihenuntersuchung an 400 Kindern aus zweiten Wiener Schulklassen [196] konnte festgestellt werden, daß bei rechtshändigen Legasthenikern in 53% der Fälle von den Eltern auf Befragung linkshändige Familienmitglieder genannt wurden, bei 47% keine. (Angaben über familiäre Linkshändigkeit sind allerdings meist nicht vollständig, weil das Merkmal oft – z. B. bei verstorbenen Schwiegereltern – nicht bekannt ist, auch oft verschwiegen wird). Von den rechtshändigen Nicht-Legasthenikern hatten 20% linkshändige Verwandte, 80% keine linkshändigen Verwandten.

In Gruppenuntersuchungen allerdings wurden Zusammenhänge zwischen Legasthenie und Seitendominanz oft nicht gefunden, entweder weil die Dominanz gar nicht näher untersucht wurde oder wegen der Auswahl der Versuchspersonen. Als Beispiel seien die Untersuchungen von Valtin [229] und von Belmont und Birch [17] erwähnt. In beiden Fällen wurden Versuchspersonen gewählt, die extrem schlechte Leistungen aufwiesen (Valtin: Prozentrang 5 und darunter in der Rechtschreibung, Belmont und Birch: Prozentrang 10 und darunter im Lesen). Valtin führte keine Lateralitätsprüfung durch, sondern lediglich eine Befragung der Mütter. In der amerikanischen Untersuchung bestanden beträchtliche Intelligenzunterschiede zwischen Versuchs- und Kontrollgruppe (mittlerer IQ VG:KG 92,1:104,9). Die Wahrscheinlichkeit, daß in beide Untersuchungen VPn einbezogen wurden, deren Minderleistungen auf sozioökonomische, intellektuelle oder emotionale Ursachen zurückgingen, ist groß. Bei diesen Kindern wird man kaum eine erhöhte Anzahl von Abweichungen von der Rechtsdominanz finden.

Malmquist [149], der Mütter und Lehrkräfte nach der Handdominanz der Kinder befragte, fand bei dieser oberflächlichen Art der Erhebung keine erhöhte Zahl von Linkshändern in seiner Stichprobe. Es waren zwar relativ mehr Linkshänder unter den schlechten Lesern als unter den mittleren und guten, der Zusammenhang erwies sich jedoch im Hinblick auf die fehlende Verwendung von Tests nicht als signifikant. Der Autor meint, daß die große Zahl von Linkshändern unter klinisch (d. h. schulpsychologisch) untersuchten Fällen darauf hinweise, daß die Linkshändigkeit bei diesen Kindern ein Auslesekriterium sei. Das ist sicher nicht der Fall, denn die Abweichungen von der homogenen Rechtsdominanz werden meist erst bei der schulpsychologischen Untersuchung entdeckt. Der Unterschied ist vielmehr darauf zurückzuführen, daß bei genauen Einzeluntersu-

---

* Unter Dominanz wird hier nicht die Spezialisierung der rechten und linken Gehirnhemisphäre, sondern der bevorzugte Gebrauch der Hand, des Auges und des Beines verstanden.

chungen eine Dominanzprüfung mit einer Testbatterie durchgeführt wird. Immerhin empfiehlt auch Malmquist „bei der Untersuchung von Kindern mit besonderer Leseschwäche den mit der Linkshändigkeit zusammenhängenden Fragen eine gewisse Aufmerksamkeit zu schenken“.

Die meisten Legasthenieforscher, die in ihren Stichproben keinen erhöhten Prozentsatz von Abweichungen von der Rechtsdominanz fanden und daher jeden Zusammenhang der Legasthenie mit dem Lateralisationsproblem von sich wiesen, haben bei diesen Kindern weder Auge- und Beinpräferenz noch den Grad der Rechtshändigkeit untersucht. Denn sowohl Rechts- als auch Linkshändigkeit weisen graduell verschiedene Ausprägungen auf. Jadouille [105], die eine Testbatterie entwickelt hat (s. S. 234), mit deren Hilfe man verschiedene Grade der Rechts- bzw. Linksdominanz feststellen kann, fand einen linearen Zusammenhang zwischen dem Ausprägungsgrad der Linkshändigkeit und der Lesefertigkeit. Je ausgeprägter die Linkshändigkeit, desto schlechter die Lesefähigkeit. Ihre Untersuchung zeigt, daß schon geringe Abweichungen von der Rechtsdominanz Auswirkungen auf die Leseleistung haben können.

Heute wird die Abweichung von der Rechtsdominanz – ein keineswegs auf Legastheniker beschränktes, aber bei ihnen überdurchschnittlich häufiges Phänomen – oft geleugnet, gar nicht mehr untersucht und damit „nicht existent“ gemacht.

5.2.2. Händigkeit und Hemisphärenspezialisierung

Alle Untersuchungen stimmen darin überein, daß bei Linkshändern häufiger als bei Rechtshändern und Beidhändern eine untypische Form der Hemisphärendominanz vorliegt. Satz et al., referiert bei Deegener [45], konnten folgende Verteilung finden:

Rechtshänder:	85% linke,	10% rechte,	5% bilaterale Sprachdominanz
Linkshänder:	49% linke,	34% rechte,	17% bilaterale Sprachdominanz
Beidhänder:	73% linke,	13% rechte,	13% bilaterale Sprachdominanz

Die Hemisphärenasymmetrie für sprachliche Reize ist bei Linkshändern weniger ausgeprägt als bei Rechtshändern. Sie ist bei rund 50% auf die rechte Hemisphäre verlagert, bei 17% oder beidseitig repräsentiert. „Rechtshänder weisen überwiegend linkshemisphärische Dominanz für sprachliche Reize auf, während bei Linkshändern häufiger beidseitige oder stark rechtshemisphärische Sprachrepräsentation vorliegt als bei Rechtshändern. Es ist wohl anzunehmen, daß bei sogenannter genuiner (ererbter) Rechtshändigkeit häufiger eine eindeutige Dominanzausprägung für sprachliche Funktionen vorliegt als bei genuiner Linkshändigkeit. Von daher wird man bei Linkshändern eher eine unausgeprägte Hemisphärenasymmetrie für sprachliche Reize und damit eine insgesamt erhöhte Anfälligkeit für Störungen der Sprache nach Hirnläsionen finden als bei Rechtshändern“ [Deegener, 45, S. 91].

Bei der oben genannten Untersuchung von Satz handelte es sich um erwachsene Versuchspersonen. Bei den meisten männlichen Schulanfängern ist die Sprachlateralisierung noch beidseitig. Wie Abb. 6 (S. 56) zeigt, ist bei rechtshändigen

Kindern im Durchschnittsalter von 8;6 die linksseitige Hemisphärenspezialisierung für die Sprache jedoch schon weit fortgeschritten, während dies nur bei etwa 50% der Linkshänder der Fall ist. Die Werte von Deegener stehen in guter Übereinstimmung mit denen von Satz.

Obwohl es auch viele Nichtlegastheniker unter den Kindern mit untypischer Hemisphärenspezialisierung gibt, besteht doch ein Zusammenhang mit der Legasthenie. Sparrow and Satz [218] fanden unter 9- bis 12-jährigen Schülern viermal soviele Legastheniker als Nicht-Legastheniker mit einer LEE (Sprachspezialisierung in der rechten Gehirnhälfte). Eine Vergleichsuntersuchung von 7- bis 8-jährigen und von 11- bis 12-jährigen Legasthenikern mit Normallesern zeigte, daß sich auch bei den Legasthenikern mit zunehmenden Alter eine REE entwickelt, sie ist jedoch bei den 12-jährigen Normallesern viel ausgeprägter als bei Legasthenikern. Bei ihnen entwickelt sich die linksseitige Sprachspezialisierung gegenüber den Nicht-Legasthenikern mit zeitlicher Verzögerung und auch schwächer.

Bryden [38] fand, daß, verglichen mit dem Stand bei 6- und 7-Jährigen – in diesem Alter haben sowohl Rechtshänder als auch Linkshänder noch eine beidseitige Sprachrepräsentanz – mit zunehmendem Alter bei Rechtshändern die REE zunimmt, bei Linkshändern abnimmt. Im Alter von zwölf Jahren sind die Unterschiede schon beträchtlich.

Nach Levy [133] sind in Fällen, in denen die Hemisphärenspezialisierung atypisch ist, entweder die sprachlichen oder die visuellen Funktionen unvollständig entwickelt, was sich beides auf den Leseprozeß auswirken *kann*. Je symmetrischer die Funktionen verteilt sind, desto größer *können* die Defizite der rechten oder der linken Seite sein. Bilaterale Sprachdominanz findet sich bei 17% der Linkshänder und bei 13% der Beidhänder!

5.2.3. Händigkeit, Sprachlateralisation und Lesefertigkeit

Bryden [38] untersuchte nicht nur die Beziehung zwischen Händigkeit, Sprachspezialisierung und Legasthenie, sondern auch die Unterschiede zwischen familiärer (angeborener) und durch MCD erworbener Linkshändigkeit. Bei familiären Linkshändern war linke hemisphärische Sprachspezialisierung häufiger als bei nicht familiären. Dieser Befund macht eine häufige Erfahrung bei der Behandlung linkshändiger Legastheniker verständlich [Schenk-Danzinger, 196]. Legastheniker, bei denen eine familiäre Linkshändigkeit vorliegt, aber keine Entwicklungsstörfaktoren (Sprachverzögerung, Geburtsschäden etc.), zeigen in der Regel leichtere Störungen und sind einfacher zu behandeln als Kinder mit unausgeprägten Dominanzformen, die auf MCD zurückgeführt werden können. Zusammenfassend läßt sich auf Grund der Untersuchung von Bryden sagen:

(1) Unterschiede zwischen Rechts- und Linkshändern in der Hemisphärenlokalisation der Sprache treten erst allmählich auf, sind aber mit zwölf Jahren gravierend.

(2) Grad und Art der Hemisphärenasymmetrie zeigen deutliche Zusammenhänge mit der Lesefähigkeit und zwar bei Buben stärker als bei Mädchen.

(3) Bei Rechtshändern nimmt die Zahl der Kinder mit linksseitiger Sprachlokalisation zu, bei Linkshändern nimmt sie ab.

5.2.4. Der familiäre Linksfaktor und die erworbene Linkshändigkeit

Linkshändigkeit tritt als *rezessiver Erbfaktor* in vielen Fällen gar nicht oder nur in sehr wenig ausgeprägter Form in Erscheinung. In diesen Fällen unterscheiden sich Träger dieses Erbfaktors von Rechtshändern bei flüchtiger Betrachtung überhaupt nicht, bei genauester Untersuchung jedoch durch einzelne Abweichungen von der homogenen Rechtsdominanz. Bei vielen rechtshändigen Legasthenikern mit familiärer Linkshändigkeit, die genau untersucht wurden, konnte dies festgestellt werden. Der familiäre Linksfaktor kann auch als Beidhändigkeit, als gekreuzte Lateralität, als feinmotorische Schwierigkeiten der rechten Hand aufscheinen. Auch bei diesen Kindern kann die Hemisphärenspezialisierung labil sein.

Nicht nur wegen der verschiedenen Genkonstellationen (rr, ll, rl) der Eltern, sondern auch wegen der Möglichkeit des dominanten oder rezessiven Auftretens des Linksfaktors kann man nicht von Linkshändigkeit als solcher sprechen. Es gibt nur eine graduell verschieden ausgeprägte Bevorzugung der linken Hand, und auch die Bevorzugung von Auge und Bein muß bei der Beurteilung der Dominanzlage in Betracht gezogen werden.

Was die erworbene Linkshändigkeit betrifft, so ist bekannt, daß die Zahl der Linkshänder unter früh entwicklungsgeschädigten Kindern, bei denen auf Grund der Ereignisse vor, während oder nach der Geburt der Verdacht auf MCD besteht, erhöht ist. Nachfolgeuntersuchungen an Risikokindern von Pucsala [172] zeigen die Prozentverteilung von Linkshändigkeit, Beidhändigkeit und Rechtshändigkeit bei drei Gruppen von Kindern mit Geburtsgewicht unter 2001 g (Tabelle 3). Der Prozentsatz der Linkshändigen ist wesentlich höher als in der Gesamtbevölkerung.

Tabelle 3. Übersicht über die Händigkeit von Kindern mit Geburtsgewicht unter 2001 g

Probandengruppe	linkshändig		beidhändig		rechtshändig	
	Zahl	%	Zahl	%	Zahl	%
Frühgeborene	10	*21,37*	13	*27,7*	24	51,0
Zwillinge	4	23,5	2	11,8	11	64,7
Pränatale Dystrophe	2	14,3	2	14,3	10	71,4

Levy [133] glaubt, daß es mehr Linkshänder mit unentdeckter MCD gibt als Rechtshänder. Nach seiner Annahme sind 1,8% der Bevölkerung genotypisch (d. h., auf Grund der ererbten Genkonstellation) rechtshändig, aber phänotypisch (d. h., auf Grund äußerer Einwirkung, im gegebenen Falle einer MCD) linkshändig. Zwischen der genetischen Herkunft von Linkshändigkeit und der *Sprachlokalisation* fand er folgende Beziehungen:

Vater linkshändig	64% der Kinder mit REE
Mutter linkshändig	45% der Kinder mit REE
Geschwister linkshändig	53% der Kinder mit REE

Auf Grund dieser Befunde ist anzunehmen, daß *bei Linkshändern* (und wohl auch *bei Beidhändern) die Sprachspezialisierungen in der linken Hemisphäre von der Genstruktur her weniger vorherbestimmt ist als bei Rechtshändern.*

Die Untersuchung von Bryden [38] über die Beziehung von Händigkeit, Sprachlokalisation und Lesefertigkeit zeigte, daß 69% der rechtshändigen guten Leser rechtsohrdominant waren, die Sprachlokalisierung somit in der linken Hemisphäre lag, dies aber nur bei 58% der schlechten rechtshändigen Leser der Fall war. Die Zahl der Linkshänder war zu klein für eine gültige Aussage.

In einem weiteren Versuch wurde die gesamte Gruppe geteilt in Kinder mit *homogener Dominanz* in bezug auf die Bevorzugung von Hand und Ohr und in solche mit gemischter Dominanz. Bei Knaben war der Zusammenhang hochsignifikant. 80% der guten Leser zeigten Übereinstimmung zwischen Ohr- und Handdominanz, während dies nur bei etwa 45% der schwächeren und schwachen Leser der Fall war. Bei der Mehrzahl dieser Knaben herrschten somit gemischte Dominanzverhältnisse. Bei Mädchen bestand ein Zusammenhang zwischen homogener Dominanz und Lesefertigkeit nur im zweiten Schuljahr.

Die Untersuchung zeigt, daß die Seitendominanz Beziehungen zur Lesefertigkeit hat und zwar besonders in den unteren Schulklassen und bei Knaben. Auch in dieser Untersuchung wurde die raschere Entwicklung der Mädchen in Richtung Lesefähigkeit Erwachsener deutlich. Sie wird von Mädchen in der vierten Klasse, von Buben in der sechsten Klasse erreicht. In der Zeit, in der die Sprachspezialisierung noch in der Entwicklung ist, neigen Kinder mit gemischter Hand-Ohr-Dominanz zu Leseschwierigkeiten. *Es handelt sich dabei weniger um Rechts- bzw. Linkshändigkeit als vielmehr um die mit Linksfaktoren häufig verbundene Verzögerung der Sprachlateralisation.*

5.2.5. Das gestörte Körperschema

Daß die räumliche Orientierung am eigenen Körper, am Gegenüber und oft auch in der Umwelt vielen Legasthenikern große Schwierigkeiten bereitet, ist vielfach experimentell nachgewiesen. Belmont und Birch [18] fanden bei den schlechten Lesern eine *große Unsicherheit in der Links-Rechts-Orientierung* am eigenen Körper sowie in der Umwelt. Hierin unterschieden sie sich signifikant von den normalen Lesern.

Hermann und Norrie [98] ließen eine Gruppe von Legasthenikern und eine Kontrollgruppe von Nicht-Legasthenikern zwei einfache Aufgaben durchführen, und zwar die rechte Hand auf das linke Ohr und die linke Hand auf das rechte Knie legen. Tabelle 4 zeigt die Fehlerverteilung.

Im Gespräch mit Legasthenikern konnten Hermann und Norrie feststellen, daß viele sich geheimer Hilfsmittel zur Unterscheidung der rechten und linken Körperhälfte bedienen (Armband, Ring, Muttermal oder Narbe, am Rockärmel eingenähte Zeichen). Manche müssen heimlich die Schreibhand bewegen, um zu wissen, wo rechts ist. Dabei handelt es sich vor allem um die *Zuordnung von Richtung und Richtungsbezeichnung,* also um die bimodale Leistung. Auch die Stellung der Uhrzeiger wird manchmal umgekehrt gesehen. Es gibt allerdings Linkshänder ohne Lese-Rechtschreibschwäche, die ebenfalls mit allen Schwierigkeiten labiler Orientierung am Körperschema zu kämpfen haben, wie falsche Drehung bei der Gymnastik, Unsicherheit beim Befolgen von Rechts-Links-Anweisungen etc.

Tabelle 4. Fehler bei der Unterscheidung von rechts und links am eigenen Körper (Fehlerzahl in Prozent)

	N	0	1	2	Fehler
Legastheniker:					
Knaben und Mädchen von 9–14 Jahren	77	25	31	44	100
Erwachsene Legastheniker über 15 Jahre	94	37	15	48	100
Nicht-Legastheniker:					
Knaben und Mädchen von 9–15 Jahren	295	63	25	12	100

5.3. Legasthenikerfamilien

Im schulpsychologischen Dienst begegnet man immer wieder Familien, in denen Linkshändigkeit und Lese-Rechtschreibschwäche gehäuft auftreten, wobei sehr verschiedene Auswirkungen auf die Schullaufbahn und den Lebensweg der Betroffenen zu erfahren sind. Linder [135] fand bei 40% der von ihr untersuchten 50 Fälle Hinweise auf Vererbung der Störung. Klasen [113] hatte 39 Fälle zu untersuchen, bei denen Legasthenie in der Familie zugegeben wurde. Sie weist auf die Schwierigkeiten bei der Erhebung hin, da viele Eltern Widerstände haben, ihre eigene Linkshändigkeit und ihre eigenen Lernschwierigkeiten einzugestehen. Aus diesen und ähnlichen Gründen gelingt es im Beratungsdienst selten, den „Umfang" einer vererbten Legasthenie zu erfassen. Daher ist die folgende Rekonstruktion einer *Legasthenikerfamilie* durch Gisela Lekic [125] besonders interessant. Sie hat in ihrer Examensarbeit zur ersten Lehrerprüfung an der Pädagogischen Hochschule Lüneburg das Bild ihrer eigenen Familie gezeichnet (Abb. 8 u. 9). Der Stammbaum gibt uns Links- und Rechtshändigkeit der unmittelbaren Vor- und Nachfahren an, ohne allerdings die angeheirateten Ehepartner zu berücksichtigen. Auffallend ist dabei das Überwiegen der männlichen Linkshänder gegenüber den weiblichen (11:4). Die Verfasserin hatte zwar die Möglichkeit, Informationen über die Händigkeit aller Familienmitglieder der eigenen sowie der Elterngeneration zu erhalten, genauere biographische Daten konnte sie jedoch nur über die unmittelbaren Nachkommen ihres Großvaters (Nr. 4 in Abb. 9) erhalten, dessen Händigkeit unbekannt war, der seine beiden linkshändigen Söhne jedoch mit großer Strenge erzog.

Ein Onkel (Nr. 11) war Linkshänder, von Beruf Zahnarzt und zur Zeit der Befragung 76 Jahre alt. Er wollte kein Linkshänder sein und gab nur zögernd zu, daß auch sein Sohn

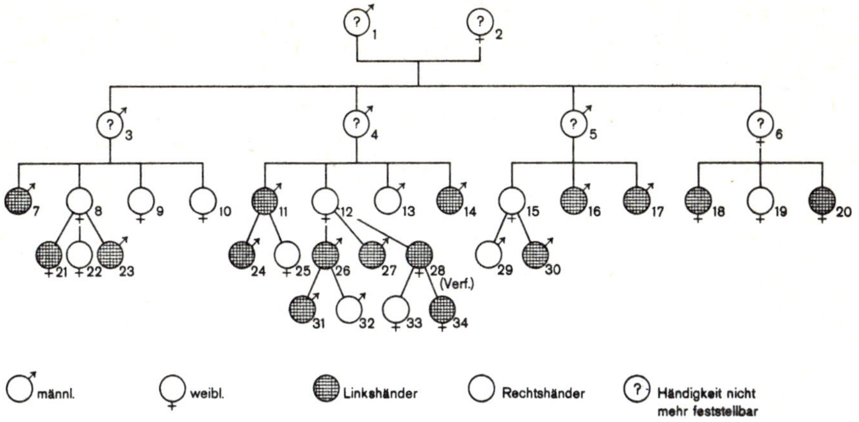

Abb. 8. Stammbaum

(Nr. 24) zur Linkshändigkeit disponiert war. Er selbst hatte keine Schulschwierigkeiten gehabt, war sehr begabt, dabei rechthaberisch und aggressiv. Es handelte sich um einen Linkshänder, der dieses Merkmal als Makel empfand; daher auch die radikalen Maßnahmen, als sein Sohn schon sehr früh von ihm als Linkshänder erkannt wurde. Er versuchte sofort, ihn mit Gewaltmaßnahmen umzuerziehen. Schon mit 1 bis 2 Jahren wurde ihm der linke Arm festgebunden, damit „der rechte sich kräftige". Helmut hantierte und malte jedoch im Vorschulalter trotz dauernder Ermahnungen links. Erst in der Schulzeit lernte er rechts schreiben und zeichnen. Beim Ballspielen, Basteln und vielen anderen Tätigkeiten bevorzugte er nach wie vor die linke Hand.

Helmut (Nr. 24) war ein sensibles Kind. Seine um 3 Jahre jüngere Schwester war die Bestimmende. Helmut war immer ein ausgezeichneter Schüler, der lediglich schlechte Noten in Schrift erhielt. Er entwickelte wenig Selbstsicherheit und blieb auch als junger Mann scheu, war bei der Berufswahl lange unentschlossen.

Onkel Sigurd (Nr. 13) angeblich Rechtshänder, lernte sehr schwer lesen und schreiben. Seine Leistungen wurden erst in den höheren Klassen besser (Mittlere Reife). Er wurde als faul, nachlässig und schulunlustig beschrieben.

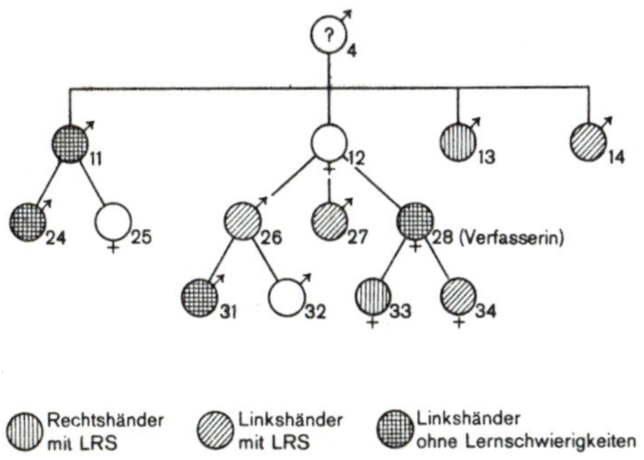

Abb. 9. Ausschnitt aus Abbildung 8

Onkel Harald (Nr. 14) war Linkshänder, wurde zum Rechtshänder erzogen, jedoch nie ganz umgestellt. Er galt als sehr begabt. Bei Schulbeginn zeigte sich jedoch eine völlige Unfähigkeit, lesen und schreiben zu lernen. Als er am Ende des zweiten Schuljahres noch keine Fortschritte gemacht hatte, wurde er von der Schule genommen und bekam einen Hauslehrer. Auch dieser konnte ihm innerhalb eines Jahres nur die Anfangsgründe des Lesens und Schreibens beibringen. Der vorher lebhafte und geistig rege Junge wurde unlustig und gelangweilt. Auf Fotografien ist die Veränderung auch im Gesichtsausdruck deutlich zu erkennen. Zur Erholung wurde er aufs Land gebracht und besuchte ein Jahr die Dorfschule. Dort kräftigte er sich physisch und psychisch, machte Lernfortschritte und konnte mit zwei Jahren Verspätung den Anschluß an eine landwirtschaftliche Schule erreichen. Sein Vater kennzeichnete die vorübergehenden starken Lernschwierigkeiten folgendermaßen: „Es war, als sei bei Harald mit 6 Jahren eine Tür zugeschlagen, die sich erst, als er 13 Jahre wurde, langsam wieder öffnete."

Die Schwester (Nr. 12) von *Hartwig* (Nr. 27) und *Sigurd* (Nr. 26) und Mutter der Verfasserin (Nr. 28) war rechtshändig, ebenso ihr Mann.

Sigurd (Nr. 26), Giselas älterer Bruder, war vollständig linksdominant. Er lernte zwar rechts essen, hantierte aber sonst fast ausschließlich links und wurde kaum umerzogen. Grüßen mit der rechten Hand bereitete starkes Unbehagen, er weigerte sich, die Hand zu reichen, grüßte daher wenn möglich gar nicht und wurde deswegen für unhöflich gehalten. Als er mit 6 Jahren in eine Privatschule kam, wurde er gezwungen, rechts zu schreiben und zu malen. Seine Leistungen waren schwach im Lesen und in der Rechtschreibung. Als auch seine Rechenleistungen nachließen, sollte er auf die Hilfsschule. Die Eltern weigerten sich, da er eine normale Intelligenz aufwies. Nach drei qualvollen Jahren in der Privatschule, wo er als Hilfsschüler galt, hatte sich sein Lesen durch geduldige Hilfe der Mutter fast normalisiert. Er wurde im humanistischen Gymnasium vorgestellt, dessen Direktor seine Intelligenz erkannte und ihn trotz schlechter Rechtschreibleistung probeweise aufnahm. Die Rechtschreibung blieb noch lange fehlerhaft, er rückte aber im Lauf der Jahre zum besten Mathematiker der Klasse auf. Latein und Griechisch lernte er ohne allzu große Schwierigkeiten. Wegen Englisch mußte er jedoch eine Klasse wiederholen. Seine Schrift war fahrig und ungleichmäßig. Er ging nie gern zur Schule, bestand aber sein Abitur mit besonders guten Leistungen in Mathematik. Sigurd war ein ruhiges Kind, ein ausgesprochener Einzelgänger, stark gehemmt in seinen Bewegungen und Äußerungen. Der Wunsch seines Vaters, ihn Diplomat werden zu lassen, scheiterte an seiner schlechten Schrift und vielleicht auch an der mangelhaften Rechtschreibung, denn eine handgeschriebene Bewerbung für die Offizierslaufbahn wurde abgelehnt. Er studierte mit Erfolg Jura und wurde wegen seines Könnens geschätzt. Handwerklich ist er sehr geschickt. Nach einer schweren Kriegsverletzung des linken Armes arbeitet er beidhändig, schreibt aber ungern mit der Hand.

Sein 12-jähriger Sohn (Nr. 31) ist linkshändig ohne Lernschwierigkeiten, sein 10-jähriger Sohn ist Rechtshänder (Nr. 32).

Der jüngere Bruder *Hartwig* (Nr. 27) war ebenfalls Linkshänder mit Lernschwierigkeiten. Seine Mutter war während der Schwangerschaft stark unterernährt. Ein zartes Kind, litt er viel unter Ernährungsstörungen. Er lernte früh laufen, jedoch spät sprechen. Mit 3 Jahren sprach er noch so schlecht, daß nur die engsten Familienangehörigen ihn verstehen konnten. Er war als Kind Bettnässer und kaute sein ganzes Leben lang Nägel. Da er für sein Einnässen oft Schläge bekam, wurde er gegenüber Strafen gleichgültig. Bisweilen quälte er Tiere. Er galt als Kind wie auch als Erwachsener als Angeber. Doch war er gutmütig, immer freundlich und hilfsbereit und schien lustig und unbekümmert. Er war Linkshänder, jedoch nicht so stark ausgeprägt wie sein Bruder Sigurd, und lernte daher sehr bald alle Tätigkeiten *auch* rechts auszuführen, so daß er bei Schulbeginn nicht mehr als ausgesprochener Linkshänder angesehen werden konnte. Es zeigte sich jedoch schon im ersten Schuljahr, daß er den Anforderungen nicht gewachsen war. Er konnte die einzelnen Buchstaben lesen, nicht aber zu Silben zusammenschleifen. Noch mühsamer war es für ihn, mehrere Silben zu einem Wort zusammenzusetzen. Seine Mutter versuchte mit viel Geduld, ihm zu helfen. Als er nach 1½ Jahren noch gar nichts lesen und fast kein Wort richtig schreiben konnte, kam er in eine Rudolf-Steiner-Schule. Auch dort machte er in den ersten Jahren geringe Fortschritte im Lesen und Rechtschreiben. Auch Gedichte konnte er schwer lernen. Im Rechnen war er durchschnittlich begabt. Das Lesen erlernte er später, blieb aber in der Rechtschreibung schwach, wurde mit 16 Jahren aus der achten Klasse entlassen und kam in eine Autoschlosserlehre. Hier leistete er Durchschnittliches.

Gisela (Nr. 28), die Verfasserin, war linkshändig, hatte keine Lernschwierigkeiten, jedoch immer schlechte Noten in Schrift. In der Oberstufe waren ihre mündlichen Leistungen in Deutsch zufriedenstellend, sie versagte aber vollkommen bei schriftlichen Arbeiten. Sie schrieb nicht, sondern saß bis zu zwei Stunden vor dem leeren Blatt und formulierte im Kopf ihren Aufsatz, ohne sich entschließen zu können, ein Wort niederzuschreiben. Wenn die ersten Aufsätze abgegeben wurden, begann sie in Panik, ihre Gedanken schriftlich zu fixieren. Sie wurde jedoch nie fertig. Nach dem Ende der Schulzeit schrieb sie so gut wie gar nichts mehr. Briefe blieben unbeantwortet, Freundschaften gingen aus diesem Grund auseinander. Schwierigkeiten bereiteten auch Handarbeiten. Sie war sehr ungeschickt und langsam, hielt Nadeln krampfhaft fest und wußte nicht, in welcher Richtung sie nähen, häkeln oder stricken sollte. Sie hat nie gelernt, den Faden beim Häkeln oder Stricken über den linken Zeigefinger zu wickeln, sondern hält ihn mit der Nadel zusammen fest in der Hand. Ihre Rechts-Links-Orientierung ist sehr schlecht. Am eigenen Körper kann sie zwar rechts und links unterscheiden, wenngleich sie auch dabei überlegt, manchmal sogar eine Schreibbewegung andeuten muß und sich oft irrt. Im Großraum hat sie eine völlig unsichere Orientierung, ebenso bei der Beurteilung von links und rechts ihres Gegenübers. Linkshändige Spiegelschrift gelingt ihr mit fast der gleichen Geschwindigkeit wie Normalschrift. Gisela L., mit einem Rechtshänder verheiratet, hat zwei Töchter (Nr. 33 und Nr. 34). Von diesen beiden Kindern gibt es vollständige schulpsychologische Untersuchungen.

Milica (Nr. 33) ist rechtshändig, aber linksäugig. In der ersten Klasse schrieb sie spiegelbildlich, erlernte die Einzelbuchstaben, konnte sie jedoch nicht zu Worten zusammenfügen. Im weiteren Verlauf der Schulzeit traten alle Symptome einer Legasthenie auf, dazu große Schulunlust, Angst vor Büchern, Angst vor lautem Lesen. Erst mit 10 Jahren fing sie spontan zu lesen an. Sie hatte Rechenschwierigkeiten, weil sie Zahlen umstellte (5 und 7 = 21). Die Testung ergab einen IQ nach HAWIK von 131, Verbalteil 135, Handlungsteil 118. Große Schwierigkeiten bestehen beim Nachsprechen einzelner Wörter (Akademie – Akadamie). Mit 11 Jahren hatte sie trotz ihres hohen IQ bereits ein Schuljahr verloren. Milica war in der Schulzeit sehr sprechscheu, sensibel, litt an Asthma, Kopfschmerzen, Schweißausbrüchen. In der Vorschulzeit war sie fröhlich und hatte sich normal entwickelt.

Mirjana (Nr. 34), die um ein Jahr jüngere Schwester, ist ganz linksdominant, wurde nie umgestellt, hat aber von selbst rechts zu schreiben begonnen. Sie konnte bereits fließend lesen, als sie zur Schule kam. Ihre Rechtschreibschwierigkeiten bestehen fast ausschließlich aus Umstellungen, (reklären, ienkleben, trunen, Freitga) die Schrift ist sehr schlecht. Ihr Problem ist das ständige Vertauschen zweistelliger Zahlen und ihre Rechenleistungen werden von Jahr zu Jahr schlechter. ($54-40=41$, $57-40=71$, $36+21=75$, $23\times5=82$). Man kann bei ihr von einer Rechenlegasthenie sprechen. Mit 10 Jahren konnte sie rechts und links noch nicht unterscheiden und mußte immer die Schreibbewegung machen, um die rechte Hand zu finden. Die Intelligenzprüfung nach HAWIK ergab einen IQ von 121, Verbalteil 125, Handlungsteil 111.

Die Beschreibung dieser Legasthenikerfamilie wird hier deshalb (etwas gekürzt) gebracht, weil sie die folgenden möglichen Konstellationen zeigt:

- Linkshändigkeit *ohne Lernschwierigkeiten,* aber mit *Problemen der Persönlichkeitsstruktur* [11, 24].
- Linkshändigkeit mit *schweren Lern- und Persönlichkeitsproblemen* [14, 27].
- Linkshändigkeit mit *allmählich abklingenden Lernschwierigkeiten*, aber *gestörter Persönlichkeit* [26].
- Linkshändigkeit ohne wesentliche Lernprobleme, aber mit *Schwierigkeiten der manuellen Koordination* [28].

- Linkshändigkeit ohne Lern- und (soweit bekannt) ohne Persönlichkeitsproblematik [31].
- Rechtshändigkeit (gemischte Dominanz) mit *schwerer Legasthenie* und *starker psychosomatischer Symptomatik* [33].
- Linkshändigkeit mit schwerer *Rechenlegasthenie* [34].

Die Kurzbiographien zeigen auch die vielfachen Überlagerungen von Lernschwierigkeiten mit Persönlichkeitsstörungen wie Mutlosigkeit, Kontaktschwäche, Unsicherheit, Hemmungen, Prahlen, Störungen der Arbeitshaltung, Neurose. Früher, als Linkshändigkeit noch als Makel galt, konnte diese Eigenschaft allein, auch ohne Lernstörung, zu neurotischen Überlagerungen führen [24].

5.4. Legasthenie als angeborene oder erworbene Disposition

Nicht jede Abweichung von der Rechtsdominanz hat eine Legasthenie zur Folge, ebensowenig wie jede MCD zu Lern- und Verhaltensstörungen führt. Es gibt sehr viele Menschen mit gekreuzter Lateralität ohne die Spur einer Legasthenie. Wir müssen annehmen, daß es nur unter bestimmten, noch nicht näher bekannten Bedingungen der genetischen *Konstellation* von „rechten" und „linken" Erbträgern zu unvollständiger oder von der Norm abweichender Hemisphärenspezialisierung der Sprache und/oder der visuellen Wahrnehmung kommt, die jedoch *ohne sonstige zerebrale Implikationen primär eine Retardierung* darstellt. Durch Nachreifung und gezielt angebotene Lernerfahrungen normalisiert sich in der Regel das vorerst gestörte Leistungsbild dieser Kinder.

Daß durch MCD instabile oder atypische Formen der Hemisphärenspezialisierung entstehen können, die zu Störungen der intermodalen Koordination und von daher zur klassischen Legastheniesymptomatik führen (auch ohne Beeinträchtigung der manifesten Rechtsdominanz), wurde schon in 5.1. besprochen. Durch MCD können *sekundäre, nicht familiäre* Abweichungen von der Rechtsdominanz entstehen, die die Interaktionstüchtigkeit der Hemisphären in doppelter Weise beeinträchtigen.

Bei schwereren, mehrfachdeterminierten Zerebralstörungen, wie sie etwa Atzesberger [10] unter seinen Versuchspersonen fand, kann es auch bei normaler Intelligenz zu *Leistungsdefiziten* kommen, die durch Nachreifung nur wenig gemildert und auch durch gezielte Lernangebote nur sehr begrenzt korrigierbar sind.

Wir wissen heute noch nicht, unter welchen Bedingungen eine ererbte Abweichung von der rr-Konstellation eine Legasthenie verursacht und unter welchen nicht. Wir wissen auch nicht, warum sich in dem einen Fall eine MCD hemmend auf den Erwerb der schriftsprachlichen Kommunikation auswirkt und in anderen Fällen nicht.

Wir wissen aber heute ziemlich sicher, *daß eine klassische Legasthenie als angeborene oder erworbene Disposition in Erscheinung tritt, unabhängig vom späteren Umfeld des Schulkindes.* Es gibt folgende Varianten:

- Ungünstige genetische Konstellation der manifesten oder rezessiven r-l-Zygoten
- Genetische Disposition im obigen Sinn + MCD
- MCD mit den durch sie bewirkten sekundären Abweichungen von der Rechtsdominanz
- MCD ohne sekundäre Beeinträchtigung der Rechtsdominanz

Die diesen Varianten zugeordneten Erscheinungsbilder der Legasthenie unterscheiden sich nicht grundsätzlich. *Unvollständige oder abnorme Hemisphärenspezialisierung kann wahrscheinlich beim Lesen und Rechtschreiben gar keine anderen als die beschriebenen Symptome hervorrufen – die Möglichkeiten sind „materialspezifisch" begrenzt.* Es gibt allerdings Unterschiede in der Schwere der Störungen, bei den Fehlerschwerpunkten und deren Häufigkeit, im Tempo der spontanen Rehabilitation, in der Therapierbarkeit und durch das Vorhandensein oder Fehlen einer dysphasischen Komponente. Dazu kommen Komplikationen durch Umweltfaktoren und die durch diese verursachten emotionalen Probleme.

5.4.1. Die Beziehung des neurologischen Modells zur Praxis

Scheerer-Neumann [184] hat zweifellos recht, wenn sie feststellt, daß das medizinisch-neurologische Funktionsmodell bisher wenig zur Therapie beitragen konnte. Ein spezialisiertes Modell der Zerebralfunktionen läßt sich jedoch direkt auf therapeutische Interventionen übertragen im Sinne des Diagramms (Abb. 10).

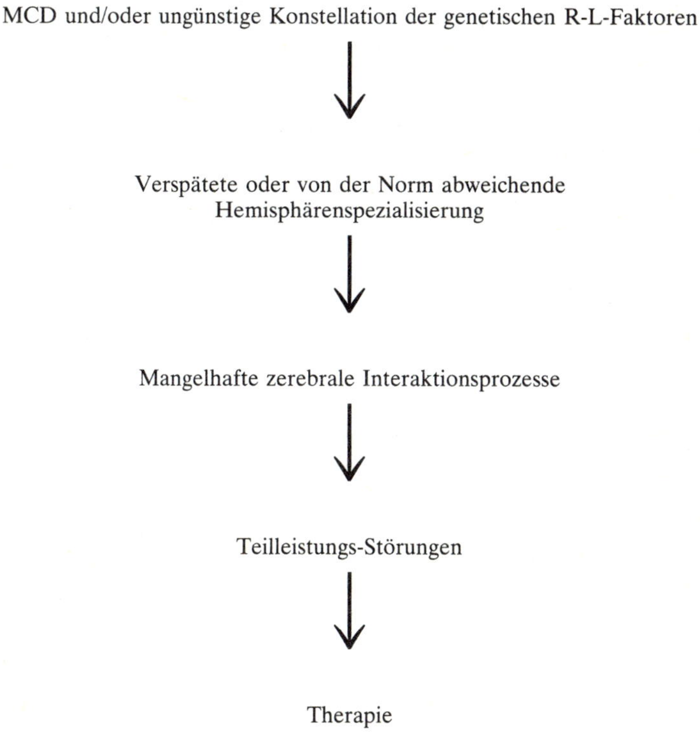

Abb. 10

6. Mögliche Auswirkungen der klassischen Legasthenie auf die psychische und soziale Situation und auf den Lebensweg

Der Vorwurf, der heute gegenüber der klassischen Legasthenieforschung erhoben wird, sie habe den Umweltfaktor und die psychische Situation des Legasthenikers vernachlässigt, muß energisch zurückgewiesen werden. Besonders Linder [136], Klasen [113] und Schenk-Danzinger [196 – schon in der 1. Auflage des Handbuches] haben sich sehr ausführlich mit diesem Problem beschäftigt. Die Lebensumstände des Kindes, zu denen auch die Schulsituation gehört, wurden allerdings nicht als *Ursachen* der Legasthenie, sondern als *akzidentelle Faktoren* beschrieben, die auf die Persistenz der Symptome sowie auf die Therapierbarkeit Einfluß nehmen, die seelische Belastung des Kindes verringern oder verstärken können. Wir wollen hier vier Aspekte dieses Problems diskutieren: die psycho-soziale Situation, die sekundären Symptome, die Beziehung zwischen Legasthenie und Neurose und zwischen Legasthenie und Kriminalität.

6.1. Die psycho-soziale Lage des Legasthenikers

Wenn man die Verhältnisse in Bremen als einigermaßen repräsentativ für den deutschsprachigen Raum anerkennen will, muß man zur Kenntnis nehmen, daß die Situation der Legastheniker trotz aller Aufklärungsversuche in Lehrerkursen und Massenmedien, in Familie und Schule recht ungünstig ist. Mit Hilfe von Fragebögen versuchte Niemeyer [162], die Einstellung von Familienmitgliedern, Lehrern und Mitschülern gegenüber Legasthenikern zu ermitteln und auch deren Einstellung zu sich selbst.

6.1.1. Die Situation in der Familie

Aus dem Schülerfragebogen ergab sich, daß Legastheniker im Vergleich zur Kontrollgruppe weniger gern zu Hause sind, häufiger gescholten und geschlagen werden, sehr viel häufiger „wütend auf die Eltern“ sind, von ihnen sehr oft als faul bezeichnet und wegen schlechter Leistungen getadelt werden, weniger Zeit zum Spielen und weniger Taschengeld haben.

Die Elternfragebögen zeigten, wie zu erwarten, sehr viel häufiger als bei der Kontrollgruppe, Unzufriedenheit mit den Schulleistungen der Kinder, Zweifel, Ängste und Resignation was den Besuch weiterführender Schulen und das berufliche Fortkommen betraf. Klar trat auch die Belastung der Eltern durch die Hilfe bei den Schularbeiten zu Tage sowie die Meinung, die Kinder könnten mehr leisten, wenn sie nur wollten. Der Erziehungsstil war autoritär, die sprachlichen Kontakte der Kinder mit den Eltern geringer. So durften z. B. weniger Legastheniker als Nicht-Legastheniker bei Tisch mitreden, und es wurde ihnen auch weniger oft vorgelesen.

6.1.2. Die Beurteilung der Lehrer

Besonders kraß unterscheiden sich Legastheniker von Nicht-Legasthenikern im Urteil der Lehrer. Aus den Lehrerfragebogen ergab sich, daß Legastheniker von ihren Lehrern in bezug auf Begabung, sprachlichen Ausdruck, Schnelligkeit des Begreifens und Denkens, Kritikfähigkeit und Phantasie sehr niedrig eingeschätzt und als wenig interessiert und schwerfällig bezeichnet wurden. Ihre Leistungen beurteilten die Lehrer in allen Fächern schlechter als die der Kontrollgruppe. Sie seien unaufmerksam, schwer zu steuern, faul, schlampig bei den Aufgaben, unbeherrscht, widerspenstig, verschlossen, gleichgültig, unselbständig, rasch ermüdbar und planlos. Allerdings wurde auch erkannt, daß sie depressiv, ängstlich und aufgeregt bei Klassenarbeiten seien, durch Zeitdruck in ihren Leistungen beeinträchtigt würden und vor Aufregung versagten. Es nimmt nicht wunder, daß diese Kinder ihre Lehrer als ungeduldig empfinden und der berechtigten Meinung sind, andere Kinder würden von den Lehrern bevorzugt.

Aus den Elternfragebogen ergab sich, daß sich Legastheniker bei Schuleintritt in ihrer Schulfreudigkeit von der Kontrollgruppe nicht unterschieden, aber schon bald eine Abneigung gegen Lehrer und Schule entwickelten, die sich besonders auf Lesen und Schreiben konzentrierte und die noch dadurch genährt wurde, daß viele der Legastheniker täglich mehr als zwei Stunden Hausarbeiten machen mußten.

6.1.3. Die soziale Eingliederung in der Klasse

Der Kinderfragebogen enthält einige Hinweise auf die soziale Situation der Kinder: Sie sind häufig allein und werden öfter ausgelacht als die Kontrollgruppe. 14% sind Außenseiter. Sie sind nach eigener Meinung leicht zu beleidigen, fühlen sich oft einsam, glauben, daß sie viele Feinde und wenige Freunde haben. Die Lehrer bezeichnen sie als wenig kontaktfähig und geneigt, andere Kinder zu verpetzen.

6.1.4. Die Einstellung des Legasthenikers zu sich selbst

Wie nicht anders zu erwarten, halten sich die Kinder für schlechte Schüler, im Unterschied zur Kontrollgruppe, die im allgemeinen mit ihren Leistungen zufrieden war. Sie glauben, daß sie öfter Pech haben als andere Kinder. Sie werden leichter müde und sind häufiger traurig. Was sie traurig macht, sind die strafenden Eltern. Die Schularbeiten fallen ihnen schwer und auch das Aufpassen in der Schule. Im Unterschied zu Eltern und Lehrern halten sie sich selbst nicht für faul oder unartig. Aber sie geben an, daß sie leicht ärgerlich oder wütend werden und sich mit anderen Kindern nicht immer vertragen. Die ungünstige Beurteilung der eigenen Leistungsfähigkeit, das Wissen um die eigene schwierige Situation in der

Gruppe und um die geringe Einschätzung ihrer Person durch Eltern und Lehrer ergibt ein äußerst ungünstiges Selbsturteil.

6.2. Die sekundären Symptome

Als sekundäre Symptome bezeichnet man Verhaltensweisen und Stimmungslagen, die sich als Folgeerscheinung der primären Symptome diesen überlagern oder sie begleiten (Linder, 136). Gehäufte unverschuldete Mißerfolgserlebnisse und ungünstige Umweltreaktionen, wie sie fast alle Legastheniker über lange Zeit und meist ohne Unterbrechung erleben müssen, können nicht ohne Rückwirkungen auf psychischen Zustand und Verhaltensweisen bleiben. Als Reaktionen auf diese Frustrationen entwickeln sich zwangsläufig Abneigungen gegenüber Leistungsbereichen und Personen, und es entstehen Spannungen, die der Legastheniker zu vermeiden oder abzureagieren trachtet, um das seelische Gleichgewicht einigermaßen zu erhalten oder wiederherzustellen.

6.2.1. Negative Stimmungslagen und Verhaltensformen

In der Fragebogenuntersuchung von Niemeyer [162] wurden Legastheniker signifikant häufiger als Nicht-Legastheniker einerseits als depressiv, ängstlich, stimmungslabil, entmutigt, störbar, verschlossen und krankheitsanfällig, andererseits als aggressiv, unbeherrscht, widerspenstig und feindselig gegen Mitschüler geschildert. Schenk-Danzinger [196] konnte die von Lehrern und Eltern genannten Verhaltensauffälligkeiten legasthenischer Kinder in vier Reaktionstypen gliedern:

(1) *Abwehr- und Ausweichmechanismen.* Der Zwang, zu lesen und zu schreiben verursacht intensives Unbehagen und führt zum Verweigern der Mitarbeit und des häuslichen Übens, zu Schuleschwänzen, Hefte verstecken oder „verlieren", Aufgaben ableugnen, Unterschriften fälschen. Dieses Verhalten kann sich zu einer generalisierten Opposition gegenüber allem, was mit Schularbeit zu tun hat, ausweiten und in der Folge auch zu Minderleistungen bei Aufgaben führen, für deren Bewältigung ausreichende Voraussetzungen vorhanden wären.

(2) *Kompensationsmechanismen.* Da man durch Leistung nicht zu Ansehen kommen kann, versucht man es mit Clownerie, tollkühnem Verhalten, Prahlen, Wichtigtuerei, erhöhter Unfugbereitschaft.

(3) *Aggressivität und Feindseligkeit.* Die durch Mißerfolgserlebnisse verursachten Spannungen werden durch Aggression abreagiert. Die Kinder sind streitsüchtig und angriffslustig, bereit zu spotten, andere herabzusetzen und zu verklagen. Sie sind trotzig, überempfindlich gegenüber geringsten Beeinträchtigungen, unfolgsam, störend und unruhig.

(4) *Angstvolles Sichzurückziehen.* Der Legastheniker erlebt sich als minderwertig, daher ist er scheu, ängstlich, empfindlich, unruhig, stimmungslabil, weinerlich, deprimiert bis zum Lebensüberdruß, apathisch, zieht sich in Tagträume zurück. Die Schulangst dieser Kinder kann sich in *psychosomatische Symptome* umwandeln, vor allem in Erbrechen, Eßstörungen, Schlafstörungen, erhöhte Krankheitsanfälligkeit.

Welche Reaktionsform ein Kind „wählt“, ist vielleicht aus seiner Vitalität zu erklären. Vital starke Kinder werden eher Kompensationsmechanismen und Aggressivität „wählen“, vital schwache Kinder Abwehr- und Ausweichmechanismen sowie regressives Verhalten im Sinne des generellen angstvollen Sichzurückziehens – die vom psychohygienischen Standpunkt gefährlichste Reaktionsform. Bei Längsschnittstudien legasthenischer Kinder kann man anhand der Schülerbeobachtungsbogen deutlich die Verschlechterung des Verhaltens im Laufe der mühsamen Schuljahre ablesen.

Linder [135] fand unter 50 von ihr genau studierten Fällen folgende Verteilung von Verhaltensstörungen:

Keine Schwierigkeiten	5 Kinder
Auffallend kindlich, verträumt, apathisch, scheu, ängstlich, empfindlich, weint leicht, schreckhaft	22 Kinder
Nervös, unruhig, zerstreut, unkonzentriert, schwankend in den Stimmungen: lieb, weich – leicht, aufbrausend, erregt	20 Kinder
Schwer erziehbar, unfolgsam, schwierig, grob, streitsüchtig, gelegentliche Unehrlichkeit	3 Kinder

Angst, ausgelöst wahrscheinlich nicht nur durch die pädagogischen Konsequenzen mangelhafter Leistungen, sondern auch durch das Gefühl der Hilflosigkeit gegenüber der Störung, konnte auch Klasen [113] bei einem großen Teil der von ihr untersuchten Legastheniker feststellen. Sie fand folgende Verteilung „psychopathischer“ Zeichen (in % der Fälle):

Angst	65,0	Aggression	14,6
Konzentrationsschwäche	39,0	Abwehrhaltungen	12,0
Infantilität	33,2	Depressionen	10,6
Frustrationsintoleranz	31,2	Asoziale Verhaltensweisen	2,6
Kontaktscheu	20,6		

Bei 40% der Kinder traten nervöse Gewohnheiten in Erscheinung, wie Nägelbeißen, Daumenlutschen, Kopfschlagen, Schlafstörungen, und zwar bei jüngeren Kindern häufiger als bei älteren. Hier und auch beim Syndrom des angstvollen Sichzurückziehens handelt es sich um *neurotische oder neurotoide Symptome.*

Alle Verhaltensstörungen, die sich einer Legasthenie überlagern, nehmen bei nicht behandelten Kindern von Jahr zu Jahr zu, können sich fixieren und machen die Störung schließlich therapieresistent, so daß die Situation weder im Bereich der Leistung noch in dem der sozialen Eingliederung zu sanieren ist. *Daher ist es von größter Bedeutung, durch frühzeitige therapeutische und beratende Intervention die Entwicklung der sekundären Symptomatik zu verhindern. Das ist nicht möglich, wenn fachmännische Hilfe erst in der vierten Klasse einsetzt.*

6.2.2. Sekundäre oder primäre Symptome?

Bei drei Verhaltensweisen ist es unklar, ob es sich um primäre oder sekundäre Symptome handelt. Es sind dies die von fast allen Untersuchern beobachtete Konzentrationsschwäche, die oft auch mit Hyperaktivität einhergeht, die Infantilität und eine erhöhte Störbarkeit. Letztere wurde von Gutezeit [87] aufgrund von elektrodermalen Reaktionen sowohl in Leistungssituationen als auch in neutralen Situationen beim Auftreten von Störreizen experimentell festgestellt.

(1) *Konzentrationsschwäche*
In der Wiener Reihenuntersuchung [Schenk-Danzinger, 194] wurde anhand von Lehreraussagen festgestellt, daß Legastheniker weniger ausdauernd und konzentrationsfähig, unruhiger und ungleichmäßiger in der Leistung waren als die nichtlegasthenische Kontrollgruppe. Die Unterschiede waren durchwegs signifikant, doch schienen Knaben stärker gestört zu sein als Mädchen. Unter den Knaben fielen die mit leichterer Legasthenie unangenehmer auf als die mit schwerer Legasthenie. Dabei zeigte sich auch, daß viele Lehrer ganz zu Unrecht die *Konzentrationsstörung für eine Ursache der Legasthenie hielten*: Sie beurteilten besonders bei den leichter gestörten Kindern die Konzentrationsfähigkeit am Kriterium der Fehler. Klasen [113] fand Konzentrationsschwäche bei 39% der untersuchten Legastheniker (in der Wiener Untersuchung 63%), Hyperaktivität bei 26,8% (in der Wiener Untersuchung 52,7%).

Die Frage bleibt offen, ob es sich hier um ein primäres Symptom im Zusammenhang mit MCD oder um ein sekundäres Symptom handelt. Manches weist auf das Letztere, etwa die Tatsache, daß viele Kinder im Vorschulalter unauffällig waren, oder daß es sich sehr oft nicht um eine habituelle, situationsunabhängige, sondern um eine aktuelle Konzentrationsschwäche und Unruhe handelt in der höchst unlustbetonten Leistungssituation des Lesens und Rechtschreibens. Die Ursache der Konzentrationsstörung wird in einem Fall in einer minimalen hirnpathologischen Abweichung, im anderen in Überforderung zu suchen sein, in sehr vielen Fällen, mit kumulativer Wirkung, in beiden Faktoren.

(2) *Infantilität*
Kirchhoff [112] betrachtete das ganze Erscheinungsbild der Legasthenie als ein infantiles Syndrom. Eine Berechtigung zu dieser Auffassung mag darin liegen, daß ja auch die Raumlage-Indifferenz für abstrakte Gebilde und die Unfähigkeit zur Lautisolierung Erscheinungen sind, die einer früheren Altersstufe, dem Vorschulalter, entsprechen. Dieser partielle Rückstand betrifft nach Kirchhoff auch die Persönlichkeitsreifung. Als Bestätigung dieser Theorie mag gelten, daß viele Legastheniker ein diffusunreifes Elektro-Enzephalogramm zeigen. Daß viele jüngere Legastheniker infantile Züge haben, läßt sich nicht bestreiten, doch bleibt die Frage offen, ob diese zum Syndrom der Legasthenie gehören oder als Reaktion auf die Schulsituation zu interpretieren sind. Der Schulanfänger neigt in der kritischen Übergangsphase zwischen Kleinkind und Schulkind in besonderer Weise dazu, sich bei Frustrationen in die schützende, aufgabenfreie Welt des Kleinkindalters zurückzuziehen.

(3) *Störbarkeit*
Von Gutezeit [82] wurde eine „Vergleichende Untersuchung zur Bestimmung der Aktivationshöhe bei lese-rechtschreibschwachen Schülern“ durchgeführt. 20 lese-

rechtschreibschwache Knaben im Alter von 9;4 wurden mit einer entsprechenden Kontrollgruppe von 20 Nicht-Legasthenikern verglichen in bezug auf ihre elektrodermalen Reaktionen bei Leseversuchen und bei Störreizen durch Geräusche. Die elektrische Hautreaktion ist ein Hinweis auf psychische Aktivierung. In der ersten Versuchsreihe wurden 20 Wörter aus der Wiener Leseprobe auf einer Leinwand gezeigt. Sie mußten gelesen werden. Bei der zweiten Versuchsreihe wurde keine Leistung verlangt. Auf der Leinwand erschien 20 mal eine bestimmte Figur, in gewissen Abständen kam jeweils ein akustischer Störreiz hinzu.

Der Unterschied in den Reaktionen der beiden Gruppen war groß. In der ersten Versuchsreihe zeigten sich die Legastheniker durch die Leseprobe stärker gestört als die Kontrollgruppe. Ihre psychische Aktivierung nahm mit jedem neuen Wort zu. Aber auch die Geräusche störten die lese-rechtschreibschwachen Kinder mehr als die Kinder der Kontrollgruppe. Letzteren gelang im Laufe des Versuches eine gewisse Anpassung. Je öfter das Geräusch auftrat, desto geringer war bei ihnen der Unterschied in der Aktivierung zwischen Darbietungen mit und ohne Störreiz. Den Legasthenikern gelang diese Anpassung nicht. Sie wurden mit jedem neuen Störversuch erneut und immer stärker aktiviert. Der Verfasser zieht aus dem Untersuchungsergebnis den Schluß, daß lese-rechtschreibschwachen Kindern die Anpassung an eine Leistungssituation schwerer fällt als anderen Kindern. Aber nicht nur der Leseversuch, der ja auf ihre Schwäche abzielte, belastete sie. *Auch an Störreize konnten sie sich schlechter anpassen als Nicht-Legastheniker.* Es besteht somit eine höhere Ansprechbarkeit auf Reize im allgemeinen, was vermuten läßt, daß auch normale Reize in der alltäglichen Umwelt lese-rechtschreibschwache Kinder stärker irritieren als andere Kinder. Die erhöhte Reaktionsbereitschaft führe jedoch, so meint Gutezeit, zu vorschnellen Entscheidungen beim Lesen und Rechtschreiben, und diese vorschnellen Entscheidungen sind meist Fehlentscheidungen. Wir beobachten diesen Zustand immer wieder bei Legasthenikern, die bereits ein Fehlerbewußtsein entwickelt haben und bei der Rechtschreibung eine Entscheidung treffen wollen; sie fällt meist zugunsten eines neuen Fehlers aus!

Gutezeit stellt die Frage, ob nicht die erhöhte Erregbarkeit des Legasthenikers desorganisierend auf die kognitiven Prozesse wirke. Eine solche emotionale Unangepaßtheit könnte ein mitverursachendes Symptom sein, sie könnte aber auch, da es sich bei der beschriebenen Untersuchung um 9-jährige handelte, ein sekundäres Phänomen sein, eine Folge der bereits erlebten Frustrationen.

6.3. Regressionen und psychogene Blockierungen

6.3.1. Die neurotoide Regression

Zu den Sekundärsymtomen der Legasthenie kann man zweifellos auch jene Erscheinung zählen, die Müller [157] als neurotoide Regression bezeichnet hat. Es handelt sich um die Tendenz legasthenischer Kinder, bei *psychischer Belastung* auf ein Leistungsniveau zurückzufallen, das man für überwunden hielt und das tatsächlich schon seit einiger Zeit überwunden war. Bei jeder im Aufbau begriffenen und noch nicht voll mechanisierten Leistung kann es unter dem Einfluß von Müdigkeit, Krankheit, Medikamenten und psychischem Streß zu Abbau und Zerfallserscheinungen kommen. Der Legastheniker befindet sich jedoch infolge der an sich schon labilen und mit Angst und Unsicherheit belasteten Leistungssituation in besonderer Abhängigkeit von den äußeren Bedingungen. Jeder Konflikt im Elternhaus, jede Zurücksetzung, jede schlechte Note, jede Kränkung durch Geschwister oder Kameraden, jeder Lehrer-, Schul- oder Methodenwechsel kann einen Rückfall bedeuten.

Beim Übertritt ins Gymnasium schrieb eine 11-jährige Legasthenikerin, deren Störung nach dreijähriger Behandlung kaum mehr in Erscheinung getreten war und die mit der Note 2 aus der Volksschule kam, in ihrer ersten Klassenarbeit: „fielen dank für die sönen geschencke" – Fehler, die sie schon lange nicht mehr gemacht hatte. Note: „Nicht genügend."

Als Beispiel einer deutlichen, aber vom Kind aufgefangenen Regression soll ein Brief dienen, den eine 8-jährige nach Hause schrieb. Er bezieht sich auf einen in den Medien heftig diskutierten Vorfall in einem Ferienheim. Das Kind hatte einen Fluchtversuch unternommen. Es befand sich, nachdem ihm strafweise von einer „Pädagogin" das Haar „verkürzt" worden war, beim Schreiben des Briefes in begreiflicher Erregung (Abb. 11).

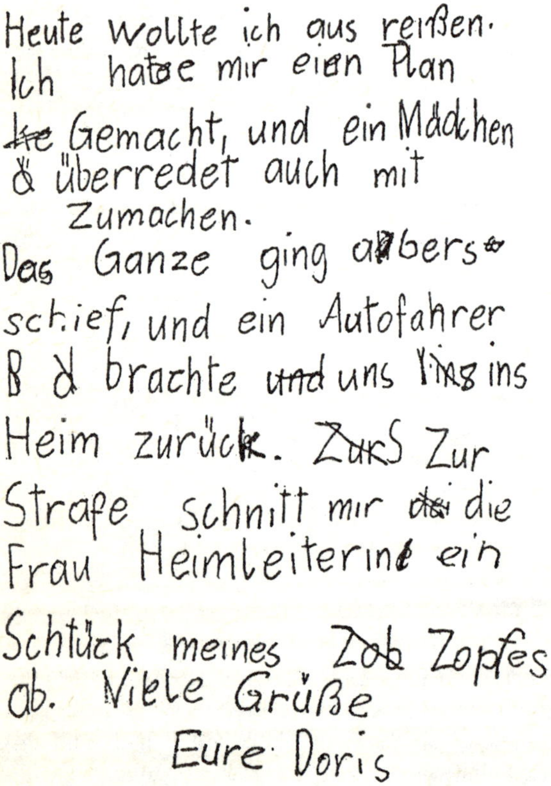
Heute wollte ich aus reißen.
Ich hatte mir ein Plan
Gemacht, und ein Mädchen
überredet auch mit
zumachen.
Das Ganze ging abers
schief, und ein Autofahrer
brachte uns ins
Heim zurück. Zur
Strafe schnitt mir die
Frau Heimleiterin ein
Schtück meines Zopfes
ab. Viele Grüße
Eure Doris

Abb. 11

Bei chronischer emotioneller Belastung des Kindes, die entweder aus der Reaktion der Eltern auf seine Lernstörung oder aus anderen familiären Ursachen, oft auch aus einer Kombination von beiden entstehen kann, *beobachten wir immer eine besondere Stagnation aller Fortschritte beim Abbau der legasthenischen Symptomatik.*

Es handelt sich hier wohl um ein Problem des verfügbaren emotionalen Kräftepotentials. *Eine Legasthenie ist ein kräfteverzehrender Störfaktor* und bedeutet einen permanenten Zustand der Unsicherheit, einen unentwegten Aufruf zur Aufmerksamkeit. Es ist ein Ringen um jedes Wort, zuerst beim Lesen, später hauptsächlich beim Abschreiben und beim freien Schreiben, oft auch beim Anschreiben der Zahlen. Das legasthenische Kind muß, um einigermaßen mitzukommen, einen viel höheren Energieeinsatz leisten als das nicht-legasthenische. *Es fehlt ihm die Entlastung durch die sich unbewußt vollziehende Mechanisierung und Speicherung,* die dem durchschnittlichen Schüler so vieles „zufallen' läßt. *Sind die emotionalen Kräfte durch eine chronische Konfliktsituation gebunden, so können sie nicht zur Bekämpfung der legasthenischen Schwierigkeiten eingesetzt werden.*

6.3.2. Legasthenie und Neurose

Manche Tiefenpsychologen [226, 178, 150, 168] sind der Meinung, daß Legasthenie ausschließlich als Neurosensymptom auftritt, und zwar als Antwort auf Frustration emotionaler Art. „Emotionale Störungen stellen die Ursache der Legasthenie oder anderer Symptome dar, die auch zusammen mit Legasthenie auftreten können" [226, S. 11]. So haben z. B. alle Legastheniker, die McLeod [150] aus ihrer tiefenpsychologisch orientierten Sicht beschreibt, emotionale Probleme mit den Eltern. Aber diese Probleme sind von der Art, wie sie unzählige Kinder haben (Ehekonflikte, Überforderung, ödipale Ängste, ein „neurotisches Familienarrangement"), ohne daß deswegen eine Legasthenie als Neurosensymptom in Erscheinung träte. Niemand scheint sich zu fragen, warum in manchen Fällen emotionaler Frustration eine Legasthenie auftritt und in der Mehrzahl der anderen nicht. Wir können annehmen, daß die Legasthenie bei allen von McLeod beschriebenen Fällen als Disposition vorhanden war – bei einem Kind wird von Linkshändigkeit berichtet, bei einem anderen von verspätetem Sprachbeginn, bei einem dritten von Medikation mit „Hirnpulvern" wegen MCD. Die emotionalen Beziehungen in den Familien hätten allein schon genügt, um die Kinder in Konflikte und Verwirrung zu stürzen, aber mit Schulbeginn kam die Legasthenie als Handicap für jeden Lernerfolg dazu und verschärfte die Situation.

Man kann in solchen Fällen wohl von einer Wechselwirkung sprechen. Die Legasthenie belastet die emotionale Situation in der Familie zusätzlich. Die bereits fixierten Abwehr- und Vermeidungsmechanismen behindern ihrerseits die Bewältigung der legasthenischen Symptomatik. Es gibt sicher auch gelegentlich neurotische Fixierungen auf bestimmten Stufen der legasthenischen Symptomatik, die wegen eines neurotischen Arrangements, das die Legasthenie überlagert, bzw. sie einbezieht, nicht überwunden werden können, bevor dieses Arrangement nicht aufgebrochen ist. Aber ähnlich wie bei körperlichen neurotischen Symptomen ist die „Wahl“ des Symptoms nicht zufällig, sondern knüpft an einen dispositionell vorgegebenen locus minoris resistentiae an.

Rosenblum [178] hat ihren Schützling Thierry ausführlich beschrieben: Die Großväter väterlicher und mütterlicherseits ebenso wie ein Bruder des Knaben waren Linkshänder, letzterer auch Legastheniker. Zwei weitere Linkshänder befanden sich unter den Brüdern des Vaters. Thierrys Geburt dauerte sehr lange, und das Kind war danach asphyktisch (blau als Folge von Sauerstoffmangel). Man belebte es mit heißen und kalten Bädern. Sein Kopf war bis zum Alter von 18 Monaten deformiert. Die Entstellung war so arg, daß die Mutter sich seiner schämte. Die gesamte Entwicklung verzögerte sich. Die ersten Schritte machte Thierry mit 18 Monaten. Er sprach lange nicht, half sich mit Gesten, die Wörter kamen bis zum Alter von fünf Jahren verstümmelt. Zurück blieb ein Sigmatismus.

Trotz der eindeutigen Hinweise sowohl auf einen familiären Linksfaktor als auch auf eine MCD diagnostiziert Rosenblum die Legasthenie des Knaben als ein *ausschließlich neurotisches Symptom.* Thierry wolle sich mit seinem Versagen in der schriftsprachlichen Kommunikation an der extrem verbalen, dominierenden, überfordernden und ablehnenden Mutter rächen.

In der Tat waren die Umstände sehr ungünstig. Das Kind war unerwünscht. Es gab vor ihm schon vier Knaben, und die Mutter wollte ein Mädchen. Die verzögerte Entwicklung verstärkte die ablehnende Haltung der Mutter, sie verglich ihn ständig mit den Geschwistern und empfand seine Schwächen als „narzißtische Kränkung“. Schon im Kindergarten wollte er „Lieder und Gedichte“ nicht lernen. Mit fünf Jahren wurde er eingeschult, versagte, mußte die Klasse wiederholen und erlebte dabei auch einen Methodenwechsel im Lesen, der ihn verwirrte. Zur gleichen Zeit wurde die von der Mutter heiß ersehnte Schwester geboren, und Thierry begann, das Bett zu nässen. Dieses Übel nahm zu in dem Maße, als sich seine Schwierigkeiten im Lesen und Rechtschreiben steigerten. Er kam in eine Förderklasse, ohne Erfolg, und landete schließlich – ein besonderes Problem – in der kleinen Privatschule, die seine Eltern leiteten, wo er strenger behandelt wurde als die anderen Schüler. Im Alter von zwölf Jahren übernahm ihn E. Rosenblum. Er hatte einen IQ von 114, die Leistungen in den Subtests streuten zwischen 10 und 16 Jahren. Die Rechenleistungen waren zufriedenstellend, das Leseniveau unter dem der zweiten Schulstufe, die Links-Rechts-Orientierung schwer gestört. Alle projektiven Tests signalisierten primär Angst. Rosenblum hatte zwar die Legasthenie des Knaben als psychogene Störung zur Bestrafung der Mutter interpretiert, als passiven Widerstand gegen Lesen und Rechtschreiben, (was eigentlich ein passiver Widerstand gegen die „Mutter mit den literarischen Ambitionen“ war.) Sie hatte jedoch nicht versäumt, neben der sehr wichtigen Psychotherapie (unter Einbeziehung der Eltern) auch die *Symptome der Legasthenie zu behandeln.* Und nur die *doppelte Form der Behandlung* führte nach einem Jahr zu merklichen Erfolgen.

Bei Thierry lag, nach allem, was wir heute wissen, sicher eine primäre Legasthenie vor, doppelt determiniert durch familiären Linksfaktor und MCD. Die ablehnende Haltung der Mutter, die durch die Lernschwierigkeiten des Kindes neue

Nahrung fand, sowie die besonders ungünstige Lernsituation haben den zerebral geschädigten Knaben in eine Neurose gedrängt, die abgebaut werden mußte, bevor Lernfortschritte möglich wurden.

Zusammenfassend können wir zum Problem Legasthenie und Neurose sagen:

(1) Eine klassische Legasthenie tritt niemals psychogen auf. Die Disposition dazu ist endogen oder durch MCD erworben.

(2) Eine klassische Legasthenie kann von einer Neurose überlagert werden. Dies kann entstehen

- durch frühe emotionale Frustrationen, unabhängig von der Legasthenie;
- bei MCD-Kindern als Reaktion auf den Erziehungsdruck, den die Verhaltensstörungen im Vorschulalter hervorrufen und dem ihre geringe Frustrationstoleranz nicht gewachsen ist [126];
- als Reaktion auf die Lernstörung selbst und deren Auswirkungen im familiären und schulischen Raum. Hier können Kinder der Mittel- und Oberschicht besonders betroffen sein, weil ihr bildungsorientiertes Milieu oft mit besonderer Enttäuschung und erhöhtem Druck reagiert.

(3) Im Falle einer im Vorschulalter entstandenen Neurose verstärkt die Legasthenie naturgemäß die emotionalen Probleme.

(4) Es kann zu neurotischen Fixierungen legasthenischer Symptome oder zur Regression auf solche kommen, aber nur dann, wenn eine endogene oder erworbene Disposition dazu vorhanden ist. *Nur der Legastheniker kann seine Legasthenie als Symptom verwerten.*

(5) Bei einem neurotisierten Legastheniker ist einer bloßen Symptombekämpfung wenig Erfolg beschieden. Erst eine Kombination von psychotherapeutischen und heilpädagogischen Maßnahmen kann den Weg zur Normalisierung der Leistung freilegen. Denn erst nach Beseitigung der neurotischen Symptome, Abwehrmechanismen und Fixierungen ist das Kind bereit, beim Training seiner primär retardierten Funktionen mitzuwirken. Neben den Kindern mit zahlreichen frühen Entwicklungsbelastungen, wie sie Atzesberger [10] beschrieben hat, sind es die neurotisierten Legastheniker, die sich im Rahmen der üblichen Behandlungen als *therapieresistent* erweisen.

(6) In der Literatur werden glaubhaft Fälle beschrieben, bei denen es während einer Psychotherapie auch ohne Symptombehandlung zu einer Besserung der Lese- und Rechtschreibstörung kam. Dazu ist zu bemerken: Bei leichteren Fällen gibt es, besonders bei Mädchen und speziell in der Pubertät, Spontanheilungen, die durch den Abbau emotionaler Probleme sehr gefördert werden können, umsomehr, als solche Behandlungen sehr lange, oft zwei Jahre dauern. Man sollte sich aber nicht darauf verlassen, daß eine Psychotherapie allein hilft, denn „die Schule wartet nicht“! Die Fortschritte, die sich allein durch die emotionale Stabilisierung einstellen, werden nur allzu leicht von den Anforderungen „überholt“!

Probleme sind

- die meist zu einseitig orientierte oder zu oberflächliche Diagnose, die entweder den emotionalen Aspekt vernachlässigt oder den Leistungsaspekt überbewertet;

– die Eingleisigkeit der ätiologischen Betrachtungsweisen (nur psychogen – nur medizinisch – nur psychosozial), die die Komplexität des Phänomens verschleiert;

– das Fehlen von *kombinierten Therapiemöglichkeiten*, wobei Psychotherapeut und Heilpädagoge zusammenarbeiten müßten;*

– die nicht genügend umfassende Ausbildung *aller mit dem Problem Konfrontierten* – der Klassenlehrer, der Kinderärzte und Kinderpsychotherapeuten, der meisten Erziehungsberater;

– die Tatsache, daß die Schule, in deren Verantwortungsbereich die Legasthenie-behandlung eigentlich gehört, nicht mehr als eine Symptombehandlung anbieten kann.

6.3.3. Legasthenie und Kriminalität

Nachdem Weinschenk sich schon in seiner ersten Veröffentlichung [237] mit dem Zusammentreffen von Legasthenie und Kriminalität beschäftigt hatte, belegt er diesen Zusammenhang neuerlich in einer groß angelegten Darstellung der Lebensgeschichte von 100 kriminellen Jugendlichen, die er an der Neurologischen Klinik der Universität Marburg/L. zu begutachten hatte [238 b]. Während die straffälligen Jugendlichen der ersten Untersuchung jedoch mit wenigen Ausnahmen Debile waren, die auch ohne Legasthenie beträchtliche Schulschwierigkeiten gehabt hätten, handelt es sich im neuen Bericht um 91 *intellektuell Normale* und *9 Grenzdebile* mit IQ zwischen 80 und 89. *Von den 100 kriminellen Jugendlichen waren 52 Legastheniker,* zum Teil mit groteskem Schulschicksal. Da wird von einem Jungen berichtet, der mit zwölf Jahren noch in der ersten Volksschulklasse saß – seine kriminelle Entwicklung führte zu einem Mord – und von einem anderen, der sich mit 11 Jahren noch in der ersten Sonderschulklasse befand. Die meisten hatten zwei Schuljahre verloren. Ihre Legasthenie war in der Schule weder diagnostiziert noch behandelt worden. Weinschenk findet in jeder kriminellen Entwicklung

(1) führende kausale Faktoren
(2) primär begünstigende Faktoren
(3) Folgeerscheinungen (etwa Heimeinweisung)

„Wenn z. B. ein kongenitaler** Legastheniker aus vollständiger Familie mit gutem Milieu in der Schule nicht als Legastheniker diagnostiziert und behandelt wird und laufend Selbstwertverletzungen erleidet und seinen unbewältigten Konflikt dann durch kriminelle Verhaltensweisen mit Erfolgserlebnissen kompensiert, sind der unbewältigte Konflikt und die Selbstwertverletzungen der führende kausale Faktor der kriminellen Entwicklung. – Handelt es sich aber nicht um eine vollständige Familie, sondern um eine vaterlose, und das Kind ist Schlüsselkind,

---

* In Wien besteht an den vier Child Guidance Clinics (Institute für Erziehungshilfe) die Möglichkeit zu einer solchen kombinierten Therapie. Aber jedes dieser Institute hat eine lange Warteliste.

** Kongenital = angeboren. Weinschenk hält *jede* Legasthenie für vererbt, eine Auffassung, mit der wir im Hinblick auf MCD-Fälle nicht übereinstimmen können.

dann können die Faktoren unvollständige Familie und Schlüsselkind als primär begünstigende Faktoren neben dem führenden Faktor Selbstwertverletzungen in der Schule fungieren. Während in dem obigen Fall das Merkmal Schlüsselkind als primär begünstigender Faktor wirkt, kann dieses Merkmal in einem anderen Fall als führender kausaler Faktor, z. B. als Gefühl des Vernachlässigtwerdens durch die Mutter, auftreten" [Weinschenk 238 b, S. 294].

Die untersuchten Jugendlichen waren schwere Legastheniker, die noch in der Berufsschule kaum lesen und überhaupt nicht rechtschreiben konnten, dort deshalb auch verspottet wurden und in der Folge die Berufsausbildung abbrachen. Es waren m. E. zum größten Teil *literale Legastheniker,* deren Selbstwertgefühl in der Tat im Laufe der Schuljahre schwerste Beeinträchtigungen erfahren haben mußte. In den meisten Fällen war keine tragfähige Familie vorhanden, und die Kompensationsmechanismen beschränken sich nicht mehr nur auf Störverhalten in der Schule. Die Jugendlichen suchten schon als 8- und 9-Jährige durch Eigentumsdelikte und andere Straftaten zu „Erfolgserlebnissen" zu gelangen und ihre Minderwertigkeitsgefühle zu kompensieren. (Einer kam auf 43 Straftaten in fünf Monaten).

Weinschenk betrachtet in sieben Fällen die Legasthenie als *einzigen führenden Faktor* bei der Entstehung einer kriminellen Entwicklung. In den anderen Fällen waren entweder noch weitere führende kausale Faktoren oder zumindest primär begünstigende Faktoren vorhanden. Allerdings, so wird mehrfach betont, ist nicht die Legasthenie als solche ein die Kriminalität hervorrufender Faktor. Nur bei *unentdeckter* und *unbehandelter Legasthenie* treten als Folge der *erlittenen Selbstwertverletzungen* und *unbewältigten Konflikte* kriminelle Verhaltensweisen auf – und in der Regel auch nur dann, wenn schon die frühkindliche emotionale Entwicklung gestört war und kein erziehungsfähiges Elternhaus der Verwahrlosung entgegenwirkte. (Wie einer solchen Entwicklung begegnet werden kann, zeigen die Fälle *Bernhard* und *Franz* in Kap. 10).

Die *Resozialisation* muß nach Weinschenk immer eine *Individualtherapie* sein. Ihr erster Abschnitt besteht in einer genauen *Diagnose*, ihr zweiter in der Erarbeitung eines *realistischen Lebensplanes mit dem Jugendlichen*, ihr dritter in *therapeutischen Maßnahmen*, unter denen die *Behandlung der Lese- und Rechtschreibschwierigkeiten* an allererster Stelle steht. Denn die Legastheniker – alles Jugendliche! – beherrschen in der Regel nur das Lesen und Diktatschreiben der einzelnen Buchstaben und Zahlen und das Abschreiben. Erst eine erfolgreiche Behandlung der Legasthenie gibt dem Straffälligen den Mut, auf die Realisierung eines Lebensplanes zu hoffen und an ihr zu arbeiten. Um krimineller Entwicklung vorzubeugen, verweist der Autor auf die Notwendigkeit, eine Legasthenie in der Schule zu erkennen und zu behandeln. Geschieht dies nicht, muß sich die Schule den Vorwurf machen lassen für alle Folgeschädigung mit verantwortlich zu sein.

„Es muß ein Hauptanliegen der Schulpädagogen aller Schularten sein, in Zukunft bei jedem Versagen eines Schülers eine Diagnose zu stellen, den Schüler in seiner Individualität zu erkennen, und damit die Ursache des Versagens oder des auffälligen Verhaltens behandeln zu können. Natürlich ist dazu der einzelne Lehrer beim heutigen Ausbildungszustand in der Bundesrepublik Deutschland in vielen Fällen überfordert. Aber es muß zumindest in Zukunft so ausgebildet werden, daß eine solche Einstellung des Lehrers zu seiner zweiten Natur wird, um auf jeden Fall bei einem gegebenen Anlaß die Diagnostik selbst durchzuführen oder diese Diagnostik zu veranlassen, wenn er dazu allein nicht fähig ist" [Weinschenk 238 b, S. 468].

Die Bedeutung seelischer Frustrationen durch eine schwere Legasthenie für die Entwicklung krimineller Verhaltensformen hat Weinschenk zwingend dargestellt. Kein Lehrer, kein Schulpsychologe dürfte an diesen Ergebnissen vorübergehen. Besonders wichtig ist die *Früherfassung* und *Frühbehandlung*, denn die Betroffenen begannen ihre kriminelle Karriere meist schon mit acht und neun Jahren, als sie sich andauernd unverschuldetem Versagen und unverschuldeter Diskriminierung gegenübersahen. Schlechte Noten, Klassenwiederholungen, aber auch inkompetent durchgeführte Förderstunden bis zur vierten Klasse – wenn alles schon verloren ist – *genügen nicht!*

Nach einer Diagnose „muß dann eine Sonderbehandlung des Probanden erfolgen, um die Minderleistungen im Rahmen des Möglichen zu beseitigen, denn nicht die kongenitale Legasthenie ist ein kriminogener Faktor, sondern immer erst die Selbstwertverletzungen, die anläßlich der Mißerfolge entstehen, verursachen kompensatorisch kriminelle Verhaltensweisen. Dies sind also sekundäre Symptome und vermeidbar. Dieser Sachverhalt will vielen Lehrern und vor allem Ministerialbeamten einfach nicht eingehen. Man neigt immer dazu, Folgen der Selbstwertverletzungen als Ursachen für die Verhaltensstörungen einzusetzen. In der Bundesrepublik Deutschland zeichnet sich gegenwärtig sogar eine deutliche Tendenz ab, die große Bedeutung dieser didaskalogenen* Schädigungen für die stark anwachsende Jugendkriminalität herabzuspielen. Und auch das sei hier noch einmal wiederholt: jeder Legastheniker kann bei rechtzeitiger Diagnostik und richtiger Therapie das Lesen und Rechtschreiben erlernen und braucht sich nicht neurotisch fehlzuentwickeln. Natürlich ist dabei eine Kooperation von Schule und Elternhaus erforderlich" [Weinschenk 238 b, S. 469].

6.4. Zwei Beispiele der Auswirkungen einer Legasthenie

Zur Illustration der Ausführungen über mögliche Auswirkungen der Legasthenie auf die schulische und psychische Entwicklung bringe ich im folgenden zwei Beispiele, eines aus der Bundesrepublik Deutschland, das zweite aus Österreich.
*Eine Mutter schildert den Werdegang ihres Sohnes Stephan***

Stephan: 16 Jahre. *Vater:* 52 Jahre, leitender Sozialarbeiter in einer norddeutschen Großstadt. *Mutter:* 50 Jahre, nach zwölfjähriger Unterbrechung wieder als Krankengymnastin tätig. *Geschwister:* Iris, 19 Jahre, Studentin; Lulu, 18 Jahre, Studentin; Anette, 13 Jahre, Schülerin.

Stephan ist unser drittes Kind, er wurde zu Hause geboren. Die Geburt ging gut. Daß seine Gelbsucht viel schwerer war als normal, fiel uns erst auf, als sie sich nicht zurückbil-

* didaskalogen = durch die Schule verursacht.

** Gekürzte Wiedergabe eines von Renate Rhein [177 a] beschriebenen Falles.

dete, und da war es fast zu spät. Als er nicht mehr trank und nicht mehr schrie, stellten wir ihn in der Kinderklinik vor und erfuhren, daß eine Austauschtransfusion nicht mehr nötig sei. Damals sind wahrscheinlich durch den Übertritt des gelben Farbstoffes in das Gehirn, der in den ersten Lebenstagen möglich ist, Gehirnzellen zerstört worden. Meine Mutter ist linkshändig, und ich weiß noch genau, wie mühsam mein Bruder lesen lernte. Das Laufenlernen war schwierig, Stephan fiel immer wieder hin. Und das Sprechen wollte gar nicht kommen. Die Schwestern hatten mit einem Jahr begonnen, er fing erst an, als er zwei Jahre wurde. Als er vier Jahre alt war, zogen wir aus beruflichen Gründen aus unserem Haus mit Garten in eine Innenstadt-Altbauwohnung. In der Zwischenzeit hatten wir noch eine Tochter bekommen. Sie war 2½ Jahre jünger als Stephan. Die Umstellung auf das Leben im neuen Stadtteil kostete uns alle viel Kraft. Für Stephan mußte ein Kindergarten gefunden werden. Auch dort hatten wir kein Glück, so daß ich ihn so schnell wie möglich einschulen wollte, d. h., als er eben sechs Jahre alt war. Ich wußte ja, daß er intelligent war, aber manchmal mußte ich ihn bis vor die Schultür tragen und habe das auch getan. Seine Lehrerin liebte ihn sehr. Daß er Probleme mit dem Schulstoff haben könnte, war ihr unvorstellbar. Aber ich merkte, daß er das ABC nicht wie seine Schwestern lernen konnte, daß er auch die Namen seiner Freunde nicht behalten konnte, und daß er nicht – wie seine Schwestern – am Ende der ersten Klasse einen Stapel Bücher für die Sommerreise brauchte. Für ihn selber nahm ich nur ein einziges Buch mit und versprach ihm: „Wenn du das in diesen Ferien durchliest, schenke ich dir Fußballschuhe." Dabei war er noch gar kein Fußballspieler. Wir lasen das Buch durch – in vier Wochen. Auf manchen Seiten waren nur drei Wörter. Ich kaufte die Fußballstiefel, und Stephan fing an, Fußball zu spielen und seine ersten Fünfer in Diktaten zu schreiben. Als ich die Lehrerin um ein Gutachten für den Schulpsychologen bat, schrieb sie darunter: „Auf Wunsch der Mutter, gegen den Rat der Lehrerin". Der IQ war damals 110, Stephan hatte eine Legasthenie. Aber ich konnte ihm zu keiner Behandlung verhelfen. Als ich ihn dazu anmelden wollte, hieß es: „Wir nehmen nur Unterschichtkinder." Also versuchten wir, uns zu helfen. Eine ehemalige Sonderschullehrerin unterrichtete ihn mit dem Material des Therapiezentrums drei Monate lang. Dann mochten beide nicht mehr. Daraufhin übte ich selbst mit ihm. Dann fing ich wieder an, halbtags zu arbeiten. Auf einer Fortbildungstagung lernte ich eine junge Ärztin kennen, die sich an der Uniklinik mit Legasthenie befaßte. Ich stellte ihr Stephan vor. Sie meinte, ich dürfe ihn auf keinen Fall unterrichten. Also suchten wir einen Privatlehrer und fanden einen Soziologiestudenten, der den Unterricht für DM 25.– pro Stunde übernahm. Er war sehr nett, nur von Legasthenie hatte er keine Ahnung. Er meinte, Stephan müsse nur gelockert werden und er spielte mit ihm Fußball oder Brettspiele. Nach einem halben Jahr hatte sich nichts geändert. Stephan war anerkannter Legastheniker, bekam alle Fehler in den Diktaten rot angestrichen, nur keine Zensur (von der dritten bis zur sechsten Klasse, und das auch nur, weil ich mich dafür einsetzte) und konnte überhaupt nicht lesen. Er konnte nicht allein Bahn fahren, weil er die Namen der Bahnhöfe nicht lesen konnte – wie muß der Rechtschreibunterricht auf ihn gewirkt haben! Wie schwierig war es für ihn, radfahren und schwimmen zu lernen, seine Schuhbänder zu binden – lauter Koordinationsleistungen – während die älteren Schwestern Latein lernten und die jüngste mühelos Gedichte lernte und ihre ersten ‚Hörspiele' machte. In der Schule nahm er am Deutschförderunterricht teil. Er saß in einer Gruppe mit einem Türken, einem Jugoslawen, einer Griechin und einem Sitzenbleiber – drei oder sechs Monate lang. Das war alles, was er an schulischer Förderung erhielt. In der fünften Klasse, im Urlaub in einer Almhütte, wo es weder Fernsehen noch fußballspielende Kinder gab, hat Stephan sein erstes Kinderbuch gelesen, und ein Jahr später seinen ersten Krimi. Er fing an, mir Zettel zu schreiben, wenn er wegging. Trotzdem muß er damals in der Schule sehr gelitten haben. Der Englischlehrer entschloß sich, den Unterricht mit den vier bis fünf interessierten, guten Schülern abzuhalten und überließ den Rest sich selbst. Dazu gehörte auch Stephan. Quatsch machen lernte er prima. *Jahrelang war er der Klassenclown. Eine andere Möglichkeit der Anerkennung sah er nicht.* Einmal meinte er zu mir: „Das Leben ist so doof. Ich möchte am liebsten tot sein." Als ich wissen wollte, wie realistisch diese Bemerkung gemeint war und ihn fragte, wie er das anstellen würde, sagte er: „Na, das ist doch ganz einfach. Ich brauch' bloß auf die Straße zu rennen, wenn ein Laster kommt."

Damals hatte ich große Angst um ihn. An den Nachmittagen spielte er sich seine Schulfrustration mit dem Fußball von der Seele. Gelegentlich war er mit Begeisterung im Fußballverein, am glücklichsten bei einem Trainer namens Stephan. Aber dann stieg er zur D-Jugend auf und mußte seinen Trainer verlassen. Das gab wieder eine Krise – wie bei den späteren Wechseln auch. Nach der sechsten Klasse bekam er eine Realschulempfehlung. Wir machten uns die Schulwahl damals nicht leicht. Für ein Gymnasium war seine Entmutigung schon viel zu weit fortgeschritten. Die Realschule, die in Betracht kam, hatte in einem Sonderprogramm Früh-Englischunterricht und erschien uns zu schwer. Also blieb nur die Gesamtschule mit zehn Parallelklassen. Sie schien uns für ein so verschieden begabtes Kind wie Stephan besonders günstig. In Mathematik war er noch immer gut, in Sachkunde und Biologie mäßig. Auch jetzt las er freiwillig fast nicht. Am Legasthenieförderunterricht sollte er in der neuen Schule nicht teilnehmen, weil er kein typischer Legastheniker sei, d. h., nicht mehr die typischen Fehler machte – nach vier Jahren üben! Im Deutschunterricht fiel Stephan tatsächlich nicht besonders auf. Das Leistungsniveau war sicher sehr niedrig. Zu Hause war Stephan fast gar nicht mehr. Kam er um 16 Uhr von der Schule, so flitzte er sofort mit dem Fußball wieder weg. Alle kannten und mochten ihn, Stephan war ein echter Straßenjunge geworden. Besonders gern spielte er mit kleineren, auch viel kleineren Jungen. Oder er verschwand auf einem der Fußballplätze. In den langen Wintermonaten klebte er vorm Fernseher – Stunde um Stunde. Wie wenig er las, merkte man auch an seiner Schwierigkeit, sich auszudrücken. Wenn ich ihn nach etwas fragte, fiel ihm fast immer eine der schnellen, redegewandten Schwestern ins Wort. Stephan erzählte fast nichts mehr aus der Schule. Und dann wurde es erst richtig schlimm, wieder ohne daß wir etwas merkten. Was sich hier vorbereitete, begriffen wir erst, als auf Stephans Zeugnis der achten Klasse stand: „Versäumte Einzelstunden: 90." Obwohl mein Mann im Elternbeirat war, hatte keiner der Lehrer uns auf sein Schwänzen aufmerksam gemacht. Die achte Klasse mußte wiederholt werden. Da wir beschlossen hatten, wieder umzuziehen, mußte eine neue Schule gesucht werden. Dort war in der achten Klasse kein Platz, daher beschlossen der Schulleiter und ich, ihn zu einem privaten Austausch in die USA zu schicken, wofür er schon eine Einladung hatte. Er sollte dort drei Monate auf eine kleine Privatschule gehen und dann die achte Klasse wiederholen. Er flog mit 14 Jahren allein, stieg in New York um, kam zu einer Familie, die keiner von uns kannte, und wurde ein sehr beliebter Schüler – der beste Fußballspieler der ganzen Schule! Sein Selbstbewußtsein wurde dadurch ungeheuer gestärkt. Im Deutschunterricht mußte er der Lehrerin helfen, was er mit großer Freude tat. Nach der Rückkehr war das Eingewöhnen in der neuen Umgebung dann wieder sehr schwer. Wieder Diktate mit 15 oder 20 Fehlern – die gleiche Fehlerzahl in den Englischarbeiten, trotz des USA-Aufenthaltes. Einmal konnte er einen Präsenssatz nicht ins Perfekt verwandeln und mußte aufschreiben, daß er das nicht konnte. Das sollte ich dann unterschreiben. Er war tief verletzt. Ich unterschrieb zwar, schrieb dann aber gleich einen Brief an den Lehrer, in dem ich ihm erklärte, daß Stephan nie die Chance hatte, deutsche Grammatik zu lernen. Ich wurde daraufhin zum Schulleiter gebeten. Die Situation wurde erst klar, als der Rektor mich fragte: „Hat Ihr Sohn denn nicht in der ersten Klasse lesen gelernt?" – „Nein" – „In der zweiten Klasse?" – „Nein" – „In der dritten Klasse?" – „Nein" – „In der vierten Klasse?" – „Da fing er an, Wörter zu lesen." – „Also, eine so schwere Legasthenie ist mir noch nie vorgekommen." Was soll man da noch sagen? Und wieder gemeinsames Arbeiten, jetzt mit Vater oder Mutter, in Deutsch und Englisch, und zu den Osterferien die glückliche Mitteilung: „Ich glaub', ich krieg' in Deutsch und Englisch keinen blauen Brief!" Es ist wirklich keiner gekommen. Dafür ein warmer Frühling und eine Reise mit einer kleinen Jungengruppe, auf der der Fußball zum Reisegepäck gehörte. Vor der Reise ging Stephan, zum ersten Mal in seinem Leben, um sich ein Taschenbuch zu kaufen und kam mit vier Büchern zurück! Inzwischen sind 1½ Jahre vergangen. Stephan ist jetzt in der letzten Klasse der Realschule. Neulich hat er – seit der zweiten Klasse zum ersten Mal – eine Drei in einem Diktat geschrieben. Dazwischen lagen acht Jahre mit nur Fünfern und Sechsern. Dieses Diktat handelte vom Fußball, und da wir seit zwei Jahren eine Fußballzeitung für ihn abonniert hatten, die er mit großem Interesse liest, kannte er all die schwierigen Wörter wie Saison, Trainer usw. Zum Glück spielt er auch wieder Fußball in einem Verein, den er sich selbst gesucht hat. Mit einigen Jungen aus seiner Klasse ist er befreundet. Jetzt macht er sich häufig Gedanken wegen seines zukünftigen Berufes. Zur Debatte stehen Tischler oder Zimmermann. Eine abgeschlossene Lehre ermöglicht ihm über den Besuch einer Fachoberschule später doch noch die Fachhochschulreife, wenn er das will!

Der Bericht über diesen leicht zerebral geschädigten Jungen zeigt viel: Die Art der Schwierigkeiten, das Versagen der schulischen Betreuung, die langsame Entwicklung der sekundären Symptomatik als Reaktion auf die Frustrationen – aber auch die Bedeutung einer positiven Kompensationsmöglichkeit (Fußballspiel) und eines tragfähigen Elternhauses. Was wäre aus Stephan geworden ohne das Verständnis und die Liebe seiner Eltern?

Im folgenden soll gezeigt werden, wie bei einer an sich ungünstigen Ausgangssituation durch ständige Hilfe und richtige „Weichenstellung" der Abschluß einer höheren Schule möglich wurde.

Der Knabe, um den es sich handelt, entstammt einer Linkshänderfamilie. In der Verwandtschaft des Vaters waren vier Linkshänder bekannt, die Mutter selbst war ganz linksdominant, ebenso wie deren Mutter und Großvater. Der Knabe selbst war rechtshändig und linksäugig, er konnte sich jedoch leicht auf den Gebrauch der linken Hand umstellen. Dies wurde bemerkt, als er 9-jährig nach einem Unfall die rechte Hand einige Wochen in Gips trug und in dieser Zeit mit der linken ein Segelschiff baute. Im Alter von sechs Monaten erlitt das Kind eine Keuchhusten-Enzephalitis. Diese später neurologisch nachgewiesene Zerebralschädigung hatte eine verlangsamte motorische Entwicklung zur Folge (Gehen mit 17 Monaten) sowie eine starke Verzögerung der Sprache (die ersten – unverständlichen – Worte kamen erst mit 2½ Jahren). Bis zu vier Jahren sprach der Knabe agrammatisch, mit starker Eigenwortproduktion und sehr gestörter Artikulation. Bei Schuleintritt bestand noch ein Sigmatismus, der erfolgreich behandelt wurde. Mit sechs Jahren erkrankte der Bub an einer Mumps-Enzephalitis. Er war schon im Vorschulalter auffällig gewesen durch seine aggressiven Spiele, seine Unruhe und seine Neigung zu Zornanfällen. Die Frustrationstoleranz war sehr herabgesetzt. In der Schule zeigten sich bald alle Symptome einer schweren Legasthenie. Mit der Blockschrift konnte das Lesen erlernt werden, aber die Druckschrift mit den vielen reversiblen Zeichen machte es zur Qual. Lautisolierung beim Schreiben nach Diktat gelang noch bis zum zweiten Schuljahr nicht. Eigentlich wäre eine Rückstellung richtig gewesen, besonders auch wegen der Jugend des Kindes – sein sechster Geburtstag war zugleich sein erster Schultag – aber die Lehrerin riet wegen der starken körperlichen Entwicklung des Buben davon ab. Während seine *Aggressivität*, eher *zunahm, verstärkte sich* – als Folge der mäßigen Schulerfolge – *die Abneigung gegen das Lernen*. Es dauerte am Nachmittag oft Stunden, bis man ihn dazu bewegen konnte, seine Hausaufgaben zu machen. Rechnen konnte er gut, aber er stellte die Zahlen um. Im Laufe der Volksschulzeit waren die Fortschritte im Lesen gut, in der Rechtschreibung jedoch trotz ständiger Legastheniebehandlung sehr gering. Noch in der vierten Klasse kam es gelegentlich zu chaotischem Durcheinanderwerfen der Buchstaben. Trotzdem empfahl die Lehrerin – und das war wahrscheinlich die entscheidende Weichenstellung – den ersten Klassenzug* der Hauptschule als Zwischenstufe für den geplanten Wechsel zum Gymnasium. Nun kamen neue Schwierigkeiten in Englisch hinzu, aber das Schuljahr wurde bewältigt und die Aufnahmeprüfung am Gymnasium bestanden. Dank der sehr toleranten Haltung des Deutschlehrers

---

* Die österreichische Hauptschule wird zweizügig geführt, der I. Klassenzug für „schneller Lernende", der II. Klassenzug für „langsamer Lernende". Aus dem I. Klassenzug ist der Übergang in weiterführende Schulen möglich. Ab 1985 wird diese Einteilung aufgegeben zu Gunsten von drei Leistungsgruppen in Deutsch, Englisch und Mathemarik. Der II. Klassenzug führt zu deutlichen sozialen Diskriminierungen.

wurden dort die ersten zwei Klassen ohne allzu große Schwierigkeiten absolviert. In der dritten Klasse erwies sich jedoch Latein als eine nicht zu bewältigende Hürde. Die starke, wenn auch vergebliche Konzentration auf diese Sprache führte zu einer Vernachlässigung der anderen Fächer und das Trimesterzeugnis war so schlecht, daß eine neue Weichenstellung angezeigt schien, die Umschulung auf eine höhere Schule ohne Latein. Dort absolvierte der Knabe die dritte und vierte Klasse – in Deutsch nur mit größter Mühe. Auch sein Verhalten fiel unangenehm auf. Er war *sehr unruhig, unkonzentriert, aufbrausend* und stiftete seine Freunde zu allerhand Streichen an. Nach der vierten Klasse der Mittelstufe gelang, was man kaum zu hoffen gewagt hatte: Da bei der Aufnahmeprüfung in die höhere Bundesgewerbeschule* Testfragen gestellt wurden anstelle der an anderen Schulen üblichen Leistungsproben, bestand er sie. Der Schüler war technisch sehr begabt und hatte einen IQ nach Amthauer von 135. Er versuchte zuerst auch hier, durch Streiche Ansehen unter den Mitschülern zu gewinnen, hatte damit aber keinen Erfolg. Als er sich abgelehnt fand, gab er die Dummheiten auf und suchte sich Freunde, die ihm beim Lernen helfen konnten. Es gab nur in Deutsch größere Schwierigkeiten: Die Rechtschreibung war nach wie vor katastrophal. Bei Aufsätzen wählte er eine möglichst einfache Ausdrucksweise, um sich rechtschreibmäßig nicht zu überfordern, so daß seine schriftlichen Arbeiten auch inhaltlich weit hinter dem Durchschnitt der Klasse zurückblieben. Eine kritische Situation schien sich am Ende des zweiten Jahrgangs anzubahnen, als die Aufnahme in die höhere Abteilung der Schule, die zum Abitur führt, wegen der schlechten Deutschleistungen in Frage stand. In diese Abteilung durften nach den damaligen Bestimmungen nur Schüler aufsteigen, die kein Genügend im Zeugnis hatten. Die anderen wurden in einem abschließenden dritten Jahrgang zusammengefaßt, dessen Absolvierung einer abgeschlossenen Lehrlingsausbildung entsprach. Es bedurfte langer Erklärungen des Schulpsychologen über die Ursachen der schlechten Deutschleistungen, bevor der Schüler trotz seines Genügend in Deutsch auf Konferenzbeschluß in die höhere Abteilung aufgenommen wurde. Aber die erwartete, vom Schulpsychologen in Aussicht gestellte Besserung wollte nicht eintreten. Der Schüler, seine Eltern und auch der Deutschlehrer sahen dem Abitur mit einiger Nervosität entgegen. Im fünften Jahrgang zeigten sich nach einer dreimonatigen Intensivbehandlung in der Rechtschreibung bei dem nun 19-Jährigen schließlich doch gewisse Fortschritte. Die schriftliche Klausurarbeit über ein wirtschaftliches Thema, das „in der Luft lag" und deshalb vorbereitet werden konnte, wurde positiv bewertet, die mündliche Prüfung über ein literarisches Thema verlief befriedigend. Das Abitur war geschafft! Aber erst mit fast 20 Jahren kam die Wende zur fast völligen Normalisierung der Rechtschreibung und zur Entfaltung der stilistischen Fähigkeiten. Aber noch heute, voll im Wirtschaftsleben stehend, legt er Wert auf Sekretärinnen, die gut rechtschreiben können!

Die Schwere der Legasthenie war in diesem Fall bedingt durch das Zusammentreffen eines Linksfaktors mit einer Dysphasie und einer MCD-Implikation. Daß alles zum guten Ende kam, verdankte der Schüler dem Verständnis von Eltern und Lehrern, seiner Intelligenz und den „Weichenstellungen" im richtigen Augenblick. Viele, die weniger ungünstig disponiert sind, scheitern, weil ihre Umwelt versagt.

---

* Ein österreichischer Schultyp: In fünf Jahren wird das Abitur zusammen mit einer vollständigen Berufsausbildung erreicht. Nach weiteren fünf Jahren in der Praxis erwirbt der Absolvent den Ingenieurstitel.

7. Vernachlässigung und Mangel an kognitiver und sprachlicher Förderung

7.1. Legasthenie – ein Problem der sozialen Unterschicht?

Die Untersuchung von Valtin [229] hat die Bedeutung des Milieus für die Entstehung der Legasthenie stark in den Vordergrund gerückt. Sie wählte für ihre Stichprobe unter einer größeren Anzahl rechtschreibschwacher Schüler 100 aus, die, bei normaler Intelligenz, im DRT (Diagnostischer Rechtschreibtest von Müller) im Prozentrang 1–5 lagen. Bei diesen schlechtesten Rechtschreibern fand sie weder spezifische Fehler noch Dominanzstörungen, weder häufige Krankheiten noch verspätete Sprachentwicklungen, sondern die typischen Merkmale der sozialen Unterschicht: Allgemeine Sprachschwäche, viele Geschwister, niedriges Bildungsniveau der Eltern, denen auch Zeit, Interesse und Fähigkeiten fehlten, um sich mit den Kindern zu beschäftigen, schlechte Wohnverhältnisse. Das Ergebnis der Untersuchung war, daß Legasthenie primär ein Milieuproblem und überwiegend in der sozialen Unterschicht anzutreffen sei. Dieses Resultat widerspricht jedoch der Erfahrung von Lehrern und Schulpsychologen.

Eine Auslese, die sich ausschließlich an den schlechtesten Rechtschreibleistungen orientiert, muß zwangsläufig eine Überrepräsentation der soziokulturellen Unterschicht mit sich bringen. Die Schulnoten sind ja bekanntlich bei Kindern der Unterschicht ganz allgemein schlechter als bei denen der Mittel- und Oberschicht. Das ergab auch die Untersuchung über den Zusammenhang von Wortschatz, Intelligenz und Milieu von Steiner [219]. Alle Noten sinken mit der Schichtzugehörigkeit linear ab (Tabelle 5).

Tabelle 5. Durchschnittsnoten [Steiner, 219]

	Oberschicht	Obere Mittelschicht	Untere Mittelschicht	Unterschicht
Rechtschreiben	1,91	2,25	2,48	2,90
Lesen	1,34	1,68	1,78	2,04
Rechnen	1,60	2,10	2,27	2,69

Das gleiche gilt übrigens auch für die Geschwisterzahlen. Daß hohe Geschwisterzahlen, die heute in unserer Gesellschaft fast nur noch in der Unterschicht anzutreffen sind, ein Handicap für den Schulfortgang sind, fand schon Kemmler [108]. Dasselbe Ergebnis brachte auch die Untersuchung von Steiner (Tabelle 6). Wieder steigt der Notendurchschnitt linear mit der Geschwisterzahl an, und wieder ist die Rechtschreibung am stärksten betroffen.

Tabelle 6. Notendurchschnitt

	Geschwisterzahl				
	0	1	2	3	4 und mehr
Rechtschreiben	2,24	2,46	2,26	2,76	3,11
Lesen	1,65	1,71	1,85	1,96	2,24
Rechnen	1,97	2,29	2,33	2,72	2,70

Es gab in der Arbeit von Valtin natürlich eine hinsichtlich der Berufsschichten entsprechende Kontrollgruppe. Doch dieser Tatsache kommt insofern geringere Bedeutung zu, als es innerhalb der sozialen Unterschicht Eltern von sehr verschiedener Lebens- und Familiengestaltung gibt. Dies zeigt sich schon darin, daß bei gleicher Sozialschicht die guten Rechtschreiber der Kontrollgruppe weniger Geschwister hatten als die Kinder der Stichprobe, was auf eine höhere Planungsfunktion der Eltern hinweist, die auch bei der Lernbetreuung ihrer Kinder zum Ausdruck kam. Valtin hat mit den schlechtesten Rechtschreibern wahrscheinlich nicht nur Unterschichtkinder, sondern auch noch besondere benachteiligte Kinder der sozialen Unterschicht ausgewählt.

Die Erhebungen von Atzesberger [10], bilden allerdings eine Brücke zwischen der Milieutheorie, wie sie von Valtin [229] und Niemeyer [162] vertreten wird, und der Theorie von der zentralnervösen Verursachung, die wir in Kap. 5 zu beweisen versuchten. Während nämlich bei Atzesberger die Schichtzugehörigkeit der untersuchten Legasthenikergruppe derjenigen der Gesamtbevölkerung entsprach, gehörten die Kinder mit *erhöhter Entwicklungsbelastung zu 67,7% der sozialen Unterschicht* an, 32,3% Mittel- und Oberschicht. Fälle von MCD kommen natürlich in jedem Milieu vor, in der sozialen Unterschicht jedoch wahrscheinlich doch häufiger als in den höheren Sozialschichten. Die Mutter aus der Unterschicht wird anscheinend in der Bundesrepublik – für Österreich liegen keine Daten vor – während der Schwangerschaft und auch während und nach der Geburt weniger gut betreut als die Mütter aus der Mittel- und Oberschicht. Letztere ist in der Regel auch besser informiert über richtiges Verhalten in der Schwangerschaft, sie sucht sich ihren Gynäkologen aus, besucht ihn regelmäßig und ist in der Lage, im Falle einer Risikogeburt alles Nötige zu veranlassen.

Bei schweren und schwer therapierbaren Legasthenien hat das Milieu als Ursache somit eine ganz andere Bedeutung als die einer mangelhaften kulturellen Vermittlerfunktion, wie es die Vertreter der Milieutheorie sehen.

7.2. Legastheniker finden sich in allen Sozialschichten

Es gibt kaum Untersuchungen über die Verteilung echter (klassischer) Legasthenien auf die Sozialschichten. Am verläßlichsten scheint noch die Untersuchung von Atzesberger [12]. Die starke Überrepräsentation der Unterschicht in den untersuchten Gesamtgruppen von Valtin und Niemeyer erklärt sich aus der Stichprobenauswahl auf Grund von Rechtschreibleistungen, die weit unter dem Niveau einer möglichen positiven Beurteilung in der Schulklasse lagen.

Die im Rahmen der Wiener Schulorganisation behandelten Kinder entstammen zu 50% der Mittelschicht, zu 50% der Unterschicht. Im Prinzip wird dort – im Unterschied zur Bundesrepublik – jedes Kind aufgenommen, das Behandlung braucht, doch neigen Eltern der Oberschicht dazu, für ihre Kinder eine intensivere Behandlung zu organisieren, als sie die Schule anbieten kann. Sobald die Behandlung etwas kostet, überwiegen Kinder der Mittel- und Oberschicht, so etwa in einer privaten Behandlungsstelle, deren Klienten sich zu 77% aus Kindern der Mittelschicht, zu 15% aus Kindern der Oberschicht und nur zu 8% aus Kindern der Unterschicht zusammensetzt.* Klasen [113] hatte in der von ihr untersuchten Gruppe am Ellen K. Raskol Learning Institute 16,3% aus dem „gehobenen Stand", 68,4% aus dem „bürgerlichen Stand" und 15,3% aus dem „Arbeiterstand".

So unsicher wir auch noch hinsichtlich der tatsächlichen Verteilung der Legastheniker auf die Sozialschichten sind – eines beweisen die eben erwähnten Zahlen, ebenso wie unsere Kasuistik, mit Sicherheit: daß die Legasthenie kein Phänomen ist, das *primär* durch die Zugehörigkeit zur Unterschicht erklärt werden muß. Wir finden legasthenische Kinder in allen Sozialschichten.

7.3. Die Rolle des Milieus

Obwohl die Disposition milieuunabhängig aufzutreten scheint, darf die Rolle des Milieus nicht unterschätzt werden. Es ist in mehrfacher Hinsicht von Bedeutung und zwar vor allem hinsichtlich der *kulturellen Vermittlerfunktion der Eltern*. In der Mittel- und Oberschicht bieten die Eltern ein besseres sprachliches Vorbild, die schriftsprachliche Kommunikation und vor allem das Buch haben einen höheren Stellenwert, die Bildungsambitionen sind höher als in der sozialen Unterschicht. Auch der Erziehungsstil ist meist eher geeignet, dem besonderen Bedürfnis des Legasthenikers nach Verständnis, Geduld, Lernmotivationen und Hilfe entgegenzukommen. Eltern der Mittel- und Oberschicht sind in der Regel bereit, Hilfsdienste in Anspruch zu nehmen oder zu organisieren, so daß ein totales Versagen des Kindes verhindert wird und auf längere Sicht auch in schweren Fällen die völlige Normalisierung des Bildungsweges möglich ist. All dies kann aber nicht verhindern, daß auch potentiellen Legasthenikern der Mittel- und Oberschicht bei Schulbeginn die Lesereife fehlt. Im weiteren Verlauf können leichtere Fälle oft so weit gefördert werden, daß die Kinder zwar schlechter lernen, als man es von ihnen erwartet, daß sie aber in der Grundschule noch nicht zum Problem werden, sondern erst von der Sekundarstufe an.

Das vernachlässigte Kind dagegen erhält keine Lernangebote, keine Trainingsmöglichkeiten und auch keine Lernmotivationen, die ihm helfen könnten, seine Schwächen zu überwinden. Das bei Speicherschwäche so notwendige zusätzliche Üben fällt völlig aus. Meist besucht das Kind den Hort, wo nur die schriftlichen Arbeiten mehr schlecht als recht erledigt werden. Aber selbst dort, wo Versuche

* Mündliche Information von Frau Dr. Hunger-Kaindelsdorfer, die ein privates Behandlungszentrum leitet.

einer häuslichen Förderung unternommen werden, geschieht nie das, was das legasthenische Kind braucht. Das Verständnis, das die Familie dem Legastheniker entgegenbringt, kann entscheidend sein für seine Mitarbeit an der Bewältigung des Problems. Eltern der Unterschicht reagieren häufiger als die der Mittel- und Oberschicht auf *schlechte Noten mit aggressiven Erziehungsmaßnahmen*, ohne irgendeine konstruktive Hilfe anzubieten.

Und schließlich kann die Familie Ursache schwerer Belastungen sein. Trunksucht eines oder beider Elternteile, Ehezwist, emotionelle Vernachlässigung, Geschwisterkonflikte, Instabilität der Bezugspersonen kommen zwar in jeder Sozialschicht vor, häufiger aber doch in der Unterschicht. Ich sagte schon (Kap. 6), daß jede Belastung des Kindes durch Konfliktsituationen psychische Kräfte beansprucht, die der Bewältigung des „Störfaktors" Legasthenie entzogen werden. Daher kann man immer wieder feststellen, daß die Bewältigung der Störung nur dann gelingt, wenn eine geringere Konfliktbelastung besteht und gleichzeitig konstruktive Maßnahmen ergriffen werden. Schwerste Störungen finden wir bei Kindern, die Konflikten und Lernvernachlässigung gleichzeitig ausgesetzt sind. Da dies vor allem in der Unterschicht der Fall ist, kann der Eindruck entstehen, daß unter diesen Kindern eher schwerere Legastheniker zu finden sind als in der Mittel- und Oberschicht. Denn aus den eben angeführten Gründen präsentiert sich die Störung auch bei möglicherweise gleicher Disposition bei zahlreichen Kindern der Unterschicht mit viel höheren Fehlerzahlen als bei Kindern der Mittel- und Oberschicht. Auch die Therapieerfolge in der Schule können geringer sein.

So wird *das geistig und sprachlich primitive oder das emotional frustrierende Milieu zwar nie zur Ursache, aber doch zu einem erschwerenden Faktor bei der Bewältigung* einer Legasthenie.

Aber das gehobene Milieu ist nicht immer ein Vorteil, Enttäuschung und Resignation der Eltern, Abwertung und oft jahrelange Überforderung des Kindes, der ständige Vergleich mit erfolgreicheren Geschwistern und schließlich der bei unbewältigter höherer Schulbildung unausweichliche soziale Abstieg können schwerste Probleme verursachen. Hier ein Beispiel:

In die Schulpsychologische Beratungsstelle der Stadt Wien kam ein Elternpaar mit seinem 8-jährigen Sohn. Der Vater war von der Schule als sehr aggressiv beschrieben worden. Er hatte dort ständig Konflikte wegen der schlechten Noten seines Kindes und schlug es deshalb. Die Mutter hatte die Grundschule besucht, der Vater Mittelschule, Schlosserlehre. Ein dem Schulbericht beigelegter aggressiver Brief des Vaters, der etliche Rechtschreibfehler enthielt, brachte die Psychologin auf die richtige Spur. In der Nachbesprechung gelang es ihr, beide Eltern zu veranlassen, das gleiche Diktat zu schreiben, das auch dem Sohn gegeben worden war. Die Mutter machte keinen Fehler, der Vater fast die gleichen wie sein Sohn. Nach entsprechender Aufklärung über die Natur der Störung kam der Ausbruch. In tiefer Erregung erzählte der Vater, daß er der Sohn eines Universitätsprofessors sei, aber wegen der schlechten Rechtschreibung in Deutsch und Englisch nach zwei Klassenwiederholungen das Gymnasium verlassen und eine Lehre antreten mußte. Er arbeite in einer Brückenbaufirma, sei dort hoch angesehen und werde immer zu schwierigen Montagearbeiten ins Ausland geschickt. Aber er sei eben doch nur ein Arbeiter. Geheiratet habe er ein einfaches Mädchen, das nicht in seine Familie passe. „Eine aus der Gesellschaft hätte mich ja auch nicht genommen." Von seiner elterlichen Familie habe er sich fast völlig isoliert. „Ich vertrage es nicht, wenn sie verstohlen auf meine abgearbeiteten Hände schauen." Nur seine Schwester halte von sich aus Kontakt. Er hasse alles, was mit der Schule zusammenhänge, besonders die Lehrer, und lebe in ständiger Angst, daß sie seinem Kind dasselbe Schicksal bescheren könnten wie ihm, daher seine Aggressivität und die Strenge gegen den Sohn. Der Bub solle das Gymnasium besuchen. Alle Hilfsmaßnahmen für das Kind wurden besprochen und eingeleitet. Am nächsten Tag rief die Schule an: „Was haben Sie mit Herrn D. gemacht? Der ist ganz zahm und verspricht Zusammenarbeit!"

7.4. Elterninformation und Berufsberatung

Der Verlauf einer Legasthenie sowie die Folgen für das emotionale Gleichgewicht des Kindes, für seine Lernmotivation und sein Durchhaltevermögen gegenüber der täglichen mühsamen und meist verlängerten Lernsituation hängen in hohem Maße von der Reaktion der Bezugspersonen ab, vor allem von Eltern und Lehrern. Information und Beratung der Eltern ist daher eine der wichtigsten Aufgaben des Lehrers und des Therapeuten. Dabei geht es in erster Linie um *Aufklärung* über die Natur der Störung: Die Eltern müssen erfahren, daß es sich nicht um Faulheit, sondern um eine unverschuldete Schwäche handelt, die vom Kind selbst nicht unter Kontrolle gebracht werden kann und damit seine Freude am Lernen stark beeinträchtigt. Nicht die Unlust am Lernen verursacht das Versagen, sondern umgekehrt: Die Abneigung gegen das Lernen entsteht aus dem Gefühl des Überfordertseins.

Wichtig ist ferner die *Beeinflussung der Erziehungsmaßnahmen.* Eindringlich muß immer wieder darauf hingewiesen werden, daß Vergleiche mit Geschwistern oder Mitschülern das Kind entmutigen und mit Ressentiments erfüllen müssen. Ebenso wichtig sind Hinweise auf die *schädlichen Folgen von Vorwürfen, von Äußerungen der Enttäuschung, von düsteren Prognosen für den zukünftigen Beruf. Körperliche Strafen, auch Strafen durch Entzug von Vergünstigungen, von Taschengeld und Spielsachen müssen eingestellt* werden. Das Kind braucht Trost, Ermutigung und Belohnung für kleine Fortschritte. Es sollte keinen Liebesentzug, keine Zurücksetzung erleben. Die Eltern müssen verstehen, daß Strafen, Schläge, Schelte und Vorwürfe *Angst* hervorrufen und Angst jeden Fortschritt unmöglich macht.

Wie die Eltern auf solche Informationen reagieren, hängt ganz von ihrer Beziehung zum Kind ab. Wenn sie ungebrochen ist, wird jede Beratung gern und mit Erleichterung angenommen. Mühsamer ist es, wenn der Erziehungsstil autoritär und aggressiv ist, wie man dies in der sozialen Unterschicht häufig antrifft und wenn – eher bei Eltern der Mittel- und Oberschicht – das Prestigebedürfnis durch das Versagen des Kindes „beleidigt" wurde, so daß man es bereits „abgeschrieben", „entwertet" hat und daher ablehnt. In allen Fällen führt Aufklärung jedoch zu einer Besserung der Situation, auch wenn sie vom Kind oft als unecht, als „aufgepfropft" empfunden werden muß.

Wichtig in den Gesprächen mit den Eltern ist auch eine *optimistische Haltung.* Nicht ständiges Klagen über zu geringe Fortschritte motiviert Eltern zur Mitarbeit, sondern die Aussicht auf Normalisierung des Lernprozesses, vorausgesetzt die richtigen Maßnahmen werden ergriffen (wozu auch eine Psychotherapie gehören kann), Geduld wird geübt und das Kind wird richtig geführt.

Manche Eltern kann man zur *Mitarbeit an der Symptomtherapie* heranziehen. Dies ist jedoch nur möglich, wenn Zeit, Geduld und ein entsprechendes Bildungsniveau vorhanden sind und das Kind sich nicht gegen die Arbeit mit den Eltern auflehnt. Für die Mitarbeit müssen genaue Anweisungen in Bezug auf Arbeitszeit und Art der Übungen gegeben werden.

Sehr wichtig ist eine *Beratung über die Schullaufbahn*. Besonders dem begabten Legastheniker muß trotz akutem Lernversagen immer ein „zweiter Bildungsweg" offen bleiben. Die Schule hat gerade diesen Schülern gegenüber eine besondere Verantwortung, die sie jedoch nicht immer erkennt. Da Legasthenie besonders von begabten Schülern bei entsprechender Hilfe ausreichend überwunden werden kann, müssen die Eltern darauf achten, daß die Entscheidung über die Schullaufbahn nicht vom augenblicklichen Leistungsstand der Rechtschreibung abhängig gemacht wird. Insbesondere darf der technisch und mathematisch begabte Legastheniker niemals wegen seiner schlechten Rechtschreibung auf einen Schultyp abgeschoben oder dort festgehalten werden, der ihm die Weiterbildung auf technischem Gebiet unmöglich macht.

Sorgfältige Berufsberatung ist notwendig. Noch immer werden z. B. legasthenische Mädchen zu Stenotypistinnen ausgebildet, der einzige Beruf, für den sie völlig ungeeignet sind. Schultypen mit neusprachlichem Schwerpunkt müssen vermieden werden, ebenso jede Ausbildung mit einem Schwerpunkt in Stenographie und Maschineschreiben. In Berufsausbildungen, die an sich für Legastheniker geeignet sind, an Hotelfachschulen, Hauswirtschaftsschulen, oder in einer Verkaufslehre, wird auch Maschineschreiben und Stenographie gelehrt. Hier müssen die Eltern sich durch Gespräche bemühen, bei der Schule Toleranz gegenüber den Schwierigkeiten der Jugendlichen zu erreichen. Solche Ausbildungen dürfen nicht am Maschineschreiben und Stenographieren scheitern.

Information, Beratung über die pädagogische Führung des Kindes im Elternhaus, *Optimismus, Anleitung* zur Mitarbeit an der Therapie sowie *Schullaufbahn-* und *Berufsberatung* können wesentlich zur Vermeidung von Fehlentwicklungen beitragen – allerdings auch nur, wenn dies rechtzeitig geschieht – *vom zweiten Schuljahr an.*

8. Die Diagnose der klassischen Legasthenie

8.1. Schwierigkeiten der Diagnose

8.1.1. Der vorübergehende Charakter der Hauptphänomene

Das Hauptphänomen der Legasthenie, dessen Existenz bereits von den noch vorurteilsfreien Beobachtern der klassischen Legasthenieforschung festgestellt und auch in der neuesten Untersuchung von Dummer [55] bestätigt wurde – die *Unsicherheit gegenüber der Raumlage von gestaltgleichen Buchstaben* – ist, wie in Kap. 4.1. ausgeführt wurde, zu Beginn des Leseunterrichts vorwiegend ein *Retardationsphänomen,* es entspricht dem Wahrnehmungshabitus des Vorschulkindes. Andererseits ist es gleichzeitig (und später überwiegend) ein *Zuordnungsproblem,* das heißt, ein Problem der *intramodalen Koordination* eines visuellen Reizes zu seinem sprachlichen Korrelat: Welche Gestalt gehört zu welchem Laut?

Nachreifung und Lernerfahrung bewirken, daß das *Hauptphänomen* der Legasthenie, die *Umstellungstendenz, nur im zweiten Schuljahr massiv in Erscheinung tritt* und schon danach bei den meisten Legasthenikern nur mehr sporadisch zu beobachten ist.

Das *Nichtbeachten der zeitlichen und räumlichen Abfolge der Laute und Buchstaben,* ein im Vorschulalter ganz normales Verhalten, kommt ebenfalls als legasthenietypischer Fehler im zweiten Schuljahr mehr oder weniger häufig vor. Er wird später überwunden als das Reversieren und beeinträchtigt zuerst das Lesen, später die Rechtschreibung in Form von Buchstabenauslassungen und Umstellungen. Da der Legastheniker besonders im gebundenen Text auch sehr viele andere Fehler macht – Auslassungen, Zusätze, Erfindungen, Buchstabenverwechslungen – fallen dem Lehrer die Reversions- und Umstellungsfehler oft gar nicht als für den Legastheniker charakteristisch auf. Sie kommen nicht häufiger vor als andere Fehler und werden nur von dem bemerkt, der mit der Symptomatik der klassischen Legasthenie vertraut ist. Manche Prüfer sehen in ihnen gar keine „Besonderheit", obwohl Reversionen bei Nicht-Legasthenikern im zweiten Schuljahr nur ganz selten und Buchstabenumstellungen nie gemacht werden („Stichen" statt „Tischen" ist nicht jedem Prüfer als Umstellungsfehler erkennbar). Auch werden Umstellungen und Reversionen im gebundenen Text oft nicht ganz realisiert, weil dem Kind der gestörte Sinnzusammenhang zum Bewußtsein kommt, was drei Reaktionen zur Folge haben kann:

- Ersetzen des Wortes durch ein anderes sinnrichtiges;
- richtiges, aber sehr verzögertes Lesen des Wortes;
- eine im Kampf gegen die Reversion entstandene totale Fehllösung.

Die eindeutige Diagnose ist daher nur mit Hilfe einer *diagnostischen Leseprobe* zu stellen, die aber wegen des vorübergehenden Charakters dieses Merkmales *nur für eine bestimmte Phase der Legasthenieentwicklung Gültigkeit hat.*

Daß Umstellungen vorkommen, ist wohl niemanden, auch keinem der modernen Legasthenieforscher entgangen, aber der *sporadische und passagere* Charakter des Phänomens (d. h., Vorkommen unter anderen Fehlern und gehäuft nur in den ersten Phasen des Leseunterrichts) hat den Anlaß dazu gegeben, die Bedeutung des Phänomens für die Diagnose zu ignorieren. Dazu kommt, daß diese Fehler als Regressionsphänomene bei starker Überforderung auch von Nicht-Legasthenikern gemacht werden können. Das genügte, um sie als legasthenietypisch abzuwerten, sie nicht mehr sehen zu wollen, sie nicht mehr mit dem geeigneten Instrument, den *diagnostischen Leseproben*, festzustellen.

8.1.2. Die Veränderung der Symptomatik

Die Symptome unterliegen einem *bestimmten Abbauprozeß*, der bisher viel zu wenig beachtet wurde. Nachdem die wichtigsten diagnostischen Merkmale, die Reversion und Inversion von Buchstaben und die Umstellung von Buchstabenreihen, durch Nachreifung und Training zum großen Teil abgebaut worden sind, bleiben *Rechtschreibfehler, die eine Diagnose ermöglichen*. Es sind dies im Frühstadium häufige Verwechslungen der Umlaute ö und ü sowie der Zwielaute eu-au, eu-ei. Grissemann [81] würde sie zwar nicht als typische Fehler von Legasthenikern gelten lassen, aber er weiß, daß sie gemacht werden, denn er hat in seinem Leselehrgang [81 a], der speziell zur Verhütung der Legasthenie konzipiert ist, entsprechende Unterscheidungsübungen eingeplant.

Zwielaut- und Umlautfehler verschwinden sehr bald, meist auch ohne Behandlung. Von größerer Bedeutung sind – neben den Buchstabenauslassungen – die sogenannten *„sächsischen“ Fehler*, die Verwechslung von harten und weichen Konsonanten: d–t, g–k, b–p. Auch Dummer [55] konnte ihren legasthenietypischen Charakter feststellen. Im Vergleich zu anderen Fehlerarten fand sie bei ihren Untersuchungen ein deutliches Ansteigen „sächsischer“ Fehler bei zunehmender Diskrepanz zwischen IQ und Rechtschreibniveau.

Wenn Grissemann [81] meint, dieser Fehler hänge mit der Dialektaussprache zusammen und werde vor allem von Kindern bestimmter Dialektregionen gemacht, so muß ihm mit Nachdruck widersprochen werden. Eine der auffallendsten Beobachtungen, die jeder machen kann, der sich unvoreingenommen mit Legasthenikern beschäftigt, ist die Dialektunabhängigkeit dieser Fehler. Sie werden von Legasthenikern gemacht, die Hochsprache sprechen und sie werden von nichtlegasthenischen Dialektsprechern nicht gemacht. Ein gutes Beispiel bietet die Arbeitsprobe von Erika (S. 210; hier handelt es sich um eine Hochsprachesprecherin aus mittelständischem Milieu) und die Abb. 33 und 34 (Seite 128 u. 129; beide Kinder waren Dialektsprecher). Wäre der Dialekt oder auch nur die regionale Abweichung von der normativen Aussprache der Grund dafür, „sächsische“ Fehler zu machen, würde kein Dialektsprecher oder gar ein Sachse jemals die Rechtschreibung erlernen. Es ist aber doch so, daß im gleichen Idiombereich manche Kinder (und Erwachsene) von diesen Fehlern schwer oder gar nicht wegkommen und andere sie gar nicht machen. Bei Nicht-Legasthenikern, die sehr weiche Dialekte sprechen, zu denen z. B. das Wienerische gehört, können gelegentlich, wenn sie ein Wort zum ersten Mal schreiben und dabei gezwungenermaßen dem Wortklang folgen, diese Fehler vorkommen. (Z. B.: „Auf der Tidlseite ist ein schönes Bild zu sehen. Es zeigt Kinder im Blanedarium, die was auf die Sterne schauen können." Dritte Klasse, Beschreibung eines Weihnachtsgeschenkes).

Im Unterschied zu legasthenischen Hochsprachesprechern machen nichtlegasthenische Dialektsprecher bei häufig vorkommenden Wörtern, für die der Schulunterricht visuelle und schreibmotorische Informationen und Übungsmöglichkeiten angeboten hat, *keine „sächsischen" Fehler.*

Zwischen den gelegentlichen Konsonantenverwechslungen nichtlegasthenischer Dialektsprecher und denen der Legastheniker besteht ein Unterschied insofern, als die Fehler der ersteren meist die Verwechslung von hart und weich betreffen (Dembolimit, Karigadur, Brovinz, Jägerladein), während bei letzteren in beiden Richtungen verwechselt wird („Bod-Boot, Plock-Block, Flukzeug, Gleid-Kleid, flock-flog, dige-dicke, andwortete, Künter-Günter". Ein Schüler der dritten Klasse, IQ nach HAWIK 136). Bei dem 9-jährigen Hochsprachesprecher (IQ 110), der die „umgekehrten Divisionen" (S. 73) produzierte, fanden sich in den Heften folgende Fehler: glederte (kletterte), beiten Brüter (beiden Brüder), Gugel (Kugel), grachte (krachte), wurte (wurde), herte wilter Diere (Herde wilder Tiere), drogenes (trockenes), gonte (konnte), patten (baden).

Ein weiterer Unterschied: Beim Legastheniker, der die Konsonantenverwechslung mit Hilfe einer entsprechenden Schwerpunktbehandlung (Kap. 10) überwunden hat, kommen diese Fehler kaum mehr vor. Bei nichtlegasthenischen Dialektsprechern können sie bei Wörtern, für die keine schriftsprachlichen Vorbilder bestehen, lebenslänglich vorkommen. Und bei *sehr schlechtem Unterricht in der Rechtschreibung*, der zu wenig oder nicht genügend einprägsame schriftsprachliche Vorbilder und Übungsmöglichkeiten anbietet, können Dialektsprecher in die Lage kommen, auch Häufigkeitswörter das erste Mal falsch zu schreiben. Solch unzureichenden Rechtschreibunterricht scheint es recht häufig zu geben.

Im Novemberheft 1980 der Zeitschrift „Spielen und Lernen" reagiert eine „Pädagogin" auf die Feststellung vieler Eltern, die Schule sei schlechter geworden, denn immer weniger Kinder beherrschten die Grundlagen der Rechtschreibung, mit folgendem absurden Argument: Ganz im Gegenteil! Daß die Kinder weniger gut rechtschreiben könnten, sei ein Beweis dafür, daß die Schule besser geworden sei. Früher habe man sich auf Rechnen, Lesen und Rechtschreiben konzentriert – jetzt mache man so viele andere Sachen mit den Kindern, und da bleibe nicht so viel Zeit für das Rechtschreiben!

Man vergißt offenbar – sei es infolge mangelhafter Vorbereitung auf den Grundschulunterricht, sei es infolge einer ideologisch begründeten „alternativen" Schwerpunktsetzung – daß die Grundlegung der Kulturtechniken noch immer die wesentlichste Aufgabe der Grundschule ist. Daß der Vormittagsunterricht zu kurz ist, um alles unterzubringen, was Kinder wirklich brauchen, ist ein anderes Problem, das nur durch die Ganztagsschule gelöst werden kann.

Die Tatsache, daß „sächsische" Fehler unter gewissen Umständen auch von Nicht-Legathenikern gemacht werden können, hat viele Legasthenieforscher *am legasthenietypischen Charakter* dieser Fehlerart zweifeln lassen. Fehler, die auch andere Kinder machen, können doch keine „legasthenischen" Fehler sein. Sie können! Wenn Kopfschmerzen ein typisches Symptom eines Gehirntumors sind, können sie sehr wohl auch bei anderen Zuständen vorkommen. Die unterschiedlichen Bedingungen des Auftretens müssen allerdings diagnostisch abgeklärt werden.

8.1.3. Die Restsymptomatik

Nachdem mit und – bei intelligenten Kindern und in leichteren Fällen – oft auch ohne Behandlung die Konsonantenverwechslungen überwunden werden, ist die Rechtschreibung der Legatheniker im deutschen Sprachraum (anders als im slawischen, in dem lauttreu geschrieben wird) noch keineswegs normalisiert. Zurück bleiben in großer Zahl die Fehler, die von allen Kindern gemacht werden und deren Bekämpfung Aufgabe des Rechtschreibunterrichts ist. Sie treten bei Legasthenikern viel häufiger und mit größerer Hartnäckigkeit auf als bei nichtlegasthenischen Kindern, die denselben Unterricht haben, etwa gleich alt und gleich intelligent sind und der gleichen Sozialschicht entstammen. Diese Fehler erweisen sich als resistent gegenüber den üblichen Methoden des Rechtschreibunterrichts. Der Unterschied zwischen Legastheniker und Nicht-Legastheniker ist schließlich tatsächlich *nur mehr ein quantitativer,* wenn man vom Buchstabenauslassen absieht.

Um festzustellen, ob Fehlerhäufigkeit bei älteren Schülern als *Restsymptomatik einer Legasthenie* oder als Folge *schulischer oder häuslicher Vernachlässigung* anzusehen ist, bedarf es nicht nur der *Kenntnis der schulischen Vorgeschichte*, sondern auch einer *Analyse der schulischen und der häuslichen Situation.*

8.1.4. Intelligenz – Arbeitshaltung – Legasthenie

Das auffallendste Phänomen, das auch Linder [135] zu ihrer Diskrepanzdefinition (s. S. 10) veranlaßte, ist die Tatsache, daß sogar sehr intelligente Legastheniker nicht lesen und nicht rechtschreiben lernen. Wir haben festgestellt, daß Lesen weitgehend intelligenzunabhängig ist und auch von sehr schwach befähigten Kindern mit geeigneten Methoden erlernt werden kann – jedenfalls leichter als von Legasthenikern. Bei der Rechtschreibung liegen die Dinge komplizierter. Wie eine kürzlich von Stagel [218 a] durchgeführte Untersuchung von 10-jährigen Grundschülern aus drei unterschiedlichen Regionen (Stadt, aufgeschlossene Tallandschaft, abgelegene Gebirgsgegend) zeigt, wird das Rechtschreibniveau bestimmt durch folgende Determinanten: Beruf des Vaters, Region, Berufstätigkeit der Mutter, Interesse der Eltern am Kind und Beschäftigung mit ihm, Geschlecht, Arbeitshaltung, Erfolgsmotivation und Intelligenz.

Das Auffallende und Beunruhigende beim legasthenischen Kind ist, daß seine Schwierigkeiten in der Rechtschreibung auch dann bestehen, *wenn alle Determinanten vorhanden sind, die begünstigend wirken müßten* – alle mit Ausnahme von Arbeitshaltung und Motivation, die nicht immer, aber meistens als Folge der unverschuldeten Mißerfolge gestört sind und zwar um so mehr, je länger das Kind ihnen ausgesetzt war.

Ein weiteres Problem: „Normalerweise" kommt Leistung zustande aus einer Wechselwirkung von meßbarer Intelligenz und personalen Stützfunktionen, das sind Motivation und Arbeitshaltung. Eine mittlere Intelligenz kann aufgewogen werden durch hohe Motivation und gute Arbeitshaltung. Umgekehrt kann auch eine Person mit hoher Testintelligenz ohne positive personale Stützfunktionen versagen. Ab einer bestimmten Grenze – sie liegt wahrscheinlich bei IQ 90 – besagt der IQ nämlich nur, *wie leicht oder wie schwer ein Kind lernt.* Je höher die meßbare Intelligenz ist, desto weniger Arbeitseinsatz ist notwendig, je geringer sie ist, desto mehr an Motivation, Ausdauer, Konzentration und Aufmerksamkeit muß das Kind aufbringen, um ein Lernziel zu erreichen. Die relativ niedrige Korrelation* zwischen meßbarer Intelligenz und Schulnoten ist wahrscheinlich durch die unterschiedliche Arbeitshaltung mitverursacht. Doch beim Legastheniker stimmt das auch nicht: Bei normaler bis hoher Intelligenz nützt ein entsprechender Arbeitseinsatz nichts, zumindest beim Lesen und Rechtschreiben. Legastheniker müssen sich unverhältnismäßig anstrengen, um geringe Erfolge zu erzielen, und das ist der Grund, warum sie sich für dumm halten und von Eltern, Lehrern, Geschwistern und Mitschülern für dumm gehalten werden. Das so oft Vergebliche ihrer Anstrengungen beeinträchtigt aber die *primär* meist intakten personalen Stützfunktionen, und zwar um so nachhaltiger und umfassender, je länger das Kind ohne therapeutische Hilfe bleibt.

Die Intelligenz- oder Entwicklungsprüfung bietet einen Ansatzpunkt zur Erfassung dieser komplizierten Zusammenhänge. Sie ist wichtig, *um die Eltern, die Lehrer und das Kind selbst davon zu überzeugen*, daß es nicht dumm ist;

– für die *Beurteilung der Therapiechancen* – intelligente Kinder sind anders und oft leichter zu behandeln als weniger intelligente – und für die *Berufsmöglichkeiten* nach Abklingen einer Legasthenie;

– für die *Dringlichkeit einer Therapie* – bei einer schweren Störung ist die Therapie um so notwendiger, je intelligenter ein Kind ist, wegen der *emotionalen Implikationen*, die meist um so beunruhigender sind, je höher der Intelligenzgrad ist;

– *als Diagnosekriterium der klassischen Legasthenie.* Geringe Diskrepanzen, d. h. niedriger IQ oder EQ und geringes Leistungsniveau, sprechen nicht gegen eine klassische Legasthenie – darüber entscheidet ja die Fehlersymptomatik. Hohe Diskrepanzen zwischen IQ oder EQ und dem Lese- und Rechtschreibniveau sind jedoch eine zusätzliche Bestätigung dieser Diagnose. Bei hohen Intelligenzen

---

* Unter Korrelation versteht man die Häufigkeit des gemeinsamen Auftretens zweier Merkmale. Diese wird ausgedrückt im Korrelationskoeffizienten (r). Bestünde z. B. eine völlige Übereinstimmung zwischen IQ und Schulnoten wäre $r = 1$. Bestünde überhaupt keine Übereinstimmung zwischen IQ und Schulnoten wäre $r = 0$. Zwischen Schulnoten und IQ besteht eine Korrelation von $r = 0{,}4-0{,}6$. Diese Korrelation liegt über dem Zufallsbereich, d. h. sie ist signifikant, aber nicht sehr hoch. Das bedeutet, daß noch andere Faktoren als nur die meßbare Intelligenz die Schulleistungen beeinflußen und zwar sind dies die Motivationen und die Arbeitshaltungen.

gibt es nämlich *kaum einen anderen Grund für das Versagen im Lesen und Rechtschreiben als eine klassische Legasthenie.* Wenn sich ein hohes Intelligenzpotential *trotz* ungünstiger soziokultureller oder schulischer Bedingungen durchsetzt, dann wird – von einem Nicht-Legastheniker – auch die deutsche Rechtschreibung bewältigt.

– Die Intelligenzprüfung ist aber auch wichtig im Hinblick auf die *Schuladministration.*

Damit komme ich zu den noch nicht gelösten diagnostischen Problemen, die im ganzen Bereich der Begutachtung bestehen.

8.1.5. Auswirkungen der IQ-Messung

Ich will hier absehen von den heute stärker beachteten meßtheoretischen Problemen der Diskrepanzdiagnose (Kap. 8.2; [56 b, 234 a]) und mich ausschließlich mit den Elementen der Unsicherheit beschäftigen, die sich in der Praxis beim Einzelfall ergeben können. Das Hauptproblem besteht darin, daß jedes Testsystem, sowohl im Bereich der Intelligenztests als auch in dem der Leistungstests, *andere Werte liefert.* Die Gefahr für das Kind besteht dadurch vor allem im *unteren Grenzbereich.*

Im Gegensatz zu den Rechtschreibtests wo hinsichtlich des PR völlige Willkür herrscht, hat man sich bei der operationalen Definition und bei der Diskrepanzdiagnose, aber auch bei der qualitativ orientierten Diagnose der Wiener Schule auf IQ 90 als unteren Grenzwert für die Aufnahme in eine Therapie geeinigt. Es kann aber sein, daß ein Kind mit einem Testsystem schon als Legastheniker „qualifiziert" wird, weil es diesen Grenzwert erreicht, mit einem anderen nicht, weil sein IQ darunter liegt. Und es kann auch der umgekehrte Fall eintreten. Dieser IQ 90 entscheidet aber über die Zulassung zur Therapie! Und hier wird die Diagnose, besonders bei starrer Handhabung der Vorschriften, vielen Kindern zum Verhängnis. Man sollte sich im deutschen Sprachraum auf bestimmte Testverfahren einigen.

Ein weiteres Problem ist die Bedeutung des IQ für die Zuweisung an bestimmte Schultypen. Die Schullaufbahn des Legasthenikers wird verhängnisvollerweise viel öfter auf Grund seiner Rechtschreibleistungen als auf Grund seiner meßbaren Intelligenz entschieden.

In einer von Dummer [56 b] untersuchten Gruppe von 105 Knaben der fünften Schulstufe befanden sich neun Legastheniker, die alle einen IQ über 100 aufwiesen. Von diesen besuchte nur einer das Gymnasium und drei die Realschule. Von den letzteren hatten zwei einen IQ von über 120. Unter den Nicht-Legasthenikern mit IQ 93–99 befand sich dagegen ein guter Rechtschreiber im Gymnasium, drei gute Rechtschreiber mit IQ zwischen 85–92 besuchten die Realschule. „Die Ergebnisse belegen einmal mehr die vielfach geäußerte Vermutung, daß die Auslese in deutschen Schulen sich stärker an der Rechtschreibleistung als an der Intelligenz orientiert. Diesem Auslesemodus könnte man zustimmen, wenn berufliche und akademische Anforderungen überwiegend sprachlich-rechtschriftlicher Art wären. Dies trifft aber für den weiten Bereich mathematisch-technischnaturwissenschaftlicher Studiengänge und Berufe nicht zu. Unser Schulsystem erlaubt den Schülern, die für dieses Spektrum von Ausbildungen und Tätigkeiten Begabungen mitbringen, die Entfaltung und Ausbildung ihrer Fähigkeiten nur dann, wenn sie gleichzeitig zur Rechtschreib-Elite gehören und von daher die Hürden der Diktatanforderung und der Fremdsprachen nehmen können" [Dummer, 56b, S. 327].*

Die Bewältigung höherer schulischer Anforderungen ist, wie schon erwähnt, vom Einsatz der Stützfunktionen der Intelligenz – Motivationen und Arbeitshaltungen – abhängig. Um diese beim Legastheniker immer wieder zu aktivieren, *ist rechtzeitige Behandlung der Störungen nötig, d. h., vom zweiten Schuljahr an*, und zwar – im Hinblick auf eine höhere Schulbildung – auch *dann, wenn sie in der Volksschule noch nicht zu besorgniserregendem Versagen führt.*

Ein anderes Problem der *Schuladministration* betrifft den *Grenzbereich zur Debilität,* den IQ Bereich 80–90. Die Disposition zur Legasthenie kann, (Kap. 3 und 4) unabhängig von der Intelligenz entstehen. *In Verbindung mit einer Grenzdebilität oder Debilität stellt sie eine echte Behinderung dar.* Man spricht zur Zeit viel von der wünschenswerten Integration Behinderter in Normalschulen. Das würde jedoch ein völlig anderes Schulsystem voraussetzen als das heutige, eines, das weit mehr differenziert und individualisiert ist und in dem die Lehrkräfte durch Spezialisten für die verschiedenen Behinderungen unterstützt werden. In der gegenwärtigen Schulsituation in Österreich hat sich die *Integration von Legasthenikern mit Intelligenzquotienten im Bereich der Grenzdebilität in normalen Klassenverbänden als unmöglich erwiesen.* An sich gibt es (nach der Verteilung des IQ im HAWIK) etwa 18% Kinder mit IQ zwischen 80 und 89. Ihr übliches Schicksal ist der Verlust von zwei Schuljahren – meist eine Rückstellung und eine Klassenwiederholung. Sie treten nach dem siebten, oder wenn eine Verlängerung des Schulbesuchs angestrebt wird, nach dem achten Schuljahr aus.

Kommt jedoch zu dieser verringerten Leistungsfähigkeit eine Legasthenie hinzu, dann bleibt es nicht bei zwei Jahren Schulverlust. In der Regel droht weiteres Versagen, und bei den geringen Differenzierungsmöglichkeiten der Normalschule bietet sich nur noch die Versetzung an eine Sonderschule an. Dort werden im kleinen Klassenverband, bei individueller Betreuung und langsamen Vorgehen oft gute Fortschritte gemacht. Viele grenzdebile Legastheniker können in Wien von dem Versuch profitieren, der es Sonderschülern ermöglicht, das neunte Schuljahr in einem zweiten Klassenzug der vierten Hauptschulklasse zu absolvieren, und so ihre Schullaufbahn mit einem Zeugnis der Normalschule zu beenden.

Wesentlich ist, daß die Diagnose bei diesen Kindern mit besonderer Vorsicht und großem Verantwortungsbewußtsein durchgeführt wird, unter Berücksichtigung aller Umstände, die ein Resultat verfälschen können – sei es das Testsystem selbst, das dem Kind nicht gerecht wird, sei es die Testsituation, sei es die augenblickliche

---

* An den österreichischen Höheren Technischen Lehranstalten (HTL) wird größerer Wert auf das Erreichen der schulspezifischen Bildungsziele als auf die Rechtschreibung gelegt.

Verfassung des Kindes, sei es eine sprachliche oder emotionale Barriere zwischen ihm und dem Prüfenden.*

8.2. Die häufigsten Diagnosemethoden

8.2.1. Die Diagnose nach der operationalen Definition

Um als Legastheniker zu gelten, „braucht" man einen IQ 90 und darüber sowie einen PR 5 oder 15 oder 25 im Rechtschreibtest. Dazu ist zu bemerken, daß ein PR 5 im Rechtschreibtest einem IQ 85 und ein PR 25 der Note 5 oder 6 entspricht. Kinder mit IQ 90 und darüber, einem PR 5 im Rechtschreibtest und zugleich zufriedenstellenden Rechenleistungen sind schwer zu finden. Dummer [52] weist darauf hin, daß man mit Hilfe der operationalen Definition leicht beweisen kann, daß es keine Legastheniker gibt, um damit ein tatsächliches Problem zu negieren.

Gegen dieses diagnostische Modell habe ich [196] Einwände erhoben, da es zahlreiche Kinder ausklammert. Es sind die, die in ihren Lese- bzw. Rechtschreibleistungen einen Prozentrang von 25 und darüber erreichen, trotzdem in den ersten Schuljahren jene Fehler machen, die besonderer Ausdruck ihrer Teilleistungsstörungen sind (typische Fehler) und auch später in Lesen, Rechtschreiben und Englisch hinter den Erwartungen zurückbleiben, zu denen ihr Intelligenzniveau berechtigt. Gerade diese Kinder erleben viele Frustrationen, auf die sie mit Verhaltensstörungen reagieren. Sie werden oft aus einer ihrer Begabung entsprechenden Schullaufbahn geworfen. Daß sie nicht zu den schlechtesten 15% der Klasse gehören, mag an ihrer Intelligenz liegen, oder an den Bemühungen der Eltern, ändert aber nichts an der Tatsache, *daß auch sie Legastheniker sind und Behandlung brauchen.* Diese Behandlung kann ihnen jedoch verwehrt werden, wenn sie nicht als Legastheniker diagnostiziert werden. Einfache Nachhilfen, auf die man Kinder mit bloßen Lese- und Rechtschreibschwierigkeiten verweist, genügen nicht. Atzesberger [11] plädiert zwar bei Kindern der Mittel- und Oberschicht für einen Grenzwert von PR 24. Aber auch dieser PR bedeutet eine enorm hohe Fehlerzahl (61–65 im DRT für vierte Klassen), die schon in der Volksschule Versagen bedeutet und eine Bewältigung der Anforderungen höherer Schulen ausschließt.

8.2.2. Die Diskrepanzdiagnose

Hier wird jedes Kind, bei dem eine Differenz von mindestens 15 Punkten zwischen den T-Werten des IQ und den T-Werten des Prozentranges im Rechtschreibtest besteht, als Legastheniker betrachtet (T-Wert-Tabelle im Anhang A. 1, S. 219). Schwierigkeiten bestehen in Fällen, bei denen die Differenz geringer ist. Hier *müßte,* nach Dummer, eine *qualitative Fehleranalyse* (!) herangezogen werden, was aber in der Praxis wohl kaum geschieht, denn es gibt ja, nach der zur Zeit geltenden Lehrmeinung, keine legasthenietypischen Fehler.

---

* In Österreich befindet eine Kommission über jede Sonderschuleinweisung, wobei das Gutachten des Schulpsychologen als Entscheidungshilfe dient.

Probleme bestehen auch bei sehr intelligenten Kindern, bei denen die Diskrepanz infolge des hohen IQ größer als 15 T-Werte ist, obwohl keine Rechtschreibschwäche irgendwelcher Art vorliegt. Hier kann man sich helfen, indem man Fälle mit PR-Werten über 75 im Rechtschreiben nicht mehr berücksichtigt.

Im ganzen gesehen läßt sich sagen, daß die Diskrepanzdiagnose dort, wo *Gruppentests* aus administrativen Gründen oder zum Zweck wissenschaftlicher Untersuchungen erforderlich sind, als *Grobauslese* von Nutzen sein kann, vorausgesetzt, der Prüfer ist mit der Anwendung, Auswertung und Interpretation der Tests vertraut und berücksichtigt auch die Abweichungen von der +15-Punkte-Norm. Denn auch bei sehr geringen Intelligenzwerten und entsprechend geringen Diskrepanzen kann eine Legasthenie bestehen. Hier muß die *qualitative Fehleranalyse* den Ausschlag geben.

Bei einer Diagnose, die mit Hilfe von nur zwei Gruppentests gestellt wurde, darf nicht vergessen werden,

(1) daß verschiedene Testsysteme verschiedene Werte ergeben;

(2) daß *Intelligenztests für Altersstufen* und *Rechtschreibtests für Schulstufen* geeicht sind. Das bedeutet, daß man sie bei überalterten Schülern nicht zueinander in Beziehung setzen kann. Diese müssen deshalb aus der Stichprobe ausgeschieden werden. Aber gerade sie sind sehr oft die Legastheniker!

Das einzige Verfahren, das als Basis echter Hilfeleistung dienen kann, ist die „klinische“ Einzeldiagnose.

8.2.3. Gibt es eine Frühdiagnose der Legasthenie?

Eine Frage, die bisher unbeantwortet blieb, weil keine der diesbezüglichen Untersuchungen ein schlüssiges Ergebnis brachte, ist die nach einer möglichen Frühdiagnose der Legasthenie im Vorschulalter. Der Grund, weshalb sich diese Störung nicht vorhersagen läßt, ist m. E. dieser:

Die Schulfähigkeit ist, wie wir heute wissen, kein reines Reifungsproblem, sondern wie jedes Entwicklungsphänomen das Ergebnis eines zwar vom Reifungsgeschehen gesteuerten, aber doch sehr wesentlich von der Umwelt determinierten Lernprozesses. Die Schulfähigkeit hat aber *auch* einen zerebralen Reifungsprozeß zur Voraussetzung, der auf die Leistungen einen wesentlichen Einfluß hat. Zwischen fünf und sieben Jahren vollzieht sich eine neurophysiologische Veränderung, die auch im EEG nachweisbar ist. Diese bildet die Voraussetzung für viele der kognitiven Leistungen, die das Lesen voraussetzt, so z. B. die Fähigkeit zur Beachtung von Richtungsunterschieden, das teilinhaltliche Erfassen und die Wahrnehmung zeitlicher Abläufe.

Prüft man die vorgenannten Fähigkeiten bei 5- oder 6-Jährigen mit entsprechenden Testaufgaben und findet Defizite, so kann es sich, wie beim Legastheniker *um eine Reifeverzögerung* handeln. Diese Mängel können aber bedeutungslos für die künftige Lesefähigkeit sein, *denn was beim Testen noch nicht da war, kann sehr bald kommen.* Eine Beziehung zwischen den kognitiven Leistungen im Vorschulalter und späterem Lesen und Rechtschreiben, auf die sich eine Prognose stützen könnte, hat noch niemand gefunden.

Der ungewisse Zeitpunkt des neurophysiologischen Reifungsschrittes ist auch der Grund, weshalb die üblichen *Schulreifetests* nur im Bereich der oberen Prozentränge gute Voraussagen gestatten. Wer gut abschneidet, wird mit ziemlicher Sicherheit ein guter Schüler, denn was schon da ist, kann nicht mehr verschwinden. In den untersten Prozenträngen, wo eine verläßliche Prognose für die Rückstellungen wichtig wäre, ist die Voraussagesicherheit denkbar schlecht [198 a]. Läßt man alle Kinder, die nach dem Testergebnis Versager werden müßten, in der Schule, so zeigt sich, daß nur ein Drittel versagt und zwei Drittel sich bewähren, z. T. sogar gut.

Vielleicht findet man einmal ein Leistungsprüfverfahren, das Legasthenie schon im Vorschulalter erkennen läßt. Bis dahin sollten im Rahmen der Vorschulerziehung vorbeugende Maßnahmen ergriffen und allen 5- und 6-Jährigen in spielerischer Form Anregungen zur *Entfaltung ihrer sprachlichen Fähigkeiten*, zum *Erfassen von Richtungsunterschieden,* zur *Wahrnehmung zeitlicher Abfolgen* und zu *bimodalen Leistungen* geboten werden. Beispiele dazu geben die Experimente von Bakker (s. S. 32).

8.3. Methode und Aufgabenbereich der Einzeldiagnose

8.3.1. Grundsätzliches zur Einzeldiagnose

(1) Es handelt sich bei der klassischen Legasthenie primär um eine *Lesestörung*, daher kann zu keinem Zeitpunkt auf die Prüfung der Lesefähigkeit verzichtet werden. In diesem Bereich liegt die eigentliche Diskrepanz zwischen den zu erwartenden und den tatsächlichen Leistungen, auch dann, wenn keine prinzipiellen Dekodierungsschwierigkeiten mehr bestehen, wie das nach dem dritten Schuljahr meist der Fall ist.

(2) Eine Diagnose, die aus zwei Testwerten – einem IQ und einem Prozentrang in der Rechtschreibung – besteht, ist unzureichend und muß auf jeden Fall vermieden werden, *wenn es um einen einzelnen Schüler* geht.

(3) Für die *Feindiagnose* des Einzelfalles ist es von entscheidender Bedeutung, daß diese im *Frühstadium* erfolgt, bevor noch „das ursprüngliche Zustandsbild bereits durch sekundäre Symptome überlagert und so weit fortentwickelt ist, daß die relativ eindeutigen Diagnosekriterien des Frühstadiums nicht mehr gefunden werden können“ [Dummer, 52, S. 93].

(4) Die *Rechtschreibprüfung* mit Hilfe eines der üblichen *Rechtschreibtests* ist nicht ausreichend, denn die dort einzusetzenden Wörter können Kindern, die mit der Ganzheitsmethode unterrichtet wurden, gänzlich fremd sein und bieten in der Regel keine Gelegenheit, die *legasthenietypischen* Fehler zu machen. Besser als ein Rechtschreibtest ist ein Diktat mit zusammenhängendem, sinnvollen Inhalt, das der Schulstufe angepaßt ist und die Wörter enthält, die erfahrungsgemäß zu den legasthenietypischen Fehlern verleiten. Erprobte Beispiele finden sich im Anhang und in Kap. 10.

(5) Die *Legatheniediagnose kann nur zu einem sehr geringen Teil auf quantitativen Meßwerten beruhen.* Dies mag den Eindruck der Unwissenschaftlichkeit erwecken, doch das sehr komplexe Phänomen ist am ehesten vom *Qualitativen* her

zu fassen. Das gilt nicht nur für die Fehlersymptomatik der ersten Schuljahre, sondern auch für das Umfeld, für das familiäre Bildungsniveau und wie die Schwäche des Kindes dazu kontrastiert, für den Erziehungsstil der Eltern, für die Art, in der das Kind seine Schwierigkeiten verarbeitet, für den Stellenwert, den die Rechtschreibung in den Berufsplänen einnimmt.

8.3.2. Aufgaben und Teilbereiche der Diagnose

Die Einzeldiagnose bei Lese-Rechtschreibschwäche hat mehrere Aufgaben und erstreckt sich auf eine Reihe von psychischen Funktionen:

(1) Es geht zunächst um die Feststellung, ob es sich überhaupt um eine Legasthenie im klassischen Sinne handelt, d. h., um eine Störung im Erwerb der Lese- und Rechtschreibfertigkeit, die *nicht* primär durch *soziokulturelle Vernachlässigung* und/oder durch ein *ungünstiges Schulschicksal* (mangelhaften Unterricht, Methodenwechsel, Zweisprachigkeit, Schulversäumnisse, Schulwechsel etc.) verursacht ist. *Soziokulturelle oder schulische Minusfaktoren schließen das Vorhandensein einer klassichen Legasthenie nicht aus, denn es kann ja beides zusammentreffen.* Die endgültige Entscheidung ermöglicht – und auch nur in den Grundschuljahren:

(2) das Feststellen der Fehlersymptomatik im Lesen und Rechtschreiben sowohl in *qualitativer* wie in *quantitativer* Hinsicht. Damit wird die *Abbaustufe der Legasthenie* (S. 144ff.) in ihrer Relation zu Alter und Schulstufe ermittelt, und man gewinnt *Anhaltspunkte für den* Therapieplan.

(3) *Im Falle einer klassischen Legasthenie sollte versucht werden, eine mögliche Verursachung zu erheben* (hereditär und/oder Abweichung von der reinen Rechtsdominanz und/oder familiärer Linksfaktor und/oder zerebrale Implikationen nach entwicklungshemmenden Ereignissen), weil anamnestische Daten die *Bestätigung der Diagnose* „klassische Legasthenie“ und *therapeutische Hinweise* bieten können. Sind solche Daten nicht zu gewinnen, so spricht dies *nicht* gegen das Vorhandensein einer klassischen Legasthenie. Einschlägige Sachverhalte können den befragten Personen unbekannt sein oder von ihnen absichtlich verschwiegen werden.

(4) Die *Feststellung der meßbaren Intelligenz* mit Hilfe von geeichten Einzeltests. Warum dies notwendig ist, wurde in Kap. 8.1.4. ausführlich dargelegt.

(5) Eine *Feststellung der Funktionstüchtigkeit* ist notwendig

– im *Sprachbereich* (Artikulation, Wortschatz, Sprachgedächtnis, Fähigkeit Gedanken zu formulieren, eventuelle Sprachfehler);

– im *Bereich des Gedächtnisses* (die Bedeutung der Schwäche im Lang- und Kurzzeitgedächtnis wurde S. 54 besprochen);

– im *Bereich der Rechts-Linksorientierung* bei abstrakten Zeichen, Buchstaben, am eigenen Körper, am Gegenüber;

– im *Dominanzbereich* unter Berücksichtigung der Abweichungen von der Rechtsdominanz bei Hand, Bein und Auge des Kindes und eines eventuellen Linksfaktors in der Familie;

– im *Bereich der Konzentrationsfähigkeit*;

– im *Bereich der Sinnesorgane,* (bei Verdacht auf eine Seh- oder Hörstörung sind entsprechende klinische Untersuchungen zu veranlassen. In der Regel hat die klassische Legasthenie keine organspezifischen Ursachen im Sinne einer Minderleistung der Sinnesorgane).

(6) *Sehr wichtig ist es auch, Einblick in die emotionale Situation des Kindes zu gewinnen.* Die Legasthenie überlagernde Persönlichkeitsstörungen – Minderwertigkeitsgefühle, Aggressionen, Abwehrmechanismen, Rückzugsverhalten, Schulangst, herabgesetzte Leistungsmotivationen und neurotische Symptome – sind ja außerordentlich häufig. *Man kann sie mit um so größerer Sicherheit erwarten, je länger eine Legasthenie unerkannt oder unbehandelt geblieben ist.* Der Abbau der emotionalen Überlagerungen ist oft Voraussetzung für einen Therapieerfolg.

(7) *Einblick in die zwischenmenschlichen Beziehungen des Kindes* (zu Eltern, Geschwistern, Lehrern und Kameraden) ergeben sich aus der Anamnese (S. 135), aus Gesprächen mit dem Kind und seinen Lehrern.

8.4. Hilfsmittel zur Diagnose der klassischen Legasthenie

8.4.1. Die Abbaustufen der Legasthenie

Ein wichtiges diagnostisches Hilfsmittel ist die Feststellung, auf welcher Stufe des Abbauprozesses legasthenischer Phänomene sich ein Kind befindet, denn mit den reife- und altersbedingten Veränderungen der Interaktion der Hemisphären und den damit verbundenen Veränderungen der visuellen und akustischen Wahrnehmung sowie mit den Auswirkungen von Lernprozessen verändert sich das Erscheinungsbild. Nachfolgend eine Übersicht der Fehlerarten im Lesen und Rechtschreiben, die auf den verschiedenen Stufen der Legasthenieentwicklung auftreten. Ich gehe dabei von der synthetischen Lesemethode aus.

8.4.1.1. Merkmale der Abbaustufen beim Lesen

1. Stufe
Schwierigkeiten bei der Assoziation von Laut und Lautzeichen
Schwierigkeiten beim Zusammenschleifen von Phonemen
Tendenz, beim Zusammenschleifen mit dem zweiten Buchstaben zu beginnen (Leserichtung von rechts nach links)
Die Fähigkeit, zusammenzuschleifen beschränkt sich lange Zeit auf nicht mehr als drei bis vier Buchstaben
Sehr verzögerter Erwerb von Wort- und Silbenbildern, auch der häufigsten Wörter wie und, der
Bei längeren Worten mühsamstes Zusammenschleifen ohne Sinnverständnis, ohne Absetzen, gepreßter Ton, daher harte Aussprache weicher Konsonanten
Größte Abneigung gegen das Lesen

2. Stufe
Diagnostische Leseprobe
Häufige Verwechslung von d-b und ie-ei, Silbenumstellungen; der zwei Konsonanten folgende Vokal wird vorgeschoben, Inversionen, Umstellung aller Buchstaben, Perseveration, verlangsamtes Lesetempo bis zur 8-10fachen Normalzeit (Abb. 12, 14)
Bei manchen Kindern Umstellung von Zahlen (Abb. 16)

Gebundener Text
Gelegentliches Verwechseln von d-b, ie-ei, Silbenumstellungen, Buchstabenumstellungen, Auslassungen, Zusätze, Erfindungen, Buchstabenverwechslungen, leiser Leseton, abgehackt, ohne Sinnverständnis, überhastetes oder sehr verlangsamtes Tempo (Abb. 15)
Spontanes Lesen wird abgelehnt

Leseprobe I

Zeit: Anfang: 11 25 Ende: 11 30

ab		**Leib**		**geben**	
da		**deine**	beine	**Laden**	laben
in		**dienen**	biene	**braten**	
an		**droben**		**artig**	
nun		**Weiber**		**abgängig**	adgig
nur		**Weide**		**raten**	
bin		**sterben**	schreiben	**Oberst**	Obst
oben		**heißen**		**borstig**	ostig
am		**streben**	streiben	**Beine**	
sei		**hieß**	heist	**Biene**	
sie		**lieber**		**nehmen**	
Lied	Lieb	**Ameise**		**nunmehr**	nurmehr
Leid	Leib	**Made**		**immer**	
beide	bleibe	**scheren**	schreben	**ungern**	neugern
bald	blad	**Weise**		**quälen**	äulen
dabei		**schreien**	schreiben	**gnädig**	gnäbig
aber		**Wiese**		**springen**	sprigen
Korn	Kron	**Most**		**gegenüber**	gneüber
Krone		**Mast**		**unglaublich**	
leiden	leiben	**Gras**	o	**entfernen**	
leise	lese	**Gars**	gras	**amtieren**	amtignen
Liese		**Zeit**		**Kegelbuben**	begleugen
Kran	kan	**Abend**		**natürlich**	natrülich
Karren	Kerret	**Bart**		**antworten**	
Liebe		**baden**	beiden	**Pflanze**	Flane

Abb. 12. Diagnostische Leseprobe zur Feststellung der Legasthenie. Die Umstellungen und Reversionen sind unterstrichen

3. Stufe Diagnostische Leseprobe
Noch deutliche Tendenz zur Verwechslung von b-d und ie-ei, Zögern und leises Vorsprechen bei reversionsgefährdeten Worten, Umstellungen von Silben und Buchstabenfolgen, jedoch *Fähigkeit, einen Teil der Fehler selbst zu korrigieren,* sehr verlangsamtes Lesetempo (Abb. 13)
Gebundener Text
Holpriges und dysrhythmisches Lesen: Infolge der bereits vorhandenen Wortbilder für kleine und häufige Einheiten vollzieht sich das Lesen in stockendem

Leseprobe I

Zeit: Anfang: .... Ende: ....

ab da +	Leib	geben
da ab +	deine eine	Laden lauden
in	dienen	braten
an	droben storben	artig ra +
nun	Weiber Weider	abgängig ad +
nur	Weide	raten
bin	sterben	Oberst oderst
oben	heißen	borstig dorschtig
am	streben sterben	Beine Biene +
sei sie +	hieß heiß	Biene Beine +
sie	lieber	nehmen nahmen +
Lied lieb	Ameise	nunmehr
Leid leib	Made	immer
beide deibe +	scheren	ungern
bald dald +	Weise	quälen päulen
dabei	schreien schreiben	gnädig gämlig
aber	Wiese	springen
Korn Knor	Most	gegenüber
Krone	Mast	unglaublich unglaubig
leiden lieben	Gras	entfernen
leise	Gars Gras	amtieren amtriten
Liese	Zeit	Kegelbuben Kegnauben
Kran	Abend arbeiten	natürlich
Karren	Bart Brat	antworten
Liebe	baden daben	Pflanze

Abb. 13. Auf der 3. Stufe werden sich die Kinder ihrer Fehler bewußt. Alle mit + bezeichneten Fehler wurden spontan korrigiert. Knaben 9;0, 3. Klasse

Ablauf. Sporadisches Vorkommen von d-b-Verwechslungen sowie von Umstellungen, besonders bei unbekannten Worten und schwerem Text. Fehlen von Interpunktion und Betonung. Sinnverständnis vorhanden
Spontanes Lesen
Langsamer Beginn, meist mit Literatur vom Typ der Comicstrips und Mickymaus-Hefte. Gegen Ende der 3. Stufe erstes spontanes Lesen von zusammenhängenden Texten

Leseprobe I

Zeit: Anfang: 12h 30' Ende: 12h 33' 10"

ab		**Leib**	Leben	**geben**	gehen
da		**deine**		**Laden**	
in		**dienen**	deinen	**braten**	barten
an	dan	**droben**		**artig**	
nun		**Weiber**	Wieder	**abgängig**	bagänig
nur		**Weide**	Weise	**raten**	
bin		**sterben**	starben	**Oberst**	
oben		**heißen**		**borstig**	
am		**streben**		**Beine**	
sei	sie	**hieß**		**Biene**	
sie		**lieber**		**nehmen**	
Lied		**Ameise**	Miese	**nunmehr**	
Leid		**Made**	Miede	**immer**	irmer
beide		**scheren**	schiederer	**ungern**	eingerin
bald		**Weise**		**quälen**	
dabei		**schreien**		**gnädig**	
aber		**Wiese**		**springen**	
Korn		**Most**		**gegenüber**	
Krone	Korne	**Mast**		**unglaublich**	ungelaublich
leiden	lieben	**Gras**		**entfernen**	
leise		**Gars**	Gras	**amtieren**	fentüren
Liese		**Zeit**		**Kegelbuben**	
Kran	Karn	**Abend**		**natürlich**	
Karren		**Bart**	Brot	**antworten**	
Liebe		**baden**		**Pflanze**	Pfelaze

Abb. 14. Diagnostische Leseprobe. Die fehlerhaft gelesenen Wörter wurden eingetragen. (Johann B., 8,2, zweite Klasse)

Johann B. 8;2 Anfang: 11h 33 Ende 11h 38

Leseprobe II

Text	Fehler:
Die Brüder	Bürder
Einst fiel ein Büblein in den Bach,	Blümlein
weil unter ihm das Steglein brach.	
Sein ältester Bruder rief und schrie	Brachter hielf schreie
und sank vor Schrecken in die Knie.	Schreien
Der zweite eilte fort nach Haus	helt
und rief die Mutter schnell heraus.	
Der jüngste sprang dem Bruder nach	spring
und zog ihn mutig aus dem Bach.	mutag
Nun denke nach und sag mir an,	benke
wer wohl am besten hat getan?	
Waldrätsel	Waldtel
Ich weiß eine schöne grüne Stadt,	Strat
die tausend Musikanten und Sänger hat.	drausten Musitern Sender
Da pfeift jeder sein Lied, wie's ihm gefällt,	Liebe
in der grünen, schattigen, kühlen Welt.	schtrattigen
Da findet ein jeder ein heimliches Haus.	himmel
Im Herbst aber wandert der Vornehme aus.	Vorhimme
Der Arme zieht im Winter durchs Land	Winter druse
als hungriger Bettelmusikant.	underider Bettmustigkeit
Im Frühling erst kehren zurück sie zur Stadt	kren zugruck
und essen an grünen Tischen sich satt.	heißen Straten

Abb. 15. Leseprobe mit gebundenem Text des gleichen Schülers. Umstellungsfehler auf der rechten Seite sind unterstrichen

19	27	43 34	32 23	75 57
54	36	76	48 84	78 85
38	65 56	34 43	56 65	14
72	89 98	67 76	42	57 75
91	63	84 48	65	87 78
45 54	98 89	23	24	41

Abb. 16. Zahlenleseprobe. Man beachte die häufige, aber keineswegs konsequente Zahlenumstellung (Johann B., 8;2, zweite Klasse)

4. Stufe Diagnostische Leseprobe
Keine Symptome oder ganz vereinzelte Reversionen, die fast durchwegs selbst korrigiert werden können, oft deutliches Zögern bei Wörtern mit b-d oder ie-ei. Schon 3 bis 5 Reversionen oder ein verzögertes Lesetempo bieten einen diagnostischen Hinweis auf eine frühere schwere Legasthenie
Gebundener Text
Fast fehlerfreies Lesen, jedoch stark verzögertes Lesetempo (wichtiger diagnostischer Hinweis!). Gutes Sinnverständnis, aber Fehlen von richtiger Betonung und mangelnde Beachtung der Interpunktion. Große Abneigung gegen lautes Lesen
Spontanes Lesen
Leises Lesen macht keine Schwierigkeiten mehr. Oft großer Lesehunger. Lesetempo verlangsamt.

5. Stufe Diagnostische Leseprobe
Keine Symptome
Gebundener Text
Zu leises oder überlautes, wenig betontes „nervöses" Lesen mit der Möglichkeit von Kurzschlüssen (plötzliches Stocken, Fremdheitsgefühl gegenüber bekannten Worten). Schlechte Atemtechnik, daher auch weiterhin große Abneigung gegen lautes Lesen vor der Klasse, da plötzlich die beim leisen Lesen gar nicht mehr empfundenen Hemmungen immer noch, meist lebenslang, auftreten

8.4.1.2. Merkmale der Abbaustufen bei der Rechtschreibung

Die Tendenz zu sämtlichen aufgezählten Fehlern ist von Anfang an da. Die Fehler werden im folgenden in der Reihenfolge ihres Abklingens – sowohl auf lange Sicht spontan als auch im Rahmen der Therapie – aufgezählt. Fehlerarten 1–4 klingen zuerst ab, es folgen die Fehlerarten 5–9, darauf die Fehlerarten 10–12, darauf die Fehlerarten 13–15. Bei geheilten Legasthenikern und bei verlängertem Schulbesuch findet man noch die Fehlerart 16 (s. S. 120).

Abb. 17–20: Beispiele der Rechtschreibung in der Frühphase (1. Stufe):

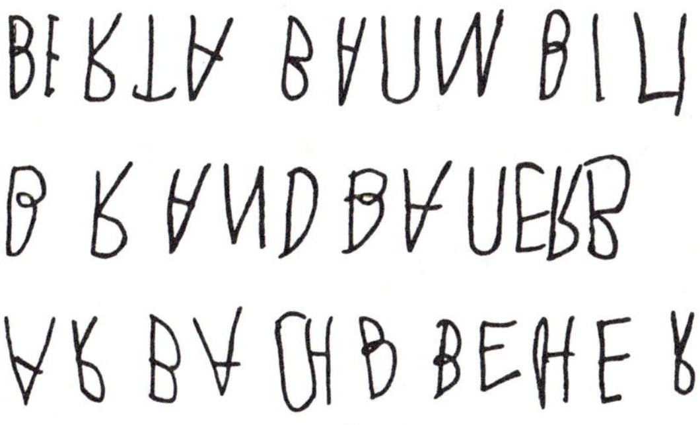

Abb. 17 a. Knabe 6;8, erste Klasse, Linkshänder.
Der Text lautet:
BERTA BAUM BILLI
BRAND BAUER (B)
(AR) BACH (B) BECHER

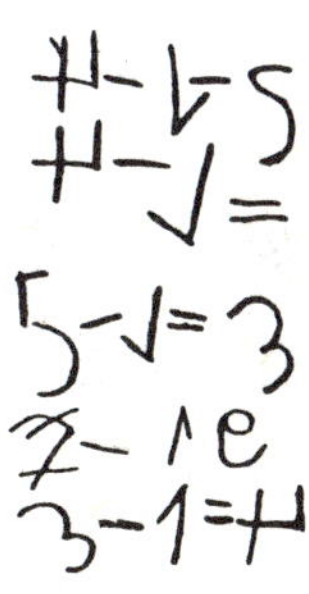

Abb. 17 b.
Zahlenumstellungen.
Mädchen, 7;1, erste Klasse

1 Seitenverkehrtes oder gestürztes Schreiben von Blockbuchstaben und Zahlen (bei manchen Kindern) (Abb.17)

1. Stufe — 2 Schreibrichtung von rechts nach links (bei manchen Kindern)

3 Sinnloses Aneinanderreihen von Buchstaben (Abb. 18, 19)

4 Auslassen von Konsonanten und/oder Vokalen fast in jedem Wort (Abb. 20)

5 Zusammenziehen von Wörtern infolge fehlender Fähigkeit zur Wortisolierung

6 Umstellung von Buchstabenfolgen (Abb. 22): AD - DA, UD - DU

7 Seitenverkehrtes Schreiben von Kleinbuchstaben der Druckschrift, insbesondere Verwechslung von d-b, auch Verwechslung in der Vertikalen (d-g) Abb. 21: (bie-die); Abb. 24: (drün = grün, delb = gelb); Abb. 26: (bich, bie)

8 Verwechslung von Umlauten und Zwielauten. wie au-eu, eu-ö, eu-ü,

2. Stufe — ei-eu, o-u, o-ü. (Abb. 21: (hösen - Häuser, Strüche - Sträucher; Abb. 23)

9 Häufige Auslassung von Buchstaben infolge des fehlenden Wortbildgedächtnisses beim Freischreiben und beim Abschreiben (Abb. 21: file - viele)

10 Verwechslung von weichen und harten Konsonanten: d-t, b-p, g-k, s-z (Abb. 22: TAS-DAS; Abb. 25: tem-dem; Abb. 26-29)

11 Zusammengesetzte Hauptwörter werden getrennt geschrieben, ebenso Zeitwörter und ihre Vorsilben (Abb. 26: fer schneit)

3. Stufe —

12 Verwechslungen der Endungen des 3. und 4. Falles. Auch bei Diktaten werden die Endungen „überhört" (ihn - ihm, den - dem)

13 Inkonsequenz der Rechtschreibung. Im gleichen Text kann dasselbe Wort

4. Stufe — einmal richtig, einmal falsch geschrieben werden.

14 Große Unsicherheit bei Dehnungen und Kürzungen, in der S- und V-F-Schreibung

15 Unsicherheit in der Groß- und Kleinschreibung (Abb. 31, 32)

5. Stufe — 16 Unsicherheit in der Groß- und Kleinschreibung von Abstrakta und hauptwörtlich gebrauchten Zeit- und Eigenschaftswörtern

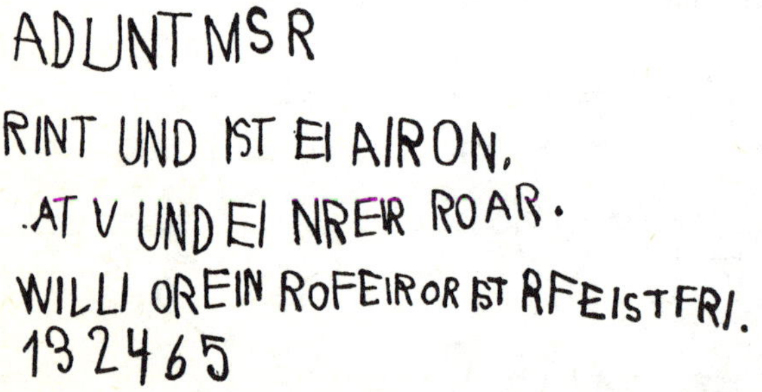

Abb. 18. Die Rechtschreibung in der Frühphase. Buchstabensalat. Knabe, 7;8, erste Klasse. Das Zifferndiktat gelang ohne Schwierigkeiten. Ziffern sind ja Logogramme

Renate, da sind
deine Maroni
Vater hat eine
schöne Tasche
Willi holt Reis und Linsen

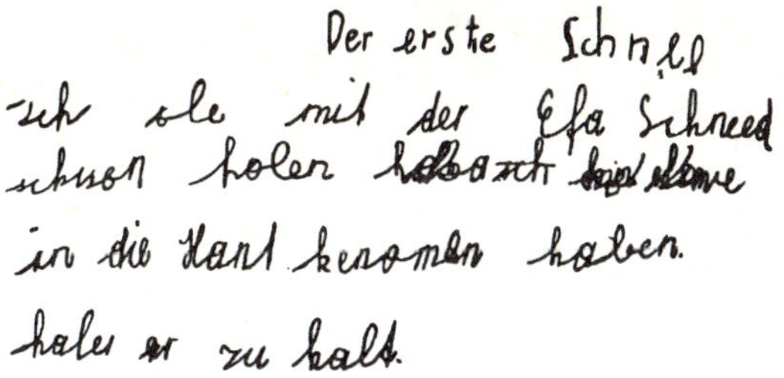

Abb. 19. Übergang vom Buchstabensalat zu vereinzelten lesbaren Wörtern. Mädchen, 7;4, zweite Klasse. Gedächtnisübung. Der Text lautet:
Auf dem Schulweg habe ich mit Eva Schneeball werfen wollen. Aber wie ich den Schnee in die Hand genommen habe, war er mir zu kalt.
Das Kind stieg in die zweite Klasse auf, ohne die Frühphase der Legasthenie überwunden zu haben. Es war in der zweiten Klasse sinnlos überfordert

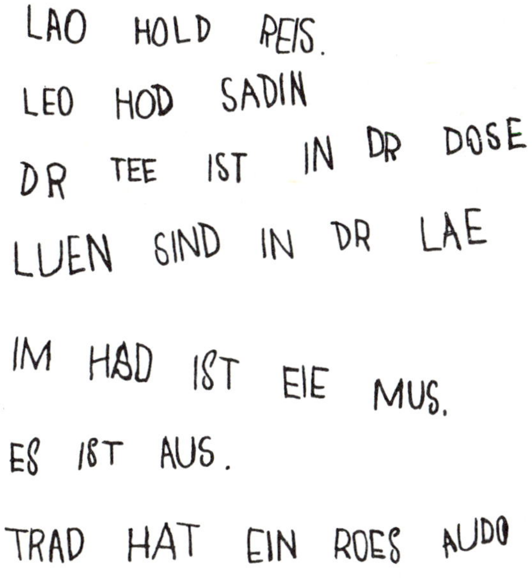

Abb. 20. Die Rechtschreibung der Frühphase. Auslassungen von Vokalen und Konsonanten infolge mangelhafter Lautisolierung. Mädchen 7;3, Repetentin der ersten Klasse. Der Text lautet:

LEO HOLT REIS
LEO HOLT SARDINEN
DER TEE IST IN DER DOSE
NUDELN SIND IN DER LADE
IM HAUS IST EINE MAUS
TRAUDI HAT EIN ROTES AUTO

Abb. 21–26: Beispiele der Rechtschreibung auf der 2. Stufe:

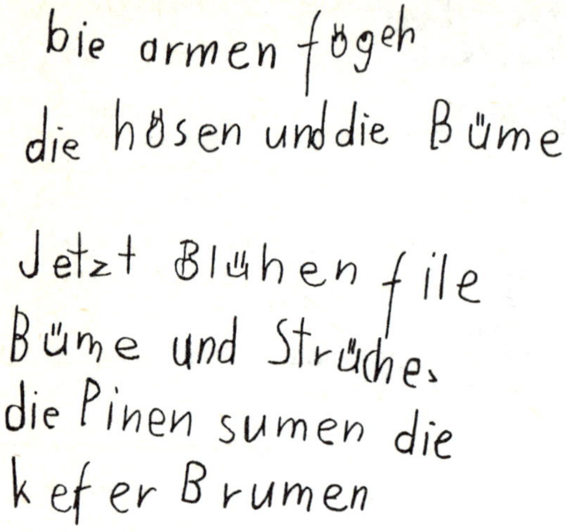

Abb. 21. Knabe 7;1, erste Klasse. Der Text lautet:

Die armen Vöglein. Die Häuser und die Bäume.
Jetzt blühen viele Blumen und Sträucher.
Die Bienen summen, die Käfer brummen.

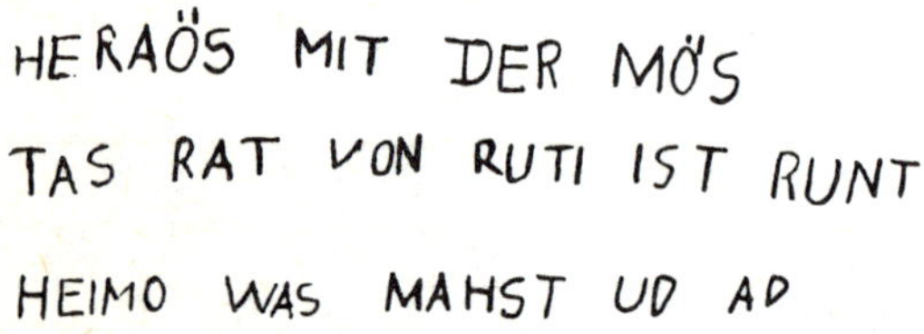

Abb. 22. Knabe 6;2, erste Klasse. Der Text lautet:

HERAUS MIT DER MAUS
DAS RAD VON RUDI IST RUNT
HEIMO WAS MACHST DU DA

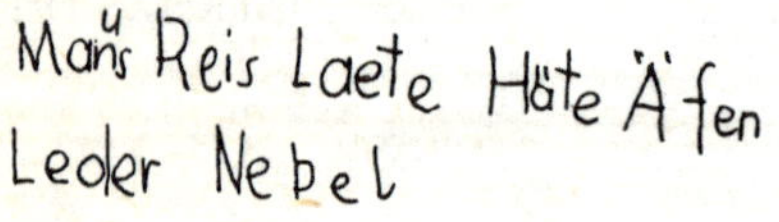

Abb. 23. Mädchen 7;5, zweite Klasse. Der Text lautet:

Maus, Reis, Leute, Hüte, Öfen,
Leder, Nebel

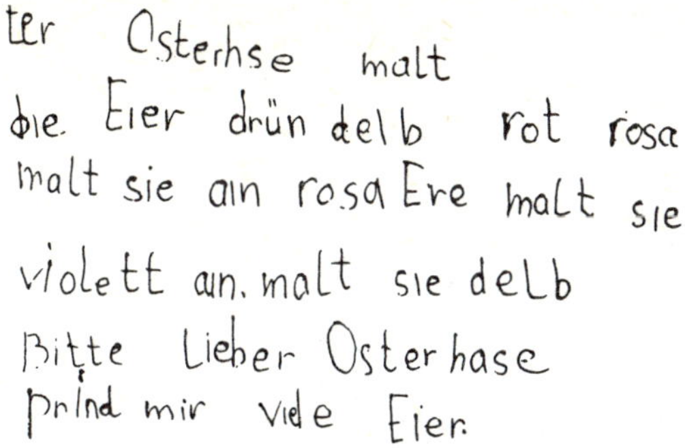

Abb. 24. Starke Verwechslung von g und d sowie Versuch, dem d-b-Dilemma zu entrinnen, indem eine Kugel mit einem Strich durch die Mitte gemalt wird

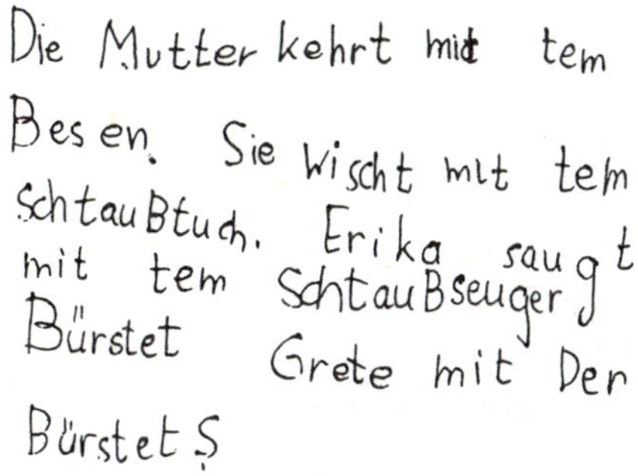

Abb. 25. Das Kind versucht seine Unsicherheit hinsichtlich der Lage von d und b dadurch zu überwinden, daß es Großbuchstaben einsetzt

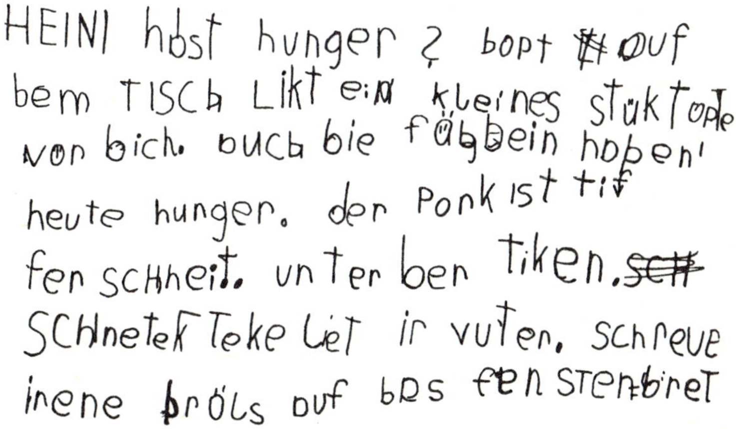

Abb. 26. Helmut P. 8;5, 2. Klasse. Auffallende Reversionstendenz des zerebralgeschädigten Kindes. Rechtshänder mit starkem familiären Linksfaktor

Abb. 27–30: Beispiele der Rechtschreibung auf der 3. Stufe:

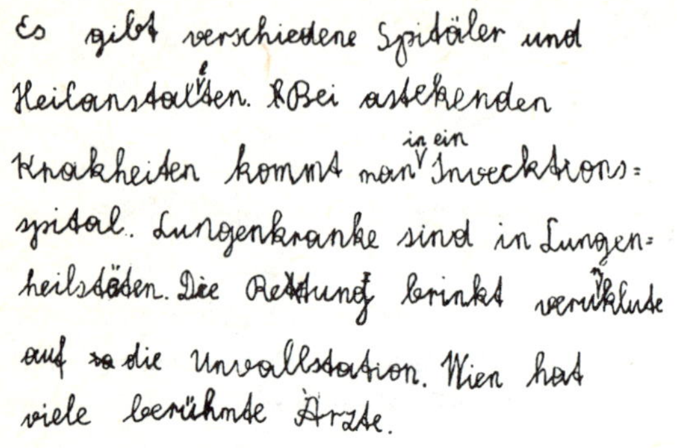
Es gibt verschiedene Spitäler und
Heilanstalten. Bei astekenden
Krakheiten kommt man in ein Invecktions-
spital. Lungenkranke sind in Lungen-
heilstäden. Die Rettunk brinkt verunklüte
auf die Unvallstation. Wien hat
viele berühmte Ärzte.

a) Knabe 8;10, dritte Klasse. Vorbereitete, zu Hause gut geübte Gedächtnisübung. Man beachte: Verhältnismäßig guter Beginn, dann rasche Ermüdung mit zunehmender Fehlerzahl. Konsonantenverwechslungen: brinkt = bringt; verunklüte = verunglückte. Viele Auslassungen

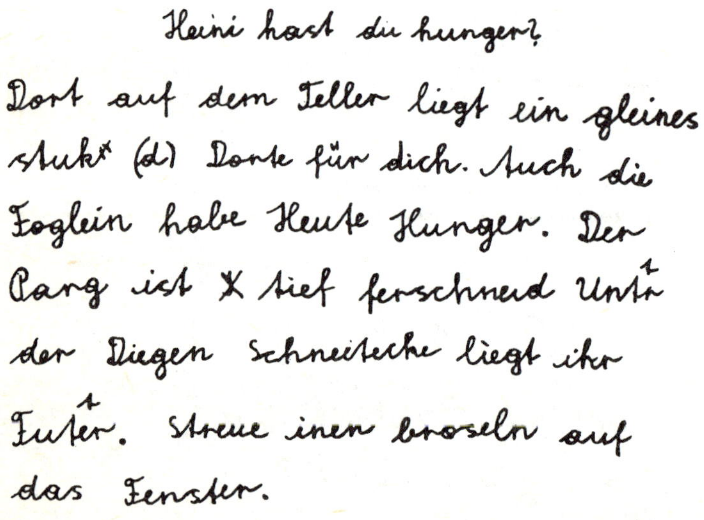
Heini hast du hunger?
Dort auf dem Teller liegt ein gleines
stuk (d) Dorte für dich. Auch die
Foglein habe Heute Hunger. Der
Parg ist tief ferschneid Unter
der Diegen Schneitecke liegt ihr
Futter. Streue inen broseln auf
das Fenster.

b) Knabe 9;2, Repetent der dritten Klasse. Man beachte die Konsonantenverwechslungen: gleines = kleines; Dorte = Torte; Parg = Park; Diegen = dicken; Schneetecke = Schneedecke

Abb. 27 a u. b. Beispiele des zweiten Abschnittes der 3. Stufe (Konsonantenstufe)

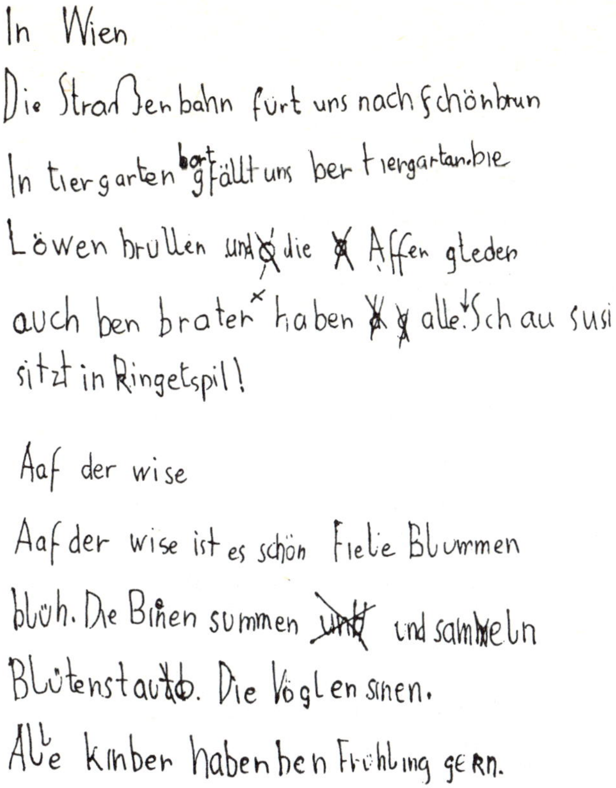
In Wien
Die Straßenbahn fürt uns nach Schönbrun
In tiergarten gfällt uns ber tiergartan.bie
Löwen brullen unt die Affen gleden
auch ben brater haben alle! Schau susi
sitzt in Ringetspil!
Aaf der wise
Aaf der wise ist es schön Fiele Blummen
blüh. Die Bihen summen unt und sammeln
Blütenstaub. Die Vöglen sihen.
Alle kinber haben ben Frühling gern.

Abb. 28. Gedächtnisübungen eines normal intelligenten 7;8 Jahre alten Legasthenikers am Ende des ersten Schuljahres

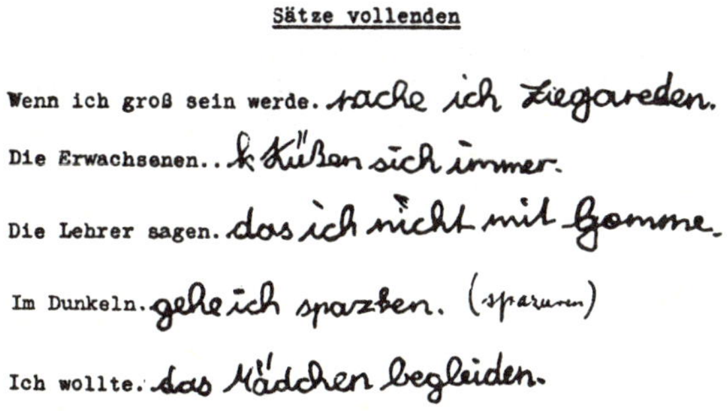
Sätze vollenden

Wenn ich groß sein werde. rache ich Ziegareden.
Die Erwachsenen.. küßen sich immer.
Die Lehrer sagen. das ich nicht mit gomme.
Im Dunkeln. gehe ich sparzten. (sparen)
Ich wollte. das Mädchen begleiden.

Abb. 29. Knabe 13;6, sechste Schulstufe (zweite Hauptschulklasse). Trotz des Alters befindet sich der Schüler erst auf der dritten Abbaustufe. Man beachte Konsonantenverwechslungen: Ziegareden = Zigaretten; mit gomme = mitkomme; begleiden = begleiten. Viele Auslassungen

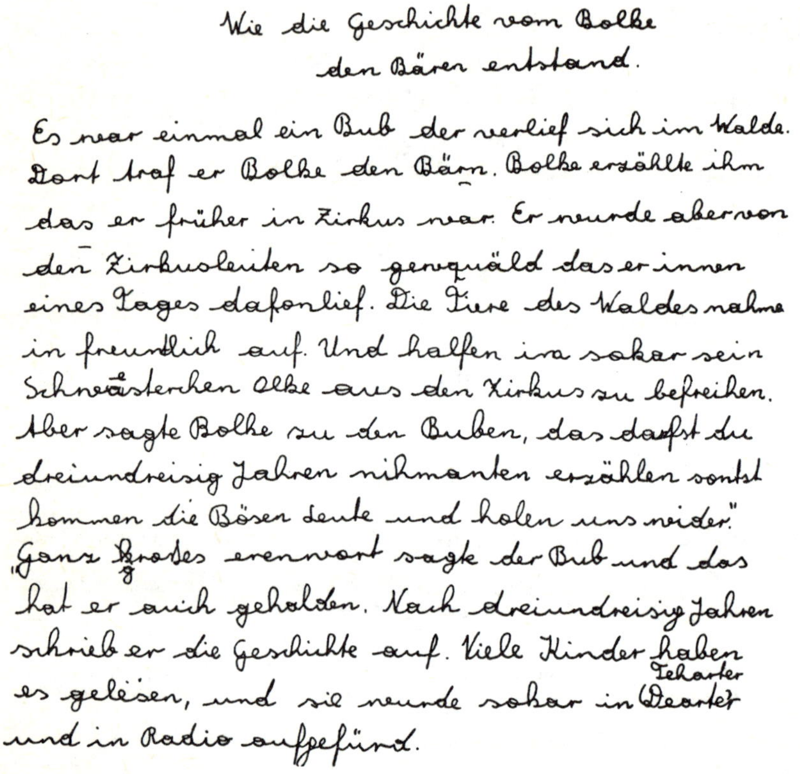

Wie die Geschichte vom Bolke
den Bären entstand.

Es war einmal ein Bub der verlief sich im Walde.
Dort traf er Bolke den Bärn. Bolke erzählte ihm
das er früher in Zirkus war. Er wurde aber von
den Zirkusleiten so gequäld das er innen
eines Tages dafonlief. Die Tiere des Waldes nahme
in freundlich auf. Und halfen ira sokar sein
Schwästerchen Olke aus den Zirkus zu befreihen.
Aber sagte Bolke zu den Buben, das darfst du
dreiunddreisig Jahren nihmanten erzählen sontst
kommen die Bösen Leute und holen uns wider."
„Ganz Kroßes erenwort sagte der Bub und das
hat er auch gehalden. Nach dreiunddreisig Jahren
schrieb er die Geschichte auf. Viele Kinder haben
es gelesen, und sie wurde sokar in Teharter Deartet
und in Radio aufgefürd.

Abb. 30. Knabe 12;4, fünfte Schulstufe, (zweite Hauptschulklasse). Man beachte die typischen Konsonantenverwechslungen: freuntlich = freundlich; soklar = sogar; nihmanten = niemanden; gehalden = gehalten. Es gibt schon einzelne Selbstkorrekturen: kroßes, Deharter (Theater). Es handelt sich um den Übergang von der 3. Stufe zur Restsymptomatik (4. Stufe)

Abb. 31, 32: Beispiele der Rechtschreibung auf der 4. Stufe (Restsymptomatik):

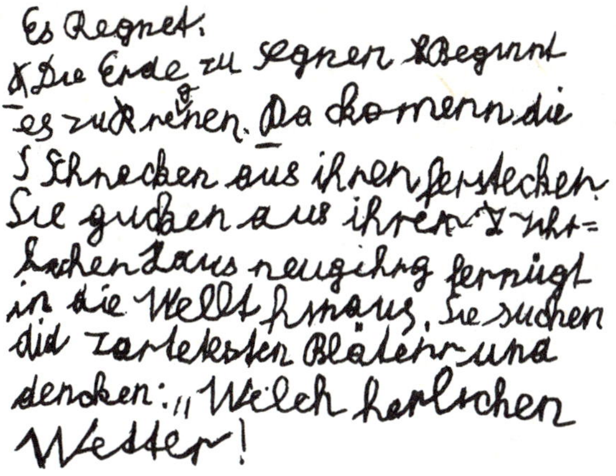

Abb. 31. Die unspezifische Restsymptomatik, Knabe 9;3, Repetent der zweiten Klasse. Das besondere Merkmal der Arbeit dieses sehr intelligenten Linkshänders (EQ = 119) ist die Unsicherheit in der Großschreibung und besonders hinsichtlich der Verdoppelungen. Etwas schreibt man doppelt – aber was? ckomenn = kommen; Bläterr = Blätter. Man beachte die Richtungsunsicherheit beim Schreiben des Buchstabens D. Die Stufe der Restsymptomatik war frühzeitig mit neun Jahren eingetreten und wurde bald überwunden

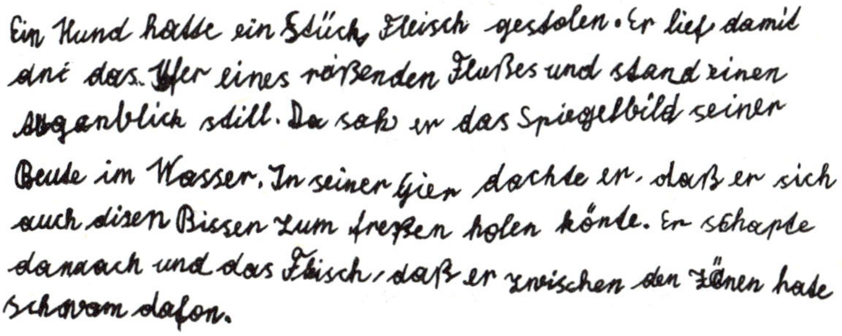

Abb. 32. Knabe 10 Jahre. 4. Abbaustufe (Restsymptomatik)

Bevor wir von der 3. Stufe zur Restsymptomatik übergehen, müssen wir deutlich zur Kenntnis nehmen, daß nicht jeder schlechte Rechtschreiber ein Legastheniker im klassischen Sinne ist. Damit unterscheiden wir uns von der heute gängigen Art der Einstufung. Zum Vergleich seien die Probediktate von zwei Schülern der gleichen zweiten Klasse gezeigt, die beide wegen schlechter Rechtschreibung zur Untersuchung geschickt wurden.

Leopold, 8;1, EQ 101, war *kein Legastheniker,* sondern nur leicht lernverwahrlost
Günther, 8;11, EQ 94, war ein *Legastheniker*
Bei *Leopold* finden wir nur untypische Fehler, und zwar: Großschreibfehler (stük) V-F-Fehler (vür), Kürzungsfehler (Fensterbret, hunnger), eu-äu-Fehler (häute), (Abb. 33)
Bei *Günther* sind neben diesen untypischen Fehlern die Legasthenietypischen vorhanden: *Zwielautverwechslung* (straue), *Konsonantenverwechslungen* (gleines, stüg, barg, dif, draurig, digen, Schneedege, vuder), *Buchstabenauslassungen* (ensterbrett) (Abb. 34)

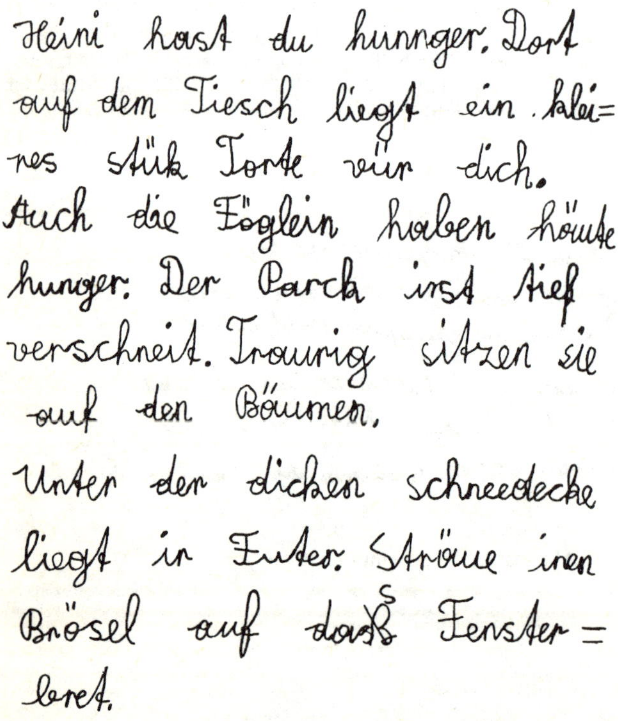
Heini hast du hunnger. Dort
auf dem Tiesch liegt ein klei=
nes stük Torte vür dich.
Auch die Föglein haben häute
hunger. Der Parck ist tief
verschneit. Traurig sitzen sie
auf den Bäumen.
Unter der dicken schneedecke
liegt ir Futer. Sträue inen
Brösel auf dass Fenster=
bret.

Abb. 33. Der Nicht-Legastheniker Leopold

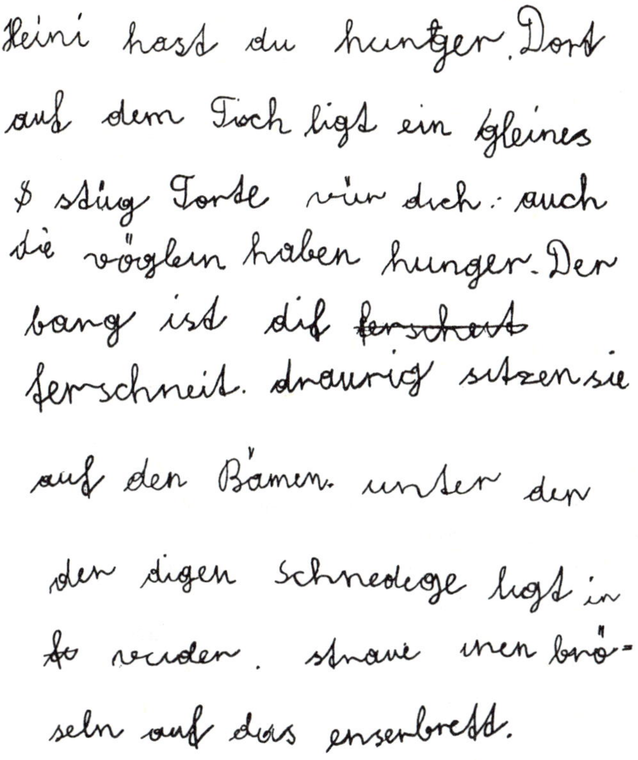
Heini hast du hunger. Dort
auf dem Tisch ligt ein kleines
$ stüg Torte vür dich. auch
die vöglein haben hunger. Der
bang ist dif ~~ferschert~~
ferschneit. draurig sitzen sie
auf den Bämen. unter den
den digen Schneedege ligt in
fo vaiden. strave inen brö-
seln auf das enserbrett.

Abb. 34. Der Legastheniker Günther

Tabelle 7. Die Fehlerarten auf den verschiedenen Stufen

	Fehlerart	abgeklungene Fehlerart
1. Stufe	1– 6	1– 4
2. Stufe	5–11	5– 9
3. Stufe	9–15	9–11
4. Stufe	12–16	13–15
5. Stufe	16	

Alle Fehler werden, wie auch die Arbeitsproben zeigen, von Anfang an gemacht. Aber ihre Bedeutung ergibt sich aus dem Vergleich mit der Leistung gleichaltriger nichtlegasthenischer Schüler. Die Unsicherheit in der Groß-Kleinschreibung z. B. ist bei legasthenischen Kindern auch schon im zweiten Schuljahr größer als bei den anderen. Aber da solche Fehler von allen Kindern dieser Schulstufe noch sehr oft gemacht werden, hat eine Häufung dieser Fehlerart ein geringeres Gewicht als auf der 3. und 4. Stufe.

Sporadische Rückfälle in bereits überwundene Fehler können auf jeder Stufe der Rechtschreibentwicklung und während des ganzen Lebens eines Legasthenikers vorkommen, besonders bei Müdigkeit und im Zustand psychischer Belastung.

Die Fehlerarten 1 und 2 kommen nicht bei allen Legasthenikern vor, andererseits finden wir sie gelegentlich auch bei nichtlegasthenischen Kindern, die das Lesen ohne Schwierigkeiten erlernen. Die Fehlerarten 3, 4, 5 finden sich auch bei noch nicht schulfähigen, besonders bei intelligenzschwachen Schülern. Eine differenzialdiagnostische Abklärung ist notwendig. Die Fehlerarten 6–10 sind legasthenietypisch. Die Fehlerarten 11–16 (Restsymptomatik) kommen auch bei Nicht-Legasthenikern vor, jedoch nicht so massiert, und sind auf den Altersstufen, auf denen sie bei Legasthenikern noch mit großer Häufigkeit auftreten, bei normal intelligenten, weder milieu- noch unterrichtsgeschädigten Kindern meist schon überwunden.

Erfahrungsgemäß läßt sich der Abbau der Symptome durch Behandlung beschleunigen, wobei die Reihenfolge des Abklingens jedoch gleich bleibt.

Tabelle 8. Erfahrungswerte hinsichtlich der Zuordnung der Entwicklungsstufen zu Alter und Schulstufen bei leichter bis mittelschwerer, unbehandelter Legasthenie

	Alter	Schulklasse
1. Stufe	etwa 6– 8 J.	1. Schuljahr
2. Stufe	etwa 7– 9 J.	2. Schuljahr
3. Stufe	etwa 8–12 J.	etwa 3.–6. Schuljahr
4. Stufe	etwa 11–14 J.	etwa 5. Schuljahr – Schulaustritt
5. Stufe	bis ca. 16. J.	bei verlängerter Schulbildung verschwindet diese Fehlerart im 9.–11. Schuljahr

8.5. Diagnostische Leistungsprüfungen in der Grundschule

8.5.1. Erstes Schuljahr

Die diagnostische Legasthenieuntersuchung sollte erst gegen Ende des ersten Schuljahres durchgeführt werden und ist nur bei *synthetischer Lesemethode* möglich. Sie sollte bestehen

(1) aus einem *Buchstabendiktat.* Kann das Kind alle gelernten „Normallaute" mit den entsprechenden Zeichen verbinden? Das Diktat muß sowohl Großbuchstaben als auch Kleinbuchstaben fordern und auch sch, ch, ei, ö, ü, eu und au umfassen. Wenn Buchstaben „fehlen", ist festzustellen, ob solche Mängel durch Schulversäumnisse, Umschulung, Methodenwechsel etc. entstanden sein können. Die akustische Verwechslung von M-N, B-D-G, B-P, G-K, CH-K sowie der Um- und Zwielaute hat symtomatische Bedeutung, ebenso die optische Verwechslung von d-b, b-g, q-p und seitenverkehrt geschriebene Großbuchstaben und Ziffern.

(2) aus einem *Buchstabenlesetest.* Ein solcher ist im *Zürcher Lesetest* enthalten;

(3) aus einer *informellen Leseprobe,* bestehend aus Wörtern mit sicher verfügbaren Buchstaben. Sie sollten kleine sinnvolle Sätze ergeben. Dabei ist zu beachten,

– ob das Kind „zusammenschleifen" kann, d. h., ob es die Normallaute in Phoneme umwandeln und diese durch entsprechende Aneinanderreihung zu sinnvollen Wortgestalten verbinden kann, oder ob es nur zu einer Aufzählung der Normallaute kommt (M – A – M – A);

– ob das „Zusammenschleifen" flüssig, sinnentnehmend und schon im Umfang von mehr als vier Buchstaben gelingt, oder zäh, ohne Sinnentnahme und nur im Umfang von maximal vier Buchstaben;

– ob sich einzelne Wörtchen, die im Unterricht häufig vorkommen, schon soweit eingeprägt haben, daß sie ganzheitlich gelesen werden können (und, ist, sind etc. Das Lesebuch ist heranzuziehen!);

– ob Umstellung der Buchstabenfolgen und/oder Reversionen zu bemerken sind.

(4) aus einer *Rechtschreibprobe*, zusammengestellt aus Wörtern, die in den Schulheften vorkommen und als geübt gelten können. Dabei ist zu beachten,

– ob beim Schreiben nach Diktat die Phoneme aus der Wortgestalt isoliert und den Zeichen der entsprechenden Normallaute zugeordnet werden können,

– ob beim Schreiben nach Ansage die Reihenfolge der Buchstaben eingehalten werden kann, ob markante Laute oder Endlaute an die erste Stelle gesetzt werden, ob viel Buchstaben ausgelassen werden, oder ob ein Buchstabensalat entsteht.

Die Abb. 17, 18, 19, 20 (Seite 120f) zeigen mögliche Fehlleistungen im ersten Schuljahr.

8.5.2. Zweites Schuljahr

Die Diagnose der klassischen Legasthenie gelingt am sichersten im zweiten Schuljahr. Man benötigt

(1) *eine diagnostische Leseprobe* zur Feststellung der Fehlersymptomatik im

Lesen. Zur Verfügung stehen die *Wiener Leseprobe I und II* (Anhang A. 2 sowie Abb. 14, 15, Seite 117f) und der *Zürcher Lesetest* (Anhang A. 3).

(2) *Eine Zahlenleseprobe,* die zeigen soll, ob Zahlen reversiert werden. Eine solche findet sich im *Wiener Untersuchungsbogen* ebenso wie im *Zürcher Lesetest.* Außerdem empfiehlt es sich, bei Schülern, die auch im Rechnen Probleme haben, eine genaue Analyse von fehlerhaften Rechnungen in den Schulheften durchzuführen.

(3) *Eine Rechtschreibprobe.* Aus schon vorerwähnten Gründen eignen sich auf dieser Stufe die in Anhang A. 4 festgehaltenen Texte besser als die üblichen Tests. Ferner sollen in den Schulheften Diktate, Gedächtnisübungen und Sonstiges auf vorhandene „typische" Fehler (Verwechslungen von Umlauten und Zwielauten, von harten und weichen Konsonanten, Buchstabenauslassungen und Verwechslungen) durchgesehen werden. Diese sind zu notieren.

Die Abb. 21–26 (Seite 122f) zeigen charakteristische Leistungen von Legasthenikern auf dieser Schulstufe.

8.5.3. Drittes und viertes Schuljahr

(1) Zur Feststellung der Lesefähigkeit sollte vom dritten Schuljahr an der *Zürcher Lesetest* verwendet werden, der an Hand von Normtabellen Auskunft gibt über die Abweichungen in der Leistung in Hinblick auf *Fehlerzahlen* und *Lesetempo.* Vereinzelte Reversionen in den Wortleseabschnitten sind auf dieser Stufe sichere Zeichen einer klassischen Legasthenie. Auch die im Zürcher Lesetest vorhandene Zahlenleseprobe muß zum Einsatz kommen.

(2) *Aufsatz und Diktat zur Beurteilung der Rechtschreibung.* Um nicht nur die Auseinandersetzung mit den Konsonanten (auch in Endstellung), sondern auch mit der Groß- und Kleinschreibung, den Dehnungen und Kürzungen und den Endungen m und n (ihrem, ihren) beurteilen zu können, eignet sich in der dritten Klasse das im Anhang zitierte Diktat, außerdem sollte man einen kleinen Aufsatz an Hand einer Bildgeschichte schreiben lassen. Sehr gut eignen sich die Bildgeschichten „Feuer" und „Picknick" aus dem HAWIK.

Der Aufsatz gibt Aufschluß über die Rechtschreibung und auch über eventuelle vorhandene dysphasische Komponenten (Unfähigkeit zur Bildung geordneter, in sich geschlossener Sätze, zur Bildung starker Zeitformen, zur konsequenten Verwendung der gleichen Zeit („Der Knabe sitzt am Boden und zündete ein Feuer an ..." etc.). Er kann aber auch die bei intelligenten Legasthenikern häufige Diskrepanz zwischen guten stilistischen Fähigkeiten und schwacher Rechtschreibung aufzeigen.

Bei der Rechtschreibung kommt es darauf an, festzustellen, ob noch typische Fehler vorhanden sind, oder ob sich die Fehler auf die unspezifische Restsymptomatik beschränken. Im letzten Fall sollte ein genormter Rechtschreibtest [Diagnostischer Rechtschreibtest DRT 4–5 von Meis] verwendet werden. Dabei müssen die Fehlerschwerpunkte notiert werden.

8.5.4. Fünfte und sechste Schulstufe

(1) Auf dieser Stufe wird man, außer in sehr schweren Fällen, beim Lesen nur mehr ein verzögertes Tempo und/oder eine allgemeine erhöhte Fehlerhaftigkeit mit gelegentlichen Buchstabenumstellungen feststellen können. Die Lesefähigkeit kann man am besten mit Hilfe des *Zürcher Lesetests* erheben, wobei auch die schwereren Wortlisten nicht übersehen werden dürfen.

(2) Die Rechtschreibung wird im wesentlichen die Fehler der Restsymtomatik erkennen lassen (Abb. 31, 32 Seite 127). Der genormte Rechtschreibtest von Meis sowie in der Testsituation geschriebene kleine Nacherzählung oder ein kurzes Diktat sollten Auskunft geben über die Menge und Art der Fehler. Daneben ist immer zu beachten, was der Schüler in der Schule, besonders in der Streßsituation von Klassenarbeiten, leistet.

8.6. Untersuchungen, die auf allen Schul- und Altersstufen durchgeführt werden sollten*

8.6.1. Intelligenz- oder Entwicklungsprüfungen

Zur Information über den *Entwicklungsstand bzw. Intelligenzgrad des Kindes* bieten sich für die Einzeluntersuchung drei Testsysteme an (A 5):

- Die *Entwicklungstests für das Schulalter* von Schenk-Danzinger,
- die *Testreihen für Schweizerkinder* von H. Fischer
- der *HAWIK*.

Dabei kommt es nicht so sehr auf den IQ oder EQ an, *außer wenn er im positiven oder negativen Sinn sehr stark von der Norm abweicht,* sondern vielmehr auf die kognitive Struktur, die sich aus den Leistungen in den verschiedenen Untertests ergibt.

Der Entwicklungstest zeigt deutlich die Leistungsfähigkeit des sprachlichen Gedächtnisses sowie die bei Legasthenikern meist vorhandene Diskrepanz zwischen sprachlicher und anschaulicher Merkfähigkeit. Die Feinkoordination besonders im graphischen Bereich kann gut mit den konstruktiven Leistungen (Grobmotorik) verglichen werden. Die Strukturstufe des formalen Denkens (im Sinne Piagets, auch was die Rechenintelligenz betrifft) zeichnet sich deutlich ab. Der HAWIK ist bedeutsam im Hinblick auf eine eventuelle Diskrepanz zwischen Verbal- und Handlungsteil. Beim Subtest „Zahlen-Nachsprechen", der nie vernachlässigt werden sollte, geht es nicht um den „numerischen Faktor", sondern um die Fähigkeit zur WZA. Die dysphasische Komponente, die bei manchen Legasthenikern eine so starke Blockierung darstellt, zeigt der Wortschatztest, der eigentlich ein Wortdefinitionstest ist. Die Leistungsfähigkeit des Kurzspeichergedächtnisses läßt der Zahlen-Symbol-Test erkennen.

---

* Die im folgenden genannten Tests sind im Anhang beschrieben bzw. zitiert. A. = Anhang.

8.6.2. Untersuchungen über den Stand der Sprachentwicklung

Artikulationsproben sind im Wiener Untersuchungsbogen und im Zürcher Lesetest vorhanden. Sehr gut eignen sich auch der *Bremer Artikulationstest (BAT)* und der *Bremer Lautdiskriminierungstest (BLDT) (A. 6)* Auch wenn nicht die entsprechenden Tests als ganze zum Einsatz kommen, sollten der *Wortschatztest* aus dem HAWIK und zur Prüfung des *Sprachgedächtnisses* die Aufgaben aus den *Entwicklungstests für das Schulalter* (A. 7) gegeben werden. Die Aufgabe für das siebte Lebensjahr gibt gleichzeitig Aufschluß über die Fähigkeit zur Formulierung von Gedanken. Bei sehr spätem Einsatz der Sprachentwicklung und deutlicher Retardierung im Sprachbereich empfiehlt sich die Verwendung des *Psycholinguistischen Entwicklungstests von Angermaier.*

8.6.3. Information über die Konzentrationsfähigkeit

Geringe *Konzentrationsfähigkeit* und eine impulsive, wenig kontrollierte Arbeitsweise ist für manche Legastheniker charakteristisch. Die Konzentrationsfähigkeit und der Arbeitsstil (rasch mit vielen Fehlern, langsam mit wenig Fehlern, langsam mit vielen Fehlern) können mit Hilfe des *Bourdon-Tests* erkannt werden oder mit dem Differenziellen Leistungstest von Kleber (A. 8).

8.6.4. Prüfung der visuellen Leistungen

Bis zum Alter von 7;11, die entscheidende Zeit für das Lesenlernen, können die verschiedenen Komponenten der visuellen Leistungsfähigkeit – *visuomotorische Koordination, Figur-Hintergrund-Unterscheidung, Formkonstanz-Beachtung, Erkennen der Lage im Raum* und *Erfassen räumlicher Beziehungen* mit dem *Frostig-Entwicklungstest* der visuellen Wahrnehmung geprüft werden.

Will man bei älteren Kindern die *Rechts-Links-Orientierung* untersuchen, eignen sich der Subtest 7 des *Leistungsprüfsystems (LPS) von Horn* (A. 10) sowie die im Handbuch zum Zürcher Lesetest beschriebenen Aufgaben.

8.6.5. Feststellung der Dominanz

Zur Untersuchung der *Handdominanz des Kindes* eignet sich besonders die von Jadouille [105] entworfene Testbatterie (A. 11). Mit dieser Aufgabenreihe kann der *Grad* der Rechts- oder Linkshändigkeit festgestellt werden, was insofern von Bedeutung ist, als Jadouille bei ihren Untersuchungen an belgischen Kindern fand, daß ein Zusammenhang zwischen der Lesefertigkeit und dem Grad der Abweichung von der Rechtsdominanz besteht. Eine Anleitung zur Überprüfung der Händigkeit findet sich auch im Zürcher Lesetest. Ferner erweist sich der *Hand-Dominanz-Test* [Göttingen: Hogrefe] als gut brauchbar. Jeder Hand-Dominanz-Test sollte ergänzt werden durch eine Probe bezüglich der Bein- und Augendominanz (A. 12), um festzustellen, ob es sich um homogene oder um gekreuzte Lateralität handelt.

8.6.6. Die emotionale Situation

Bei vielen Legasthenikern, besonders bei solchen, die schon längere Zeit ohne Hilfe und Ermutigung sind, entwickelt sich ein Überbau von Minderwertigkeitsgefühlen, Verstimmungen, Ängsten, Neurotizismen oder auch eine Neurose. Die Beziehungen zu den Mitmenschen und zur Leistung kann sehr gestört sein.

Eine Anamnese kann darüber wichtige Aufschlüsse geben. Mehr erfährt man jedoch meistens aus *projektiven* Tests wie z. B.: *Thematischer Apperzeptionstest* (TAT), *Baumtest, Rorschach-Test* und der von der kinderpsychiatrischen Abteilung der Wiener Neurologischen Universitätsklinik entworfene Test „*Sätze vollenden*" (A. 14). *Nur der letztere kann auch von Laien verwendet werden.* Zur Interpretation der zuvor genannten bedarf es einer Ausbildung als klinischer Psychologe.

Der *Kinder-Angst-Test* (K-A-T), der Legasthenikern mündlich vorgegeben werden muß, kann über das Angstpotential eines Kindes informieren (A. 13).

8.7. Die Anamnese

Die Anamnese ist ebenso wichtig wie die Untersuchungen. Anamnesen müssen immer am Problem orientiert sein, und beim Legastheniker kommt es einerseits auf *Informationen* an, *die der differenzialdiagnostischen Abgrenzung einer „klassischen Legasthenie*" von einer Lernstörung aus soziokulturellen oder schulischen Gründen oder infolge schwererer Beeinträchtigung eines Sinnesorgans dienen (Fragenkomplex I), andererseits auf Auskünfte über die *familiäre Situation* und die evtl. daraus resultierenden emotionalen Probleme (Fragenkomplex II).

8.7.1. Fragenkomplex I

Die Fragen sollen sich beziehen

(1) auf die frühe Entwicklung des Kindes, vor allem auf Schwangerschafts-, Geburts- und Krankengeschichte
(2) auf die sprachliche und motorische Entwicklung
(3) auf die Handdominanz des Kindes, wie die Eltern sie beobachten, und wie sie auf eventuelle Linkshändigkeit reagiert haben
(4) auf die Lebensgeschichte des Kindes (Trennungen von der Mutter, Fremdpflege, Krankenhausaufenthalte etc.)
(5) auf die Handdominanz in der Familie und evtl. Vorkommen derselben Lernschwierigkeiten bei Familienmitgliedern
(6) auf die äußeren Familien- und Wohnverhältnisse
(7) auf Aufgabensituation und -Kontrolle
(8) auf das Schulschicksal des Kindes und die Beziehung der Eltern zur Schule
(9) auf Bildungsweg und evtl. Fremdsprachigkeit der Eltern
(10) auf deren kulturelle Vermittlerfunktion.

Es wird dazu eine Reihe von Fragen vorgeschlagen. Diese können nur, soweit sie objektive Daten betreffen, an Hand einer Liste gestellt werden. Die wichtigste Information muß ein zwangloses Gespräch in entspannter Stimmung ergeben, wobei man durch gezielte Fragen Anstöße gibt, aber vor allem die Eltern reden läßt. Fühlen sie sich durch Notizen gestört, muß das Gespräch auf Tonband aufgenommen oder nachträglich rekonstruiert werden. Der umfangreiche Fragenkomplex läßt sich meist nicht in einer Sitzung erledigen. Aber da eine Legasthenietherapie ohnedies zu einer öfteren Begegnung meist mit der Mutter führt oder führen sollte, kann die Anamnese in mehreren Gesprächen durchgeführt werden. Die Vertrauensbasis, die sich dadurch entwickelt, kann zu vertiefter Besinnung und zum „Ausfüllen von Erinnerungslücken" führen und die Bereitschaft erhöhen, über bisher verschwiegene Probleme zu sprechen.

Fragen zum Fragenkomplex I

Die Vorgeschichte

Aus welchem Personenkreis setzt sich die Familie zusammen (Kind, Mutter, Vater, Geschwister, Großmutter, Großvater, Stiefmutter, Stiefvater, Pflegemutter, Pflegevater ...)?
Wer kümmert sich hauptsächlich um das Kind?
Zahl, Alter, Geschlecht und Schulbildung der Geschwister.
Gab es im Leben des Kindes Perioden der Trennung von den leiblichen Eltern (Heim, Pflegestellen, Kinderdorf, Kinderkrippe)?
Wenn ja, in welchem Alter? Warum?
Ist die Mutter berufstätig? (ganztags, halbtags, in Schichtarbeit)?
War das Kind im Kindergarten?
Wenn ja, ab welchem Alter – ganztags, halbtags?
Wer bestreitet den Lebensunterhalt des Kindes?
Hat das Kind einen eigenen Schlafraum? Schläft es mit Geschwistern, im Schlafraum der Eltern, hat es ein eigenes Bett?
Schullaufbahn des Kindes: Rückstellung, Klassenwiederholung nach der ... Klasse, Schulwechsel (wenn ja: wie oft – nach welcher Klasse – aus welchem Grund)?
Schwangerschaft (normal, Erbrechen, Blutungen, Infektionskrankheiten der Mutter, wenn ja, welche?)
Geburt (normal, Frühgebut im ... Monat, übertragen, Zange, Zwilling, Asphyxie, Rhesusinkompatibilität, Lageanomalie, Schädeldeformation, sehr lange Geburt, Brutkasten, wenn ja, wie lange ...?)
Geburtsgewicht
Krankheiten bis zum Alter von 3 Jahren. Da Eltern sich an Krankheiten ihrer Kinder nicht auf Anhieb erinnern und oft auch der Meinung sind, daß eine Krankheit um so unwichtiger sei, je früher sie das Kind betroffen habe – genau das Gegenteil ist richtig – empfiehlt es sich, die nachfolgende Liste als Erinnerungshilfe vorzulesen und jeweils nach dem Alter zur Zeit der Erkrankung zu fragen:
Masern
Röteln
Windpocken
Mumps
Dyphterie
Scharlach
Keuchhusten
Schwere Bronchitis
Lungenentzündung
Darmkatarrh
Mittelohrentzündung
Enzephalitis
Meningitis

Säuglingskrämpfe
Hohes Fieber (z. B. bei Grippe)
Gehirnerschütterung
Operationen
Andere Krankheiten
Ohrenbefund (besonders nach Mittelohrentzündungen)
Augenbefund (normal, kurzsichtig, weitsichtig, schielen, Brillenträger).
Bei unklaren Angaben, oder wenn eine Untersuchung noch nie stattgefunden hat, sollte sie veranlaßt werden.

Motorische Entwicklung

Wann konnte das Kind allein gehen?
War es geschickt beim Treppensteigen, Leitern erklettern?
Wann konnte sich das Kind ausziehen ..., anziehen ...?
Wann konnte es eine Schleife binden?
Wird ein Sport betrieben (Eislaufen, Schwimmen, Skifahren, Turnen, Radfahren, Fußball)?

Sprachliche Entwicklung

Zur Erhebung über die *sprachliche Entwicklung* gehört in der Anamnese die Frage nach dem *Sprachbeginn*. Es ist für die Mutter nicht immer leicht, sich zu erinnern, wann etwa das erste Wort und/oder der erste Satz gesprochen wurden, besonders wenn mehrere Kinder da sind. Aber an eine *sehr späte Sprachentwicklung* erinnern sich die Eltern. Eine weitere wichtige Frage ist die nach der Verständlichkeit der Sprache. Hat das Kind von Anfang an ziemlich verständlich gesprochen oder hatte es große Schwierigkeiten mit der Lautbildung? Wurde ein Sprachfehler behandelt? Ob zur Zeit der Untersuchung ein Sprachfehler besteht, muß der Diagnostiker selbst feststellen. Die Eltern merken ihn oft gar nicht.

Der Linksfaktor

In bezug auf einen eventuellen Linksfaktor in der Familie frage man nach der Händigkeit der Geschwister des Kindes, des Vaters, der mütterlichen und väterlichen Großeltern und der Geschwister von Vater und Mutter. Da Linkshändigkeit nicht gerne zugegeben wird, frage man die Auskunftsperson, soweit sie zur Familie gehört, eher indirekt: Machen Sie alles mit der rechten Hand, oder gibt es auch Tätigkeiten, die mit der linken Hand besser gelingen? Hätten Sie als Kind lieber mit der linken Hand geschrieben oder gehandarbeitet? Gibt es Tätigkeiten, die Sie mit beiden Händen gleich gut ausführen können?

Familiäre Legasthenie

Die Fragen zum eventuellen hereditären Vorkommen der Legasthenie beziehen sich auf folgende Sachverhalte:
Hatten Vater oder Mutter oder Geschwister der beiden ähnliche Schwierigkeiten wie das Kind? Gibt es bei einer der genannten Personen noch heute Rechtschreibprobleme? Konnten diese Personen die angestrebten Schulabschlüsse erreichen? Haben Geschwister des Kindes ähnliche Schwierigkeiten?

Lernsituation

Zum Problem der Lernsituation und der kulturellen Vermittlerfunktion der Eltern empfehlen sich folgende Fragen:
An welchem Platz in der Wohnung macht das Kind seine Aufgaben?
Wo und unter wessen Aufsicht verbringt es den schulfreien Nachmittag?

Werden die Aufgaben kontrolliert, wann und von wem?
Wird zusätzlich mit dem Kind gelernt?
Lehrerwechsel – wenn ja, in oder nach welcher Klasse?
Haben sich nach einem Lehrer- oder Schulwechsel positive oder negative Veränderungen in der Leistung und/oder in der Schulfreude gezeigt?
Muttersprache des Vaters?
Muttersprache der Mutter?
Falls nicht in beiden Fällen Deutsch, wie sprechen die Eltern mit dem Kind?
Wie sprechen sie miteinander?
Welche Schulen hat der Vater besucht (Schulabschlüsse)?
Welche Schulen (Schulabschlüsse) hat die Muter oder deren Vertreterin (Pflegemutter, Großmutter ...) besucht?
Wie oft in einem Schuljahr gehen Mutter oder Vater in die Schule, um sich zu erkundigen?
Wann geschah dies das letzte Mal?
Wie reagieren die Eltern auf schlechte Noten?
Wie beurteilen sie die Leistungen des Kindes?
Wie beurteilen sie die Lehrkraft: Positiv – negativ?
Falls negativ – warum?
Welche Berufspläne haben die Eltern für das Kind?
Welche Sendungen darf das Kind im Fernsehen anschauen?
Wie lange etwa täglich?
Hat das Kind mit den Eltern schon einmal ein Museum, eine Kindervorstellung, ein Theater oder ein Kino, den Zoo, eine Ausstellung besucht?
Welche Geschenke bekam das Kind zum letzten Fest (Geburtstag, Weihnachten)?

8.7.2. Fragenkomplex II

Bei dieser Gruppe von Fragen geht es um die „*Biographische Anamnese*“ [26] im engeren Sinn, auch der Fragenkomplex I gehört teilweise dazu. „Biographische Anamnese ist die Lebensgeschichte des Kindes und seiner Familie in ihren wechselseitigen Beziehungen, Abhängigkeiten und Einflüssen zur Symptomatik des Kindes, seiner Verhaltensstörungen oder Krankheiten“ [Biermann, 26, S. 27].

Die Durchführung und Interpretation einer Biographischen Anamnese setzt eigentlich eine psychoanalytische Vorbildung voraus. Diese ist, zumindest in Österreich, nur bei den Mitarbeitern des Instituts für Erziehungshilfe in Wien (Child Guidance Clinic) und in einigen kinderpsychiatrischen Kliniken vorhanden, aber weder bei Lehrern noch bei Schulpsychologen und Legathenikertherapeuten, weder bei Sozialarbeitern noch bei Kinderärzten zu erwarten. Antworten auf Fragenbereiche, die im folgenden angeschnitten sind, können aber auch dem nicht analytisch Ausgebildeten Hinweise geben:

(1) Bestehen in der Sicht der Eltern Verhaltensstörungen, oder klagen sie nur über Lernschwächen und Lernunlust?

(2) Waren schon im Vorschulalter Verhaltensstörungen zu beobachten, wie dies bei MCD-Kindern häufig vorkommt oder als Folge von traumatischen Erlebnissen, Ablehnung, Trennung von der Mutter etc.?

(3) Wie ist die Einstellung der Mutter zum Kind, ablehnend, übermäßig behütend, ehrgeizig, enttäuscht, überfordert?

(4) Wie reagieren die Eltern auf die Schulschwierigkeiten, wie ist ihr Erziehungsstil?

(5) Falls sie mit dem Kind zu lernen versuchen, wann geschieht dies und auf welche Art?

(6) Bestehen Belastungsfaktoren in der Familie? Vaterlosigkeit, Ehestreit, Alkoholis-

mus, wirtschaftliche Not, Geschwisterprobleme, Überlastung der Mutter, Krankheiten, Angewiesensein auf Mithilfe des Kindes?

(7) Wie beurteilen die Eltern das Kind, seine Stimmungslage, seine Eigenschaften, seine Fähigkeiten?

(8) Welche Erwartungen setzen sie in das Kind?

Hier geht es darum, zu erkennen,

– ob solche emotionalen Probleme schon im Vorschulalter da waren und in welchem Zusammenhang sie sich entwickelten (als Folge einer Ablehnung durch die Mutter, einer MCD, als Teil eines neurotischen Familienarrangements, als Folge des Wechsels oder des Verlustes von Bezugspersonen)

– ob eine Verschärfung dieser Situation durch das Leistungsversagen eingetreten ist oder

– ob die emotionalen Probleme erst im Schulalter und als Reaktion auf das Verhalten der Umwelt zum Versagen des Kindes entstanden sind.

Nervöse Störungen

Waren im Vorschulalter nervöse Störungen zu beobachten? Fingerlutschen, Nägelbeißen, Schlafschwierigkeiten, Eßschwierigkeiten, Ängste (vor Finsternis, Alleinsein, Tieren, Gewitter, Geistern, magischen Gestalten), Unruhe, Bettnässen, Nässen bei Tag, Einkoten? Bestehen solche Störungen noch jetzt? Wenn ja, welche?
Sind Störungen der genannten Art erst im Zusammenhang mit Lernschwierigkeiten aufgetreten?
Gibt es zur Zeit Erziehungsschwierigkeiten etwa folgender Art: Unselbständigkeit beim Lernen, beim Anziehen, bei der Körperpflege, bei der Freizeitbeschäftigung; Unfolgsamkeit gegenüber Mutter, Vater, Großeltern; Unordnung in den Schulsachen, bei Spielzeug und Kleidern; Unaufrichtigkeit bei schlechten Noten, Verfehlungen, Erlebnissen; Stehlen in der Familie, in der Schule, in Warenhäusern; Zerstörungslust gegenüber eigenen Sachen, fremden Sachen, Möbeln etc.; Tierquälerei; Neigung zu Flucht von zu Hause, spät nach Hause kommen, ausreißen; Opposition gegen Mutter, Vater ...; Ablehnung und Verheimlichung von Schulaufgaben, Verheimlichen von Noten; Verstecken von Heften.

Die Stimmungslage des Kindes

heiter, fröhlich
ausgeglichen
schwankend
traurig, depressiv
weinerlich, leicht gekränkt
aggressiv, zornig
trotzig, abweisend
eigensinnig
ständiges Gefühl der Benachteiligung
Hat sich seit Beginn der Lernschwierigkeiten an der Grundstimmung des Kindes etwas geändert?
Wie reagiert das Kind stimmungsmäßig auf schlechte Schulerfolge?
Hat es Angst vor der Schule? Vor Klassenarbeiten?

Beziehung zu den Geschwistern

im großen und ganzen freundschaftlich
eifersüchtig

streitsüchtig
aggressiv
werbend
fühlt sich zurückgesetzt

Beziehung der Geschwister zum Kind

im großen und ganzen freundschaftlich
eifersüchtig
ablehnend
aggressiv
Spott wegen Lernschwierigkeiten
schließen Kind aus

Emotionale Probleme in der Familie

Bestehen besondere emotionale Konfliktsituationen und Belastungen in der Familie (Ehestreit, Alkoholismus, Überlastung der Mutter, Schwierigkeiten mit Schwiegereltern, Berufsprobleme etc.)? Hat der Prüfer den Eindruck, daß das Kind angenommen, abgelehnt, gegenüber Geschwistern zurückgesetzt, vernachlässigt, übermäßig behütet, überfordert, sehr autoritär erzogen, sehr nachgiebig erzogen wird?

Die Erziehungsmaßnahmen

Welche Maßnahmen werden ergriffen bei Verhaltensstörungen?
Entzug der Fernseherlaubnis, Schläge, Schimpfen, Freiheitsentzug, Entzug von Spielzeug oder Spielzeit, Strafarbeiten . . ., Aussprache, Belehrung.
Welche Maßnahmen werden ergriffen bei schlechten Schulerfolgen?
Entzug der Fernseherlaubnis, Schläge, Schimpfen, Freiheitsentzug, Entzug von Spielzeug oder Spielzeit, Strafarbeiten . . ., Aussprache, Belehrung. Geschwister als Beispiel hinstellen, zusätzliches Üben, gut zureden, trösten, gemeinsamer Arbeitsplan.

Das Kind in den Augen der anwesenden Bezugsperson

Nennen Sie drei Dinge, die das Kind gut macht.
Nennen Sie drei gute Eigenschaften des Kindes.
Nennen Sie drei Dinge, die das Kind besonders gern macht.
Nennen Sie drei Dinge, die das Kind nach ihrer Meinung schlecht macht oder schlecht kann.
Nennen Sie drei schlechte Eigenschaften des Kindes.
Nennen Sie drei Dinge, die das Kind besonders ungern macht.

Die Zukunft des Kindes in der Erwartung der Eltern

Welchen Schulabschluß wünschen Sie sich für Ihr Kind?
Welchen Beruf sollte es erlernen?
Glauben Sie, daß die Legasthenie ein Hindernis darstellt?

8.8. Der Schulbericht

Ein Bericht des Lehrers ist unbedingt erforderlich, um die Schulsituation des legasthenischen Kindes zu erfassen. Die *Schullaufbahn* (Alter bei Schuleintritt, Rückstellung oder Klassenwiederholungen. Schulwechsel und Klassenwechsel) muß in Erfahrung gebracht werden, und es muß bekannt sein, *in welchen Fächern* in den vergangenen Schuljahren *Schwächen* auftraten und in welchem Fach völliges Versagen zu Klassenwiederholungen geführt hat. Das ist besonders bei älteren Kindern notwendig, die beim Lesen keine und in der Rechtschreibung nur untypische Fehler machen, ein Erscheinungsbild, das nicht unbedingt als legasthenische Restsymptomatik interpretiert werden muß. Bei der Entscheidung, ob es sich in einem solchen Fall um das Endstadium einer Legasthenie handelt oder nicht, *spielt der Schulbericht eine wichtige Rolle,* denn man wird mit ziemlicher Sicherheit eine Legasthenie annehmen können, wenn in den *ersten beiden Schuljahren nicht nur die Rechtschreibung,* sondern auch das *Lesen* erschwert war und größere Mühe bereitete als das Rechnen.

Der Notenspiegel der vergangenen Schuljahre – besonders aber des *zweiten Schuljahres* – kann somit wichtige Hinweise für die „Rekonstruktion" einer Legasthenie bieten.

Auch die Eintragungen im Schülerbeobachtungsbogen können interessant sein hinsichtlich der Entwicklung von Sozialverhalten und Arbeitseinstellung, die oft von Jahr zu Jahr, mit dem Anwachsen der Mißerfolgserlebnisse, schlechter werden. Manchmal enthüllen die Eintragungen auch bedeutsame Veränderungen im Zusammenhang mit einem Lehrerwechsel. Allerdings kann der Schülerbeobachtungsbogen meist nur in der Schule selbst eingesehen werden.

8.8.1. Der Lehrerfragebogen

Folgende Fragen sollte der Lehrer beantworten:

Schullaufbahn: ... Alter bei Schuleintritt
Unterbrechungen:
Repetieren:
Schulwechsel: ... Lehrerwechsel:
Sonderschule:
Schulerfolge: Noten des letzten oder des zu erwartenden Schulzeugnisses in Deutsch, Lesen, Schreiben, Rechnen, Fremdsprache.
Wird das Kind voraussichtlich das Lernziel erreichen?
Wenn nicht, in welchen Gegenständen?
Verhalten des Kindes in der Schule:
a) den Lehrern gegenüber:
b) in der Gemeinschaft:
c) gegenüber seinen Pflichten:
Wo sitzt das Kind?
(Erste, zweite, vorletzte oder letzte Bank, Mitte)
Ist das Kind in der Schule schwierig oder auffällig?
In welcher Hinsicht? Wenn ja, welche Erziehungsmaßnahmen wurden ergriffen?
Vermutliche Ursachen dieser Schwierigkeiten und Auffälligkeiten?
Wie ist die Stellung des Kindes in der Gemeinschaft?
Wie wird es von den Klassenkameraden beurteilt?
Halten die Eltern oder Erzieher den Kontakt mit der Schule aufrecht?
Wie reagieren die Eltern auf schlechte Noten oder auf schlechte Zeugnisse?
Auf sonstige Schwierigkeiten?

Aus diesen Fragen ersehen wir, neben den objektiven Daten der Schullaufbahn, ob der Lehrer eine Legasthenie erkennt, worauf er die Schwierigkeiten zurückführt (Faulheit, Konzentrationsschwäche), ob er Verhaltensauffälligkeiten durch Isolierung des Kindes zu begegnen sucht, ob er ihm wohlwollend oder ablehnend gegenübersteht, ob er gewillt ist, es mitzutragen oder lieber zurücklassen oder an die Sonderschule abgeben möchte, etc.

8.9. Ziel der Diagnose

Die Leistungs- und Funktionsprüfungen und die in der Anamnese und im Schulbericht gewonnenen Informationen (und Eindrücke!) müssen die Grundlage bilden:

(1) für die Entscheidung darüber, ob es sich um eine klassische Legasthenie handelt oder nicht.

(2) für die Beurteilung der Schwere der Störung, ihrer möglichen Verursachung sowie der besonderen Fehlerschwerpunkte;

(3) für den Entwurf des Therapieplanes im Bereich der Fehlersymptomatik;

(4) für die Art der Arbeit mit den Eltern;

(5) für die Entscheidung, ob eine gleichzeitige Psychotherapie notwendig ist.

9. Die Behandlung der Legasthenie, ein Aufgabenbereich der Schule

9.1. Warum Behandlung?

Die relativ große Zahl normalbegabter legasthenischer Kinder und ihre Gefährdung in bezug auf Berufsfindung und Berufsausbildung, Entwicklung des Selbstwertgefühls und sozialer Anpassung hat fast überall in Europa zu der Überzeugung geführt, daß eine Behandlung dieser Störung notwendig ist und die Bereitstellung von Behandlungsmöglichkeiten in den Verantwortungsbereich der Grundschule fällt. In der Bundesrepublik, wo diesbezüglich schon viel geleistet wurde, erleben wir aber jetzt einen Rückschlag: Vielerorts glaubt man, daß bis zum Ende des vierten Schuljahres für *jedes* lese-rechtschreibschwache Kind eine Schulnachhilfe ausreicht. Die Legasthenie, man darf sie gar nicht mehr so nennen, müßte auf diese Art bis dahin überwunden sein. Nur wenn dies nicht der Fall ist, solle fachmännische Hilfe angeboten werden. Klassenunterricht und Schulnachhilfe reichen jedoch nicht aus, weil

(1) die typischen Fehler (Verwechslung von d-b, ie-ei, oder eu-au) von nichtlegasthenischen Kindern so selten gemacht werden, daß deren Berücksichtigung im Unterricht völlig überflüssig wäre;

(2) die üblichen, bei Nicht-Legasthenikern ausreichenden *Methoden der Fehlerbekämpfung* sich bei legasthenischen Kindern *als nicht genügend einprägsam erweisen*;

(3) sich erfahrungsgemäß ohne zweckentsprechende und frühzeitige Behandlung ein *Leistungsplateau* bildet, so daß die Fehlerzahlen jahrelang fast unverändert bleiben. Je später eine gezielte Behandlung einsetzt, desto geringer sind die Erfolgschancen. Daraus können sich so ungünstige Rückwirkungen auf die Lernmotivation des Kindes ergeben, daß jeder Wille zur Bekämpfung der Störung versiegt. Während manche Kinder das Ende der Schulzeit herbeisehnen, um sich endlich in der praktischen Arbeit bewähren zu können, bleibt bei anderen der *Verlust der Leistungsmotivation nicht auf die Schulsituation* beschränkt. Er überträgt sich über die Schule hinaus auf alles, was mit Arbeit zusammenhängt. Das sind die Lebensversager unter den Legasthenikern;

(4) der Lehrer, der sich mit der Behandlung von Legasthenikern beschäftigt, eine gewisse *Vorbildung* braucht, die der Durchschnittslehrer zur Zeit nicht besitzt. Er muß das Wesen der Störung und ihren Abbauprozeß genau kennen. Er muß sich losgelöst haben von der herkömmlichen Meinung, Lese- und Rechtschreibleistungen seien „Spiegel der Intelligenz“. Er muß die Auswirkungen dieses „kräfteverzehrenden Störfaktors“ auf das Selbstwertgefühl des Kindes, auf seine sozialen Beziehungen und auf seine Arbeit bemerken und zu steuern versuchen. Er muß „hinaufloben“ durch Beachtung kleinster Fortschritte und er muß imstande sein, Arbeitsmittel dem individuellen Bedarf entsprechend einzu-

setzen und selbst immer neue Arbeitsmittel zu entwerfen. Wichtig ist auch, daß er die psychologischen Voraussetzungen des Lesens kennt.

9.2. Voraussetzungen des Lesens

Es gibt zwei Arten des Lesens, die sowohl in der Entwicklung der Menschheit als auch in der des Kindes eine zeitliche Abfolge bilden. Unter Lesen verstehen wir Sinnentnahme aus Zeichen. Die ersten Zeichen waren Logogramme, d. h., Wortzeichen. Das Zeichen wurde mit dem entsprechenden sinntragenden Lautkomplex assoziiert und weder dieser noch das Wortzeichen unterlagen einer Analyse. Beispiele sind die Hieroglyphen und die chinesische Schrift. Auch das Lesen nach der Ganzheitsmethode ist ein Lesen in Logogrammen. Voraussetzung dazu ist das Symbolverständnis, und das ist bei Beginn der Sprachentwicklung gegeben. Daher ist Lesen in Logogrammen nach der Ganzheitsmethode im Prinzip schon 3-Jährigen möglich. Das alphabetische System entwickelte sich erst später. Die semitischen Völker hatten Zeichen für die einzelnen Konsonanten. Auf die Griechen geht das vollständige Alphabet zurück, das auch Vokalzeichen enthält. Im Vergleich zu den Schriften, heute sind es noch die chinesische und die japanische, bei denen jedem Wort ein eigenes Zeichen zugeordnet ist, erscheint das alphabetische System außerordentlich einfach, da ja aus 26 Zeichen alle Wörter einer Sprache gebildet werden können. Doch erfordert das Erlernen dieses Systems ein viel höheres Abstraktionsvermögen. Es hat folgende fünf Voraussetzungen:

(1) Erreichen der ersten Objektivierungsstufe der Sprache. Das Kind muß in der Lage sein, eine akustische Wortgestalt aus ihrer emotionalen und vorstellungsmäßigen Verbundenheit zu lösen und als „ein Ding an sich" zu betrachten, das man manipulieren, d. h., in seine Bestandteile zerlegen und wieder zusammensetzen kann (teilinhaltliches Erfassen als Wahrnehmungsmodus).

(2) Die Fähigkeit zum Erlernen der Buchstaben. Die sogenannten Normallaute müssen mit den traditionellen Zeichen assoziiert werden. Umgekehrt müssen die traditionellen Zeichen als Symbole der entsprechenden Normallaute erkannt werden. Es handelt sich dabei um Interaktionsprozesse von *sprachlich-akustischen mit visuellen Reizen und, umgekehrt, von visuellen mit sprachlich-akustischen.*

(3) In der gesprochenen Sprache unterliegen die sogenannten Normallaute, wie man sie einzeln lernt und lautiert, starken Veränderungen, je nachdem, ob sie als Anlaut oder Endlaut fungieren, je nach ihrer Stellung in betonten oder unbetonten Silben, je nachdem, welche Nachbarn sie haben. Aus all diesen Variationsmöglichkeiten muß das *Gemeinsame*, das *Phonem, abstrahiert* werden, eben jener „Lautkern", der trotz aller Unterschiede den Laut noch identifizierbar macht und ihn auch von Zwischenlauten abhebt, die gar nicht im Schriftzeichen ausgedrückt werden. Schmalohr [204] hat nachgewiesen, daß diese *akustische Differenzierungsfähigkeit* bei mehr als 90% der Sechsjährigen vorhanden ist, auch wenn sie noch im Kindergarten waren und keine Leselernerfahrung hatten. Um beim Lesen zu Silben oder sinnvollen Wörtern zu gelangen, muß das Kind, das die genannte Voraussetzung mitbringt, jede einzelne Buchstabengestalt identifizieren, d. h., ihrem Normallaut zuordnen und gleichzeitig in das Phonem umwandeln, denn nur

die Phoneme, von links nach rechts gereiht, ergeben die richtige Wortklanggestalt. *Wir haben es im ersten Stadium des Lesenlernens mit visuell-akustisch-akustischen Prozeßverläufen zu tun.*

Beim Schreiben müssen die Phoneme aus der akustischen Wortgestalt isoliert, mit den Normallauten identifiziert und in die entsprechenden Schriftzeichen umgesetzt werden. Ein komplizierter Abstraktionsprozeß, bei dem es primär um *akustische Differenzierungsfähigkeit geht,* um später den intermodalen Koordinationsprozeß *akustisch-akustisch-visuell* durchführen zu können.

Lesen	Gestalterfassen der einzelnen Buchstaben	-	Normallaut	-	Phonem
	|		|		|
	visuell	-	akustisch	-	akustisch
Schreiben	Phonem	-	Normallaut	-	Buchstabengestalt
	|		|		|
	akustisch	-	akustisch	-	visuell

(4) In der Druckschrift gibt es viele gestaltgleiche, aber richtungsverschiedene Zeichen. Um lesen zu können, muß das Kind fähig sein, sie richtungsgerecht zu erfassen, d. h., es muß gestaltgleiche, aber im Koordinatensystem verschieden gelagerte Buchstaben (d-b, b-p, g-p, p-q, g-d) unterscheiden können und die Bedeutung ihres Gerichtetseins für den Lautwert beachten. Die Voraussetzung für diesen Prozeß bildet die Überwindung der kleinkindhaften Raumlagedifferenz für abstrakte Gestalten, der „Wahrnehmungskonstanz". Im weiteren Verlauf vollzieht sich dann die richtige Assoziation der gestaltgleichen aber richtungsverschiedenen Buchstaben mit ihren Normallauten; der gleiche visuell-sprachakustische Interaktionsprozeß wie beim Erlernen der Buchstabennamen, *aber erschwert durch die Ähnlichkeit der Gestalten.*

(5) Die Fähigkeit, *Richtungsabfolgen* zu beachten und als verbindlich zu akzeptieren. Beim Lesen muß eine aufeinanderfolgende phonetische Identifikation der Zeichen oder der Wortsegmente (Silben, Morpheme) von links nach rechts erfolgen.

9.2.1. Wie vollzieht sich das erste Lesenlernen?

Beim ersten Lesenlernen nach dem alphabetischen System geschieht folgendes: Das Kind identifiziert jeden gelernten Buchstaben visuell im Sinne von „die Form kenne ich schon" und assoziiert ihn *gleichzeitig* mit dem zugehörigen Laut. Dadurch bekommt er erst seine „Bedeutung". Im Bestreben, ihn mit dem nächsten Buchstaben zu verbinden, kommt es zu einer Umwandlung ins *Phonem,* so daß sich schließlich eine Lautfolge ergibt, die auch semantisch identifizierbar ist als sinnvolles Wort. Ganz am Anfang ist die Aneinanderreihung von Normallauten nötig, um den Sinn des Wortes erahnen zu lassen, was dann zum richtigen

Klangbild im Sinne der Phonemverschmelzungen führt. Bald ist der normale Leser imstande, bereits bekannte häufige Buchstabenfolgen (Silben, Morpheme, Kurzwörter) wieder zu erkennen und auch bei neuen Wörtern die Phonemfolge rascher und sinnvorwegnehmend ablaufen zu lassen. Aus einem Teil des Satzes kann auf den Rest „hypothetisch" geschlossen werden, was jedoch einer raschen Kontrolle der antizipierten Wortgestalt bedarf. Diese Kontrolle fehlt bei schlechten Lesern oft, so daß es zu sinnlosen Ergänzungen kommen kann, oft auch zu falschen, aber sinnrichtigen. Beispiel: „Der Hund will mit dem Kind spazierengehen." Falsche Ergänzung: Der Hund will mit dem Kind spielen. (Die unterschiedliche Länge der Wörter bleibt unberücksichtigt). Sinnrichtige Ergänzung: Der Hund will mit dem Kind fortgehen.

Der gute Leser lernt relativ bald, mit Hilfe des Wiedererkennens von im Langzeitgedächtnis gespeicherten Silben und Wortbildern mehrere Wörter „überblickend" zu erfassen und die visuelle Information unmittelbar, ohne Zwischenschaltung einer phonetischen Entsprechung (die es beim Anfänger auch beim leisen Lesen gibt) mit dem Sinn zu assoziieren.

Wenn man, wie ich, im Augenblick Gelegenheit hat, den Erstleseprozeß bei einem knapp 6-jährigen Kind zu verfolgen, so erscheint das alles sehr einfach. (Es ist wohl nur mit einem guten synthetischen Leselehrgang einfach).* Das Kind lernt von Anfang an, auch mit wenigen Buchstaben, unterstützt von Bildern und „Auswendigwörtern", sinnvolle Sätze zu lesen. Es lernt in der Woche zwei bis drei neue Buchstaben. Es fügt sie aneinander, erkennt den Wortsinn, spricht das Wort fließend aus. Es beginnt, alles zu lesen, was sich auf Etiketten und Plakaten anbietet, auch Buchstaben, die noch nicht durchgenommen wurden. Nach knapp vier Monaten Unterricht möchte es schon eine Geschichte lesen.

Man fragt sich, was all die Prozeßanalysen des Lesevorganges, all die psycholinguistischen Fragestellungen sollen. Es geht doch beim nichtlegasthenischen Kind nur um die Anwendung einer einfachen, lustbetonten synthetischen Lesemethode – und beim legasthenischen erst recht! Wenn sie beim Legastheniker nicht zum Erfolg führt, so liegt das an seiner Funktionsschwäche im kognitiven Bereich. Beim normalen Leser, so scheint es mir, können Probleme nur dann entstehen, wenn der Lehrer die Lesemethode nur mangelhaft beherrscht.

9.3. Literale Legasthenie

Es gibt sehr schwere Fälle von Legasthenie, die wir mit Walter [236] *literale Legasthenie* nennen, weil die Kinder die Buchstaben nicht erlernen können. Der Ursprung dieser schweren Störung ist unbekannt, sie läßt sich auch nicht aus den Schwierigkeiten der mangelnden Hemisphäreninteraktion erklären. Die meisten, aber keineswegs alle betroffenen Kinder besitzen eine unterdurchschnittliche Intelligenz, was aber nicht die Ursache der Störung sein kann, denn viel weniger intelligente Kinder erlernen das Lesen.

---

* „Unser Lesehaus". Verlag Jugend und Volk, Wien.

Kindern mit literaler Legasthenie fehlen alle in 9.2. genannten Voraussetzungen des Lesens. Die Buchstaben erlernen sie mühsam und unvollständig um das zehnte Lebensjahr, manchmal nie. Der Leselernprozeß ist total blockiert, beim Schreiben entsteht ein Buchstabensalat. Der Schüler erlernt zwar die Buchstabenformen, assoziiert sie jedoch mit allem möglichen, nur nicht mit Lauten (A = Leiter, O = Ei, U = Bogen etc.). Sie können auch ein ganzes Wort signalisieren (M = Mama). *Das Kind befindet sich noch auf der Stufe des Lesens in Logogrammen:* Das Lautzeichen ist ein Wortzeichen-Symbol. Es kann ganzen Wörtern, seien sie nun akustisch dargeboten oder durch Bilder repräsentiert, Bedeutung verleihen, aber es versagt dort, wo es eine bedeutungsverleihende Verbindung zwischen Laut und Lautzeichen herstellen soll.

Zahlen, die ja Logogramme sind, bereiten keine Schwierigkeiten. Es handelt sich hier um die bei Normalbegabten relativ seltene Form der „kongenitalen Wortblindheit", wie sie zu Anfang des Jahrhunderts von Medizinern mehrfach beschrieben wurde. Mit Sonderschulmethoden werden heute bei diesen Kindern in späteren Schuljahren gewisse Lernerfolge im Lesen, aber kaum in der Rechtschreibung erzielt. In Kap. 10.1. sind Fälle von literaler Legasthenie beschrieben.

9.4. Verbale Legasthenie

Die Fälle von literaler Legasthenie sind relativ selten und vielen Lehrern ist in der Praxis noch nie ein solches Kind begegnet. Häufiger wird der Lehrer mit der *verbalen* Legasthenie konfrontiert, einer Störung, bei der die Buchstaben zwar erlernt werden, die Probleme jedoch bei der *Dechiffrierung des Wortes* (verbum) liegen. Allerdings benötigt der schwache Leser, wie eine Untersuchung von Scholz [über die Scheerer-Neumann, 183, berichtet] gezeigt hat, schon beim Assoziieren der einzelnen Buchstabengestalten mit ihren Normallauten mehr Zeit als der normale Leser. Die Schwierigkeiten bestehen in besonderem Maße bei den *visuell ähnlichen* Buchstaben d-b, g-p, p-q, d-g, deren Zuordnung zu den entsprechenden Lauten nicht nur verlangsamt ist, sondern nur allzuoft *ganz mißlingt,* da sie verwechselt werden. Wenn der Legastheniker zu lesen beginnen soll, ist weder die Lautisolierung gesichert noch die Fähigkeit zur Umwandlung der Normallaute in Phoneme und damit das „Zusammenschleifen" der Phoneme zu Wörtern oder Wortteilen.

Beim Schreiben bestehen die Schwierigkeiten, *ähnlich klingende Phoneme,* wie eu-au, eu-ei, ö-ü, g-k, d-t, b-p, s-z in einem sprachakustisch-visuellen Interaktionsprozeß mit ihren Schriftzeichen zu assoziieren.

Lange Zeit kann der Legastheniker nur *sehr kleine Einheiten* dekodieren. Die Langzeitspeicherung auch von kleinen, oft mühsam „erlesenen" Wörtern oder Silben ist sehr verlangsamt.

Das Erfassen der *Binnengliederung der Wörter,* als Voraussetzung für die *Wortbildspeicherung,* vollzieht sich nur bruchstückweise und schemenhaft infolge der geringen Fähigkeit, beim Lesen eine entsprechende Gliederung vorzunehmen [Scheerer-Neumann, 184, 185].

Das *Einhalten der Buchstabenfolge von links nach rechts* beim Lesen ebenso wie beim Schreiben ist schwierig. Silben und Buchstabenumstellungen können bis ins Erwachsenenalter als Regressionsphänomene auftreten.

Die Behandlung der Legasthenie muß diese Fehlerquellen berücksichtigen. Im folgenden werden einige Therapieverfahren vorgeschlagen. Es geht dabei mehr um das Prinzipielle der Übungsauswahl. Eine erschöpfende Darstellung ist bei der Fülle des Angebotes nicht möglich.

9.5. Teilbereiche der Behandlung

Die Behandlung der Legasthenie muß sich über den *Aufbau neuer* und über die *Sanierung zwischenmenschlicher Beziehungen* vollziehen, sowie mit Hilfe von *Lerntechniken und Unterrichtsmethoden,* die gezielter, individueller, genauer geplant und eindringlicher sind als der normale Unterricht und die gewöhnliche Schulnachhilfe. Die Behandlung der Legasthenie umfaßt fünf Bereiche:
- Funktionstraining
- Lesetraining
- Rechtschreibtraining
- Allgemeines Sprachtraining
- Korrektur oder Verhinderung einer psychischen Fehlentwicklung

9.5.1. Funktionstraining

9.5.1.1. Die Raumlageunsicherheit

Mit dem Hinweis darauf, daß es keine legasthenietypischen Fehler gäbe, wurden in den letzten Jahren Funktionsübungen als bedeutungslos abgetan und wahrscheinlich schon fast überall aufgegeben. Wo dies noch der Fall ist beschränkt es sich auch heute noch in vielen Abwandlungen auf die Bekämpfung der Raumlageunsicherheit, weil man der Meinung ist, dadurch das Verwechseln von gestaltgleichen, richtungsverschiedenen Buchstaben und das Umstellen von Buchstabenfol-

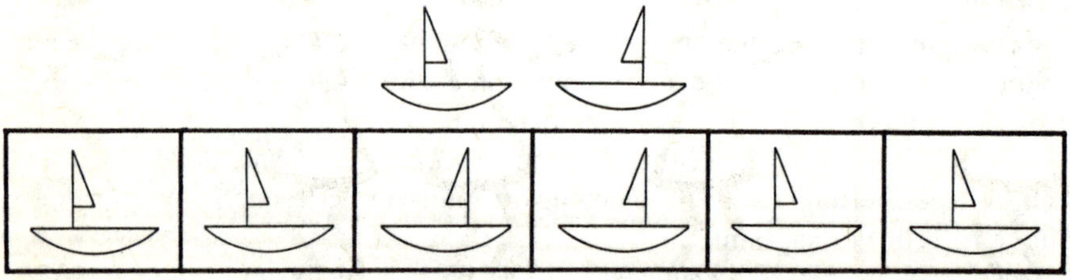

Abb. 35. Ausschnitt aus einer Übung in Kowarik-Kraft: Kannst du das auch? Wien: Jugend und Volk

Male die Segel, die sich rechts vom Mast befinden, blau an, die Segel, die sich links vom Mast befinden, male rot an

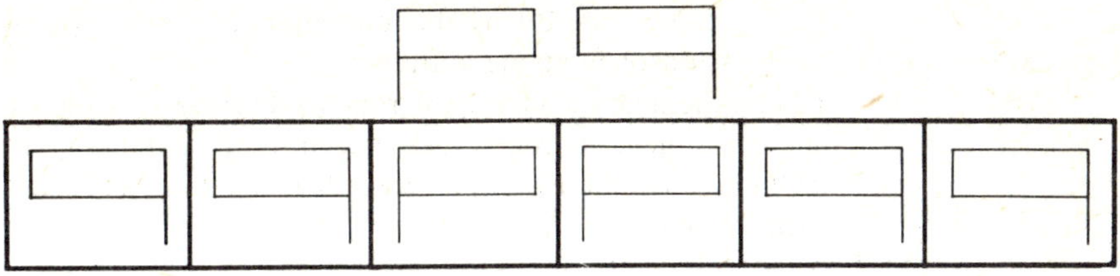

Abb. 36. Ausschnitt aus einer Übung in Kowarik-Kraft: Kannst du das auch? Wien: Jugend und Volk

Bemale die Fahnen, die nach rechts wehen, blau, die nach links weisen, male rot an

Abb. 37. Aus: Schüttler-Janikula: Arbeitsmappen zum Sprachtraining und zur Intelligenzförderung. Oberursel/Ts.: Finken-Verlag.

Suche die Teekannen, die nicht in die Reihe passen

Abb. 38. Testitem aus Frostigs Entwicklungstest der visuellen Wahrnehmung. Weinheim: Beltz

Suche das Kind, das genau so steht wie das links vor dem Strich

gen verhindern zu können. Im Anfangsstadium sind Ubungen, die Richtungsverschiedenheiten bewußt werden lassen, durchaus nützlich, denn es können bei solchen Übungen noch Fehler entstehen, die zeigen, daß das Kind die verschieden gerichteten Objekte nicht wirklich als „verschieden“ empfindet (Abb. 35–38). Aber bald werden keine Fehler mehr gemacht, und das Bemalen und Ankreuzen wird langweilig. Es geht *keine Transferwirkung von diesen Aufgaben auf das Reversieren aus*. Anders, wenn man mit dem gleichen Material eine visuell-sprachakustische Assoziation herstellen läßt: Das Kind benennt z. B. die *Lage der Fenster* bei der Übung in Abb. 39. Es soll sagen: „Dieses Fenster ist links von der Tür, dieses Fenster ist rechts von der Tür“, immer in der Richtung von links nach rechts, zeilenweise. Das ist nicht leicht, und das Kind wird oft seine Schreibhand

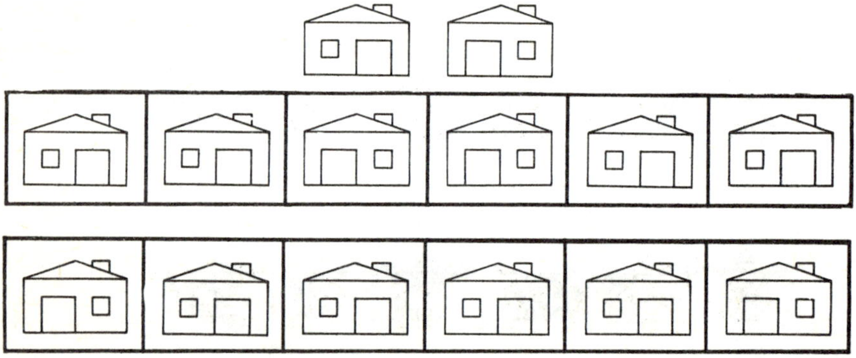

Abb. 39. Übung aus Kowarik-Kraft: Kannst du das auch? Die Häuser sollten, je nach Lage der Fenster, unterschiedlich bemalt werden. Die bimodale Assoziation wird geübt, indem man die Lage der Fenster formulieren läßt

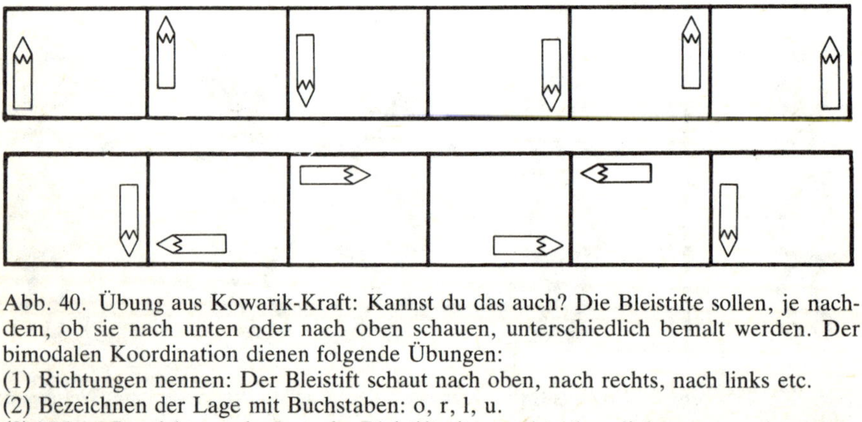

Abb. 40. Übung aus Kowarik-Kraft: Kannst du das auch? Die Bleistifte sollen, je nachdem, ob sie nach unten oder nach oben schauen, unterschiedlich bemalt werden. Der bimodalen Koordination dienen folgende Übungen:
(1) Richtungen nennen: Der Bleistift schaut nach oben, nach rechts, nach links etc.
(2) Bezeichnen der Lage mit Buchstaben: o, r, l, u.
(3) Nähere Bezeichnung der Lage der Bleistiftspitze: rechts oben, links unten, rechts unten, links oben, Mitte, etc.

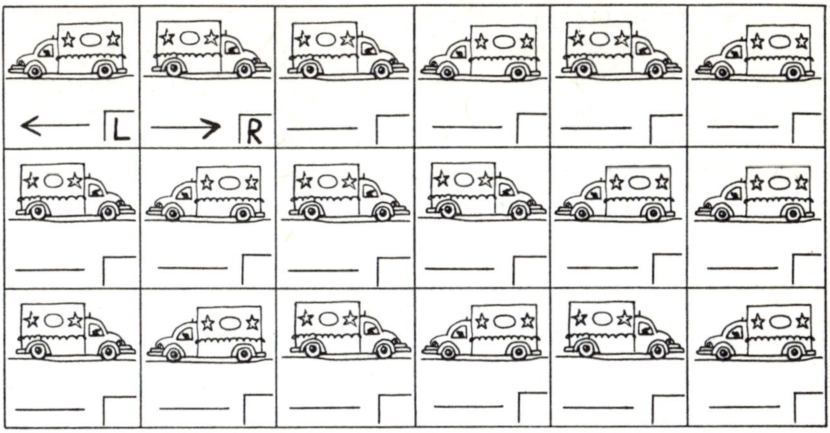

Abb. 41. Aus Baumann, H.: Übungen für Legastheniker, H. 5: Raumlage, Leserichtung, Konzentration. Wien: Ueberreuter

Mal' die Autos, die nach links fahren, rot an!
Mal' die Autos, die nach rechts fahren, blau an!
Zeig mit einer roten oder mit einer blauen Pfeilspitze an, wohin das jeweilige Auto fährt!
Setzte rote L und blaue R ein! L heißt links, R heißt rechts

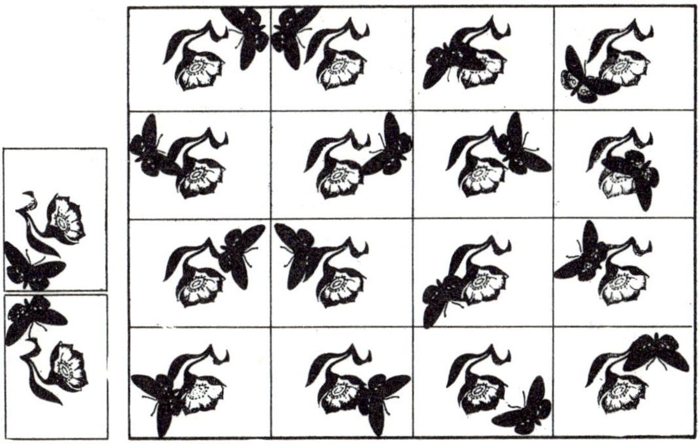

Abb. 42. Beispiel aus den Lottospielen: Exercises pour l'orientation spaciale. Hilversum, Holland: School Centrale

bewegen, um die Richtung benennen zu können. Die Übung geht über das ganze Blatt.

Eine weitere Übung mit dem gleichen Material über zwei Zeilen des Blattes: „Im Haus mit dem *l*inken Fenster wohnt *Lore,* im Haus mit dem *r*echten Fenster wohnt *Rudi.* Das Kind muß im ersten Durchgang die Namen der Kinder richtig nennen, im zweiten Durchgang darf es die Anfangsbuchstaben der Namen auf die Türen schreiben. Mit den restlichen zwei Reihen die schwierigste Übung: Die Namen der Bewohner haben nun „neutrale" Anfangsbuchstaben: „Im Haus mit dem linken Fenster wohnt Max, im Haus mit dem rechten Fenster wohnt Barbara". Wieder mündliche Durchgänge bis zur Fehlerlosigkeit, dann Schreiben der Anfangsbuchstaben auf die Türen.

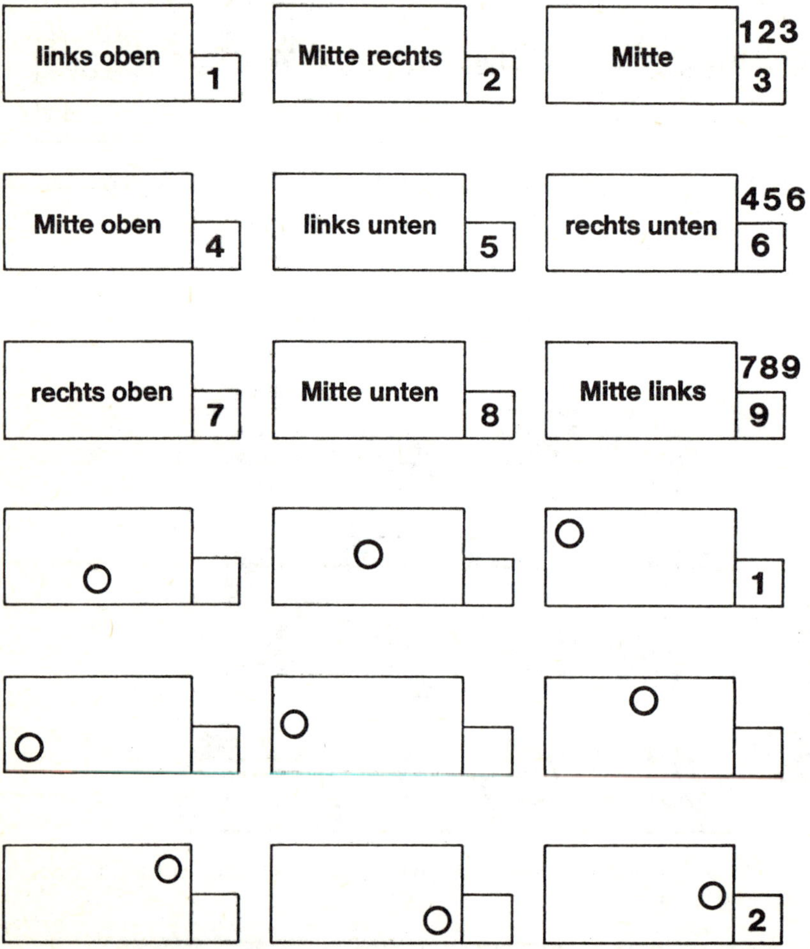

Abb. 43. Übungsbeispiel aus Kowarik-Kraft: Funktionstraining 2 für lese- und rechtschreibschwache Kinder. Wien/München: Jugend und Volk/Österr. Bundesverlag
Sieh dir die Kärtchen, auf denen Ringe gezeichnet sind, genau an! Suche nun zu jedem gezeichneten das dazupassende beschriebene Kärtchen und schreibe in jedes leere Quadrat die entsprechende Nummer! Bilde nun aus den Ziffern nach den Beispielen in den oberen Reihen dreistellige Zahlen und schreibe sie an!

Wichtig ist, daß das Kind Richtungen formulieren lernt. Dazu eignet sich auch die Übung in Abb. 40: „Der Bleistift schaut nach unten – oben – rechts – links“. Wenn die Bezeichnung der Richtung gelingt, kann noch jeweils ein Pfeil dazugezeichnet werden. Baumann berücksichtigt die *visuell-sprachakustische Koordination* bei allen Raumlageübungen, insofern er die Bezeichnungen L und R jeweils der Richtung zuordnen läßt (Abb. 41). Auch die sehr guten Übungen aus der französi-

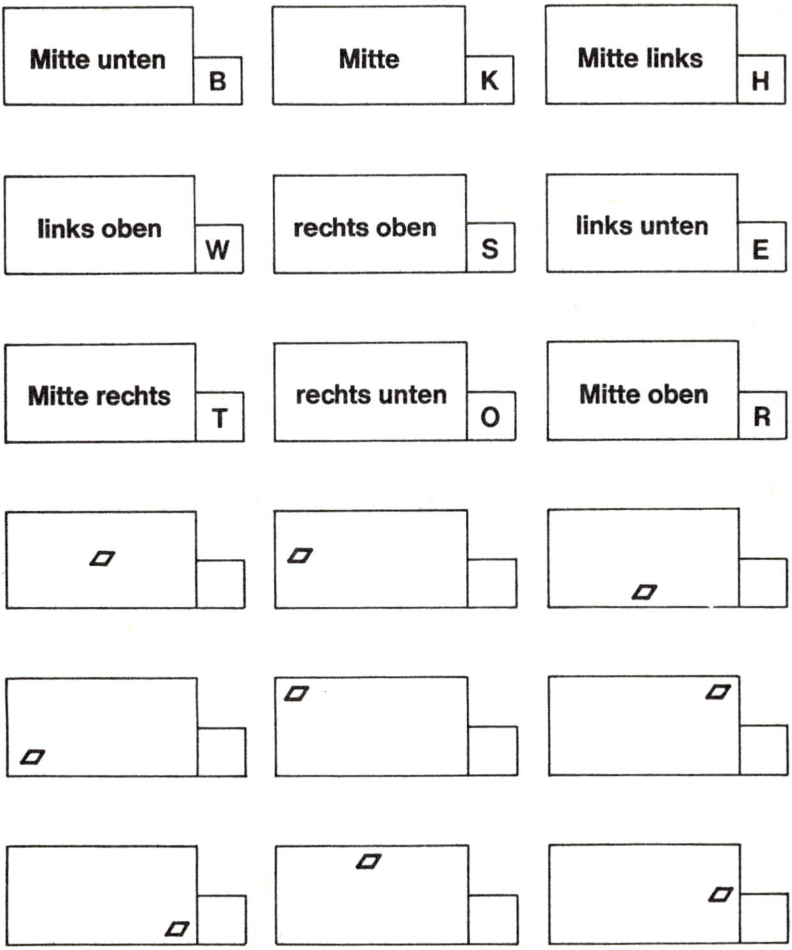

Abb. 44. Übungsbeispiel aus Kowarik-Kraft: Funktionstraining 2 für lese- und rechtschreibschwache Kinder
Ordne jedem Kärtchen, das mit einem Zeichen versehen ist, das dazupassende beschriebene Kärtchen zu! Schreibe in die leeren Quadrate die entsprechenden Buchstaben! Die Buchstaben der dritten Reihe von oben nach unten gelesen bezeichnen eine Jahreszeit. Vergleiche und verbessere!

schen Serie „Exercises pour l'orientation spaciale" (Abb. 42) bei denen die Bilder mit entsprechenden Kärtchen abgedeckt werden müssen, haben nur dann eine Transferwirkung, *wenn man das Kind sprechen läßt.* (Erste Zeile von links nach rechts: „Der Schmetterling ist links unten – er ist links oben und fliegt zur Blume – er ist links oben und fliegt von der Blume weg – er ist rechts oben und fliegt von der Blume weg").

Fast alle gängigen Übungen zur Sicherung der Raumlagelabilität können auf diese Art umfunktioniert werden. Nur dann geht eine Tranferwirkung von ihnen aus. Anstelle der visuell-visuellen Interaktion muß es zu einer visuell-sprachakustischen kommen.

Bei älteren Legasthenikern kann ein bimodales Koordinationstraining mit Hilfe der Übungen aus Kowarik-Kraft durchgeführt werden: Dabei ist eine sprachlich gegebene Lageanweisung zu einem visuellen Element (Buchstabe oder Zahl) in Beziehung zu setzen (Abb. 43 und 44).

9.5.1.2. Die Lautdiskriminierung

Während Übungen zur visuell sprachakustischen Koordination schon in den Bereich des eigentlichen Lesetrainings gehören, sollte die beim legasthenischen Leseanfänger noch sehr unsichere Lautdiskriminierung, das Heraushören der Laute aus dem Wortganzen, mit Funktionsübungen trainiert werden. Dazu eignen

Abb. 45. Übung aus der Vorschulserie von Wawra, W. u. Hofmann, M.: Balduin der Luftballon. Wien/Graz: Hölder, Pichler-Tempsky und Leykam

Mache einen Kreis um alle Sachen, die mit einem M anfangen

Abb. 46. Übung aus der Vorschulserie: Balduin der Luftballon

Sprich dir alle Wörter schön vor! Mache einen Kreis um alle Sachen, in deren Namen du ein O hörst!

Abb. 47. Übung aus der Vorschulserie: Balduin der Luftballon

Sprich dir die Namen der Sachen, die du auf dem Streifen siehst, schön vor! Welchen Laut hörst du in jedem Wort?

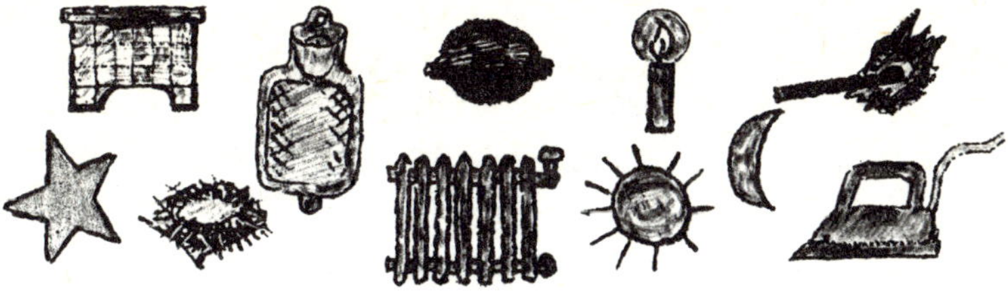

Abb. 48. Übung aus der Vorschulserie: Balduin der Luftballon

Sprich dir die Namen der Sachen, die du hier siehst, schön vor! Mache einen Kreis um jedes Wort, in dem du ein N hörst. Mache ein rotes Kreuzerl zu den Sachen, deren Wörter mit einem N anfangen.
Mache ein blaues Kreuzerl zu den Sachen, deren Wörter in der Mitte ein N haben!
Mache ein grünes Kreuzerl zu den Sachen, deren Wörter am Ende ein N haben!

sich Übungen aus der Vorschulserie „Balduin der Luftballon" von Wawra. Es beginnt mit der Aufgabe, Wörter mit einem bestimmten Anfangslaut zu finden (Abb. 45). Später sollen die Kinder auch Laute innerhalb eines Wortes identifizieren (Abb. 46, 47). Bei der in Abb. 48 gezeigten Übung kann auch Anfangs- Mittel- und Endstellung eines Lautes versucht werden. Diesem Zweck dienen auch viele Begleitübungen zum Wiener Leselehrgang „Unser Lesehaus", wenn das Kind bereits einige Buchstaben selbst schreiben kann (Abb. 49 auf Seite 156).

Kowarik [123] schlägt vor, das Erkennen bestimmter Laute (Vokale, Um- und Zwielaute, stimmhafte und stimmlose Konsonanten) im An-, In- und Auslaut durch ein Handzeichen bekanntgeben zu lassen. Beispiel:

„Wenn du ein A am Beginn eines Wortes hörst, hebst du deine rechte Hand! Birne, Zwetschge, Apfel, Aprikose, Pfirsich, Ananas, Himbeere ..." – „Wenn du ein au in der Mitte eines Wortes hörst, hebst du die Hand! Meise, Strauch, Baum, Beute, Knödel, Traum, Schüler, Zaun ..." – „Wenn du ein t am Ende eines Wortes hörst, hebst du deine Hand! Rute, Streit, Tinte, Winter, Hut, Ast ..."

9.5.1.3. Übungen zur sequentiellen Ordnung

Es gibt meines Wissens keine Übungen zum Training der WZA für jüngere Kinder, die das Alphabet noch nicht gelernt haben und nur über einen kleinen Zahlenraum verfügen. Man kann sie jedoch leicht erfinden:

Nachsprechen von Zahlenreihen, die allmählich bis zu sechs Elementen verlängert werden können. Die Zahlen bis zehn müssen natürlich durcheinander angeboten werden.

Sequentielle Memoryspiele. Verschiedene Gegenstände werden nacheinander vor dem Kind von links nach rechts aufgelegt. Sie werden kurz betrachtet. Dem Kind wird gesagt, es solle sich die Reihenfolge merken. Dann werden die Objekte zugedeckt und müssen nun von links nach rechts genannt werden. Man beginnt mit vier Objekten und kann bis zu zehn steigern.

Lokalisierung in der Reihe. Bei Übungen, wie sie in Kap. 4 beschrieben sind,

Abb. 49. Zwei Beispiele aus den Begleitübungen zum Wiener Leselehrgang „Unser Lesehaus“. Wien: Jugend und Volk, Österr. Bundesverlag

Der Strich ist das Wort. Mache dort einen Punkt, wo du das M hörst – wo du das T hörst!

werden bis zu fünf Zahlen, Buchstaben oder Objekte in einer Reihe gezeigt. Danach erscheinen zwei davon wieder, und das Kind muß angeben, an welchem Platz in der Reihe es sie gesehen hat.

Bestimmung der Stellung von Wochentagen. Voraussetzung ist, daß das Kind die Wochentage der Reihe nach aufzählen kann. Dann soll es sagen, welcher Wochentag vor und welcher nach dem Sonntag, dem Dienstag etc. kommt. Dasselbe gilt für die Jahreszeiten.

	36	37			46	47			40	41	
	79	80			62	63			77	78	
	25	26			57	58			32	33	
	84	85			64	65			90	91	

23	24	27	31	32	34	35	38	39	42
45	48	56	58	59	61	63	64	66	76
78	79	81	82	83	86	87	89	91	92

a) Wähle aus dem großen Feld jene Zahlen aus, die du brauchst!
Streich sie durch und setz sie in die leeren Felder ein!
Wie viele Zahlen bleiben über?

20 – 23 – 30	– 18 –	– 57 –
– 37 –	– 68 –	– 64 –
– 86 –	– 32 –	– 49 –
– 45 –	– 89 –	– 78 –
– 76 –	– 41 –	– 14 –

b) Zwischen welchen Zehnerzahlen stehen diese Zahlen?
Schreib die Zehnerzahlen dazu!

80 – IIIIIIII..	– 90	50 –	– 60
20 –	– 30	30 –	– 40
10 –	– 20	60 –	– 70
70 –	– 80	0 –	– 10
40 –	– 50	90 –	– 100

c) Suche eine Zahl, die zwischen den beiden angegebenen Zahlen liegt!
Zeichne diese!

Abb. 50. Welche Zahl kommt vorher, welche nachher?

Kowarik und Kraft sind die einzigen, die Übungen zur WZA veröffentlicht haben und zwar für Kinder des zweiten Schuljahres in Heft 15 der Reihe „Das macht Freude mit Kopf und Buntstift“. Hier drei Beispiele aus dem Rechenbereich (Abb. 50), zwei für das Alphabet (Abb. 51), eines für die Wochentage (Abb. 52) und drei für die Monatsnamen (Abb. 53).

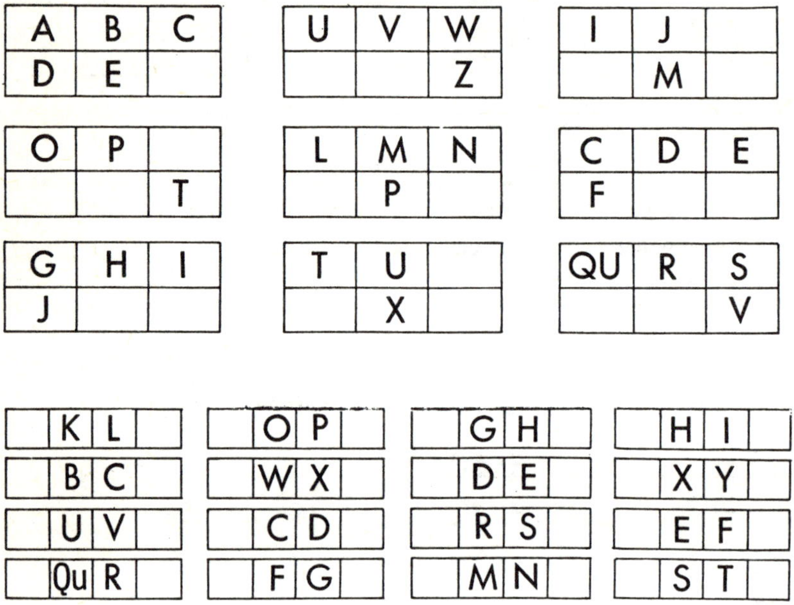

a)

b)

Abb. 51.
a) Schreib in die leeren Kästchen die fehlenden Buchstaben des Abc!
b) Schreib in die leeren Kästchen die Nachbarn!

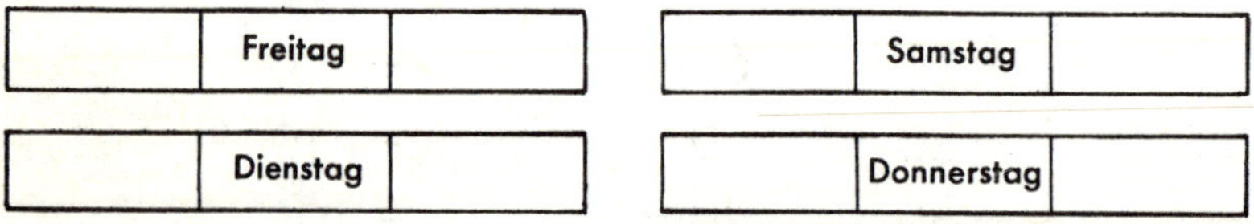

Abb. 52. Schreib die Nachbartage in die leeren Felder!

1	Jänner		Februar		März		April
	Mai		Juni		Juli		August
	September		Oktober		November		Dezember

a)

April	Mai			
Februar				Juni
	September		November	
		Juni		August

b)

5		3		7	
9		8		10	
2		11		1	
12		6		4	

c)

Abb. 53
a) Wie viele Monate hat ein Jahr? Schreib in die leeren Kästchen zu jedem Namen die entsprechende Zahl (1–12)! Lern die Monatsnamen der Reihe nach auswendig! Schreib sie aus dem Gedächtnis auf! Vergleiche und verbessere! Laß dir Zahlen (1–12) zurufen und sag zu jeder Zahl den entsprechenden Monatsnamen!
b) Schreib in die leeren Felder die fehlenden Monatsnamen!
c) Schreib neben jede Zahl den entsprechenden Monatsnamen!
(Aus Kowarik-Kraft: Das macht Freude mit Kopf und Bleistift! H. 15. Wien: Jugend und Volk)

9.5.1.4. Übungen zur Steigerung der Konzentrationsfähigkeit

Konzentrationstraining läßt sich auf verschiedene Art durchführen, etwa mit den Aufgaben des *differentialen Leistungstests*-KG. Diese als Testaufgaben konzipierten Blätter können in abgewandelter Form auch zu Übungszwecken benützt werden (Abb. 54).

Werden die Aufgaben als Test verwendet, so soll jeder abgebildete Gegenstand einen Punkt erhalten, während gleichzeitig 7-Jährige drei Bilder (Baum, Kamm, Stuhl), 8-Jährige und ältere vier Bilder (Blume, Bürste, Tisch und Fahrrad) durchzustreichen haben und zwar auf dem ganzen Testblatt. Zu Trainingszwecken sollte man auf die Punkte verzichten, das Testblatt in fünf Streifen zu je vier Zeilen zerschneiden und dann, mit *einem* markanten Objekt (Kamm oder Bürste) beginnend, bei jeder Übung mehr und jeweils andere Gegenstände durchstreichen lassen, immer von links nach rechts. Die Übungen sollten zuerst ohne, später mit Zeitnehmung durchgeführt werden, wobei der Schüler selbst mit der Stoppuhr seinen Leistungsfortschritt registrieren kann.

Der *Bourdon-Test* (Abb. 55) kann in gleicher Weise wie der *differentielle Leistungstest* von neun Jahren an zu Übungszwecken verwendet werden. Er ist schwieriger, da er sich um abstrakte, zum Teil schwer unterscheidbare Zeichen handelt. Neben Konzentrationsfähigkeit trainiert der Bourdon-Test auch die Differenzierungsfähigkeit für verschieden gelagerte, gestaltgleiche Zeichen.

Kowarik-Kraft haben in Heft 16 der Reihe „Das macht Freude mit Kopf und Buntstift" und in „Funktionstraining 1, 2, 3 für lese- und rechtschreibschwache Schüler" zahlreiche Konzentrationsübungen zusammengestellt. Solche finden sich auch in Heft 5 der „Übungen für Legastheniker" von Baumann.

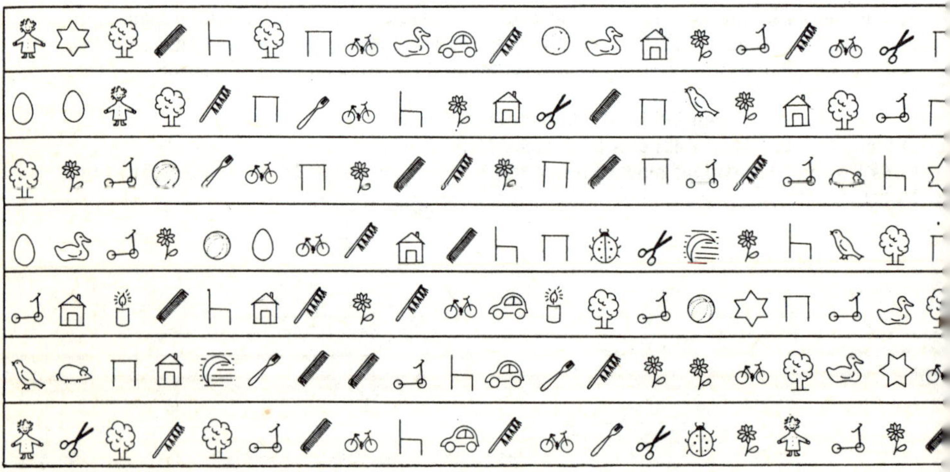

Abb. 54. Ausschnitte aus einem Testblatt des Differentiellen Leistungstest-KG von Kleber. Kleber, H.: Braunschweig: Westermann

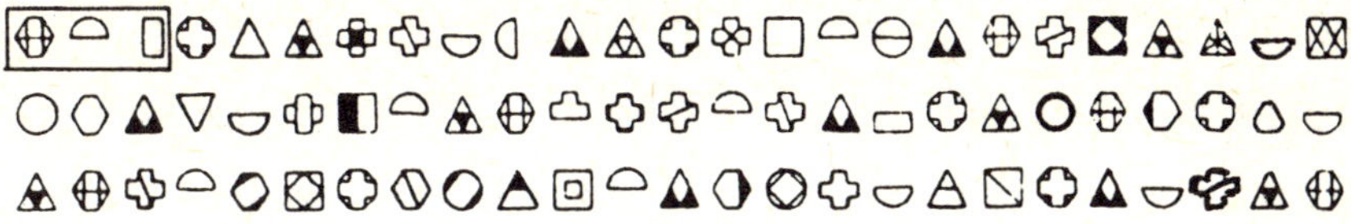

Abb. 55. Ausschnitt aus einem Testblatt des Bourdon-Tests

9.5.2. Lesetraining

9.5.2.1. Erlernen der Buchstaben

Voraussetzung für das Lesen ist die genaue Kenntnis der Buchstaben, was durchaus nicht allen Lehrern selbstverständlich ist. Bei der Ganzheitsmethode kann es vorkommen, daß die Analyse ungenau durchgeführt und dem Kind nicht jeder Buchstabe voll bewußt wird. Schwächere Schüler können sogar fälschlich als literale Legastheniker diagnostiziert werden, wenn sie unzulänglich mit dieser Methode unterrichtet wurden und schwerere Ausfälle in der Assoziation von Laut und Lautzeichen vorliegen. Wenn die Analyse zu spät, zu wenig konsequent, zu wenig einprägsam, zu rasch oder nicht für jeden Buchstaben gleich gründlich vollzogen wurde, kann es vorkommen, daß auch schwächer begabte Nicht-Legastheniker oder Kinder mit einer Disposition zu verbaler Legasthenie den Lautwert der Lautzeichen ungenügend zur Kenntnis nehmen. Ein Zusammentreffen von *schwächerer Begabung, legasthenischer Disposition und schlecht geführtem Ganzheitsunterricht* bildet eine besondere Gefahr. Im synthetischen Leseunterricht kommt es seltener zu einer Pseudo-Alexie.

Das *Einprägen der Buchstaben,* das *Lesen* und das *Schreiben der Einzelelemente* nach Diktat muß die Grundlage jeder Therapie bilden – auch bei älteren Legasthenikern, bei denen man elementare Mängel dieser Art kaum mehr vermuten würde. Für das besondere Problem dabei, die *Assoziation gestaltgleicher, richtungsverschiedener Zeichen mit ihren Lauten* und umgekehrt, müssen in den verschiedensten Variationen, in Übungen und Spielen folgende Verfahren angewendet werden:

(1) *Buchstabenleseübungen* (z. B. Abb. 56)

b	b	b	b	b	d	d	d	d	d	b	b	d	d	b	b	d	d
b	d	b	d	d	q	d	q	b	p	b	d	q	b	d	b	q	d
p	d	d	b	p	b	d	q	p	d	b	p	b	d	q	d	d	q
d	b	p	d	b	p	d	b	q	b	d	b	d	p	q	d	p	d

Abb. 56. Übung aus: Rath, W., Übungen für Kinder, die schon lesen können. Hannover: E. Schomburg (Hrsg.) – Lies die Buchstaben laut! Wie viele b findest du? Wie viele d findest du?
Zieh die b mit blauem Stift nach! Zieh die d mit rotem Stift nach!

. rehen	La . e	Wan .	. ame
. rücken	Na . el	Wal .	win . ig
. ick	Sei . e	Her .	. iener
. unkel	Le . er	Mun .	geschwin .
. aher	nie . er	Ran .	. ose
. ürfen	wie . er	Rin .	Ro . el

Setze d – D ein! Lies die Wörter! Male alle d rot an und sprich den Laut dazu! Schreibe die Worter ab! Schreibe die Hauptwörter mit dem Artikel auf! Lerne die Wörter reihenweise auswendig! Schreibe sie als Gedächtnisübung! Vergleiche und verbessere!

Ru . i un . Hil . e machen eine Wan . erung.
Schon sin . . ie Kin . er im . unklen Wal . .
Sie re . en nur leise. Dann fin . en sie . rei
Fe . ern. Am Ran . e . es Wal . es wei . en
Rin . er un . Pfer . e. Mü . e wan . ern sie
. urch . ie Fel . er nach Hause.

Setze die d ein (roter Buntstift) und zähle sie (links-rechts)! Schreibe die Zahl auf! Lies diese Zahl und mache dabei mit dem Finger den Bogen (von hinten nach vorn)! Schreib die Geschichte ab! Lerne sie auswendig! Schreib sie als Gedächtnisübung! Vergleiche und verbessere!

Abb. 57. Aus: Kowarik-Kraft: Das macht Freude mit Kopf und Buntstift. H. 3

die . ose	der Auto . us
die . luse	das Ra . io
das . latt	das Mö . el
die . ame	das Ka . inett
der . är	die Ro . el
die . rücke	das Lei . chen
der . iener	der Ne . el

Abb. 58. Aus: Kowarik-Kraft: Das macht Freude mit Kopf und Buntstift. H. 9
Setz B – b oder D – d ein! Zieh alle B – b blau nach, male alle D – d rot an und sprich den entsprechenden Laut dazu! Schreib die Wörter ab! Trenne sie nach Silben und ordne sie nach ihrer Silbenzahl! Ordne nun die Wörter (B – b, D – d)!

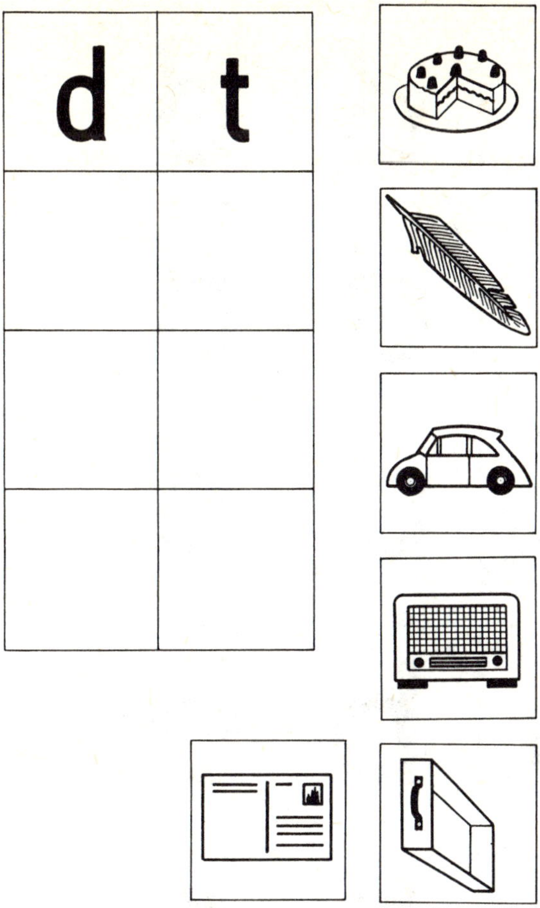

Abb. 59. Eines der im Wiener Schulpsychologischen Dienst entworfenen Spiele

(2) *Diktate*. Als Beispiel eine Reihe von Kreisen, an die das Kind nach Diktat die richtigen Striche ansetzen muß:

d p b g b d p o o o o o o o

(3) *Verwendung von Farben:* b – blau, d – rot, g – grün

(4) *Wortlese- und Einsetzübungen* für jeden der Buchstaben getrennt (Abb. 57)

(5) *Konfrontation von verwechselbaren Buchstaben* (Abb. 58)

(6) Spiele, etwa ein *Lottospiel* in der Art von Abb. 59 für d und t im Inlaut, oder das *Kartenspiel* von Wawra (Abb. 60): Die Karten werden ausgeschnitten, gemischt und verteilt. Ein Kind wirft aus und *spricht dazu*: „Ich werfe b 5 aus." Das nächste Kind sticht, indem es sagt: „Ich steche mit b 10". Es behält den Stich. Wer keinen Buchstaben aus dieser Serie hat, muß den anderen Buchstaben dazugeben und sagt: „Ich habe kein b, ich gebe d 1 dazu." Dieser Stich gehört dem höchsten b-Werfer. Die Kinder lieben dieses Spiel.

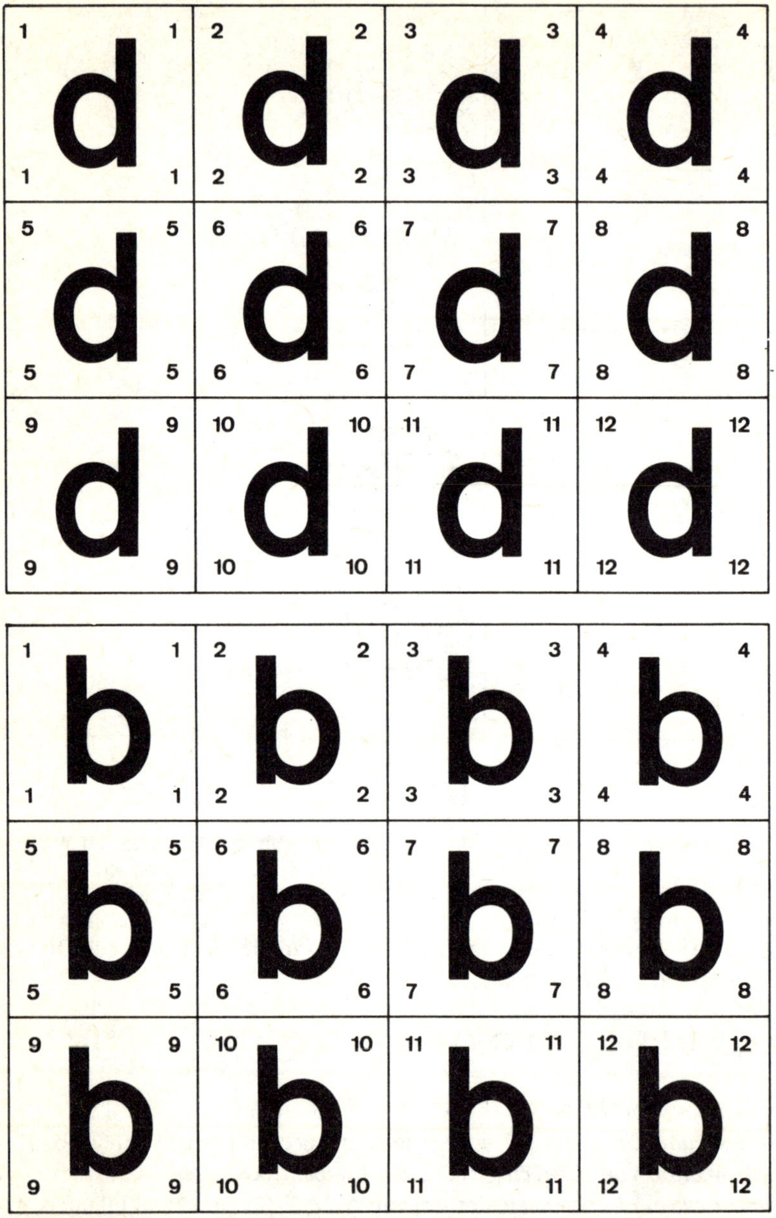

Abb. 60. Spiel aus Wawra, W.: Riki und Niki. Wien: Jugend und Volk und Österr. Bundesverlag

m e i n	B e i n	M e i s e
d . . .	r . . .	R . . . .
s . . .	St . . .	l . . . .
f . . .	kl . . .	Sp . . . .
S e i f e	T e i c h	B e i l
R	w	S . . .
Pf	bl	w . . .
Schl	gl	st . . .

Abb. 61. Übung aus Kowarik-Kraft: Das macht Freude mit Kopf und Buntstift. H. 2
Sprechen, die fehlenden Buchstaben einsetzen! Alle ei mit gelbem Farbstift umfahren und den Laut sprechen! Wörter abschreiben! Reime auswendig lernen! Reime aus dem Gedächtnis schreiben! Laß dir die Wörter in anderer Reihenfolge ansagen! Vergleiche und verbessere!

9.5.2.2. Buchstabenumstellungen

Gegen das Umstellen von Buchstaben kann man nicht viel unternehmen. Es kommt sporadisch vor und wird am besten indirekt beeinflußt, indem man bei verschiedenen Gelegenheiten, etwa bei Übungen wie in Abb. 54–56, auf eine

die W . . ntraube	die . . senbahn
der St . . fel	der Str . . t
das Fräul . . n	die Sch . . ne
der Schm . . d	das V . . lchen
der Fahrsch . . n	die Zw . . bel
das Sp . . lzeug	die Wasserl . . tung
die Kanzl . .	der St . . r
z . . mlich	z . . tig
g . . zig	ber . . ts
besch . . den	allgem . . n

Abb. 62. Aus Kowarik-Kraft: Das macht Freude mit Kopf und Buntstift. H. 2
Setz Ei – ei oder ie ein und sprich dazu! Umfahre alle Ei – ei mit gelbem Farbstift! Mach unter jedes ie eine blaue Wellenlinie! Trenne die Wörter nach Silben und ordne sie nach ihrer Silbenzahl! Schreib die Wörter ab und ordne sie nach Gruppen (ei – ie)!

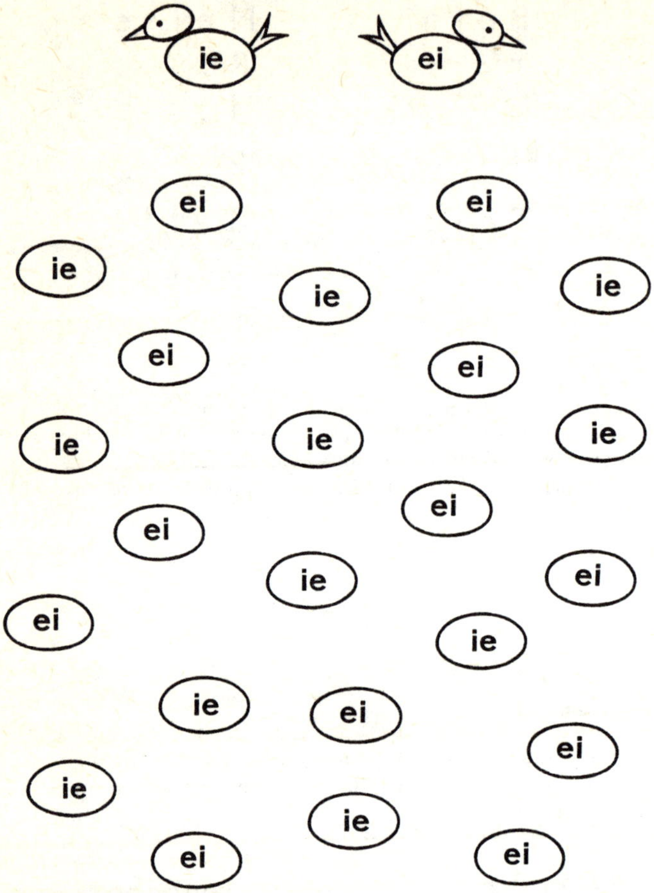

Abb. 63. Arbeitsblatt aus Gygax, E. & Oswald, H.: Übungsblätter für den Unterricht lese- und rechtschreibschwacher Kinder. Winterthur: Schubiger
Setze beim ie-Enterl den Kopf links an, den Schwanz rechts, beim ei-Enterl ist der Schwanz links, der Kopf rechts. Der Kopf ist immer beim i, der Schwanz ist immer beim e. Sprich dazu: Ich zeichne den Kopf und den Schnabel auf der i-Seite, den Schwanz auf auf der e-Seite!
Gib den Enterln Namen, nenne z. B. das ie-Enterl Liese, das ei-Enterl Heidi. Wenn du alle gezeichnet hast, nenne jedes beim Namen und schreibe auf die ie-Enterl ein L und auf die ei-Enterl ein H!

strikte Einhaltung der Links-Rechts-Richtung achtet. Eine Ausnahme bilden allerdings die Buchstabengruppen ei-ie. Es gibt kaum einen Legastheniker, der die nicht verwechselt. Ihre Umstellung ist häufiger und hält länger an als das Verwechseln von gestaltgleichen, richtungsverschiedenen Buchstaben. Jedes Behandlungsprogramm enthält Übungen zur Bekämpfung dieses Fehlers. Sehr geeignet sind die Übungen aus Heft 2 der Reihe „Das macht Freude mit Kopf und

Buntstift". Das ei wird zuerst allein geübt (Abb. 61), dann mit dem ie konfrontiert (Abb. 62).

Ähnliche Übungen gibt es bei Baumann, Grissemann, Straub und anderen. Sehr hübsch ist das Arbeitsblatt von Gygax und Oswald (Abb. 63). Das Kind soll aber dabei nicht nur zeichnen, sondern unbedingt sprechen: „Der Schnabel ist immer beim *i*, der Schwanz beim *e*". Nur so ist die bimodale Assoziation gewährleistet. Demselben Zweck dient auch das Benennen der Enten.

9.5.2.3. Einsatz von Signalen

Erfahrungsgemäß erleichtern sowohl sprachakustische als auch optische Signale die bimodale Assoziation. Wenn der Buchstabe b über längere Zeit blau bemalt wird, geht von der Farbe ein Signal aus. Wenn man auf das eu ein rotes Feuerzeichen [122] macht, ruft dieses über die Assoziation Rot – Feuer sowohl den Laut in Erinnerung wie dessen Schriftzeichen. Auch bei der bimodalen Assoziation von Richtung und Name (S. 55) kann eine sprachakustische Gemeinsamkeit zwischen diesen beiden Elementen die erforderliche Leistung erleichtern.

Eine besondere Art von Signalwirkung geht, wie die Erfolge in der Sonderschule zeigen, von *Lautgebärden als Leselernhilfe* aus. Im Anfangsstadium des normalen Lesenlernens bildet die laute Artikulation durch Veräußerlichung des inneren Vorganges eine motorische Stütze. Die Lautgebärde bildet offenbar eine Steigerung dieser Veräußerlichung. Sie „erfährt die Intensität ihrer Wirkung vor allem durch ihre Eigenschaft als körpereigene, propriozeptive (in der Wahrhnehmung der eigenen Person) verankerte Merkhilfe. Die Lautgebärde erleichtert das Lernen und Behalten". – „Als Signal ruft die Lautgebärde beide Vorstellungen hervor, die des Buchstabenzeichens und die des gesprochenen Lautes. Sie löst gemeinsam mit dem angeschauten Buchstaben den Laut, gemeinsam mit dem gesprochenen Laut die Vorstellung des Buchstabens aus." (Beide Zitate stammen aus der Arbeit von L. Dummer [54]: „Lautgebärden als Leselernhilfe".) *Der Grund, weshalb die Lautgebärden hier erwähnt werden, ist der, daß sie wahrscheinlich eine geeignete Methode darstellen, den Buchstabenerwerb bei literalen Legasthenikern zu beschleunigen.* Ein Leselehrgang für schwere Legastheniker, der sich der Lautgebärden bedient wurde von Krenn-Kowarik herausgegeben. (Horchen, Zeigen, Lesen, Verlag Jugend und Volk, Wien)

9.5.2.4. Segmentierung

Während das Verschmelzen der Phoneme dem legasthenischen Kind mühsam gelingt, beschränkt sich seine Fähigkeit zum „Zusammenschleifen" auf drei bis vier Buchstaben. Längeren Wörtern steht das Kind völlig hilflos gegenüber. Es kann nicht, wie der normale Leser, ein Wort auf „sprachlogische" oder „sprachrhythmische" Weise in Morpheme oder Silben unterteilen und diese der Reihe nach lesen. Scheerer-Neumann [184] fand sogar noch in der dritten Klasse schlechte Leser, denen die Segmentierung der Wörter mißlang. Um dem Kind zu helfen, müssen Segmentierungshilfen geboten werden:

(1) *Bis zur Beherrschung des Zusammenlautens* muß der elementare Lesestoff auf kurze, maximal zweisilbige Wörter beschränkt bleiben.

(2) *Silbentrennungen.* Das Kind soll *selbst syllabieren,* es soll *Silbenbogen* in mehrsilbige Wörter eintragen oder *Striche* zwischen die Silben setzen. Man kann ihm das Lesen erleichtern, indem man Silben durch vertikale Striche trennt (Weih/nachts/mann).

(3) *Übungen für das Zusammensetzen von Silben und Morphemen.* Dazu eignet sich besonders „*Wöchtel*, ein Wortlegespiel mit Morphemen", von Steller. Eine wichtige Reform der Setzkästen, wie sie in der Schule benützt werden, müßte darin bestehen, daß auch Kurzwörter wie der, die, das, wer, ist etc. und häufig vorkommende Morpheme wie ver, vor, geh, sag, en, ung aufgenommen werden. Grissemann [81] bietet sehr wichtige Übungen zur Wortsegmentierung und Segmentkombination an (Abb. 64). Aus der gleichen Sammlung stammt die Silbenzusammensetzübung Abb. 65.

Vorsilbe	*Stamm*	*Endung*
er	trink	e
ver	beug	st
be	zieh	t
zer	schneid	en
be	komm	t
ver	bring	en
er	find	est
ver	steh	et
be	treib	e
er	setz	st
ver	kehr	t
be	steig	en
ent		

Abb. 64. Übung aus dem Arbeitsmaterial von Grissemann, H. [81]: Mit Hilfe eines Morphemschiebers werden die Wortteile jeweils zusammengesetzt

(4) *Übungen zum Wiedererkennen kurzer Häufigkeitswörter und Vorsilben.* Ergänzend zur Morphem-Methode kann man sich für den langsamen Leser auch die Ganzheitsmethode zunutze machen, indem man kurze häufige Wörter und Vorwörter auf Kärtchen schreibt und mit immer kürzer werdender Darbietung ganzheitlich lesen, d. h., wiedererkennen läßt. Das ist eine große Hilfe für den Dekodierungsprozeß.

In diesem Kästchen befindet sich Gemüse:

Blu Zwie		1 ________
ma To		2 ________
Boh Ra li		3 ________
ten men		4 ________
lat dies		5 ________
kohl nen		6 ________
Sa beln		

In diesem Kästchen befinden sich Früchte:

Bir Zwetsch		1 ________
nai		2 ________
Apri gen che		3 ________
Ba		4 ________
gen tro		5 ________
Pfir fel		6 ________
Zi nen		7 ________
ko Fei		8 ________
Äp nen si		
nen sen		

Abb. 65. Übung aus dem Arbeitsmaterial von Grissemann, H. [81]: Die in den Kästchen befindlichen Silben sind zu Wörtern zusammenzusetzen

9.5.2.5. Wecken der Lesefreude

Wenn das Dekodieren einigermaßen gelingt, begnügen wir uns in der Regel damit, daß das Kind „im Prinzip" lesen kann und wenden uns der Therapie der Rechtschreibung zu, in der Hoffnung, daß Übung in den nächsten Jahren das Lesen „normalisieren" werde. Das ist jedoch meist eine trügerische Hoffnung. Der Legastheniker liest freiwillig kaum, und was er liest, liest er viel langsamer und fehlerhafter als der Nicht-Legatheniker.

Der nächste Schritt ist daher die Ermutigung zum Lesen mit Hilfe geeigneter Bücher: kurze Texte, viele Bilder, spannender Inhalt! Dazu müssen dann viele positive Verstärkungen kommen und die Berücksichtigung individueller Interessen. Man darf, was die literarische Qualität betrifft, vorerst nicht zu wählerisch sein. Viele Legastheniker beginnen mit Mickymaus-Heften und ähnlichem.

9.5.2.6. Lesetempo und Leseverständnis

In einem weiteren Stadium der Behandlung, das bei verlängerter Schulzeit, d. h. bei Schülern der höheren und mittleren Lehranstalten, dringend notwendig ist, sollte es um Beschleunigung des Lesetempos und um den Abbau der Angst vor lautem Lesen gehen. Die Fähigkeit, Inhalte rasch zu erfassen und zusammenzufassen, sollte entwickelt werden. Dieses letzte Stadium der Leseerziehung von Legasthenikern wird im deutschen Sprachraum völlig vernachlässigt, was zur Folge hat, daß die Kinder an höheren Schulen nicht nur Schwierigkeiten in der Rechtschreibung haben, sondern oft auch beim Lernen aus Büchern und bei der Bewältigung von mathematischen Textaufgaben.

9.5.2.7. Lesemethode

Daß unzulängliche Lesemethoden lese-rechtschreibschwache Schüler verursachen, ist als sicher anzunehmen. Daher ist es erfreulich, daß man sich heute bemüht, den Lesevorgang besser zu erforschen und Lesemethoden zu entwickeln, die den kleinen und *„natürlichen Leselernschritten* des Kindes, dem *Aufbau der Sprache*, den *Interessen* der Schüler, dem Charakter der *kindlichen Spontansprache* und der *kommunikativen Funktion der Schriftsprache* besser entsprechen als viele der bestehenden. Die neuen Lehrgänge werden, vorausgesetzt die Lehrer verstehen sie zu verwenden, manchen Kindern Schwierigkeiten ersparen und vielleicht auch „klassischen" Legasthenikern allzu frühe und massive Versagenserlebnisse ersparen. Als Beispiele sind zu nennen: *Der Wiener Leselehrgang* „Unser Lesehaus", die Fibel von Grissemann, *„Lesen, Sprechen, Handeln"*, die *Bunte Fibel.* Aber wir dürfen nicht vergessen, daß noch kein Leselehrgang eine „klassische Legasthenie" *verursacht* hat. Die Annahme, daß die Methode allein schuld sei, ist falsch.

Schon von jeher stand die Ganzheitsmethode im Zentrum der Kritik. Viele vertreten die Meinung, die große Zahl lese-rechtschreibgestörter Kinder hänge direkt mit der Ganzheitsmethode zusammen. Begründet wird diese Meinung mit der Häufung von Lesedefekten in den angelsächsischen und skandinavischen

Ländern, deren Sprachen keinen rein synthetischen Leseunterricht gestatten. Normale Kinder im deutschen Sprachraum lernen jedoch, wie Schmalohr [203] zeigen konnte, mit jeder Methode lesen, wobei das intelligentere Kind bei der Ganzheitsmethode im Vorteil ist, da es die Zuordnung von Laut und Lautzeichen meist selbst entdeckt und weniger auf Unterrichtshilfen angewiesen ist als das weniger begabte. *Für den Legastheniker gelten jedoch andere Bedingungen*: Das ganzheitliche Lesen kommt seinem eher infantilen Wahrnehmungsmodus entgegen. Mit der Konzentration auf das globale Erfassen, Wiedererkennen und Reproduzieren wird jedoch ein infantiler *Zustand fixiert,* der *eigentlich überwunden werden müßte.*

Mit dem Beginn der Analyse, so spät dies bei der Ganzheitsmethode auch einsetzen mag, sind die Schwierigkeiten da, und sie scheinen größer zu sein als beim synthetischen Unterricht: Das Kind, das sich auf die ihm völlig neue Methode der Entzifferung umstellen muß, erlebt nun plötzlich Mißerfolge. Die Ganzheitsmethode wird verschieden gehandhabt und von vielen Lehrkräften nicht wirklich beherrscht insofern, als die Analysen vernachlässigt werden. *Die Ganzheit des Wortes steht am Ende des Leselernprozesses.* Sie kann auch am Anfang stehen, aber das ist noch kein Lesen im Sinne des alphabetischen Systems. *Der Leseprozeß muß sich über das Einzelelement vollziehen, über den Laut und den Buchstaben.* Diese Elemente dem Kind zu Bewußtsein zu bringen und es von daher die Binnengliederung des Wortes erfassen zu lassen, wird bei der Ganzheitsmethode vielfach versäumt. Man verläßt sich nur allzu gerne auf eine „natürliche Entwicklung", die beim intelligenten Nicht-Legastheniker tatsächlich „von selbst" eintreten kann, beim Legastheniker aber sicher nicht und auch beim unbegabten Nicht-Legastheniker nur mit großer Verzögerung.

Die *Binnengliederung der Wörter* erfaßt der Nicht-Legastheniker unabhängig von der Lesemethode. Dem Legastheniker gelingt sie überhaupt nicht ohne *intensives Üben vom ersten Schultag an.* Das Training in Lautisolierung und Lautdifferenzierung, in visuell-sprachakustischer Zuordnung und im synthetischen Wortaufbau bleibt ihm die Ganzheitsmethode über lange Zeit schuldig, und was sie ihm später anbietet, ist für seine Bedürfnisse nicht eindringlich genug.

Sicher ist, daß eine Legasthenie bei ganzheitlich unterrichteten Kindern erst viel später diagnostiziert werden kann als bei synthetisch unterrichteten, was zu schwerwiegender Verzögerung der Therapie führen kann. Auch synthetische oder gemischte Lesemethoden können dem Legastheniker Schwierigkeiten bereiten, wenn zu schnell vorgegangen, keine Rücksicht auf die Wortlängen genommen, keine Hilfe bei Wortgliederung angeboten wird. *Schlechte Lesemethoden erschweren das Erscheinungsbild einer Legasthenie, aber sie verursachen es nicht.* Sie bringen aber viele nichtlegasthenische Nichtleser hervor, und wie die letzte Entwicklung zeigt, ist es für viele nicht leicht, beide Gruppen zu unterscheiden.

9.5.3. Rechtschreibtraining

Lesen und Rechtschreiben lassen sich nicht streng trennen. Das Lesen muß im Dienste der Rechtschreibung und umgekehrt stehen. Allerdings kann jedes Kind und besonders der Legastheniker immer mehr Wörter lesen als schreiben.

-ker -tor -ken -ke -kel

Im folgenden Kästchen fehlt allen Wörtern, die untereinander stehen, die gleiche **Endsilbe.** Schreib zu jedem Wort die fehlende Silbe. Du findest die Endsilben im grauen Kästchen.

die Bir____	der On____	der Trak____	der Ha____
die Nel____	die Schau____	der Dok____	der Bal____
die Gur____	der Win____	der Direk____	__________
der Fal____		der Inspek____	__________
die Mar____			der Tan____
die Wol____			der An____

Abb. 66 u. 67. Aus Baumann, H.: Lerne richtig schreiben! H. 4. Wien: Ueberreuter

9.5.3.1. Behandlung der Vokal- und Konsonantenfehler

Beginnen wir mit den *Zuordnungsfehlern von Phonem zu Graphem.* Hier handelt es sich, wie jeder Praktiker weiß – auch wenn es zur Zeit nicht opportun ist, das zu glauben – um die legasthenietypischen Fehlleistungen in der Identifikation der Phoneme eu-au, ö-ü, ei-au, k-g, d-t, b-p, s-z mit ihren Graphemen. *Alle diese Fehler müssen schwerpunktmäßig bearbeitet werden.* Allgemeine Sprachförderung und ein Rechtschreibunterricht, der sich nur durch die größere Zahl von Übungen und durch lustvollere Gestaltung unterscheidet, hilft nicht.

Diese Fehler können sehr allmählich hauptsächlich durch *Lautunterscheidungsübungen* und durch *Reihen- und Einsetzübungen* unter Kontrolle gebracht werden. Dabei sind Farben gute Assoziationshilfen (die harten Konsonanten K, T, P werden mit einem „harten" Braun ausgezogen, über das ü stülpt sich ein „grünes Hütchen"). Grundsätzlich muß jeder Buchstabe zuerst allein geübt (Abb. 66 Graphem K) und dann mit seinem „Widerpart" konfrontiert werden (Abb. 67). In der Arbeitsmappe: „Die heilpädagogische Betreuung des legasthenischen Kindes" von Grissemann finden sich Quartettspiele zur Unterscheidung von D-T, B-P, G-K in verschiedenen Wortstellungen. Ein Beispiel zeigt Abb. 68. Derartige Übungen finden sich in jedem Behandlungssystem, denn während die Theoretiker verschiedene Meinungen haben, sind sich die Praktiker darüber einig, daß solche Fehler legasthenietypisch sind.

Tau . . Lam . . Tul . . Hau . . Trau . . Gru . . Rau . . Stu . . Tul . .
Hu . . Far . . Nar . . Ker . . Pum . . Kna . . Ra . . Rü . . Lu . . Sil . .
Sal . . Schei . .

Häng an jede Silbe ein **-be** oder ein **-pe** an!
Lies die Wörter oft und deutlich!

Schreib die Wörter mit dem Artikel ab, erst die mit **-be,** dann die mit **-pe!** Unterstreich alle **B** blau, alle **P** braun!

Zwie . . . Kü . . . Ga . . . Am . . . Ne . . . Mö . . . Na . . . Stem . . .
Fa . . . He . . . Wim . . . Ho . . . Ka . . . Kur . . . Knor . . . Sä . . .
Schna . . .

Häng an jede Silbe **-bel** oder **-pel** an!
Lies die Wörter recht oft!
Schreib die Wörter mit dem Artikel ab, erst die mit **-bel,** dann die mit **-pel!**

Abb. 67

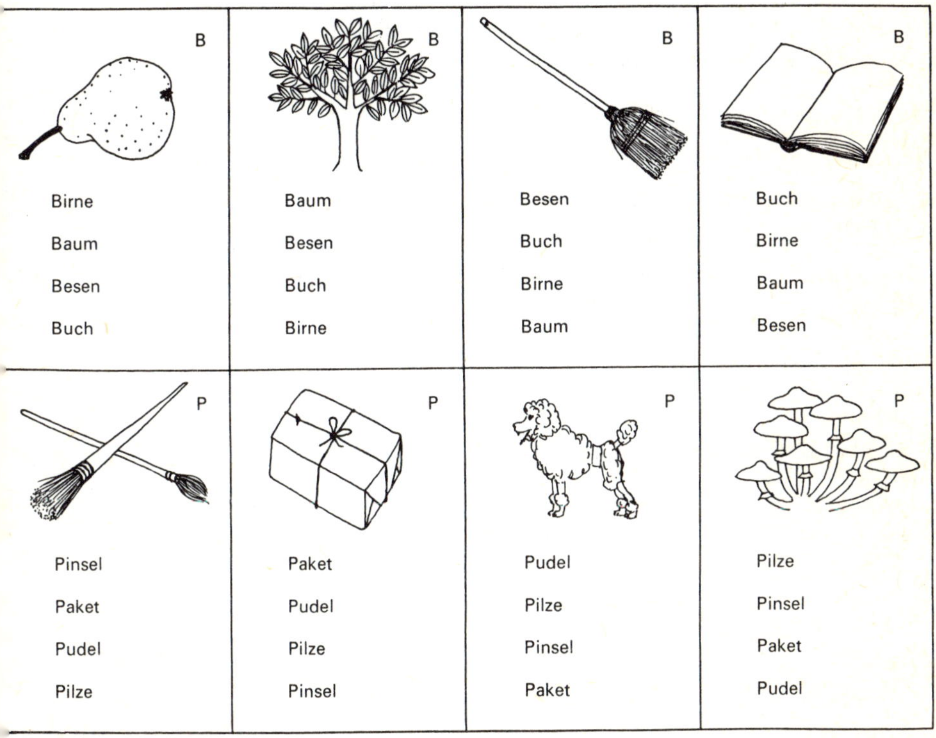

Abb. 68. Quartettspiel zur Unterscheidung von B und P. Aus der Arbeitsmappe von Grissemann, H.: Die heilpädagogische Betreuung des legasthenischen Kindes. Stuttgart: Huber

Die häufig propagierten sprechmotorischen Unterscheidungshilfen (Beachtung der Vibration des Kehlkopfes bei den weichen Konsonanten, der Luftexplosion bei den harten, der Stellung von Zunge und Gaumensegel) sind nur am Anfang sinnvoll. Später weiß das Kind schon, daß es Unterschiedliches hört, es kann nur keine sichere Zuordnung treffen.

9.5.3.2. Buchstabenauslassungen und -umstellungen

Buchstabenauslassungen sind die häufigsten Fehler und gehören zu den hartnäkkigsten. Sie hängen teils mit den Reihungsschwierigkeiten (WZA), teils mit der oft noch mangelhaften Lautisolierung zusammen. Es kommt vor, daß ein Kind bei einem längeren Wort bei jeder Schreibung einen Buchstaben ausläßt, jedesmal einen anderen. Dann ist die Reihe der Buchstaben noch zu lang. Sie kann nicht bewältigt werden. Man muß auf kürzere Wörter zurückgreifen.

Buchstabenauslassungen ebenso wie *Buchstabenumstellungen,* die ja auch auf Mängel in der Wahrnehmung zeitlicher Abfolgen zurückzuführen sind, werden am besten mit der *Morphem-Methode* bekämpft, (Abb. 64) die im Lesen und im Rechtschreiben gleichzeitig anzuwenden ist, ferner durch *Übungen zur Erfassung der Binnengliederung der Wörter,* wozu sich Kreuzworträtsel (Abb. 69) besonders eignen. Empfehlenswert ist auch die Verwendung der von Grissemann [81] sogenannten *Signalgruppen*

-ack-	-all-	-ank-	-app-	-att-	-auch-
-ech-	-ell-	-ett-	-ill-	-ink-	-itz-
-och-	-ock-	-opf-	-ung-	-unk-	-upp-

Diese erleichtern das Lesen, sind aber auch für die Rechtschreibung von Bedeutung. Es geht ja darum, von möglichst vielen Wörtern, Silben und Morphemen (die identisch sein können, aber nicht müssen) im Langzeitspeicher Erinnerungsbilder „einzuspeichern“, die bei Bedarf abrufbar sind und auch zur Kontrolle

Ich bin ein Tier, ich habe Stacheln

Ich bin auf jedem Haus

Wenn du weisse Haare hast, bist du ...

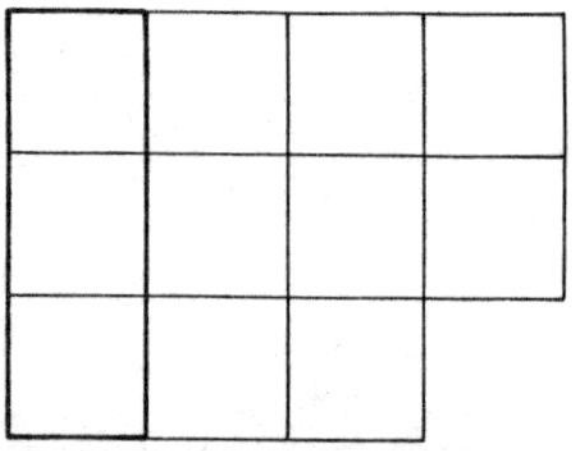

Das Kontrollwort heisst: ______________________

Abb. 69. Kreuzworträtsel aus der Sammlung von Schmid, L.: 196 Rätsel. Niedervellmar: Verlag Schule und Elternhaus
Zu jedem Satz mußt du das Wort finden und Buchstabe für Buchstabe in das Kästchen nebenan schreiben: Das dick eingerahmte Kästchen gibt dir das Kontrollwort

falscher „Wortbilder‘- dienen sollten. Solche Erinnerungsbilder entstehen jedoch nicht ganzheitlich, sondern auf dem Weg über eine *kognitive Durchdringung der Binnenstruktur jedes einzelnen Wortes.*

Jede sinnlose, den Wortaufbau nicht berücksichtigende Zergliederung von Wörtern ist dabei unzulässig, etwa das Zusammensuchen von Wörtern aus verstreuten Buchstaben oder das Wegnehmen und Hinzufügen einzelner Buchstaben, z. B.

Wort
Wor
Wo
W
Wo
Wor
Wort

Lustvoll und brauchbar ist dagegen das *Wörterzaubern,* die Veränderung der Bedeutung durch Austausch eines Buchstabens, z. B.

aus	Rost	– R__st
	Most	– M__st
	Dorf	– d__rf
	Beine	– B___ne
	Reise	– R___se
	lieb	– L___b
	Blase	– Bl__se
	Wahl	– W__hl
	Pelz	– P__lz
	Pappe	– P__ppe
	Matte	– M__tte
	Tür	– T__r
	Lied	– L___d
	leise	– L___se
	Riemen	– r___men

Eine Hilfe zum Erfassen der Binnenglieder ist auch das *Buchstabieren* von Wörtern, am besten nach Silben (nicht mehr als drei Sätze mit „gefährdeten“ Wörtern). Jedes Wort eines Satzes wird zuerst deutlich vorgesprochen, dann buchstabiert, dann sofort geschrieben. Der mangelhafte Kurzspeicher läßt trotz richtigen Vorsprechens noch Fehler auftreten. Aber ihre Zahl nimmt ab!

9.5.3.3. Die nicht legasthenietypischen Fehler der Restsymptomatik

Ganz allgemein ist zu sagen, daß auch diese Fehler schwerpunktmäßig zu behandeln sind, etwa die *Dehnungen und Kürzungen*, die *S-Schreibung,* die *Groß- und Kleinschreibung,* und zwar von Anfang an.

Bei *Dehnungen und Kürzungen* empfiehlt sich die Verwendung von Signalen (für Kürzung etwa ◡, für Dehnung etwa ~). Über diese Hilfen und die im Unterricht üblichen Methoden hinaus braucht der Legastheniker der größeren Eindringlichkeit wegen:

(1) *Reihenübungen.* Hier Beispiele für „sieht“ und „zieht“

Michi schaut auf die Straße
Er . . . . . viele Autos
Er . . . . . viele Männer
Er . . . . . viele Frauen
Er . . . . . viele Knaben
Er . . . . . viele Mädchen
Er . . . . . viele Hunde
Er . . . . . viele Häuser
Er . . . . . ein Pferd

Was alles gezogen wird
Das Pferd . . . . .den Wagen
Die Lokomotive . . .den Zug
Der Traktor . . . . . .die Maschine
Der Mann . . . . . . .den Handwagen
Das Kind . . . . .den Hund
Der Schilift . . . . . . .den Schifahrer
Der Kran . . . . .die Last in die Höhe

(2) *Reihenübung* zur Anwendung von Regelhaftem

z. B. Bank – Bänke
Schrank – Schränke
Kranz – Kränze etc.
oder Feld – Felder
Welt – Welten
Held – Helden
Hort – Horte etc.

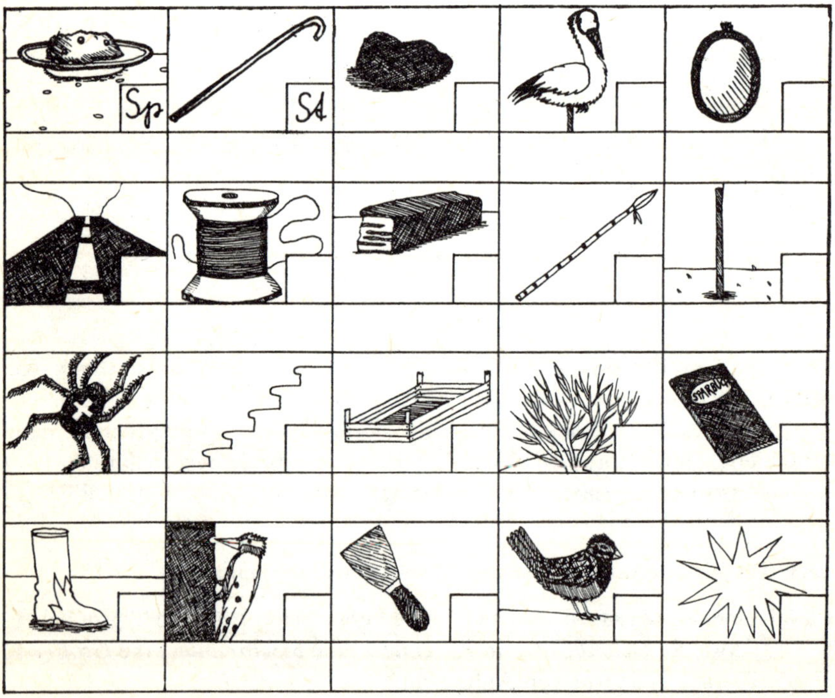

Abb. 70. Übung aus Arbeitsheft 3 von Baumann, H.: Übungen für Legastheniker. Wien: Ueberreuter
Schau die Bildchen genau an! Sprich das passende Wort dazu! Schreib in das Kästchen beim Bild, ob das Wort mit SP oder mit ST anfängt!

der	. . off	der	. . rom
der	. . rung	die	. . rache
der	. . uhl	der	. . eer
das	. . iel	das	. . euer
das	. . ital	die	. . inne
der	. . echt	das	. . ück
der	. . ein	der	. . erling
der	. . rich	die	. . adt
das	. . rungbrett	der	. . ringbrunnen
der	. . rand	der	. . orch
der	. . rauch	die	. . eisekammer
der	. . ott	der	. . reifen

Abb. 71. Übung aus Kowarik-Kraft: Spezifisches Rechtschreib-Training für LRS-Schüler. Altersstufe 10–14 J.
H. 3. Wien: Jugend und Volk, Österr. Bundesverlag

Such zu den vier Gruppen passende Wörter!

ß	ß	s	ss
(nach kurzem Selbstlaut)	(nach langem Selbstlaut oder nach einem Zwielaut)	(im Anlaut, nach langem Selbstlaut oder nach einem Zwielaut)	(zwischen zwei Selbstlauten; der erste muß kurz gesprochen werden)
Schuß	Gruß	Segel	bissig
Roß	stoßen	Rose	Kessel
blaß	schießen	Haus	müssen
....	....	....	....
....	....	....	....
....	....	....	....
....	....	....	....
....	....	....	....
....	....	....	....
....	....	....	....

Such die Wörter in deinem Wörterbuch!

Abb. 72. Übung aus Kowarik-Kraft: Spezifisches Rechtschreib-Training für LRS-Schüler. H. 1

(3) Den konsequenten Rückgriff auf *Wortfamilien* (z. B. kennen, kannte, Bekenntnis, Erkenntnis, erkennen, bekennen, verkennen etc.)

(4) *Wortlisten und Einsetzübungen* für *Sp-*, *St-* und manchmal auch *Sch-*Wörter (Abb. 70, 71).

(5) *Einprägsame Regeln* für die schwierige S-Schreibung. Die Regeln müssen bei jeder Gelegenheit wiederholt werden (Abb. 72).

(6) *Reihenübungen* für die Verwendung der Vorsilben „ver" und „vor" (Abb. 73).

(7) *Übungen für Dehnungen und Kürzungen* (als Beispiel Abb. 74).

(8) *Wortdiktate* aus Listen, in denen die fehlerhaften Wörter aus Aufsätzen, Haus- und Schularbeiten verzeichnet sind. Jeweils 10–15 Wörter aus diesen Listen werden täglich diktiert. Der Schüler muß die Schreibung, so weit dies möglich ist, mit einfachen Wörtern begründen. (Z. B.: „vielleicht" schreibt man mit zwei l, eines gehört zu „viel", eines zu „leicht"; oder: „Bekenntnis" mit zwei n, da das e davor kurz ist). Nun wird das Wort buchstabiert und dann geschrieben. Wenn ein Wort in drei Diktaten richtig geschrieben war, darf es der Schüler selbst aus der Liste streichen.

(9) *Diktate* von täglich etwa vier bis fünf Zeilen eines Buch- oder Zeitungstextes. Das Geschriebene wird vom Schüler selbst an Hand des Textes korrigiert. Diese Diktate können von der dritten Klasse an gegeben werden.

(10) *Gegenüberstellungen,* z. B.: in-ihn, seit-seid, viel-fiel, war-wahr, lies-ließ, paar-Paar, tot-Tod, Lärche-Lerche, Leib-Laib, Mine-Miene, in *sinnvollen* Einsetzübungen und womöglich mit einfachen Zeichnungen zu den unterschiedlichen Bedeutungen.

Setz die Vorsilbe „ver" vor das Zeitwort und such das passende Hauptwort dazu!

Schreib so:

sprechen	–	**ver**sprechen	–	das **Ver**sprechen
bieten	–	....	–	das ....
raten	–	....	–	der ....
dienen	–	....	–	der ....
folgen	–	....	–	die ....
binden	–	....	–	der ....
brechen	–	....	–	das ....
treiben	–	....	–	der ....
schließen	–	....	–	der ....
fallen	–	....	–	der ....

Bilde mit den Hauptwörtern Sätze!

Abb. 73. Übung aus Kowarik-Kraft: Spezifisches Rechtschreib-Training für LRS-Schüler. H. 2

Benno ist ein fleißiger Bub:

Er .... süße Himbeeren für die Großmutter. Er .... die Bohnen und die Karotten auf den Beeten. Er .... den schweren Kartoffelsack in die Futterkammer. Er .... Wasser in das große Schaff. Er .... die Hühner im Stall und .... abends das Gittertor ab.

gießt	füttert	schleppt
füllt	sperrt	pflückt

Abb. 74. Übung aus Kowarik-Kraft: Spezifisches Rechtschreib-Training für LRS-Schüler. H. 1
Wähle die passenden Wörter aus dem Kästchen und setz sie ein!
Setz unter alle Dehnungen und Schärfungen mit den entsprechenden Farbstiften die richtigen Zeichen!
Laß dir die Sätze ansagen! Vergleiche und verbessere! Schreib die Sätze in der Mitvergangenheit!

9.5.4. Allgemeines Sprachtraining

Viele Legastheniker, bei denen eine dysphasische Komponente mitbeteiligt ist, brauchen neben den bisher beschriebenen Therapien ihrer Lese- und Rechtschreibfehler ein *allgemeines Sprachtraining*. Es muß sich beziehen auf

den *lexikalischen* Bereich (Erweiterung des Wortschatzes, Synonyme etc.),

den *syntaktischen* Bereich (Satzbildung, Erzählen von Geschichten und Erlebnissen, Überwinden des nur kontextgebundenen Sprechens),

den *kognitiven* Bereich (Finden von Oberbegriffen, Bilden von Wortgruppen, Erfassen von Inhaltsschwerpunkten, Satzergänzungen, Finden von Überschriften zu Bildgeschichten etc.),

den *grammatikalischen* Bereich (Beherrschung der Zeitformen, Gebrauch der Fälle, Wortstellung, Bildung von Nebensätzen, etc.).

den *artikulatorischen* Bereich (Reime bilden, ähnliche Wörter unterscheiden etc.).

Grissemann (81) hat mit seiner *Psycholinguistischen Legasthenietherapie* ein ausgezeichnetes Instrument zur Sprachförderung geschaffen, das *allen* Kindern mit Schwierigkeiten in der schriftsprachlichen Kommunikation zugute kommen sollte, auch den milieu- und unterrichtsgeschädigten, dem Legastheniker aber darüberhinaus durch die Methoden der *Segmentierung*, besondere Hilfe anbietet. *Allein*, ohne *schwerpunktmäßige Erfassung* der einzelnen Fehlerarten, genügt die Psycholinguistische Legasthenietherapie dem Legastheniker allerdings nicht.

Aber das nimmt auch Grissemann nicht an, denn er ergänzt sein Werk [81] durch die frühere „Heilpädagogische Betreuung des legasthenischen Kindes“. Dort finden sich viele Unterlagen zur schwerpunktmäßigen Behandlung.

9.5.5. Grundsätze für den Einsatz von Arbeitsmitteln

Als allgemeine Grundsätze für den Einsatz von Arbeitsmitteln müssen gelten:

(1) Eine Legastheniebehandlung darf nur von gut informierten und gründlich ausgebildeten Lehrern durchgeführt werden.

(2) Eine genaue Diagnose mit Bestimmung der Fehlerschwerpunkte ist Voraussetzung jeder Behandlung.

(3) Wichtig ist die Berücksichtigung der individuellen Bedürfnisse des Kindes. Malmquist [149] sagt: „Das Geheimnis eines guten Förderunterrichtes ist nicht eine besondere Methode, sondern eine individuelle Abstimmung der Methoden auf das einzelne Kind.“

(4) Das Üben muß lustbetont und abwechslungsreich sein und oft in Form von Spielen durchgeführt werden.

(5) Verschiedene akustische, visuelle und motorische Assoziationshilfen sind einzubeziehen, etwa die Verwendung von Farben, Bewegungsabläufen etc.

(6) Das Kind muß in dem ihm gemäßen Tempo arbeiten dürfen. Der Aufbau muß sich langsam vollziehen und immer auf dem Niveau einsetzen, auf dem sich das Kind befindet.

(7) Durch Anknüpfen an vorhandene Interessen, Lob für kleinste Erfolge, Selbstkontrolle der Fortschritte etc. muß die Lernmotivation aufrechterhalten werden.

(8) Die Stärkung des Selbstwertgefühls wird am besten dadurch erreicht, daß das Kind sich vom Therapeuten akzeptiert fühlt und in ihm eine Stütze findet.

9.5.6. Die Unterstützung der Persönlichkeitsentwicklung

Aus der Kasuistik (Kap. 10) und aus den Problemen der *sekundären Symptomatik* (Kap. 6) geht hervor, daß eine enge Wechselbeziehung zwischen der Störung und der Persönlichkeitsentwicklung des betroffenen Kindes besteht. Jede Hilfe, die geboten wird, muß daher das ganze Kind erfassen, nicht nur seine Fehlersymptomatik. Der Erfolg entwickelt sich, ähnlich wie bei der psychotherapeutischen Behandlung, aus der Übertragungssituation, d. h., über die emotionale Beziehung des Kindes zum Behandelnden, von dem es sich trotz seiner Schwächen akzeptiert, ermutigt und gestützt fühlen muß. Der vielleicht wichtigste Teil der Behandlung betrifft den *Abbau von Unsicherheit* und den *Aufbau des Selbstwertgefühls,* die *Verminderung von Konfliktsituationen* sowie die *Abschirmung vor frustierenden Erlebnissen,* die zu einem Phänomen führen können, das Müller [157] als neurotoide Regression bezeichnet hat (S. 85f.). Niemeyer [162] sieht als Therapieziele:

Stabilisierung des Selbstkonzepts
Berücksichtigung der Persönlichkeit
Verbesserung der häuslichen Situation

Verbesserung der schulischen Situation
Es mißt der emotionalen Seite der Behandlung, d. h., den Bemühungen um positive Interaktionsprozesse, größere Bedeutung zu als dem Einsatz von Arbeitsmitteln, was aber nicht heißen soll, daß man auf sie verzichten kann.

In der Schule gilt es vor allem, die Vorurteile von Lehrern gegen Legastheniker zu beseitigen, deren Integration zu fördern und sie vor Frustrationen zu schützen, die ihre Ursachen sehr häufig in zu starren *Klassifikationspraktiken* haben. In vielen deutschen Bundesländern regelte ein Erlaß das Aussetzen der Benotung in Deutsch und Lesen für die Dauer einer Behandlung. Zur Zeit gibt es diesbezüglich Rückschläge. In Österreich konnte ein solcher Erlaß nicht erreicht werden. Niemeyer [162] bietet einen ausführlichen Katalog von pädagogisch-psychologischen Maßnahmen an, die geeignet sind, das Selbstkonzept des Legasthenikers zu stabilisieren.

In vielen Fällen ist, wie in Kap. 6.3. dargelegt, die psychotherapeutische Behandlung einer primären (durch frühe emotionale Frustration verursachten) oder sekundären (als Folge der Legasthenie entstandenen) Neurose notwendig, bevor entscheidende Fortschritte bei der Symptombekämpfung möglich sind.

9.6. Probleme der Legastheniebehandlung

Die trotz ihrer Länge nur exemplarischen Ausführungen über Teilbereiche und Inhalte einer Legastheniebehandlung haben gezeigt, daß es sich um ein langwieriges und kompliziertes Verfahren handelt, das vom Therapeuten großen persönlichen Einsatz erfordert, nicht nur im fachlichen, sondern auch im emotionalen Bereich. Bei manchen Legasthenikern ringt man um jedes Wort. Ein Kind kann aufleben und große Fortschritte machen, wenn es sich bei einem Therapeuten geborgen fühlt, und alles kann verloren sein, wenn es dieser verläßt. Die Kasuistik in Kap. 10, zum Teil aus der letzten Zeit, zeigt, wieviel Unwissenheit und Gleichgültigkeit in diesem Zusammenhang noch besteht.

Die größten Probleme bei der Legasthenieбetreuung bestehen, auch wenn man die Rückschläge der letzten Zeit unberücksichtigt läßt, in folgenden Punkten, die Gutezeit [91] erwähnt:

(1) *Mangelhafte Ausbildung der Lehrkräfte,* die als Therapeuten in Frage kommen. An den meisten Schulorten gibt es keine zentrale Stelle für die Ausbildung von Therapeuten. Ist aber diese Möglichkeit geboten, so handelt es sich oft um Schnellkurse oder um rein milieupsychologische bzw. sozialpädagogische, nicht um eine klinisch-psychologische Unterweisung, die in die Praxis umgesetzt werden kann, so daß die Ausbildung nur theoretisch bleibt.

(2) *Zu wenig Lehrer,* um die in den Erlassen vorgesehenen zwei bis sechs Förderstunden wöchentlich auch tatsächlich zu halten.

(3) *Häufiger Ausfall der Förderstunden* durch Abwesenheit der Lehrer.

(4) *Zu große Gruppenzahlen.* Erfolge können, wie Atzesberger [12] zeigt, nur bei *frühem Therapiebeginn*, bei *vier Wochenstunden in Kleingruppen* von *maximal vier Schülern* und bei *häuslicher Mithilfe* der Eltern erzielt werden.

(5) *Anwendung falscher Übungen,* die das Ziel der Förderung verfehlen, weil sie den Bedürfnissen nicht entsprechen.

(6) *Fehlen jeglicher Supervision und Kontrolle.* Jeder Lehrer kann im Förderunterricht machen, was er will.

(7) *Fehlen einer umfassenden klinischen Diagnose.* Aus zwei Testwerten läßt sich weder ein Fehlerprofil erkennen, noch ein Therapieplan erstellen, noch die Persönlichkeit des Kindes erfassen.

Ich möchte noch zwei Punkte hinzufügen:

(8) *Die noch immer bestehende Unwissenheit der Lehrer* über die Phänomene der Legasthenie und daraus resultierend ihre Unfähigkeit, sie rechtzeitig zu entdecken oder zu „vermuten". Die Lehrer mancher Schultypen, etwa der Hauptschule oder des Gymnasiums, haben in ihrer Ausbildung nie etwas von Legasthenie gehört. Und bei den Lehrern der Grundschule geht die Information allzu oft an der Praxis vorbei.

(9) *Der heterogene Charakter der Gruppen.* Sind schon klassische Legasthenien unterschiedlich genug in ihren Ausprägungsgraden und sekundären Überlagerungen, wie vielschichtig müssen erst Gruppen sein, in denen klassische Legastheniefälle mit schwachbegabten, milieugeschädigten und unterrichtsgeschädigten Kindern zusammen „gefördert" werden sollen!

9.7. Forderungen

Diese Mängel legen folgende Forderungen nahe:

(1) *Ausreichende Information der Lehrer aller Schultypen* über die Phänomene der klassischen Legasthenie. Was geschehen kann, wenn Lehrer diese Störung nicht rechtzeitig erkennen, zeigt die Untersuchung von Weinschenk [238 b].

(2) Ein *einheitliches und umfassendes Ausbildungskonzept* für die Schulung der Legasthenielehrer, wobei Theorie und Praxis Hand in Hand gehen müssen. Zur Zeit ist die Theorie zu weit von der Praxis entfernt. Mit sozialpädagogischen Maßnahmen, und seien sie noch so gut gemeint, kann man keine Legastheniker heilen.

(3) Ein *einheitliches Diagnosemodell,* mit dem es möglich ist, die Persönlichkeit des Kindes und seine Lebensumstände zu erkennen, und das die *klassische Legasthenie* gegenüber anderen Formen des Schulversagens differenziert.

(4) *Ausbildungszentralen,* etwa an den Pädagogischen Hochschulen.

(5) Ein *Netz von Behandlungsmöglichkeiten,* das neben den schulischen Angeboten auch halbprivate (etwa an Volkshochschulen), private und solche bei Erziehungsberatungsstellen und in Kliniken umfaßt. Es wäre denkbar, daß stellenlose Lehrer Gruppen bildeten, die sich diesem Problem widmen.

(6) *Kleingruppen* und *Therapiebeginn* grundsätzlich im zweiten Schuljahr.

(7) *Legasthenikerkurse auch an weiterführenden mittleren und höheren Schulen,* in der *Sekundarstufe der Pflichtschulen* und im *Berufsschulbereich.*

(8) *Teamarbeit* zwischen Klassenlehrern, Schulpsychologen, Legasthenielehrern und Psychotherapeuten (Medizinern).

Weinschenk [238 a] hat die Erfahrung gemacht, daß bei Jugendlichen, denen in der Schule eine Behandlung der Legasthenie vorenthalten wurde, oder bei denen eine unzulängliche Behandlung ohne gewünschten Erfolg blieb, eine seelische Fehlentwicklung fast unvermeidlich ist. Sie ist die Folge der vielfachen Beeinträchtigungen des Selbstwertgefühles, die der Bildungsrückstand unweigerlich mit sich bringt. Weinschenk vertritt die Meinung, daß diese Jugendlichen nach § 39 (1) des Bundessozialhilfegesetzes (BSHG) Anspruch auf Eingliederungshilfe haben, da sie als *seelisch wesentlich behindert* angesehen werden müssen.

9.8. Die Förderung legasthenischer Kinder und Jugendlicher in Wien

Die Anhänger der *Wiener Schule* definieren die Legasthenie nach wie vor nach der Diskrepanztheorie, ohne die Diskrepanz jedoch zu berechnen. Als legasthenieverdächtig gilt ein Schüler, der bei normaler Intelligenz bemerkenswerte Schwierigkeiten im Erlernen des Lesens und Rechtschreibens hat. Solche Schüler meldet der Klassenlehrer am Ende des ersten Schuljahres dem Schulpsychologen. Die ersten zwei Schulmonate der zweiten Klasse sind der Untersuchung dieser Kinder gewidmet.

Wir haben uns in Österreich *niemals auf eine Diagnose mittels zweier Testdaten,* einem IQ und einem Prozentrang in Rechtschreibtest, *eingelassen.* Der Schulpsychologe führt in jedem einzelnen Fall eine klinische Untersuchung durch, bestehend aus einem Entwicklungs- oder Intelligenztest, einem Lesetest mit Hilfe einer diagnostischen Leseprobe, einem Rechtschreibtest, einer Zahlenlese- und Artikulationsprobe, einer Dominanzprobe, oft auch einer projektiven Testung, und einer ausführlichen Anamnese mit den Eltern, aus der sich auch deren schulischen Ambitionen für das Kind erkennen lassen.

Wir sind überzeugt davon, daß eine Legastheniebehandlung, wenn sie erfolgreich sein soll, im *zweiten Schuljahr beginnen muß*, und daß in diesem Alter für eine Diagnose vor allem der *Leseakt* zu analysieren ist, sowohl in bezug auf die Quantität als auch auf die Qualität der Fehler. Bei der Einweisung in eine von der Schule organisierte Therapiegruppe sind nicht nur die Ergebnisse der verschiedenen Intelligenz- und Leistungstests maßgebend, sondern die Gesamtpersönlichkeit und die Lebensumstände des Kindes.

Schüler mit Intelligenzquotienten unter 90, bei denen sich schwerere legasthenische Symptome zeigen, geben wir meist an die allgemeine Sonderschule ab, aus Gründen, die auf S. 108 dargelegt wurden.

Normalbegabte Kinder, die bis Weihnachten keinerlei Ansätze zeigen, den Leseakt zu bewältigen, stufen wir zurück in eine *Vorschulklasse* (in der Bundesrepublik ist das der *Schulkindergarten*) wo zwar nicht Lesen und Schreiben unterrichtet, aber die Diskriminierungs- und Wahrnehmungsfunktionen besonders geübt werden, die den Leseakt vorbereiten. Diese Maßnahme ist wichtig, weil die erste und zweite Klasse eine Einheit bilden, so daß nach der ersten Klasse ein Repetieren nur auf ausdrücklichen Wunsch der Eltern möglich ist. Da die Differenzierung des Unterrichts noch nicht sehr weit entwickelt ist, können Kinder, die das Lernziel am Ende des ersten Schuljahres nicht erreicht haben und trotzdem in die zweite Klasse aufsteigen, in eine hoffnungslose Überforderungssituation geraten. Günstig für legasthenische Kinder wirkt sich in Wien folgendes aus:

Eine sehr gute, „narrensichere" synthetische Lesemethode mit Hilfe einer sorgfältig erarbeiteten Fibel, die von allen Lehrern Wiens verwendet wird. In der ersten Hälfte des ersten Schuljahres eine, im zweiten Halbjahr zwei Stunden pro Woche Förderunterricht, den übrigens alle schwachen Schüler aller Schultypen von ihren Lehrern erhalten müssen. Verbale Beurteilung aller Klassenarbeiten in den ersten vier Grundschulklassen. Noten gibt es nur mehr in den Zeugnissen, allerdings auch für Legastheniker. Aber deren Benotung orientiert sich oft nach Absprache mit dem Legasthenielehrer mehr nach den relativen Fortschritten als nach den objektiven Leistungen. Sehr gründliche Ausbildung der Lehrer in der Methode des Erstleseunterrichts, die an den Pädagogischen Akademien von den besten Fachkräften des Landes vermittelt wird. Da der Studiengang genau geregelt ist, kann kein zukünftiger Grundschullehrer diesen Informationen und Übungen entgehen, indem er das Fach nicht belegt, obwohl er es später unterrichten muß, wie dies bei der Lehrerbildung in der Bundesrepublik möglich ist.

Nun zur Legasthenikerbehandlung an der Grundschule. Es gibt in Wien schon seit Jahren acht hauptamtliche Legasthenielehrer, die jeweils zwei Jahre in einer oder zwei Schulen arbeiten und die Kinder während der Unterrichtsstunden aus den Klassen holen. Die Kinder werden wöchentlich insgesamt eineinhalb Stunden in kleinen Gruppen zu maximal fünf Kindern behandelt. *Die Behandlung beginnt im zweiten Schuljahr.* Dieses System erwies sich jedoch als nicht ausreichend. Viele Schulen mußten zu lange warten, oder es blieben dort, wo Legasthenielehrer tätig gewesen waren, „anbehandelte" Kinder zurück. Eine Erhöhung der Planstellen für hauptamtliche Legasthenielehrer war nicht zu erreichen. Daher griffen die Schulen zur Selbsthilfe. Von den 217 öffentlichen und 17 privaten Grundschulen der Stadt haben 180 Schulen einen oder zwei in der Legasthenietherapie ausgebildete Lehrer ihres Hauses eingesetzt, die die Legastheniker in den Stunden betreuen, in denen sie selbst nicht unterrichten, z. B. während der beiden wöchentlichen Religionsstunden und während der beiden Stunden für Werkunterricht. Es ist auch möglich, daß Lehrer der ersten Klassen, die an manchen Tagen nur bis 10 oder 11 Uhr Unterricht haben, in der dritten und vierten Unterrichtsstunde Legastheniker betreuen. Diese Tätigkeit wird im Rahmen der Überstundenbesoldung bezahlt.

Woher kommt nun dieses große Reservoir an ausgebildeten Legasthenietherapeuten? *Auf die Ausbildung von Legasthenielehrern bezieht sich die einzige staatliche Verordnung*, die es im Zusammenhang mit dem Legasthenieproblem in Österreich gibt. An den 13 Pädagogischen Akademien des Landes haben die Studierenden die Wahl zwischen drei Zusatzfächern, von denen sie eines belegen müssen: Vorschulerziehung, Englisch in der Grundschule oder Legastheniebehandlung. Etwa ein Drittel der Studenten jedes Jahrgangs wählt letzteres. In vier Semestern werden sie theoretisch und praktisch ausgebildet, die Praxis erwerben sie sich durch kontrollierte Behandlung legasthenischer Schüler der jeweiligen Übungsschulen. Nach Ablegung einer theoretischen und praktischen Prüfung erhalten sie ein Zeugnis, das sie befähigt, innerhalb und außerhalb des Schulbereichs als Legasthenietherapeuten zu fungieren. Außerdem besteht die Möglichkeit, im Pädagogischen Institut der Stadt Wien einen zweisemestrigen Kurs zu belegen, der ebenfalls mit Prüfung und Zeugnis abschließt und die gleichen Berechtigungen bietet. Dieser Kurs wird jährlich von etwa 40 bis 60 bereits aktiven Lehrkräften besucht, die entweder in ihrer Ausbildungszeit ein anderes Wahlfach studierten oder in ihrer länger zurückliegenden Ausbildung keine Gelegenheit zu einer derartigen Schulung hatten.

Neben der schulischen Betreuung halten Legasthenielehrer am Nachmittag Kurse für Legastheniker in allen Volksbildungshäusern ab. Es sind dies die einzigen Kurse, für die bezahlt werden muß. Ferner gibt es Kurse: An den vier großen Child Guidance Clinics der Stadt, bei den heilpädagogischen und kinderneurologischen Abteilungen der Universitätskliniken und bei den Erziehungsberatungsstellen des Jugendamtes der Stadt Wien. Das Jugendamt unterhielt im letzten Schuljahr 15 Kurse mit je etwa vier bis fünf Kindern, und zwar waren es Kinder der dritten und vierten Klassen. Ebenso wie an den Kliniken führen Psychologinnen, oft unterstützt von ausgebildeten Lehrkräften, auch Einzelbehandlungen durch. Im Prinzip – es gibt natürlich immer Überschneidungen – sollen Legastheniker mit deutlichen neurologischen Symptomen in den Kinderkliniken, solche mit neurotischer Überlagerung in den Child Guidance Clinics und solche, die besonders unter Milieuschäden zu leiden haben, bei den Erziehungsberatungsstellen der Jugendämter behandelt werden.

Man kann sagen, daß die Versorgung der Legastheniker im Grundschulalter befriedigend ist. Die Auswahl der Kinder für eine Behandlung orientiert sich sowohl in der Schule als auch bei den Jugendämtern an dem Ziel, *die Schullaufbahn zu normalisieren, bzw. zu sanieren.* Wenn eine Entscheidung zu treffen ist zwischen einem begabten Legastheniker, der zwar nicht zu den schlechtesten Lesern und Rechtschreibern der Klasse gehört, dessen Aufnahme in eine höhere Schule oder in den ersten Klassenzug der Hauptschule aber gefährdet erscheint, und einem sehr schlechten Schüler, der keine weiterführende Schule anstrebt, wird man sich für *ersteren* entscheiden. Im allgemeinen bessern sich die Zeugnisnoten nach einem Jahr der Behandlung um eine Stufe, aber eben diese eine Stufe kann entscheiden über Klassenwiederholung oder Aufsteigen, über ersten oder zweiten Klassenzug, über Hauptschule oder höhere Schule.

Weniger günstig sind die Behandlungsmöglichkeiten für Schüler der Sekundarstufe I. Hier ist die Behandlung der privaten Initiative engagierter Hauptschullehrer überlassen. Obwohl Kowarik sehr gute Arbeitshefte zur Behandlung legasthenischer Schüler der Sekundarstufe entworfen hat, besteht nur geringes Interesse für eine entsprechende Ausbildung.

Das hängt leider mit der Zweizügigkeit der Hauptschule in Österreich zusammen (wird 1985 durch ein Leistungsgruppensystem ersetzt). Wenn die Eltern nichts dagegen unternehmen, kann auch ein sonst leistungsfähiger Legastheniker wegen seiner Schwierigkeiten in Deutsch *und* Englisch in den zweiten Klassenzug abgeschoben werden. Dort ist die Rechtschreibung nicht so wichtig, aber der Weg zu einer weiterführenden Schule ist versperrt, auch oft zu einer Lehrstelle, wenn der Ausbilder das Zeugnis ernst nimmt.

Besser steht es mit den Behandlungsmöglichkeiten für Schüler der Sekundarstufe II. Die jeweils zuständigen Schulpsychologischen Beratungsstellen bieten Intensivkurse für Schüler der allgemeinbildenden höheren Schulen, der berufsbildenden höheren Schulen und der Berufsschulen (Lehrlinge).

Sonderregelungen für legasthenische Kinder konnten in Österreich nie erreicht werden. Ihre Beurteilung und ihr Schulschicksal werden der Zusammenarbeit zwischen Legasthenietherapeut und Klassenlehrer überlassen. Es bestehen auch keine besonderen Regelungen für begabte Legastheniker an höheren Schulen. Aber es kommt den Legasthenikern entgegen, daß es zahlreiche berufsbildende höhere Schulen der verschiedensten Sparten gibt, die in fünf Jahren nach Absolvierung der Pflichtschule eine vollständige Berufsausbildung mit Abitur und Hochschulreife anbieten. Die Aufnahmeprüfungen bestehen aus technischen Tests. Sehr viele begabte Legastheniker gelangen auf diesem Weg zu einem befriedigenden Abschluß ihrer Schullaufbahn. Die Berufschancen für die Absolventen solcher Schulen sind vorerst noch günstig. Dazu kommt, daß an den höheren technischen Schulen ebenso wie an den Berufsschulen – (kaufmännische Sparten ausgenommen) – eine deutliche Toleranz Rechtschreibschwächen gegenüber zu erkennen ist, vorausgesetzt, der Schüler entspricht den eigentlichen Anliegen der betreffenden Berufsausbildung. Der wichtigste Grund für eine relativ günstige Schullaufbahn der meisten legasthenischen Kinder ist darin zu sehen, daß weitgehendes Verständnis bei der Lehrerschaft besteht und die Behandlung im zweiten Schuljahr beginnt.

10. Kasuistik

10.1. Literale Legasthenie

Die Merkmale der literalen Legasthenie wurden in Kap. 9.3. beschrieben. Die Störung ist durch das äußerst verspätete Erlernen der Buchstaben, den enorm verzögertem Ansatz zur Lautisolierung beim Diktatschreiben und das lange Beharren auf der Frühphase und den beiden Hauptstufen der legasthenischen Rechtschreibschwäche, von denen die zweite oft bis zum Ende der Schulzeit nicht überwunden wird, charakterisiert. Es ist vor allem der stark verzögerte Beginn des Lesens und Rechtschreibens, der die literale Legasthenie von der verbalen unterscheidet, während sich ihr Zustandsbild zur Zeit der Schulmündigkeit bei entsprechenden Voraussetzungen (Sonderschule oder sonstige intensive Förderung) von dem unbehandelter, schwerer verbaler Legastheniker nicht wesentlich unterscheidet. Ich habe im folgenden Beispiele von Kindern gewählt, deren Entwicklungsquotienten im Rahmen der Norm lagen, was bei literaler Legasthenie aber nicht die Regel ist.*

Bernhard ★ kam im Alter von 7;8 als Schüler der zweiten Klasse zur ersten schulpsychologischen Untersuchung. Er war mit „Nicht genügend“ in Deutsch, Lesen und Schreiben in die zweite Klasse übernommen worden. Im Rechnen hatte er die Note Zwei. Von den kleinen Buchstaben der Druckschrift, mit denen sich die Klasse schon einige Monate lang beschäftigt hatte, kannte er zur Zeit der Untersuchung keinen einzigen. Von den Blockbuchstaben fehlten ihm das J und das Qu. B-P und D-T wurden beim Buchstabendiktat verwechselt (die Klasse fing mit dem Lesen der Blockschrift an).

Der Schulbericht beschrieb Bernhard als verspielt und gleichgültig. Er wache nur auf, wenn es ans Rechnen ginge, doch könne er mündlich viel besser rechnen als schriftlich, denn beim schriftlichen Rechnen verwechsle er immer noch das Plus- und Minuszeichen. Bernhard war ein Beidhänder, bevorzugte das rechte Auge und das linke Bein.

Anamnese. Die Mutter berichtete, daß Bernhard bei der Geburt nur 2600 g wog. Er fing erst mit drei Jahren zu sprechen an, die sehr undeutliche Artikulation besserte sich durch logopädische Behandlung. Mit 9 Monaten hatte er an einem Tag vier „Anfälle“, die nicht näher diagnostiziert wurden und sich nach ärztlicher Behandlung nicht mehr wiederholten. Der Knabe war leicht kurzsichtig und adipös. Die *Familiensituation* war gekennzeichnet durch *besondere Erwartungen,* die in Bernhard gesetzt wurden. Als einziger Sohn neben drei Mädchen im Alter von 3, 6 und 10 Jahren sollte er eine Schlosserei übernehmen, die die Mutter nach dem frühen Tod ihres Mannes führte.

Da Bernhard noch gar nicht lesen konnte und völlig unfähig war, auch nur ein einziges Wort nach Diktat zu schreiben, wurde er in die erste Klasse zurückversetzt. Am Ende dieser Wiederholungsklasse, also mit 8;10 schrieb er das Diktat in Abb. 75. Er beherrschte einige Wörter ganzheitlich, hatte jedoch noch keine Wort- und Lautisolierung.

---

* Die mit ★ beschriebenen Fälle wurden in der Beratungsstelle des Pädagogisch-Psychologischen Dienstes der Stadt Wien untersucht.

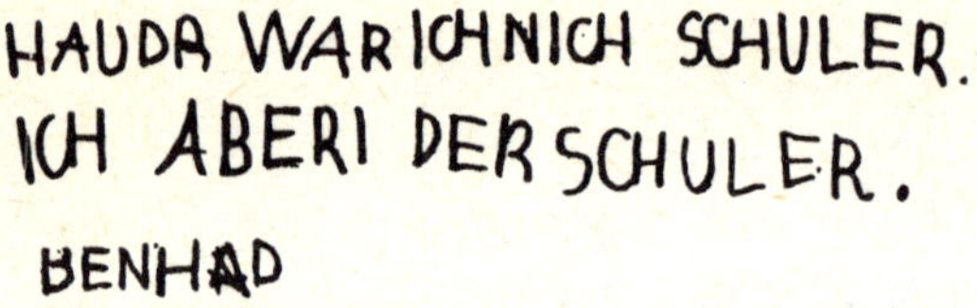

Abb. 75. Bernhard, 8;10, am Ende der ersten Klasse als Repetent. Der Text lautet: Heute war ich nicht in der Schule. Ich habe Rechnen in der Schule. Bernhard

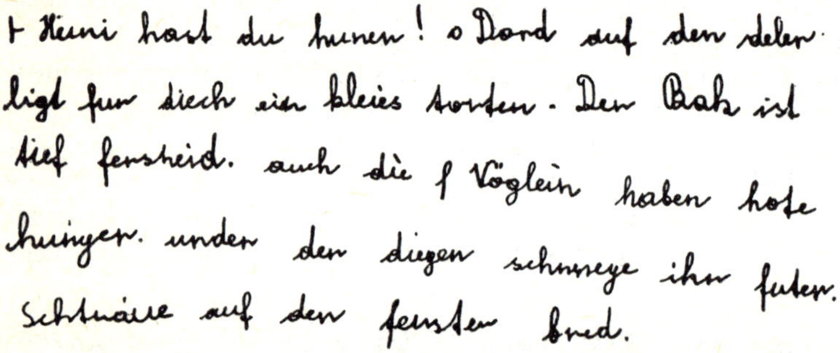

Abb. 76. Bernhard, 9;3, zweite Klasse als Repetent. Testdiktat

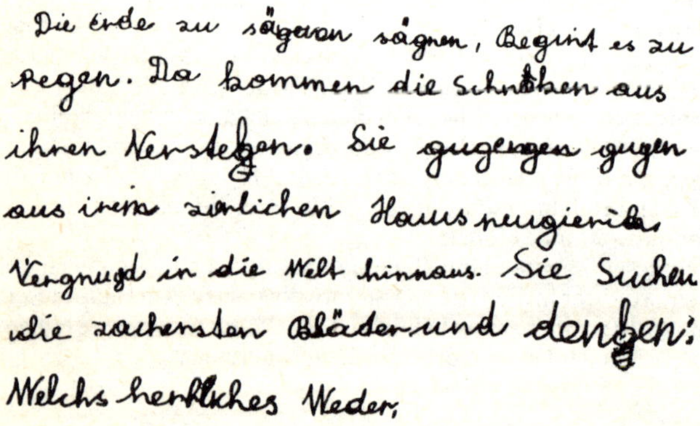

Abb. 77. Bernhard, 10;4, dritte Klasse der Sehgestörtenschule. Testdiktat für das dritte Schuljahr

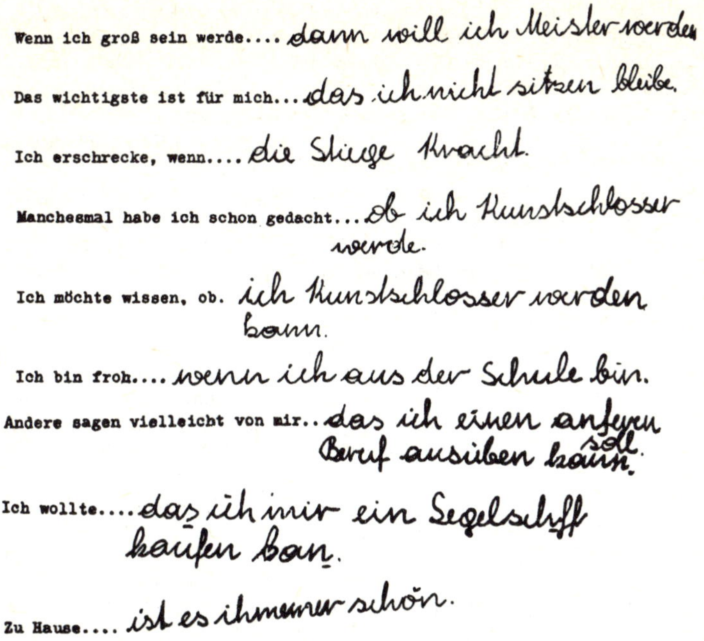
Wenn ich groß sein werde.... dann will ich Meister werden

Das wichtigste ist für mich... das ich nicht sitzen bleibe.

Ich erschrecke, wenn.... die Stiege kracht.

Manchesmal habe ich schon gedacht... ob ich Kunstschlosser werde.

Ich möchte wissen, ob. ich Kunstschlosser werden kann.

Ich bin froh.... wenn ich aus der Schule bin.

Andere sagen vielleicht von mir.. das ich einen anferen Beruf ausüben kann (soll).

Ich wollte.... das ich mir ein Segelschiff kaufen kan.

Zu Hause.... ist es ihmmer schön.

Abb. 78. Bernhard, 15;2, siebte Schulstufe (dritte Hauptschulklasse). Ausschnitt aus einem projektiven Test „Sätze vollenden"

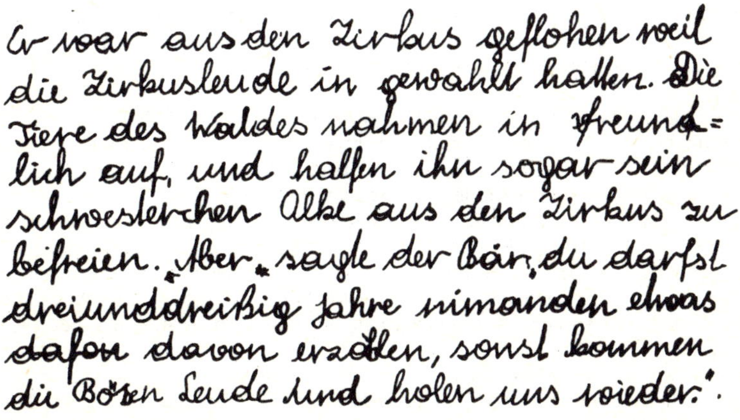
Er war aus den Zirkus geflohen weil
die Zirkusleude in gewahlt hatten. Die
Tiere des Waldes nahmen in freund=
lich auf, und halfen ihn sogar sein
schwesterchen Alke aus den Zirkus zu
befreien. „Aber" sagte der Bär, du darfst
dreiunddreißig Jahre nimanden etwas
dafon davon erzählen, sonst kommen
die Bösen Leude und holen uns wieder."

Abb. 79. Bernhard, 15;2, siebte Schulstufe (dritte Hauptschulklasse). Ausschnitt aus einem Testdiktat für die Hauptschule

Die Entwicklungsprüfung ergab den Quotienten von 91, der in den folgenden Jahren eine ansteigende Tendenz zeigte (91, 97, 100). Lesen und Diktatschreiben waren nicht möglich. In der Edtfeldtschen Lesereifeprobe machte Bernhard 30 Fehler.

Bei der dritten schulpsychologischen Untersuchung war Bernhard 9;3 und in der zweiten Klasse. Trotz ständiger häuslicher Nachhilfe wies das Halbjahreszeugnis 5 in Deutsch und 4 im Lesen auf; Rechnen 2. Bei der diagnostischen Leseprobe kamen 16 Reversionen und mehrere Perseverationen vor, keine Zahlenumstellungen. Das Probediktat zeigt Abb. 76. Man beachte, daß der 9-jährige noch Zwielaute verwechselt, somit die erste Hauptphase der Legasthenie noch nicht überwunden hat.

Die durch Brillen korrigierte Kurzsichtigkeit wurde zum Anlaß genommen, den Knaben in die Sonderschule für Sehgestörte zu versetzen, hauptsächlich, um ihm im Rahmen einer kleinen Klasse intensivere Betreuung zu sichern.

Aus der dritten Klasse haben wir die Arbeitsprobe in Abb. 77. Er war nun im elften Lebensjahr und hatte eben erst die Stufe der Legasthenie überwunden, auf der Zwielaute und Umlaute verwechselt werden. Er mußte die vierte Klasse wiederholen, konnte aber dann in den zweiten Klassenzug der Hauptschule aufsteigen und befand sich schließlich mit 15 Jahren auf der siebten Schulstufe. Wieder war das Zeugnis negativ, Deutsch 5, Mathematik 2. Körperlich hatte sich Bernhard gut entwickelt, die soziale Einordnung gab weiterhin keinen Anlaß zur Klage.

Die Fragestellung bei der vierten und letzten Untersuchung war: Sollte man den bereits Schulmündigen am Ende des siebten Schuljahres mit nicht abgeschlossener Schulbildung entlassen, sollte er das siebte Schuljahr wiederholen, oder sollte man ihn doch in die letzte Klasse aufnehmen? Die Nervosität der Mutter war auf dem Höhepunkt angelangt, denn vom Abschluß der Hauptschule hing die spätere Meisterprüfung ab. Zwei Schwestern besuchten das Gymnasium und hatten keine Lernschwierigkeiten.

Bernhards Rechtschreibung war, wie Abb. 78 und 79 zeigen, noch immer sehr schlecht. Besonders das Diktat läßt erkennen, daß der 15-Jährige noch im zweiten Stadium des Fehlerabbaus verharrte. In einem Aufsatz fand sich folgender Satz: „Ich waschte mich und ziehte mich an und saß mich zum Frühstück." In den Heften gab es Fehler wie: Babir (Papier), triet (tritt), Mähsikeit (Mäßigkeit), Vertruß (Verdruß), Silbefäten (Silberfäden), tu (du), dest du (desto), beteudet (bedeutet). Ein Konferenzbeschluß entschied, Bernhard in die letzte Klasse aufsteigen zu lassen. Er hatte in diesem Schuljahr sehr guten Nachhilfeunterricht und war zum ersten Mal dazu bereit, aktiv an der Bewältigung seiner Störung mitzuwirken. So konnte er am Ende der vierten Hauptschulklasse in Deutsch mit Genügend klassifiziert werden und eine Schlosserlehre beginnen.

In diesem Fall konnte durch den außerordentlichen Einsatz von Schule und Familie eine literale Legasthenie so weit überwunden werden, daß sich ihre letzten Auswirkungen von denen einer verbalen Legasthenie nicht mehr wesentlich unterschieden, wenn auch eine Normalisierung der Rechtschreibung nicht zu erwarten ist.

Harald ★ Weniger günstig waren die Umstände bei *Harald*, einem außerehelichen Kind, das wegen Berufstätigkeit der Mutter zuerst bei der Großmutter lebte und sich nach deren Tod ständig in Heimen oder Halbinternaten befand. Im ersten Schuljahr wurde Harald wegen seiner allgemeinen Unreife vom Schulbesuch zurückgestellt. Als er mit 7½ Jahren als Schüler der ersten Klasse zur schulpsychologischen Untersuchung kam, hatte er noch keinen einzigen Buchstaben erlernt. Der EQ betrug 97 und blieb konstant. Er betrug bei der zweiten Untersuchung 95, bei der dritten 101, bei der vierten 99. Beim Edtfeldtschen Lesereifetest wurden 15 Fehler gemacht. Der Knabe war beidhändig, das rechte Auge und das linke Bein wurden bevorzugt. Linkshändigkeit bestand beim Vater und bei zwei Brüdern der Mutter.

Harald stieg in die zweite Klasse auf, wiederholte sie und kam mit 9;8 wieder zur Untersuchung. Er hatte gerade das Internat gewechselt und war hochgradig irritiert. Die Schule klagte über große Schwierigkeiten bei der Lateinschrift, über Mangel an Konzentration und Lernwillen. Die Mutter, bei der das Kind fast nie gelebt hatte, konnte nur angeben, daß es im Kleinkindalter sehr trotzig war und erst mit 3 Jahren in Sätzen zu sprechen begonnen hatte. In der Leseprobe wurden 24 Reversionen und drei Zahlenumstellungen registriert. Abb. 80 zeigt das Probediktat. Aus den anschließenden Rechnungen ersieht man die Tendenz zur Umstellung sowie das für den Alektiker so typische Nichtbeachten des Minuszeichens. Es konnte unter den gegebenen Umständen nichts anderes empfohlen werden als ein guter Nachhilfeunterricht im Rahmen des Internats, denn eine Sonderschule war nicht in erreichbarer Nähe.

Als Harald mit 10;5 zur dritten Untersuchung kam, besuchte er das dritte Mal die zweite Klasse. Er war jetzt in einem Halbinternat und hatte gute Nachhilfe, aber trotzdem in Deutsch 5, in Rechnen 3, in Lesen 2. Reversionen in der Leseprobe kamen nur noch dreimal vor, das Lesen war erlernt. Die Schule klagte über sein unruhiges, aggressives Verhalten und über den Mangel an Mitarbeit. Man empfahl eine Sonderschule, die Mutter war jedoch nicht einverstanden. (Arbeitsprobe s. Abb. 81).

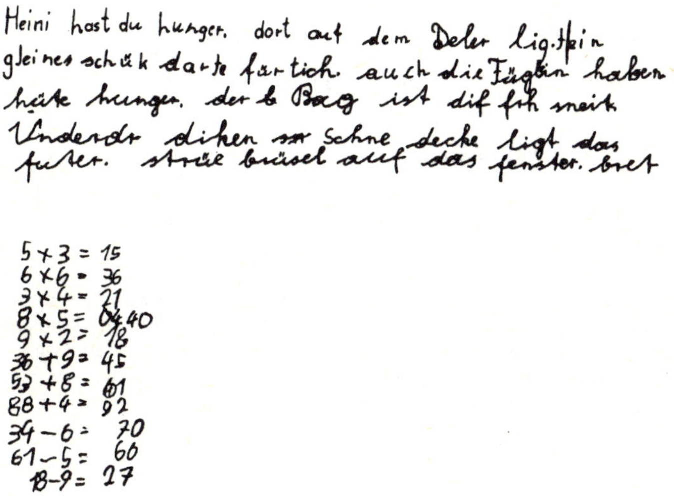

Abb. 80. Harald, 9;8, zweite Klasse. Testdiktat für die zweite Schulstufe und Rechenprobe, aus der sich die Tendenz zum Umstellen der Zahlen zeigt.

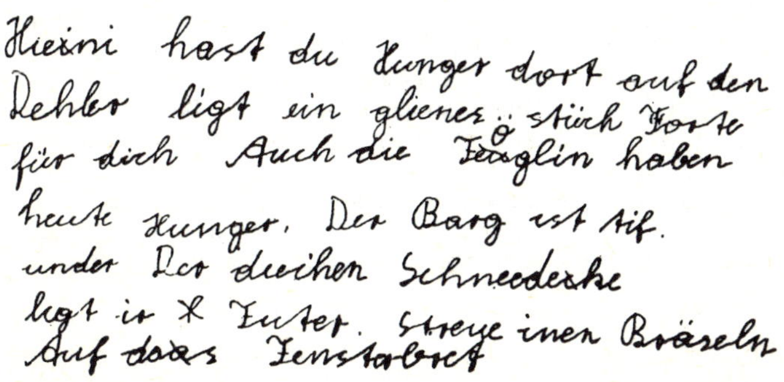

Abb. 81. Harald, 10;5, zum drittenmal in der zweiten Klasse. Testdiktat für die zweite Schulstufe

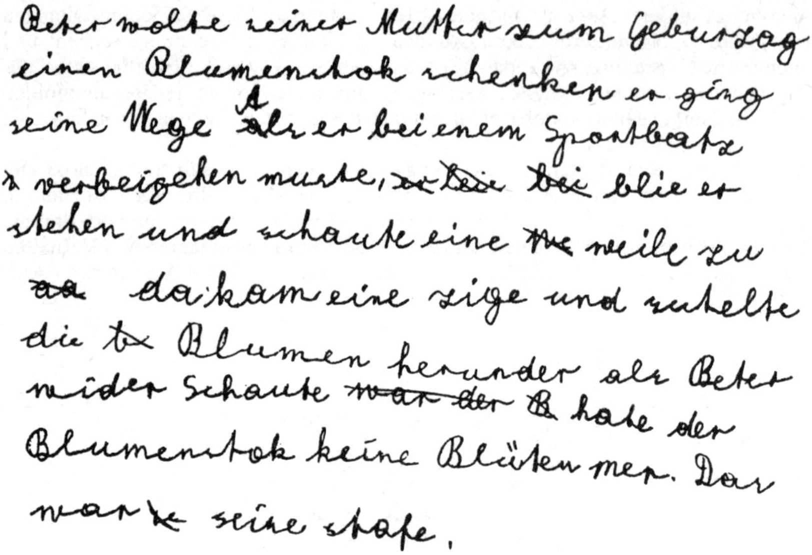

Abb. 82. Harald, 11;6, dritte Klasse. Beschreibung einer Bildgeschichte

Bei der letzten schulpsychologischen Untersuchung war Harald 11;6. Er war in die dritte Klasse aufgestiegen, konnte aber in Deutsch keine gute Note erreichen. Wie die Arbeit in Abb. 82 zeigt, befand er sich noch auf der zweiten Stufe des Fehlerabbaus. Er hatte wieder das Halbinternat gewechselt und war zur Zeit ohne jede Lernhilfe. Die Mutter war nun bereit, Harald in eine Sonderschule einweisen zu lassen. Dort wurde er nach der sechsten Klasse schulmündig und fand eine Lehrstelle als Gießer. Seine Rechtschreibung hat sich kaum gebessert.

Franz ★, 6;6, fiel dem Schulleiter bei der Schuleinschreibung auf. Eine von ihm veranlaßte Untersuchung mit dem Karas-Seyfried-Test bestätigte den negativen Eindruck. Das Kind konnte bei dem Test nur 5 Punkte erreichen und diese hauptsächlich im mündlichen Teil, beim Nachsprechen von Sätzen. Alle graphischen Leistungen waren sehr mangelhaft, es fehlte noch jeder Ansatz zum teilinhaltlichen Erfassen von Gestalten, von den Farben konnten nur rot und gelb benannt werden, die simultane Zahlenauffassung beschränkte sich auf drei Elemente. Im Vergleich zu den merklichen Defiziten im sensomotorischen und visuellen Bereich waren Sprachgedächtnis und sprachliche Ausdrucksfähigkeit gut. Die Testnote war „Nicht genügend", und es wurde Rückstellung empfohlen.

Franz war ein Adoptivkind, das mit 18 Monaten aus einem Kinderheim übernommen und von seinen bäuerlichen Adoptiveltern als Erbe für ihren stattlichen Hof vorgesehen war. Franz entwickelte sich normal, wuchs in großer Freiheit auf, aber ohne besondere Förderung und ohne Kindergartenbesuch. Über die Vorgeschichte wußten die Adoptiveltern nur, daß das uneheliche Kind mit 14 Monaten nach dem Tod der Großmutter, die es betreut hatte, in ein Heim gekommen war. Franz konnte mit 18 Monaten noch nicht sprechen, fing aber bald darauf an.

Franz wurde nach einem Jahr Rückstellung in die erste Klasse eingeschult, kam aber von Anfang an nicht mit. Lesen wurde nach der Ganzheitsmethode unterrichtet, aber er konnte sich die Wörter nicht merken. MAMA war das einzige Wort, das er lesen konnte, alle anderen Wörter, die mit M anfingen, hießen auch MAMA. Er konnte die Wörter auch nicht nachschreiben, und es gelang ihm nicht, Rechenmaterial entsprechend zu verwenden.

Ziffern konnte er benennen, nicht aber die richtige Anzahl von Blättchen oder Kastanien dazulegen.

Die Eltern waren enttäuscht, versuchten, mit dem Kind zu lernen, willigten aber im Februar des ersten Schuljahres ein, Franz in eine Sonderschulklasse einweisen zu lassen, die der Volksschule angegliedert war und sonderschulbedürftige Kinder verschiedener Altersstufen vereinigte, was die Förderung erschwerte. Auch dort waren die Erfolge gering, vor allem im Lesen. Im Rechnen wurden die bescheidenen Anforderungen des Sonderschulplanes erfüllt. In der zweiten Sonderschulklasse wurde vom zuständigen Schulpsychologen eine Einzeluntersuchung mit dem Binet-Kramer-Test durchgeführt. In dem ausführlichen Gutachten konstatierte der Schulpsychologe deutliche Störungen in der visuell-motorischen Koordination und Schwierigkeiten bei der Formnachahmung, besonders im Erfassen von Lagebeziehungen. Das Kind legte vorgegebene Figuren umgekehrt. Auch die optische Merkfähigkeit war gering. Das Denkvermögen wurde jedoch als ausgezeichnet bewertet, und der Schulpsychologe kam, trotz der beschriebenen Einschränkungen, zu einem IQ von 126! Obwohl es ihm nicht entgangen war, daß das Kind keinen Buchstaben lesen oder schreiben konnte, plädierte er für die Rückschulung an die Normalschule und empfahl Orientierungsübungen, Setzkastenübungen anstelle des Schreibens, Legespiele und Nachfahrübungen auf großen Papierbögen. In dem Gutachten wurde allerdings der Verdacht auf eine Zerebralschädigung mit kurzfristigen Absencen geäußert und eine klinische Untersuchung empfohlen.

Franz kam in die zweite Klasse der Normalschule, wegen völligen Versagens aber bald nochmals in die erste Klasse, die er mit 4 in Rechnen, 5 in Deutsch und Lesen beendete. Was nun? Der Schulleiter veranlaßte eine Untersuchung im Schulpsychologischen Dienst in Wien. Die Entwicklungsprüfung ergab einen EQ von 87 (Abb. 83). Die größten Rückstände fanden sich – anders als im Schulreifetest – bei sprachlichen Gedächtnisaufgaben und im rechnerischen Denken, wo der Begriff der Mengenkonstanz noch nicht gegeben war. Im schlußfolgenden Denken und im Verständnis für soziale Situationen erreichte Franz sein Altersniveau. (Leider nützen solche bruchstückhaft und isoliert dastehenden Denkleistungen für die Bewältigung der schulischen Anforderungen wenig, denn alle übrigen Leistungen lagen z. T. bis zu 2 Jahren unter der Altersnorm.) Was die Schulleistungen betrifft, offenbarte sich das Bild einer schweren literalen Legasthenie. Franz konnte eine ganze Anzahl von Buchstaben nicht benennen, von den Großbuchstaben beispielsweise C, K, X, Y, SCH, Ü, EU, Q. Bei den Kleinbuchstaben versagte er bei a, g, p, sch, f, ö, ü, t, au. Einzelne Buchstaben wurden seitenverkehrt vertauscht, J mit L, d mit b, t mit l. Beim

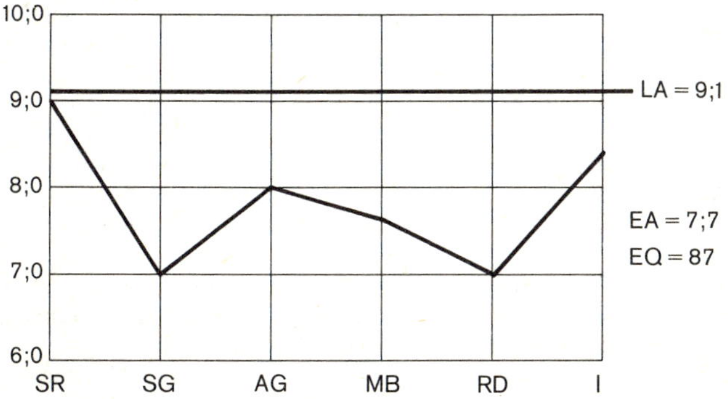

Abb. 83. Entwicklungsprofil. LA = Lebensalter, EA = Entwicklungsalter, EQ = Entwicklungsquotient, SR = Soziale Reaktion, SG = Sprachliches Gedächtnis, AG = Anschauliches Gedächtnis, MB = Materialbeherrschung, RD = Rechnerisches Denken, I = Intelligenz

Buchstabendiktat wurde d mit b verwechselt, r, w, ü, sch, ö fielen ganz aus, statt t wurde l, statt ei ie geschrieben. Bei so unsicherer und lückenhafter Kenntnis der Buchstaben ist Lesen und Schreiben nach Diktat nicht möglich. Es mußte auch auf die Leseprobe verzichtet werden, denn nach dem ersten Wort (ab, das er als ad las), gab Franz auf. Bei der Durchsicht der Hefte zeigte sich, daß er mit großem Fleiß sein Lesebuch seitenweise abschrieb, aber kein Wort von dem Geschriebenen lesen konnte. Franz machte einen sehr passiven, entmutigten Eindruck, er wollte wieder an die Sonderschule zurück. Das wurde auch dringend empfohlen, ebenso ein Neubeginn des Lesens mit der synthetischen Methode.

Im nächsten Schuljahr kam Franz wieder in die Sonderschulklasse. Im Rechnen nahm er am Unterricht der älteren Schüler teil, beim Lesen am Unterricht der jüngeren. Der Schulleiter erklärte sich bereit, Franz allein nach der synthetischen Methode zu unterrichten. Der Erfolg war gering. Unter dem Vorwand, er werde in der Landwirtschaft gebraucht, wurde ihm das neunte Schuljahr geschenkt. Gegen Ende seiner Schulzeit hatte man sich darauf verlegt, ihm etwa 100 Wortbilder die er kennen mußte, um im Straßenverkehr zu überleben und sich allgemein zurechtzufinden, z. B. STOP, AUSGANG, EINGANG, BUS, BAHNHOF, ARZT etc. *ganzheitlich* beizubringen.

Im Zuge einer Nachforschung über das Schicksal von Legasthenikern wurde auch Franz zu einem Gespräch gebeten. Er ist jetzt 18 Jahre alt und arbeitet auf dem Bauernhof. Der stattliche junge Mann kam zu dem Gespräch mit seiner Braut, einer 16-jährigen Verkäuferin. Franz über sein Schicksal: „Mit der Arbeit komm' ich zurecht. Aber einen Führerschein kann ich nicht machen. Ich werde schon bei meinem Moped bleiben. Und mit Vorschriften, Formularen und Gebrauchsanweisungen muß mir immer jemand helfen." Und das Mädchen: „Miteinander werden wir den Hof schon derpacken. Ich helfe ihm dabei: Vielleicht bringe ich ihm sogar das Lesen bei!" Wann sie heiraten wollen? Sobald sie volljährig ist, denn ihre Eltern sind gegen die Heirat mit dem „Dodl". – „Aber das ist doch ein Blödsinn! Er kann doch alles, nur grad das blöde Lesen kann er nicht."

10.2. Verbale Legasthenie

10.2.1. Hereditäre Legasthenie

Walter ★, 9;10, Schüler der vierten Klasse einer öffentlichen Grundschule. Walter war erst zu Beginn des vierten Schuljahres aus einer Grenzlandschule nach Wien übersiedelt. Der Vater konnte sich beruflich gut integrieren, die Mutter arbeitete halbtags. Walter allerdings litt an Heimweh nach seinen alten Freunden, seinem Dorf, seinem Hund, den er hatte zurücklassen müssen. Bei Schuleintritt war er 6 Jahre alt. Schwangerschaft, Geburt, Entwicklung waren normal. Röteln mit 1½ Jahren, Masern mit 2 Jahren, Mumps mit Gehirnhautreizung mit 8 Jahren.

Der Vater war Legastheniker. Er sollte das Gymnasium besuchen, wurde aber nach der zweiten Klasse wegen Versagens in Deutsch und Englisch an die Hauptschule verwiesen. Er wurde ein tüchtiger Handwerker. Alle drei Töchter (20, 18 und 17 Jahre alt) litten an Lese- und Rechtschreibschwäche und hatten nach einer oder zwei Klassenwiederholungen verspätete Schulabschlüsse an der Hauptschule. Die 18-jährige Schwester war linkshändig.

Walter wurde in seinem Heimatort nach der Ganzheitsmethode unterrichtet und hatte in den ersten zwei Jahren keine Schwierigkeiten. Er konnte alles auswendig! Erst im dritten Schuljahr kam es dann zum totalen Zusammenbruch der Leistungen, und die Mutter konnte nicht helfen, weil sie sich einer schweren Operation unterziehen mußte.

Die Intelligenzprüfung nach HAWIK ergab: Gesamt-IQ 125, Verbalteil 133, Handlungsteil 110.

Die besten Leistungen fanden sich im Subtest Allgemeines Verständnis, wo 20 Wertpunkte erreicht wurden, die schwächsten im Zahlennachsprechen und im rechnerischen Denken. Der Zahlensymboltest ergab nur sieben Wertpunkte. Auch das Bilderergänzen gelang sehr schlecht. Die Dominanz war gemischt: die rechte Hand, das linke Auge und das linke Bein wurden bevorzugt verwendet. Für die Leistungsprüfung wurde die Wiener Leseprobe verwendet. Beim Wortlesen gab es zehn Umstellungen, hauptsächlich von ei-ie. Schwierige Wörter wurden verballhornt (angelauben statt unglaublich). Die Lesezeit war extrem verlangsamt (7 ½ Min.). Von der Leseprobe II konnte nur das erste Gedicht gelesen werden, mit Fehlern wie „Brüdlein" statt Büblein, „reif" statt rief, „schrei" statt schrie, „un" statt nur. Die Artikulationsprobe und das Zahlenlesen gelangen fehlerlos. In einem kleinen Aufsatz fanden sich in 12 Zeilen drei Verstöße gegen die Groß- und Kleinschreibung, sechs Dehnungs- und Kürzungsfehler und sieben Auslassungsfehler. Die auffälligsten Fehlleistungen waren: „belekte Brode" und „niehider" statt nieder. In den Heften: „mher" statt mehr, „Pappier", „Quatradmeter", „propirte" statt probierte, „Audolag" statt Autolack. Beim projektiven Test „Sätze verlängern" fielen besonders die Fehler „aufthen" statt aufstehen, „kamaragen" statt Kameraden auf.

Die Sätze: Die Lehrer sagen, *das aus mir nichts wird* und: Wenn nur meine Eltern *nicht da weren keme ich gar nicht auf die Weld* zeugen von seinem geringen Selbstwertgefühl. Die Gesamtheit der projektiven Tests (Baumtest, Rorschach, Sätze verlängern) offenbarte das Bild eines infantilen, sensiblen Buben, für sein Alter noch zu stark an die Mutter gebunden. Er litt an Einsamkeit, Angst, Minderwertigkeitsgefühlen, depressiven Stimmungen und Heimweh. Immer wieder taucht im Test „Sätze verlängern" der Wunsch nach einem Hund auf.

Es handelt sich um eine Legasthenie auf hereditärer Basis. Erschwerend die totale Vernachlässigung der Störung, die Unreife des Buben bei Schuleintritt, die Anwendung der Ganzheitsmethode, die Ablehnung durch einen verständnislosen Dorflehrer, der noch nie etwas von Legasthenie gehört hatte und schließlich die psychischen Belastungen durch die Krankheit der Mutter und die Übersiedlung aus einem vertrauten, überschaubaren Milieu in die Großstadt. Auf Empfehlung der Beraterin wiederholt der Schüler zur Zeit die vierte Klasse und befindet sich in einem vom Jugendamt organisierten Intensivkurs.

Wolfgang ★, 7;7 Jahre, Schüler der zweiten Klasse einer öffentlichen Grundschule. Das Kind ist, weil die erste und zweite Klasse in Österreich eine Einheit bildet, mit der Note 5 in Deutsch in die zweite Klasse aufgestiegen. Nach normaler Schwangerschaft war die Geburt lang und schwer gewesen. Geburtsgewicht 3500 g. Die motorische Entwicklung war verzögert: (Gehen mit 18 Monaten), ebenso der Sprachbeginn (2 ½ Jahre). Krankheiten: Scharlach (Krankenhaus) mit 3, Masern mit 5 Jahren.

Wolfgangs Mutter war Sonderschülerin gewesen, desgleichen ihr Bruder, in beiden Fällen wegen der Rechtschreibung. Der Vater hatte die Hauptschule im zweiten Klassenzug und eine Tischlerlehre absolviert, arbeitete dann jedoch als untergeordneter Beamter in der Landesregierung. Wolfgang hat zwei Geschwister, eine 9-jährige Schwester ohne Schwierigkeiten und einen 3-jährigen Bruder. Die Schwester ist rechtshändig, Wolfgang ist linkshändig, schreibt aber rechts, „weil er sich mit der linken Hand noch schwerer getan hat". Der jüngere Bruder „wird auch eher links". Auch der väterliche Großvater ist linkshändig. Die Mutter hatte immer ganztags gearbeitet, plante aber zur Zeit der ersten Untersuchung, eine Halbtagsstelle anzunehmen. Wolfgang war schon im Alter von 2 Jahren ganztags im Kindergarten gewesen. Eine Hilfe bei den Aufgaben hatte er nie, da die Mutter selbst die Rechtschreibung nicht beherrschte. Die Lehrerin erkannte eine Legasthenie, aber die Schule konnte keinen Kurs anbieten. Eine begonnene Behandlung in einer Volkshochschule wurde aus finanziellen Gründen wieder aufgegeben. Wolfgang war gewöhnlich mit seiner Schwester am Nachmittag allein zu Hause. Er weint bei den Aufgaben, macht sie unter Aufsicht der Schwester meist überhaupt nicht, er „vergißt die Hefte", sagt nicht, wenn er einen Text üben soll. Nachdem der Vater am Anfang sehr streng war und ihn nicht im Hof spielen ließ, wenn er die Aufgaben nicht gemacht hatte, versteckte er Hefte mit Fünfern.* Im Halbjahreszeugnis hatte Wolfgang 3 in Lesen, 5 in Deutsch und 5 in Rechnen. Die Eltern neigten dazu, das Kind in eine Sonderschule einweisen zu lassen.

* Inzwischen wurde in Wien in den drei ersten Klassen der Volksschule die Benotung von Klassenarbeiten abgeschafft.

Die Entwicklungsprüfung mit den Entwicklungstests für das Schulalter ergab einen EQ von 97 bei sehr unterschiedlichen Leistungen in den verschiedenen Dimensionen. Wie das Entwicklungsprofil (Abb. 84) zeigt, waren das Verständnis für soziale Situationen, das anschauliche Gedächtnis und alle Intelligenzleistungen dem Alter entsprechend. Rückstände bestanden im Sprachgedächtnis und in der manuellen Koordination. Logische Schlüsse konnten auf dem Niveau von 9 Jahren gelöst werden. Dagegen versagte Wolfgang bei Intelligenzaufgaben auf visueller Basis (Ordnen von Bildgeschichten). Das Kind war linkshändig, die Schrift mit beiden Händen etwa gleich ungelenk. Das Auge wurde rechts, das Bein links bevorzugt. Wolfgang war Dialektsprecher.

In der Wiener Wortleseprobe kamen sieben Reversionsfehler vor, aber keine anderen. Das Tempo war nicht wesentlich verzögert. Im gebundenen Text (Leseprobe II) gab es zwei Umstellungsfehler (schrei für schrie, kerne statt kehren), fünf weitere Fehler betrafen Buchstabenauslassungen, Hinzufügungen und Erfindungen. Lesen gelang gar nicht so schlecht. Die Umstellungstendenz zeigte sich vor allem beim Zahlenlesen. Hier wurden 13 von 30 Zahlen umgestellt (Abb. 85). Die Zahlenreversionen erklären das Schulversagen im Rechnen, denn im Test hatte das Erfassen der Konstanz der Menge, die eigentliche Voraussetzung für das Rechnen im Zahlenraum von 100, keine Schwierigkeiten bereitet. Es zeigte sich auch, daß Wolfgang von den bisher gelehrten Einmaleins-Reihen (2, 3, 5, 10) keine Ahnung hatte. In der Artikulationsprobe versagte er bei den Wörtern „Linoleum" (ninoleum), „Akkumulator" (Akkulumator) und „Antiquitäten" (Antititäten). Bei der Rechtschreibprobe (Abb. 86), verwechselte er noch Umlaute und Zwielaute („füglein" – Voglein, „straue" – streue). Manche Laute wurden nicht gehört, so das H im Anlaut („eini" statt Heini). Diese Störung findet sich nur bei schweren Legasthenien, ebenso wie das Vertauschen von g und b („libet" – liegt). Daneben die üblichen Konsonantenverwechslun-

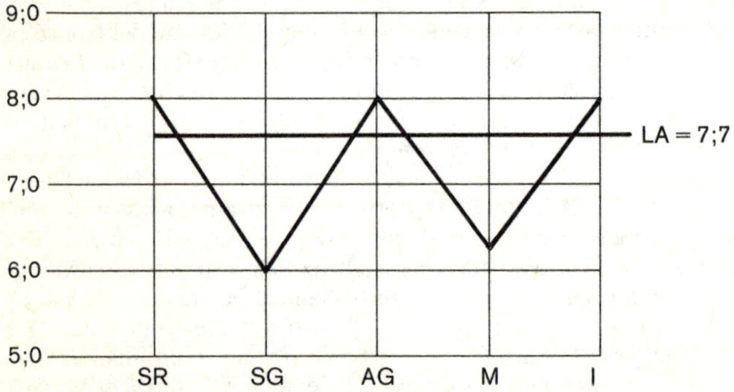

Abb. 84. Entwicklungsprofil, Wolfgang, 7;7, zweite Klasse

19	27	43 34	32	75
54	36	76	48	78 87
38	65	34	56 65	14 40
72 —	89	67 76	42	57
91 19	63 36	84 48	65 56	87 78
45	98 88	23	24	41

Abb. 85. Zahlenlesen, Wolfgang, 7;7, zweite Klasse

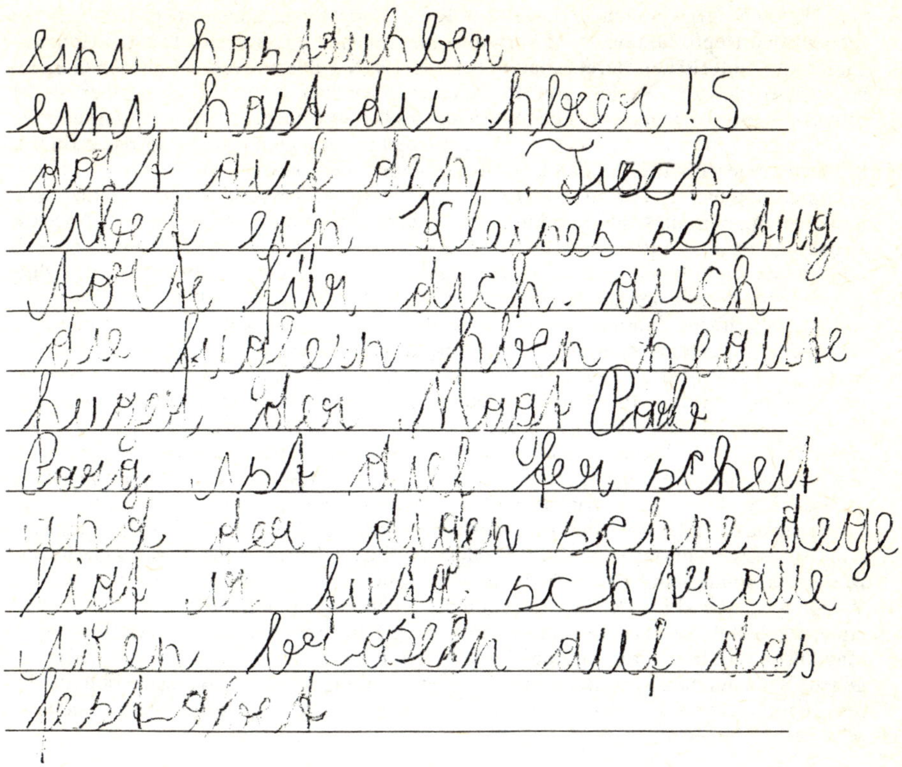

Abb. 86. Rechtschreibprobe, Wolfgang, 7;7, zweite Klasse

gen (digen, dief, dege). In der ersten Zeile zeigt sich die Tendenz, mehrere Wörter in einem zu schreiben. (Danach wurde das Diktat nochmals begonnen und wortweise diktiert.) Zahlreiche Buchstabenauslassungen ergänzen das Bild *einer schweren Legasthenie auf der zweiten Abbaustufe* (Umlaut- und Zwielautstufe, s. S. 119f.).

Auf Grund der normalen Intelligenz wurde von der Sonderschule abgeraten und eine Wiederholung der zweiten Klasse bei gleichzeitiger intensiver Legastheniebehandlung empfohlen. Die Klasse wurde wiederholt, aber alle Versuche, dem Kind eine Legasthenie-behandlung zu ermöglichen, wurden von den Eltern sabotiert.

Nachuntersuchung (8;8). Im zweiten Semester der zweiten Klasse kamen die Eltern wieder mit dem Kind. Sie waren fest entschlossen, es in die Sonderschule zu geben und erhofften sich eine entsprechende Empfehlung. Inzwischen war ein viertes Kind geboren worden, das vormittags von der Großmutter betreut wurde. Die Mutter arbeitete halbtags, hatte aber „keine Zeit", sich mit Wolfgangs Aufgaben zu beschäftigen. Die Intelligenzprüfung nach HAWIK ergab: Gesamt-IQ 89, Verbalteil 97, Handlungsteil 82.

Überdurchschnittliche Leistungen im Verbalteil gelangen in den Subtests Allgemeines Verständnis und Gemeinsamkeiten finden, besonders schwach war das Rechnerische Denken, der Wortschatztest und das Zahlennachsprechen. Im Handlungsteil lagen die Leistungen in allen Subtests unter dem Durchschnitt von 10 WP. Totales Versagen im Figurenlegen. Das Testergebnis bestätigte die im Entwicklungstest deutlich gewordene Struktur: Relativ gutes formales Denken, gutes Verständnis für praktische Lebenssituationen, aber Schwierigkeiten im Erfassen von Raum-Form-Beziehungen einerseits und in der sprachlichen Reproduktions- und Formulierungsfähigkeit andererseits. Die Schwierigkeiten im visiumotorischen Bereich hatten beim HAWIK größeres Gewicht für den Gesamt-IQ, daher auch der Verlust von 10 Punkten gegenüber dem EQ. Deutlicher als im Entwicklungstest zeichnete sich das Versagen des Kurzspeichers ab. Die Leistungsprüfung ergab schöne Fortschritte im Lesen, das sich schon in der ersten Prüfung als das geringere Problem erwiesen hatte. Es gab keine Reversionen mehr in der Wortleseprobe, bei nur gering verlangsamtem Tempo keine Fehler im gebundenen Text und nur einen Fehler beim Zahlenlesen, allerdings eine Kombination von Inversion und Reversion (36–93). Auch die Artikulationsprobe wurde bewältigt. In der Rechtschreibprobe (Abb. 87) schien es erst, als wäre die Zwielaut- und Umlautstufe überwunden. „Für“, „heute“, „streue“ wurde richtig geschrieben. Aber dann kamen die Fehler: „brusel“ – Brösel, „Gurbchen“ – Körbchen, „schune“ – schöne. Zahlreich waren die Konsonantenfehler: glein, Pag (Park) underder (unter der) tigen (dicken) Schneetege (Schneedecke) Abfen (Apfel).

Das Kind befand sich beim Rechtschreiben im Übergang von der Zwielaut- und Umlaut- zur Konsonantenstufe. Im Halbjahreszeugnis hatte Wolfgang 5 in Rechtschreiben, 4 in Rechnen, 1 in Lesen. Nach wie vor sagte er nicht, welche Hausaufgaben er hatte, vergaß Hefte, meldete die Termine von Nachschriften aus dem Gedächtnis nicht. In der Schule möchte man die seltene Gelegenheit, daß Eltern mit einer Sonderschuleinweisung einverstanden sind, ja sie sogar begrüßen würden, gern ausnützen. Der Mutter wurde gesagt, daß Wolfgang das Schuljahr wieder nicht bewältigen würde und eine zweite Wiederholung der zweiten Klasse nicht statthaft sei. Im Hinblick auf die totale Lernverwahrlosung des Kindes wurde die Sonderschule empfohlen. Bei der sofort durchgeführten Einweisung konnte Wolfgang in die dritte Klasse aufgenommen werden. Er hatte nun auf Grund eines laufenden Schulversuches die Chance, das neunte Pflichtschuljahr an einer vierten Hauptschulklasse zu absolvieren und auf diese Weise ohne Sonderschulzeugnis ins Leben zu gehen. Bei einer zufälligen Begegnung mit der Mutter erzählte sie, Wolfgang befinde sich nun in der letzten Klasse der Hauptschule. Er wolle Karosserieschlosser werden und hätte schon eine Lehrstelle.

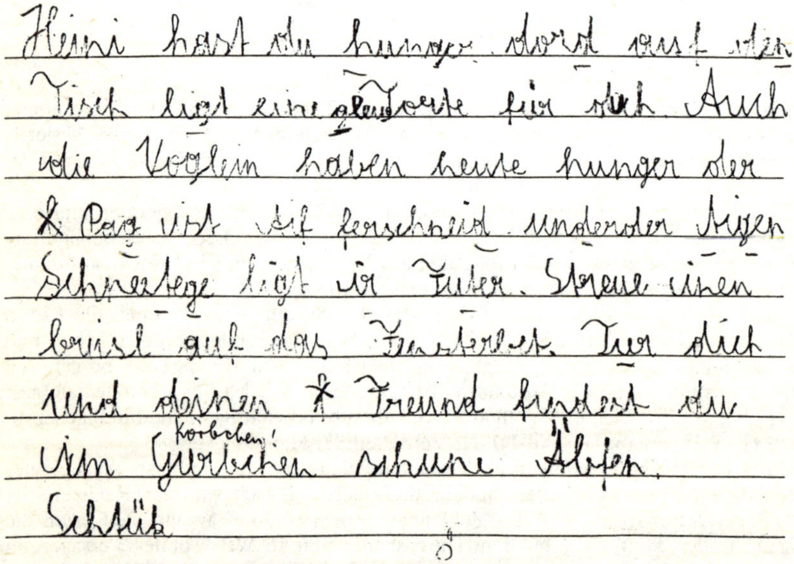

Abb. 87. Rechtschreibprobe, Wolfgang, 8;8, zweite Klasse als Repetent

Ronald ★, der Bruder von Wolfgang. 7;0, Schüler der ersten Grundschulklasse in derselben Schule, die auch Wolfgang besucht hat. Drei Jahre, nachdem Wolfgang an die Sonderschule übergewechselt war, kamen die Eltern mit dem jüngeren Sohn Ronald. Er besuchte die erste Klasse und hatte im Halbjahreszeugnis die Gesamtnote „Genügend“. Die Lehrerin, die auch Wolfgang unterrichtet hatte, vermutete bei diesem Kind ebenfalls Sonderschulbedürftigkeit, da sich ähnliche Schwierigkeiten zeigten.

Schwangerschaft und Geburt waren normal. Das Kind wog bei der Geburt 3420 g, lief schon mit 14 Monaten und konnte mit 2 Jahren kleine Sätze sprechen. Es bestand ein Sigmatismus, der in einer Vorschulklasse behandelt werden sollte. Da aber die Mutter die vorgeschriebenen Übungen mit dem Kind nicht machte, wurde es aus dem Kurs entlassen. Ronald hatte im ersten Lebensjahr Masern und Röteln, aber die Entwicklung danach war nicht verzögert. Das Kind war schon vom Ende des ersten Lebensjahres an ganztags in Kinderkrippe, Kindergarten, Vorschule und in der ersten Klasse einer Ganztagsschule. Ronald wurde nicht, wie die Mutter vermutet hatte, Linkshänder. Nachdem er als Kleinkind alles links gemacht hatte, stellte er sich von selbst auf rechts um.

Die Entwicklungsprüfung mit den Entwicklungstests für das Schulalter ergab einen EQ von 100. In allen Bereichen mit Ausnahme des Sprachgedächtnisses wurde das Altersniveau erreicht (Abb. 88). Ein für die Schulleistung allerdings bedeutsamer Rückstand im Rechnerischen Denken wurde in der EQ-Berechnung durch einen Vorsprung im Begrifflichen Denken ausgeglichen.

Eine genauere Untersuchung der Dominanz nach Jadouille ergab Beidhändigkeit. Das Auge wurde rechts, das Bein links bevorzugt. Jeden ersten Schritt machte das Kind mit dem linken Fuß und bevorzugte diesen auch beim Springen auf einem Bein.

Da die diagnostischen Lese- und Rechtschreibproben für das erste Schuljahr nicht geeicht sind, wurden nur Stichproben gemacht. Die erste Reihe der Leseprobe I konnte Ronald lesen, reversierte jedoch dreimal (oden – oder, babei – dabei, Krarrer – Karren). Bei einem Zahlendiktat im Zahlenraum von 30 schrieb er 62 statt 26 und 92 statt 29, las die geschriebenen Zahlen jedoch richtig. Ein kleines Diktat aus dem Schulheft über das Frühstück enthielt folgende Fehler: Frustick, fertik, Kokko (Kakao), Prot, Putter, schdreicht (streicht), Dasse, Deler. In den Heften fanden sich weitere Hinweise auf eine klassische Legasthenie:

Guhpel (Kübel)	Streucher (Sträucher)
fengt (fängt)	dragen (tragen)
waksen (wachsen)	sneten (schneiden)
Pftansen (Pflanzen)	Erte (Erde)
Knosben (Knospen)	Weuse (Mäuse)

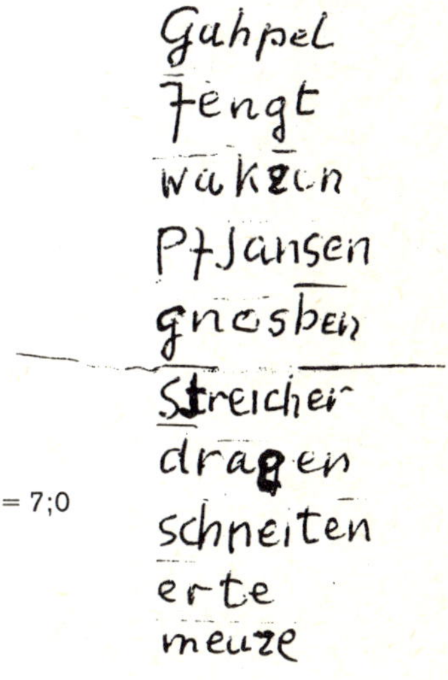

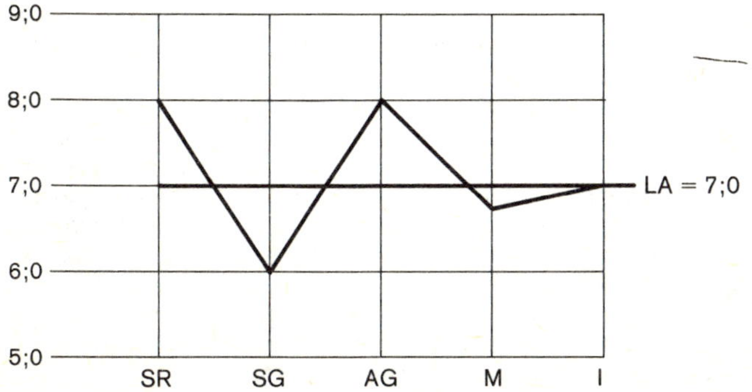

Abb. 88. Entwicklungsprofil, Ronald, EA = 7;0, EQ = 100

Ronald schrieb in der Druckschrift die Buchstaben z, s, f, l und g sehr häufig verkehrt. Es handelte sich sicher um eine klassische Legasthenie, jedoch befand sich das Kind schon im zweiten Stadium des Fehlerabbaues. Das Lesen wurde erlernt, das Rechnen hauptsächlich durch Zahlenreversionen behindert.

In Fällen, in denen die häusliche Unterstützung total versagt, ist schwer zu raten. In den Gutachten für die Schule wurde mit Nachdruck darauf hingewiesen, daß Ronald kein Sonderschüler sei und man sich durch die Erfahrungen mit dem Bruder nicht beeinflussen lassen solle. Ronald sei intelligenter und die Störung weniger schwer. Da die Schule inzwischen einen Legasthenikerkurs hatte, sollte er zu Beginn der zweiten Klasse sofort dort aufgenommen werden, ebenso in den Sprachheilkurs der Schule. Zwischen den beiden Therapeuten und der Hortnerin sollte ein Kontakt hergestellt werden damit die nötigen Übungen am Nachmittag unter Aufsicht durchgeführt werden könnten. Die Eltern entschieden sich auch bei Ronald für die Sonderschule. Auf die Frage, wie es Wolfgang dort gehe, sagte die Mutter, er sei der Beste der Klasse, eigentlich sei ihm alles zu leicht. Nachdem die Legasthenie weitgehend abgeklungen war, war der Schüler nun unterfordert – aber glücklich.

10.2.2. MCD mit familiärem Linksfaktor

Petra, 8;3 Schülerin der zweiten Grundschulklasse einer konfessionellen Privatschule. Schwangerschaft und Geburt waren normal. Geburtsgewicht 3300 g. Mit 8 Monaten erkrankte das Kind an Lungenentzündung und mußte für 2 Wochen ins Krankenhaus. Mit 10 Monaten trat abermals, im Zusammenhang mit einer Bronchitis, hohes Fieber auf, das Kind blieb diesmal 3 Wochen im Krankenhaus. Die Ärzte machten die Mutter darauf aufmerksam, daß sich die Entwicklung in der Folge verzögern würde, was auch der Fall war: Gehen mit 15 Monaten, Sprachbeginn etwa mit 2½ Jahren (viel später als die ältere Tochter). Petra mußte bis zu 4 Jahren nachts gewickelt werden. Weitere Erkrankungen: Röteln mit 2½ Jahren, Windpocken, Keuchhusten und eine Mandeloperation zwischen 4 und 5 Jahren. Das Kind schielte und besuchte zur Zeit der Testung eine Sehschule. Von 3–7 Jahren war Petra ganztags im Kindergarten. Sie wurde auf Empfehlung der Kindergärtnerin wegen Unreife für ein Jahr vom Unterricht zurückgestellt. Das Milieu kann man dem unteren Mittelstand zuordnen. Die Ehe war getrennt, die Mutter ganztags als Angestellte berufstätig. Petra war bis zum zweiten Halbjahr des zweiten Schuljahres halbintern in einer Privatschule. Die Aufgaben am Nachmittag wurden jedoch mangelhaft überwacht, und es gab auch keine Legastheniebehandlung, so daß sich die Mutter entschloß, Petra aus dem Halbinternat zu nehmen. Zur Zeit der Untersuchung lernte sie an drei Nachmittagen mit einer Studentin, an zwei Nachmittagen wurde sie von einer Nachbarin betreut, deren Kind in die gleiche Klasse ging wie Petra.

Petras 11-jährige Schwester besuchte die erste Gymnasialklasse und hatte keine Schwierigkeiten. Dieses Mädchen war als Kleinkind linkshändig, stellte sich jedoch auf rechts um und ist beidhändig. In der Familie gab es einen weiteren Fall von Legasthenie: Die Schwester der Mutter, eine Linkshänderin, hatte ähnliche Schwierigkeiten wie Petra.

Petra konnte das Lesen sehr schwer erlernen, hatte im Halbjahreszeugnis der zweiten Klasse in Deutsch (Rechtschreibung) die Note *3*, um das Kind nicht zu entmutigen, in Lesen 3, in Rechnen 2. Die Mutter betonte die große Mühe beim Auswendiglernen von Gedichten und Gedächtnisübungen. Bei Durchsicht der Hefte sprangen die legasthenietypischen Fehler ins Auge: „Bade-Mandel“, „grabbeln“ statt krabbeln, „Bause“ statt Pause, „kleich“ statt gleich, „Blastik“ statt Plastik, „Teotor“ statt Theodor. Am Anfang des Schuljahres, noch in der Druckschrift: bonnert statt donnert.

Das Kind wurde mit dem Entwicklungstest für das Schulalter geprüft (Abb. 89).

Aussagekräftiger als der EQ war in diesem Fall das Entwicklungsprofil, das eine äußerst unterschiedliche Entwicklung in den einzelnen Dimensionen zeigte:

Die Reaktionen auf soziale Entscheidungssituationen waren altersentsprechend. Im anschaulichen Gedächtnis und im logisch-begrifflichen Denken bestand ein bedeutender

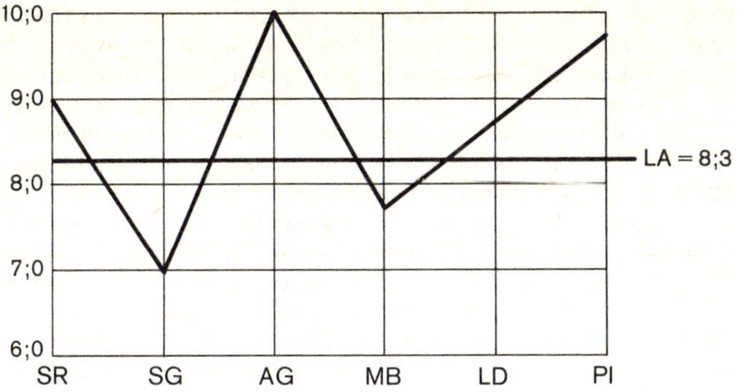

Abb. 89. Entwicklungsprofil, Petra, EA = 8;9, EQ = 106

Vorsprung. Diesem stand ein starker Rückstand im Sprachgedächtnis und ein geringer in den graphischen Leistungen gegenüber. Bei der Wiener diagnostischen Leseprobe wurde neunmal reversiert oder umgestellt („leben“ statt leiden, „barten“ statt braten, „liese“ statt leise etc.). Im gebundenen Text wurden fünf Fehler gemacht, bei stark verzögertem Lesetempo. Das Dechiffrieren war jedoch kein besonderes Problem mehr. Eine Zahlenreversion, keine Schwierigkeiten beim Artikulationstest der Wiener Leseprobe. In der Rechtschreibprobe gab es sechs Konsonantenverwechslungen (drote, dief, under, schneetecke, dige, verschneid). Auffallend die Unsicherheit in der V-F-Schreibung, auch bei Häufigkeitswörtern (Föglein, vür, vutter). *Das Kind befand sich auf der dritten Abbaustufe der Legasthenie (Konsonantenstufe;* s. S. 119). Ein Fragebogentest, der sich auf die beliebtesten, bzw. unbeliebtesten Tätigkeiten und Menschen bezieht, war einerseits für die Rechtschreibung, andererseits für die Regressionstendenz des Kindes und seine Lernprobleme aufschlußreich:

Nenne 3 Dinge, die du zu Hause am liebsten machst:
Babispielen – Matatorspielen – Schalbladenspielen
Nenne 3 Dinge, die du zu Hause nicht gern machst:
Dicktat – Aufsatz schreiben – Auswentich lernen

Nenne 3 Dinge, die dir in der Schule am besten gefallen
Turnen – Rechnen – Zeichnen
Nenne 3 Dinge, die dir in der Schule nicht gefallen
Schreben – Lesen – Sachunterricht

Obwohl die Mutter mit dem Kind keine Erziehungsschwierigkeiten hatte und die Lehrerin nur die geringe Konzentrationsfähigkeit beklagte, zeigte eine Zeichnung, die Petra unmittelbar vor der Untersuchung anfertigte, ein hohes Aggressionspotential. Die Zeichnung heißt „Krieg“, und es gibt darauf Bombenexplosionen, schießende Indianer, ein Gefängnis, ein Pferd, das seinen Reiter abwirft, Steine, hinter denen sich Beschossene verstecken können und eine Burg, von deren Söller ein Mensch herabgestürzt wird. Ein Elefant sammelt Tote ein.

Mit der Studentin, die das Kind an drei Nachmittagen betreute, wurde ein Behandlungsplan ausgearbeitet. Am Ende der dritten Klasse kam Petra (9;9) zur Kontrolluntersuchung. Sie hatte, entsprechend den Empfehlungen, täglich gelesen und dreimal in der Woche eine Therapiestunde gehabt, wobei die Studentin seit Beginn der dritten Klasse durch eine ausgebildete Legasthenielehrerin ersetzt worden war. Die Mutter war nur noch halbtags berufstätig, der Vater lebte wieder im Familienverband. Im Halbjahreszeugnis hatte Petra nun in Deutsch eine wohlverdiente 3, in Lesen 3, in Rechnen 2.

Zur Intelligenzmessung wurde der HAWIK verwendet. Wegen des Fehlens von graphi schen und gebundenen sprachlichen Gedächtnistests war der IQ wesentlich höher als der ein Jahr vorher ermittelte EQ. Gesamt-IQ* 135, Verbalteil 124, Handlungsteil 138.

Im Handlungsteil waren die Leistungen besser als im Verbalteil. Die konstruktiven Aufgaben waren auch beim Entwicklungstest sehr gut gelöst worden. Am schlechtesten gelang das Zahlennachsprechen und das Rechnerische Denken, trotz guter Rechenleistungen in der Schule. Im Zürcher Lesetest gab es keine Umstellungen mehr in den Wortleseabschnitten. Die Gesamtzeit für die Leseabschnitte 3, 4 und 5 lag mit 244 Sek. imProzentrang 1-5, war somit deutlich verlangsamt. Mit den Fehlerzahlen stand es besser. Die insgesamt neun Fehler entsprachen dem Prozentrang 16–25. Zahlenlesen bereitete keine Schwierigkeiten, die Fehler bei der Artikulationsprobe blieben im Rahmen der Norm. Die größten Fortschritte waren in der Rechtschreibung gemacht worden. Die Rechtschreibprobe für das dritte Schuljahr enthielt zwei Kürzungsfehler (Schneken, herlich). In dem kleinen Aufsatz über den Muttertag fanden sich drei Großschreibfehler, ein S-Fehler und zwei Buchstabenauslassungen. Rechtschreibprobe für das dritte Schuljahr:

Die Erde zu segnen beginnt es zu regnen
Da Ko kommen die s Schneken zu ihren v Verstecken.
Sie suchen die zartesten Blätter und denken welchs herliches M Wetter.
Am Muttertag
Am Samstag kochte meine Schwester einer Torte
Übernacht lies sie die Torte ziehn.
Am Sonntag holten wir die Torte,
Stellten sie auf den Tisch, holten die Blumenstöcke und
stellten sie auch auf den Tisch.
Dann deckten wir den großen Tisch und stellten das
Frühstück darauf.
Danach holten wir die Elter und sagten ihnen ein gedicht auf.
Dann saßen wir und warn lieb zu meiner Mami.

Das Kind befand sich nun auf der 4. Abbaustufe der Legasthenie und es hatte nur noch mit der Restsymptomatik zu kämpfen. Die Leistungen fielen im Rechtschreiben nicht mehr aus dem Rahmen. Im Lesen mußte noch das langsame Tempo, das allerdings zur Fehlereinschränkung führte, überwunden werden. Man könnte annehmen, daß die bedeutenden Fortschritte auch mit der Stabilisierung der familiären Verhältnisse zusammenhingen. Der projektive Test „Sätze vollenden" deutete jedoch Kontaktschwierigkeiten mit den Bezugspersonen an:

Ich möchte wissen, *ob Papa traurig ist*
Erwachsene *reden immer so viel*
Der Vater *liest dauernd die Zeitung*
Es stört mich, daß *meine Schwester dauernd anfängt zu streiten*
Wenn nur meine Eltern *mit mir spielten*

Die Schule war nach wie vor eine Belastung:
Ich hoffe, *daß ich mein Zeugnis ausbessern kann*
Es ist schön, *wenn man keine Aufgaben hat*
Meine Mutter glaubt, daß ich *besser lesen kann*
Wenn ich nicht *so viel aufhätte*

Im ganzen gesehen war die Entwicklung sehr positiv zu bewerten und bei weiterer Betreuung durch die Legasthenielehrerin müßte die von den Eltern angestrebte Einschulung in die höhere Schule möglich sein.

---

* Auf Grund der Untersuchung an österreichischen Kindern liegt der IQ des HAWIK um etwa 10 Punkte zu hoch. Die mittlere Streuung bei den Entwicklungstests liegt bei 94–114, beim HAWIK bei 105–125. Siehe dazu Schenk-Danzinger [190 a]

Renate ★, kam mit 7;1 als Schülerin der ersten Klasse zur Untersuchung. Sie hatte im Halbjahreszeugnis die Gesamtnote „Nicht genügend“ erhalten. Ihr Verhalten wurde als verträumt, freundlich, am Unterricht unbeteiligt geschildert. Die häuslichen Verhältnisse waren sehr schwierig. Beide Eltern arbeiteten an einem Marktstand, der Vater war zur Zeit der Untersuchung in Haft, die Eltern lebten in ständigem Streit. Von den vier Kindern war das älteste in einem Erziehungsheim, die anderen meist unbeaufsichtigt. Wegen Platzmangels in der Wohnung mußten immer abwechselnd zwei Kinder in einem Bett schlafen. Renate hatte keinerlei Lernhilfe zu Hause. Auf diesbezügliche Vorwürfe der Lehrerin erwiderte die Mutter, die Schule sei dazu da, ihrem Kind das Lesen beizubringen, nicht sie.

Renate war eine Frühgeburt. An Entwicklungsdaten, Geburtsgewicht und Krankheiten konnte sich die Mutter nicht erinnern. Das Kind war in schlechtem Pflege- und Ernährungszustand. Das Mädchen selbst, ihr 4-jähriger Bruder und der Vater waren linkshändig. Renate schrieb jedoch rechts. Die Entwicklungsprüfung ergab einen EQ von 106. Alle Buchstaben waren erlernt, doch wollte Renate jedes Wort von rechts nach links lesen. Auf die Leserichtung aufmerksam gemacht, führten ihre Versuche, von links nach rechts zu lesen, sofort zu Inversionen. Sie las z. B. statt „dabei“ „papi“. Beim Lesereifetest nach Edtfeldt gab es 26 Fehler, Schreiben nach Diktat wurde verweigert. Aus einem der ersten Schreibhefte stammt die Abschreibübung in Abb. 90.

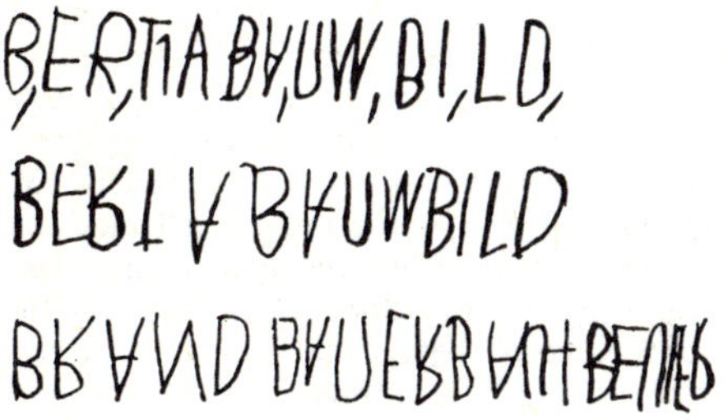

Der Text lautet:

BERTA,	BAUM,	BILD
BERTA	BAUM	BILD
BRAND	BAUER	BAUT BECHER

Abb. 90. Renate, etwa 6;9, erste Klasse. Aus einem der ersten Schreibhefte des linkshändigen Kindes.

Klassenwiederholung wurde empfohlen, da der Rückstellungstermin versäumt war. Bei der zweiten Untersuchung war Renate 8;3 und wiederholte die erste Klasse. Sie hatte in Deutsch 4, in Lesen 4 und in Rechnen 3. Ihr Verhalten hatte sich sehr verschlechtert – sie war ablehnend und störrisch, verweigerte die Mitarbeit, arbeitete unkonzentriert. Anlaß dazu war eine Veränderung der Familiensituation: Seit einigen Monaten war die Mutter in Haft, der Vater war wieder entlassen worden und hatte Renate und ihre Schwestern zu einer Bekannten in Pflege gegeben, die, selbst berufstätig, keine Zeit hatte und die Kinder viel schlug. Renate reagierte auf die Milieuänderung mit Bettnässen. Die zweite Untersuchung ergab einen EQ von 101; 22 Reversionen in der Leseprobe, 18 Umstellungen von Zahlen. Ein Fortschritt gegenüber dem Vorjahr war vorhanden, da Renate schon dabei war, die 2. Abbaustufe (S. 119) zu überwinden. Die Großschreibung allerdings ignorierte sie fast völlig. Sie durfte aufsteigen und wurde in eine damals bestehende Legasthenikerklasse übernommen. Nach der Haftentlassung der Mutter nahmen die Eltern das Kind wieder zu sich, doch Renate war sehr schwierig geworden. Sie störte die Arbeit des kleinen Klassenverbandes beträchtlich, hatte ihre Aufgaben nie in Ordnung, verschmierte oder verlor ihre Hefte. An die Eltern war nicht heranzukommen. Sie verweigerten jede Mitarbeit. *Es schien, als ob Renate durch die häuslichen Schwierigkeiten und die dadurch hervorgerufenen inneren Spannungen zu sehr belastet war, um von der Legastheniebehandlung zu profitieren.* So entschloß man sich trotz des normalen Entwicklungsquotienten zur Sonderschule.

10.2.3. MCD mit Dysphasie

Helmuth, 11;3, Schüler einer ersten Hauptschulklasse. Frühgeburt im 8. Monat mit 1900 g Geburtsgewicht, 2 Monate im Brutkasten. Danach keine Krankheiten, aber mehrere Operationen: Polypen mit 1 Jahr, Mandeln mit 4 Jahren, Hodenhochstand mit 5 Jahren, Blinddarm und Leistenbruch mit 8 Jahren. Die Entwicklung war leicht verspätet: Gehen mit 15 Monaten, erste Wörter mit 18 Monaten. Die Sprache war lange unverständlich, die Artikulation besserte sich jedoch im Laufe des Kleinkindalters bis auf einen Sigmatismus, der mit 5 Jahren erfolgreich behandelt wurde.

Einzelkind. Kindergartenbesuch von 4–6 Jahren, dort unauffällig. Mittelständisches Milieu, sehr bemüht. Die Mutter war nicht berufstätig, arbeitete mit dem Kind. Als sich schon zu Beginn des ersten Schuljahres Schwierigkeiten beim Erlernen des Lesens abzeichneten, wollte die Mutter das schwächliche Kind zurückstellen lassen. Diesem Ansuchen wurde nach einer Prüfung durch den Schulpsychologen nicht stattgegeben. Die Lehrerin erkannte die Legasthenie, Helmuth konnte aber in der Schule erst in der dritten Klasse therapiert werden. Die einjährige Behandlung war zu kurz. Im vierten Schuljahr schickte ihn die Mutter einmal wöchentlich zu einer privaten Behandlung, die aber den besonderen Bedürfnissen des Kindes nicht gerecht wurde. Die Eltern veranlaßten auch eine neurologische Untersuchung. Ergebnis: das EEG war „unreif". Das Hirnstrombild entsprach nicht dem Alter des Kindes. Am Ende der Grundschulzeit strebten die Eltern eine freiwillige Wiederholung der vierten Klasse an. Auch diesem Ansuchen wurde nicht stattgegeben. Das Kind kam mit 3 in Lesen (zu gut beurteilt), 3 in Rechnen, 4 in Deutsch in den zweiten Klassenzug der Hauptschule. Helmuth war sehr scheu, sozial isoliert und hatte große Widerstände beim Lernen, trödelte stundenlang bei den Aufgaben und las freiwillig keinen Buchstaben. Er spielte gut Blockflöte und war ein guter Schwimmer und Eisläufer. Die Intelligenzprüfung nach HAWIK ergab: Gesamt-IQ 110, Verbalteil 101, Handlungsteil 113.

Die schwächsten Leistungen fanden sich im Verbalteil in den Subtests: Allgemeines Verständnis, Rechnerisches Denken, Wortschatz und Zahlennachsprechen; im Handlungsteil im Zahlensymboltest. Auffallend waren das geringe Sprachverständnis, die mangelhafte Fähigkeit, Gedanken zu formulieren, das schlechte Kurzspeichergedächtnis und Schwierigkeiten beim Behalten von zeitlichen Aufeinanderfolgen. Der Zürcher Lesetest zeigte vereinzelte Umstellungen (bleiben – blieben, schrien – schreien). Im dritten Wortlesetest wurden acht Fehler gemacht, bei einer Lesezeit von 75 Sek. (Zentralwerte der fünften Schulstufe: 29 Sek., ein Fehler). Wörter wie „Heubündel", „Pflaumenbäume", „Geburtstagsgeschenk" konnten nicht gelesen werden. Für die Leseabschnitte 3+4+5 wurden 283 Sek. benötigt und 14 Fehler gemacht (Zentralwerte: 179 Sek., Zehn Fehler). Auch eine Zahlenumstellung (831 statt 813) konnte festgestellt werden. Von dem im Zürcher Lesetest enthaltenen Artikulationstest konnten lediglich die sechs ersten zweisilbigen Lautverbindungen richtig wiedergegeben werden. Schon bei den dreisilbigen gab es Umstellungen („lomare" statt lorema, „tokapi" statt tokipa). Bei den viersilbigen Lautverbindungen streikte der Schüler. Der Versuch mußte abgebrochen werden. Zur Überprüfung der Rechtschreibung wurde der Test „Sätze verlängern" verwendet, der diese doppelte Funktion als Projektionstest und als Rechtschreibprobe sehr gut erfüllt. Es fanden sich *Buchstabenauslassungen*: „Vieleiht" statt vielleicht, „aufbeiben" statt aufbleiben, „Träme" statt Träume. *Verstöße gegen die Groß- und Kleinschreibung*: Länger Aufbeiben, Einkaufen gegangen, kleinichkwit. *Dehnungs- und Kürzungsfehler*: Benemen, bekomen, ernären, schlim, „brend" statt brennt, „heist statt heißt, „zengankraht" statt Zehngangrad. *Verwechslungen von harten und weichen Konsonanten*: ich basse auf, „dratscherei" statt Tratscherei, „am pesten" statt am besten, „Raufbolte" statt Raufbolde, „schwirrde" statt schwirrte. In den 50 relativ kurzen Satzergänzungen fanden sich 30 Fehler verschiedenster Art.

Nach *Jadouille* ist Helmuth leicht linkshändig, Auge rechts, Bein links bevorzugt. Die Mutter ist linkshändig. Er schreibt rechts, hat jedoch große Schwierigkeiten in der motorischen Koordination. Die Schrift ist fast unleserlich. Die projektive Testung (Rorschach, Baumtest, Sätze vollenden) zeigte, daß die gehäuften Mißerfolgserlebnisse das Charakterbild bereits geprägt hatten. Helmuths Bestreben war, sich allen Anforderungen zu entziehen. (Aus dem Test „Sätze vollenden“: Ich möchte *die ganze Schulzeit krank sein.*) Die Schulschwierigkeiten haben ihn zu einem depressiven, infantilen, eingeengten, leistungsängstlichen und kontaktscheuen Kind gemacht.

Es handelte sich um eine schwere Legasthenie. *Der 11-Jährige befand sich noch deutlich auf der dritten Abbaustufe (Konsonantenstufe).* So schwere Störungen, die sich resistent gegenüber den „üblichen“ Legasteniebehandlungen zeigen, findet man nicht selten bei zerebraler Unreife im Zusammenhang mit Frühgeburten, die längeren Aufenthalt im Brutkasten notwendig machten.

10.2.4. MCD mit Dysphasie und neurotischer Überlagerung

Paul, 10;7 besuchte zur Zeit der ersten Testung die vierte Klasse der Grundschule einer kleinen Stadt, in der der Vater zeitweise der einzige und daher stark überlastete Arzt war. Das Kind, das schon zweimal von den zuständigen Schulpsychologen und einmal von einer Erziehungsberaterin des Jugendamtes begutachtet worden war, wurde vom Schulleiter zur Untersuchung nach Wien geschickt.

Paul war nach einer schweren, durch Lageanomalie verzögerten Geburt zur Welt gekommen, und es bestand eine, wie der Vater sagte, „leichte Asphyxie“. Im Vorschulalter war das Kind gesund und seine motorische Entwicklung sehr gut gewesen. Es lief schon mit 9 Monaten, kletterte, sprang furchtlos von hohen Stufen, war immer in Bewegung. Sorge bereitete den Eltern die Sprachentwicklung. Paul sprach erst mit 4 Jahren die ersten Wörter und konnte mit 5 Jahren noch keine Sätze bilden. Der Großvater väterlicherseits und die Großmutter mütterlicherseits waren linkshändig. Der Schulbeginn war eine Katastrophe. Das Kind war eindeutig überfordert und entwickelte massive Schulangst. Paul hätte damals zurückgestellt werden sollen. Statt dessen reagierten die Eltern auf die Schulschwierigkeiten mit großer Härte. Da die erste und zweite Klasse eine Einheit war, gab es für Paul keinen neuen Anfang. Die Überforderung wurde im zweiten Schuljahr immer ärger, die zweite Klasse mußte wiederholt werden.

Schon bei der ersten Untersuchung durch den zuständigen Schulpsychologen erkannte man, daß die Lernbehinderung des intelligenten Kindes auf eine Legasthenie zurückzuführen war. Die Eltern wurden über den Charakter der Störung aufgeklärt, vor strengen Erziehungsmaßnahmen gewarnt und mit Übungsmaterial versorgt. Doch die Mutter, die einen Vierpersonenhaushalt versorgen und dem Vater in der Praxis helfen mußte, hatte wenig Zeit und noch weniger Geduld. Nach der Beratung über den Charakter der Lernstörung schalteten die Eltern auf „die weiche Welle“, aber das Kind spürte trotzdem ihre permanente Mißbilligung. Dazu kamen zwei weitere Probleme: Die Tendenz, besonders des Vaters, Paul als Baby zu behandeln, ihn zu gängeln und mit ihm in einer Weise zu sprechen, die dem Alter des Kindes nicht angepaßt war, und die Verachtung des Vaters für die Freizeitbeschäftigungen des Buben: Popmusik, Jazz und Beat, Comics und Fernseh-Werbung. Paul entsprach in keiner Hinsicht, im Gegensatz zu seinem Bruder, den Rollenerwartungen des Vaters und konnte sich daher mit ihm nicht identifizieren. Die Mutter klagte über zahlreiche Erziehungsschwierigkeiten: Ablehnung der Aufgaben, Trödeln und Unselbständigkeit beim Lernen, fehlende Ausdauer bei Arbeit und Spiel, Schlamperei, Herumtreiben nach der Schule, unliebsame Freunde, Aggressionen (zerstört Spielsachen), Eigensinn, Überempfindlichkeit, Neigung, alles zu kritisieren, Eifersucht auf den Bruder. Nach Wiederholung der zweiten Klasse ging es einigermaßen weiter, aber am Ende der vierten Klasse drohte, mit den Noten 3 in Fleiß (!), 4 in Deutsch, 3 in Lesen und Rechnen, der zweite Klassenzug der Hauptschule – eine Sackgasse für jede anspruchsvollere Berufsausbildung. Der Schulleiter veranlaßte eine Untersuchung in Wien.

Die Testung mit dem HAWIK bestätigte das Ergebnis früherer Untersuchungen, insofern, als es sich im ganzen gesehen um eine gut durchschnittliche Begabung handelte. Der Gesamt-IQ war 119, Verbalteil 118, Handlungsteil 115. Schwächen zeigten sich in den Subtests „Allgemeines Wissen“, „Wortschatztest“, „Zahlennachsprechen“, „Bilder ergänzen“ und „Figurenlegen“. Die geringen Leistungen in diesen Subtests wurden durch sehr gute Leistungen bei den übrigen Aufgaben kompensiert, das Entwicklungsbild war unharmonisch. Es bestand ein starker Sigmatismus, den die Eltern gar nicht bemerkt hatten. Der Wortschatz war sehr gering. Dies zeigte sich besonders beim Subtest „Bilderergänzen“, wo richtig auf die fehlenden Teile gezeigt wurde, aber die Wörter für „Zahn“ (beim Kamm), „Barthaare“, „Angel“, „Flosse“, „Sporn“, „Quecksilber“ fehlten. Das Kind war beidhändig, konnte mit beiden Beinen gleich gut Fußball spielen und bevorzugte das linke Auge.

Beim Zürcher Lesetest wurden bei den Wortlesetests 1+2+3 noch sieben Fehler gemacht (davon drei Reversionen), gegenüber einem für vierte Klassen errechneten Zentralwert von 2. Die Lesezeit betrug 128 Sek. (Zentralwert 73 Sek.) Bei den leichten Leseabschnitten 1+2+3 wurden neun Fehler (Zentralwert zwei Fehler) in einer Zeit von 289 Sek. (Zentralwert 172 Sek.) gemacht. Die schweren Leseabschnitte 3+4+5, bei denen Kinder der vierten Klassen im Durchschnitt neun Fehler machen und 172 Sek. benötigen, wurden von Paul mit 23 Fehlern in einer Zeit von 294 Sek. bewältigt.

Während Legastheniker in diesem Alter trotz erschwerter Lesetechnik meist wissen, was sie gelesen haben, war dies bei Paul nicht der Fall. Er konnte den Inhalt des Leseabschnittes auch nicht annähernd wiedergeben. Man hatte den Eindruck, daß das Kind weder beim Lesen noch beim Rechtschreiben „mitdachte“. Die Schule betrachtete dies als Faulheit (siehe Fleißnote). Es handelt sich jedoch eher um einen neurotischen Abwehrmechanismus. Von den erzwungenen, höchst peinlichen, sein Selbstwertgefühl bedrohenden Beschäftigung mit Lesen und Rechtschreiben wollte er möglichst wenig in sein Bewußtsein eindringen lassen. Er setzte sich innerlich davon ab. Diese Haltung, so verständlich sie war, erschwerte jeden Fortschritt. In den Rechtschreibproben sowie in den Heften und in dem projektiven Test „Sätze ergänzen“ tauchten noch Verwechslungen von harten und weichen Konsonanten auf (erdrang – ertrank, blaudern – plaudern, Waltweiblein – Waldweiblein, zerprochen – zerbrochen, veraden – verraten, herapfalend – herabfallend), aber hauptsächlich Groß- und Klein- sowie Dehnungs- und Kürzungsfehler. Zwei Beispiele aus dem Test „Sätze ergänzen“: Als ich noch ganz klein war, *hatte ich kurtze hare*. In meinem Alter *kann ich füllen das ich gröser werde*.

Projektive Tests bestätigten den Eindruck einer neurotischen Überlagerung des Problems. Beim Test „Sätze vollenden“ zeigte sich, trotz mühsamer Formulierung, ein stark *herabgesetztes Selbstwertgefühl:*

Manchmal habe ich schon gedacht *ich möchte nicht da sein*
Ich kann einfach nicht *mir helfen*
Wenn ich nur nicht *auf der welt were*

Geschwisterkonflikte:
Brüder *sind schwehr zu ertragen*

Einsamkeit:
Wenn nur die Eltern *mer da weren*
Manchmal *möchte ich dich gern haben*
Wenn nur *du da werst*

Schulprobleme:
Die Schule ist *nicht lustig*
Andere Kinder *können mehr spielen*
Ich wollte *ich könnte beser lernen*
Die Lehrer sagen *ich bin dum*

Die Leistung im Baumtest war besonders auffällig und offenbarte eine depressive Grundstimmung, Einsamkeit, Angst, zu kurz zu kommen, Behinderung der Entfaltungsmöglichkeiten – und eine sehr infantile Persönlichkeit. Der Rorschach-Test bot eine gute Ergänzung der beiden anderen Tests. Er zeigte Paul als stimmungslabile, sensible, selbstunsichere Persönlichkeit mit starken Aggressionen, auch gegen sich selbst. Aggressive Angstabwehr, viele depressive Zeichen. Ambivalente Beziehung zu beiden Eltern, wodurch die männliche

Identifikation gestört schien. Neurotisch herabgesetzte Arbeitshaltung. Der Rorschach enthielt einige Zeichen, die auf einen primär organischen Hintergrund der Störung wiesen (erhöhter Prozentsatz an Perseverationen, amorphe Antworten).

Da im Wohnort des Kindes keine Möglichkeit zu einer fachmännischen Behandlung der Legasthenie bestand, wurde empfohlen, die vierte Klasse in der Landeshauptstadt wiederholen zu lassen, und zwar an der Übungsschule einer Pädagogischen Akademie, wo eine Behandlung gewährleistet war. An die Übungsschule war ein Internat angeschlossen. Ferner wurde empfohlen: Neurologische Untersuchung, Behandlung des Sprachfehlers, Unterstützung der Legastheniebehandlung durch eine Psychotherapie, um den bereits vorhandenen neurotischen Überbau zu verringern. Es kam weder zu einer neurologischen Untersuchung noch zu einer Psychotherapie. Aber Paul wurde in das Internat und in die Übungsschule aufgenommen, erhielt zweimal wöchentlich Nachhilfestunden bei einer Legasthenielehrerin, und die Aufgaben wurden unter Aufsicht gemacht. Im Internat gab es keine Schwierigkeiten. In dem Brief, in dem die Mutter über Pauls Fortschritte berichtete, hieß es:

„... Wir sind nun froh, daß sich nun doch alles zu etwas Besserem wendet. Hier war es ja am Schluß nicht mehr auszuhalten, denn Paul hatte bereits Schlafstörungen, weinte in der Nacht und war äußerst unruhig. Kam das Wochenende und war keine Schule, verliefen die Nächte ruhig. So etwas hören wir nicht mehr, seit er im Internat ist und wenn er am Wochenende zu Hause ist, schläft er sehr gut und ist auch sonst viel ausgeglichener. Wir können nur hoffen, daß alles weiterhin gut verläuft."

In einem späteren Brief berichtet die Mutter, daß Klassenlehrer und Legasthenielehrerin mit Paul zufrieden wären und das Semesterzeugnis keine 4 mehr enthalten habe. Sie schrieb weiter:

„... Große Sorge bereitet uns das Benehmen des Kindes. Wir können nicht über Ungezogenheiten klagen, aber das Kind ist für sein Alter unserer Meinung nach zu kindlich. Man hat manchmal den Eindruck, daß er noch viele Jahre in seiner Entwicklung nachhinkt. Seine Aussprüche und sein Spielen sind uns manchmal ein Rätsel. Leider hat sich auch seine Vorliebe für Pop nicht verändert. Wir haben aber nie mehr ein Verbot ausgesprochen, daß er diese schreckliche Musik nicht hören dürfte und auch die Popbilder hängen nach wie vor an den Zimmerwänden. Manchmal frage ich mich, ob unsere Erziehung nicht irgendwo falsch ist, daß bei uns auch ein Fehler liegt, insoweit, als wir ihn – vor allem mein Mann – immer als den Kleinen behandeln und daß er nun eben auch der Kleine ist, in seinem Ausdruck und in seinen Gebärden."

Zu den von der Mutter beschriebenen Verhaltensstörungen wäre zu bemerken, daß Paul damit ganz deutlich auf seine Erziehung reagierte. Zu Hause legte er ein Benehmen an den Tag, mit dem er erfahrungsgemäß alles erreichen konnte und das vielleicht schon „automatisch" einklinkte, während er sich im Internat unter den anderen Kindern reifer gebärdete. Auf Wunsch der Mutter kam es knapp vor Ende der wiederholten vierten Klasse zu einer Kontrolluntersuchung mit dem Schulbahn-Beratungstest von *Holzinger*. Die Ergebnisse im Rechnen und bei allen Intelligenzaufgaben waren sehr gut (der Schüler war schon 11;8). Die Kenntnisse in Grammatik entsprachen dem Durchschnitt. Im Rechtschreibtest wurden 44 von 80 Wörtern richtig geschrieben, darunter schwierige wie „entdecken", „zerreißen". Nur ein Fehler war noch „typisch" (Gedrenk statt Getränk), die anderen konzentrierten sich auf S-Schreibung, Großschreibung, Dehnungen und Kürzungen. Man merkte, daß Paul eine gute Legastheniebehandlung gehabt hatte. Er konnte Fehler selbst finden, verfügte über eine Reihe von Kontrollmechanismen und hatte bereits so etwas wie ein Rechtschreibgewissen. Er konnte tatsächlich mit einem einzigen Dreier in Deutsch in den ersten Klassenzug der Hauptschule übertreten, die er in seinem Heimatort besuchte. Er hatte dort ebenfalls eine gute Nachhilfe und absolvierte alle vier Klassen ohne besondere Schwierigkeiten. Da er jedoch in den Hauptfächern 3 hatte, mußte er eine Aufnahmeprüfung machen, um in ein Oberstufengymnasium (naturwissenschaftlicher Zweig) aufgenommen zu werden. Er bestand die Prüfung, aber dann fingen die Schwierigkeiten wieder an. Es kam zu einem starken Rückfall in der deutschen Rechtschreibung, aber die verständnisvolle Lehrerin gestattete es ihm, diesen Mangel durch mündliche Leistungen (Redeübungen, Textinterpretation) zu kompensieren. In Englisch versagte er jedoch total. Die Schule verlangte ein „Legasthenie-Attest“, das ihr, zusammen mit Erklärungen über die Ursachen des Versagens von Legasthenikern in Englisch, zugesandt wurde. Als das Schuljahr fortschritt, eskalierten die Schwierigkeiten auch auf andere Fächer. Die Mutter schrieb:

„Leider hängt mein lieber Sohn jetzt nicht nur in Enlisch. Ich habe auch seine letzte Deutsch-Schularbeit gelesen, die mit 9 schweren Rechtschreibfehlern gespickt war. Obwohl der Inhalt wirklich nicht so schlecht war, wie auch die Professorin Paul selbst sagte, wurde natürlich auf Grund der Fehler wieder einmal eine negative Note daraus. Trotzdem er wirklich lernt, auch an den Wochenenden zu Hause immer sitzt und kaum aus dem Haus geht, sind die Erfolge auch in anderen Fächern ziemlich schlecht, so daß wir jetzt schon annehmen müssen, daß er die Klasse wiederholen wird müssen. Leider ist Paul nach wie vor ziemlich schnell entmutigt und gleich depressiv und so setzt es fast jeden Samstag zu Hause Tränen und wir müssen ihm immer wieder Mut machen und ihm einreden, daß einmal, wenn man wirklich lernt, der Erfolg sich einstellen wird. Sicherlich ist der Sprung von der Hauptschule auf die Mittelschule schwer und es geht auch den anderen Hauptschülern dort nicht sehr gut, aber daß es ihn gerade so trifft, hätten wir nicht gedacht. Nach wie vor hat er aber das Ziel der Matura im Auge und erklärt uns immer wieder, daß er ohne Matura nichts wird und nichts machen kann und daß er es weiter versuchen wird. Manchmal wäre es uns schon lieber, er wäre ein stumpfes Kind, das sich nicht immer alles so zu Herzen nehmen würde, es wäre für ihn wirklich wesentlich leichter.“

Die Auskünfte vor Ende des ersten Semesters waren niederschmetternd.

Internat: Aggressiv, provoziert Streitereien, fühlt sich von allen verfolgt.
Englisch: Hoffnungslos.
Mathematik: Große Schwierigkeiten, begreift zu langsam, zu geringe Beteiligung am Unterricht.
Deutsch: Problematisch. Mündlich viel besser als schriftlich. Um Mitarbeit bemüht. Gute Beziehung zur Lehrerin.
Physik: Totaler Versager, da zu faul, um zu lernen.
Biologie: Genügend. Große Konzentrationsschwierigkeiten.
Geschichte: Gut, am Fach interessiert.
Geographie: Schlechte Prüfungsnote wird auf Faulheit zurückgeführt.

Niemand glaubte, daß er das Schuljahr bewältigen würde. Die Mutter schrieb:

„... Nun hatten wir an diesem Wochenende wieder eine entsetzliche Szene mit ihm. So habe ich ihn schon lange nicht mehr gesehen. Er hatte Weinkrämpfe und meinte, alle aus seiner Familie hätten die Matura geschaffen, nur er würde sie nicht schaffen, er wäre eben ein totaler Versager. Wenn er schon aufhören müßte, dann würde er keineswegs hier eine Arbeit beginnen, sondern weit weg gehen, damit er niemand mehr in die Augen schauen müsse, denn er könne darin lesen, daß ihm alle für einen Versager hielten. Es hat meinen Mann und mir sehr viel Mühe und Geduld abgenötigt, um ihn wieder zu beruhigen. Trotzdem kann ich mich des Gefühls nicht erwehren, daß er einfach zu wenig lernt und man im Internat auch nicht darauf achtet. Er ist ja leider sehr beeinflußbar und wenn seine Mitschüler, die eben leichter lernen, nichts tun, dürfte er sich auch nicht überanstrengen.“

Auf ihren Wunsch kam Paul in den Semesterferien noch einmal zur Untersuchung. Die Intelligenzprüfung nach *Amthauer* ergab einen IQ von 118, wobei wie beim HAWIK keine Leistungsunterschiede zwischen verbalen und anschaulichen Items zu finden waren. Die Konzentrationsschwäche war deutlich erkennbar und wahrscheinlich durch eine *neurotische Leistungsangst* bedingt, die den ganzen Lernprozeß behinderte. Eine weitere Blockierung verursachte die *depressive Grundstimmung,* die im Rorschach-Test noch deutlicher in Erscheinung trat als bei der ersten Prüfung. Die Rechtschreibung war für sein Alter sehr mangelhaft. Die positive Entwicklung des Schülers in der vierten Grundschulklasse hatte sich nicht fortgesetzt. Davon und von den Problemen des nun schon 16-jährigen zeugt der Test „Sätze vollenden“:

Wenn ich erwachsen sein werde, *möchte ich ein vernünftiges Studium absolvieren.*
Es stört mich, *daß alles auf die Schule ausgerichtet ist*

Andere Burschen *haben mehr Freizeit als ich*
Ich bin sehr traurig, *wenn ich einen Miserfolg habe*
Ich versuche *immer ein Ziel vor augen zu haben*
Die Welt *hat viele Schattenseiten*
Wenn nur meine Eltern *nicht so viel drengen würden*
Verheiratet sein *ist nicht jedermanns sache*
Die Erwachsenen *haben oft zu wenig verstendnis für Kinder*
Ich hasse *es meine Meinung nicht öffendlich sagen zu können.*
Als ich klein war *hatte ich ein angsterfülltes Leben*
Andere sagen von mir *ich were ein Außenseiter*
Manchmal *glaube ich selbst daran*
Ich wollte, *daß es mir einmal in der Schule gut gehe*
Ich hoffe, *das ich die Matura mit ach und krach schaffe*
Brüder *haben oft große Meinungsverschiedenheiten unter sich auszutragen*
Wenn ich nur *bei allen Schularweiten positif abschließen würde*
Die Mutter *hilft mir meistens durch eine sehlische Unterstützung*
Es ist schön, wenn *ich sehe das es Leute gibt die zu mir halten*
In meinem Alter *müßte man eigendlich wissen wo der Hase läuft*
Die Mutter glaubt, daß ich *oftmals in schlechte gesellschaft komme*
Wenn ich nur nicht *so ein langsames Aufnamevermögen hätte*
Ich kann einfach nicht *verstehen warum das so schwer zu begreifen ist*
Wenn ich allein bin *kann ich über mich und meine zukunft viel nachdenken*
Manchmal habe ich schon gedacht *es geht doch, dann kamm der Rückschlag*
Ich bin froh, *das meine Eltern zu mir halten*

Es wurde empfohlen, Paul im nächsten Schuljahr wieder in die Landeshauptstadt zu bringen und zwar in ein kleines Internat und in ein Oberstufenrealgymnasium. Ausführliche Anleitungen für die Verbesserung der Rechtschreibung sollten Mutter und Sohn helfen, während der Sommerferien die Schwierigkeiten zu verringern. Paul wiederholte die erste Klasse des vierklassigen Oberstufengymnasiums. Er fühlte sich in der neuen Schule wohl. Im Halbjahreszeugnis hatte er in Englisch wieder „nicht genügend", konnte aber am Jahresende ohne Nachprüfung in die zweite Klasse aufsteigen, wo er sich zur Zeit als 18-Jähriger befindet. Er hat Nachhilfe in Englisch, Deutsch und Latein. Die Mutter berichtet über eine Unterredung mit dem Klassenvorstand:

„Ich legte ihm den ganzen Fall dar und er meinte, daß Paul in der Schule gut angeschrieben sei und man keinesfalls annehme, daß die schlechten Lernerfolge auf mangelnden Fleiß zurückzuführen seien, sondern eben auf eine gewisse Lernschwäche. Auch mit allen anderen Professoren, mit denen wir sprachen, hatten wir eine gute Verbindung und ist er bei allen gut angeschrieben und wir hörten, trotz der schlechten Erfolge, eigentlich überall sehr viel Gutes über ihn. Ich hoffe, daß Paul sich diese Gunst nicht durch irgendeine Dummheit verscherzt, denn dies ist sicherlich auch ein Pluspunkt. Der Klassenvorstand meinte, daß man ihn mit einigen guten Willen durch die Matura durchbringen wird. Wir hoffen es auch, denn es ist Pauls sehnlichster Wunsch."

Die Frage in diesem so problematischen Fall ist: Was soll werden, wenn er das Abitur mit 20 Jahren wirklich geschafft hat? Wird er jemals ein Studium bewältigen? Eine rechtzeitige Psychotherapie hätte die Schwierigkeiten wahrscheinlich wesentlich verringert.

10.2.5. MCD ohne Dysphasie

Erika ★, 7;6, wurde zur schulpsychologischen Untersuchung gebracht, weil sie in der zweiten Klasse nicht mitkam und nicht mehr in die Schule gehen wollte.

Schwangerschaft und Geburt normal, Geburtsgewicht 3100 g. Mit 2½ Monaten Eiterinfektion unbekannter Herkunft, die mit Antibiotika behandelt wurde. Windpocken mit 3 und Scharlach mit 5 Jahren waren die einzigen sonstigen Erkrankungen. Erika fing mit 1 Jahr zu sprechen an, viel früher als der 11-jährige Bruder, der in der ersten Gymnasialklasse keine Schwierigkeiten hatte. Laufen konnte sie schon mit 11 Monaten, war jedoch im Vorschulalter sehr unruhig gewesen, konnte sich im Kindergarten, den sie drei Jahre lang besuchte, nicht einfügen. Es gab immer wieder Klagen wegen „mangelnder sozialer Reife". Sie war schwer zu steuern, unfolgsam, eine „kapriziöse Person". Die Beziehung zum Bruder war gespannt. Er war anfangs offen eifersüchtig gewesen, so daß sie zeitweise vor seinen Aggressionen geschützt werden mußte. Später ignorierte er sie. Sie kämpfte jedoch um seine Beachtung und war gekränkt, wenn er sie bei jeder Annäherung zurückwies. Wie sehr sie versuchte, sich mit ihm zu identifizieren, zeigt ihre Männchen-Zeichnung (Abb. 91): Es ist das Schema eines Clowns, das der Bruder eingeübt hatte und überall anbrachte, wie man es bei Kindern dieses Alters oft beobachten kann. Sie hatte den Clown nachgeahmt, er war der Bruderersatz.

Abb. 91. Erika, 7;6, zweite Klasse

In der Familie war niemand linkshändig; auch Erika war, was die Handdominanz betraf (nach Jadouille) überwiegend rechts, Bein und Auge wurden rechts bevorzugt. Die Familie gehörte der Oberschicht an, Vater Anwalt, Mutter Hausfrau. Die Kinder waren stets von ihr allein versorgt worden, und sie bemühte sich auch um Erikas Aufgaben. Aber das Kind verschwieg oft Aufgaben und versteckte Hefte. Die Lehrerin hielt Erika für einen hoffnungslosen Fall und wollte sie wiederholen lassen. Die Schule hatte keinen Legasthenikerkurs. Ihre Arbeiten wurden zwar nicht benotet, aber es fehlte nicht an abwertenden Bemerkungen. Die Lehrerin hatte eine deutliche Tendenz, die Kinder zu überfordern. Was Wortzahl und Länge der Gedächtnisübungen und Diktate betraf, die bei Erika trotz häuslichen Übens immer von Fehlern strotzten, gingen die Anforderungen über die des Lehrplans hinaus. Beim Abschreiben war Erika immer die letzte. Fast täglich kam das Kind weinend von der Schule nach Hause, „weil ich die Schlechteste bin". Im Rechnen gab es keine Schwierigkeiten. Das erste Schuljahr hatte sie mit 4 in Deutsch und 3 in Lesen abgeschlossen. Im zweiten Schuljahr verspotteten sie die Kinder, und sie weigerte sich, in die Schule zu gehen. Infolge der schlechten Schulleistungen des Kindes gelang es der Mutter auch nicht, den in ihren Kreisen üblichen „gesellschaftlichen Kontakt“ zu anderen „netten Kindern“ der Klasse herzustellen. In ihrem Verhalten war Erika in der Schule ruhig und zurückgezogen.

Die Entwicklungsprüfung mit den Entwicklungstests für das Schulalter ergab einen EQ von 108, bei sehr unterschiedlichen Leistungen in den verschiedenen Dimensionen (Abb. 92). Sowohl die sprachlichen als auch die anschaulichen Gedächtnisleistungen erreichten das Niveau von 9 Jahren. Die formalen Denkleistungen (Schlußfolgerndes, Rechnerisches und Kausales Denken) waren noch besser. Hier wurden einzelne Aufgaben aus der Reihe für das 10. Lebensjahr gelöst.

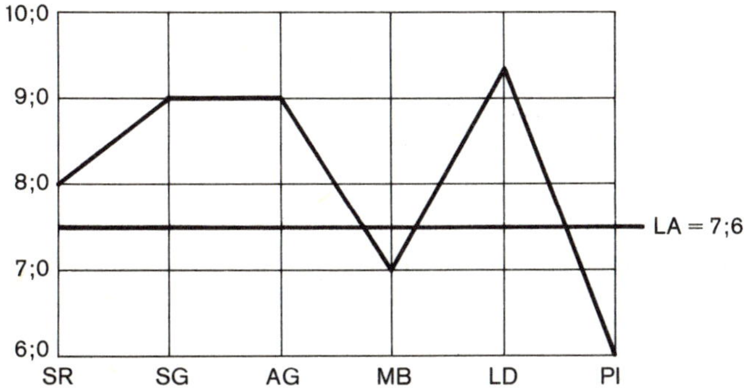

Abb. 92. Entwicklungsprofil, Erika, 7;6, EA = 8;1, EQ = 108

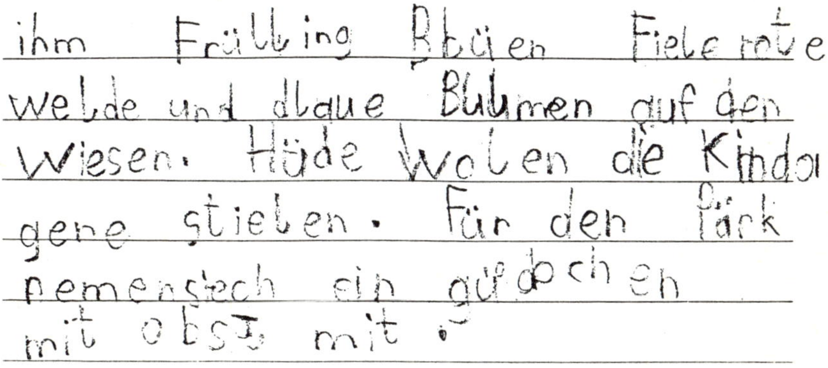

Abb. 93. Rechtschreibprobe, Erika, 7;6

Große Schwierigkeiten bestanden jedoch bei praktischen Intelligenzaufgaben (PI) sowie im graphischen und konstruktiven Bereich. Um das Leistungsdefizit im Bereich des Raum-Form-Erfassens noch besser zu analysieren, wurde der Frostig-Test durchgeführt. Dabei ergaben sich Schwierigkeiten vor allem im Erfassen der Raumlage – hier wurde keine einzige Aufgabe gelöst – sowie bei Figur-Hintergrund-Aufgaben. Die visuomotorischen Leistungen waren gut. Ingesamt wurde ein PR von 46 erreicht.

Die Leistungsprüfung ergab das typische Bild einer schweren Legasthenie. Der Leseprozeß war enorm verlangsamt. Wörter mit mehr als zwei Silben konnten noch nicht gelesen werden. Bei der Diagnostischen Leseprobe I wurde siebenmal ei und ie verwechselt, sechsmal d-b, zweimal wurde der nachfolgende Vokal zwischen zwei Konsonanten geschoben (Krone-Korne, Kran-Karren), es gab fünfmal verschiedene Zusätze und Auslassungen. Insgesamt wurden von 63 Wörtern 20 falsch gelesen, und nur das sehr verlangsamte Tempo verhinderte eine noch größere Fehlerzahl. Die Leseprobe II mußte weggelassen werden. Beim Wort „Bruder", das als „Bräuche" gelesen wurde, fing das Kind zu weinen an. Beim Zahlenlesen gab es keine Umstellungen, auch die Artikulationsprobe gelang ohne Schwierigkeiten. Die Rechtschreibprobe (Abb. 93) zeigt, abgesehen von Dehnungs- und Kürzungsfehlern

- Unsicherheit bei d-b (dlaue – blaue, welde – gelbe; man beachte das Wort gubchen – Körbchen!)
- Umstellungstendenz der Buchstabenfolgen (Bulmen wurde nachträglich vom Kind korrigiert)
- Unsicherheit bei Umlauten und Zwielauten (hüde – heute, gübchen – Körbchen)
- Verwechslung von stimmhaften und stimmlosen Konsonanten (hüde, gübchen, obsd wurde vom Kind korrigiert)
- Verwechslung anderer Konsonanten (welde – gelbe, stielen – spielen)
- Verstöße gegen die Großschreibung (obst, Blüen, gübchen)
- Verstöße gegen die Regeln der Dehnungen und Kürzungen (ihm – im, Blüen, wolen, nemen)
- Buchstabenauslassungen (gene – gerne, siech – sie sich, blüen – blühen)

Die Fehler würden eigentlich auf eine besondere akustische Differenzierungsschwäche deuten. Das Kind hatte jedoch eine völlig ungestörte Sprachentwicklung gehabt, verfügte über einen reichen Wortschatz, bewältigte die Artikulationsprobe ohne Fehler und hatte keine Schwierigkeiten mit dem sprachlichen Gedächtnistest für das neunte Lebensjahr. Sie konnte sogar als für ihr Alter besonders sprachgewandt bezeichnet werden.

Ätiologisch läßt sich diese Legasthenie aus einer leichten Schädigung der rechten Hemisphäre als Folge der Eiterinfektion im dritten Lebensmonat erklären. Auch die Verhaltensstörungen im Vorschulalter, die Ablenkbarkeit und geringe Frustrationstoleranz des Kindes weisen in die Richtung einer MCD. Der visuelle Faktor, der im Anfangsstadium des Lesens für den Interaktionsprozeß eine so große Rolle spielt, war unzureichend entwickelt. So konnte das Kind auch Laute nicht in die richtigen Zeichen umsetzen. Durch die Überforderungssituation und die schwere psychische Belastung des Versagens tendierte das Kind permanent zu ausweichendem und regressivem Verhalten. Unsicherheit und Verwirrung kennzeichneten alle Leistungen. Daß die Beurteilung der Situation richtig war, zeigt die nachfolgende Entwicklung.

Auf Empfehlung der Schulpsychologin wurde Erika zu Beginn des zweiten Semesters in eine Schule versetzt, in der keine „Überforderungsexperimente" gemacht werden konnten, weil sie auch von den Kindern eines Fürsorgeheimes besucht wurde, auf deren eher durchschnittliche Leistungsfähigkeit Rücksicht genommen werden mußte und die eine ausgezeichnete Legasthenietherapeutin hatte. Die Situation war nun wesentlich entspannter. Das Zeugnis der zweiten Klasse wies 3 in Lesen und Deutsch auf, 1 in Rechnen. Aber die eigentliche Wende trat in der dritten Klasse ein. Einige Wochen nach Beginn dieses Schuljahres schrieb die Mutter:

„Jetzt kann ich auch schon mit großer Dankbarkeit sagen, daß Sie mir seinerzeit bezüglich des Schulwechsels genau das Richtige geraten haben. Erika hat in der neuen Schule eine sehr nette, gescheite und strenge Lehrerin, die es versteht, sich die Aufmerksamkeit meiner stets abgelenkten Erika zu erringen. Erika ist auch über die Ferien etwas nachgereift, und so zeigt sich als Resultat all der verschiedenen Bemühungen seit ca. 3 Wochen ein sichtbarer Erfolg, der auch von der Klassenlehrerin bestätigt wurde. Erika geht auch bei Frau V. in den Kurs und das macht ihr viel Spaß, weil Frau V. es ja so meisterlich versteht, den Kindern die

Freude am Üben zu vermitteln. Alles in allem habe ich das Gefühl, daß mein Kind jetzt in den besten Händen ist."

Zur Zeit besucht Erika die sechste Gymnasialklasse. In Deutsch sind die Schwierigkeiten überwunden. Mit den zwei Fremdsprachen (Französisch und Englisch) kämpft Erika und braucht hier ständige Nachhilfe. Aber niemand zweifelt daran, daß sie in zwei Jahren das Abitur machen wird.

10.2.6. Linksdominanz und Dysphasie

Anni ★, war bei der ersten Untersuchung 6;5 und seit vier Monaten in der ersten Klasse. Die Anmeldung erfolgte, weil sie sich die Buchstaben nicht merken konnte. Die Lehrerin beschrieb Anni: „Das Kind sitzt völlig teilnahmslos in der Klasse, es meldet sich nie, arbeitet fast nie mit, es gibt auf Fragen meist gar keine Antwort. Die Buchstaben werden entweder überhaupt nicht erkannt oder versetzt. Sehr leicht ablenkbar."

Beide Eltern waren berufstätig, der Vater Facharbeiter, die Mutter Hilfsarbeiterin. Der 5-jährige Bruder zeigte sich später auch als schwerer Legastheniker. Anni kam schon mit 2 Jahren in die Kinderkrippe, bevor sie sprechen konnte. Die ersten Worte sprach sie nach dem zweiten Geburtstag und Sätze erst zwischen 4 und 5 Jahren. Keine Krankheiten. Geburt und Schwangerschaft normal. Anni war ganz linksdominant, ließ sich aber ohne größere Schwierigkeiten an rechtshändiges Schreiben gewöhnen. Die mütterliche Großmutter war ebenfalls linkshändig.

Die Entwicklungsprüfung ergab einen EQ von 102, doch waren, wie das Entwicklungsprofil (Abb. 94) zeigt, die Leistungen in der Dimension des Gedächtnisses außerordentlich diskrepant. Ein Rückstand von mehr als 2 Jahren bestand im Sprachgedächtnis. Anni konnte nicht mehr als acht Silben nachsprechen. Das anschauliche Gedächtnis dagegen war um drei Jahre ihrer Altersstufe voraus. Alle übrigen Leistungen entsprachen knapp der Alterserwartung.

Beim Buchstabendiktat schrieb sie, was ihr gerade einfiel: W statt S, U statt R, A statt E, L statt O. Nur die Buchstaben M, N, A und I wurden richtig geschrieben. Die Buchstaben-

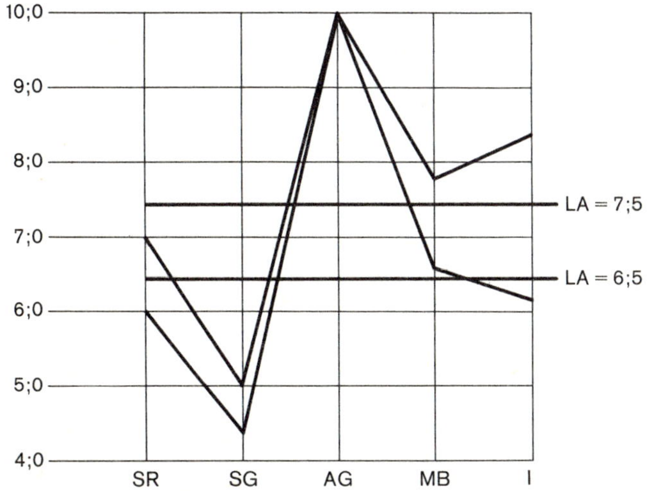

Abb. 94. Entwicklungsprofil von Anni
I. Testung EA:6;7, EQ:102
II. Testung EA : 7;8, EQ:103

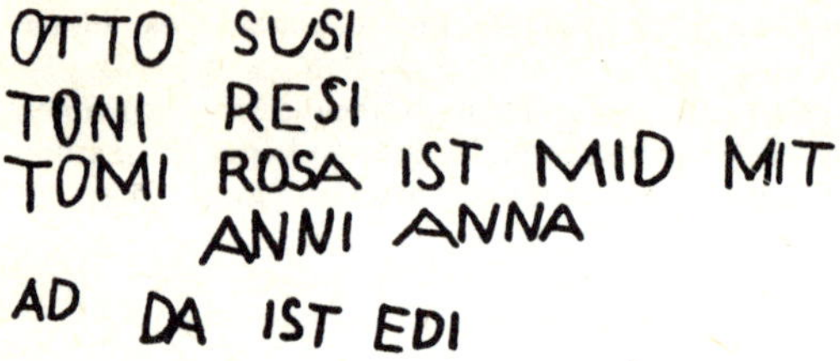

Abb. 95. Anni, 7;5, nach Rückstellung in der ersten Klasse. Diktat im Rahmen der schulpsychologischen Untersuchung

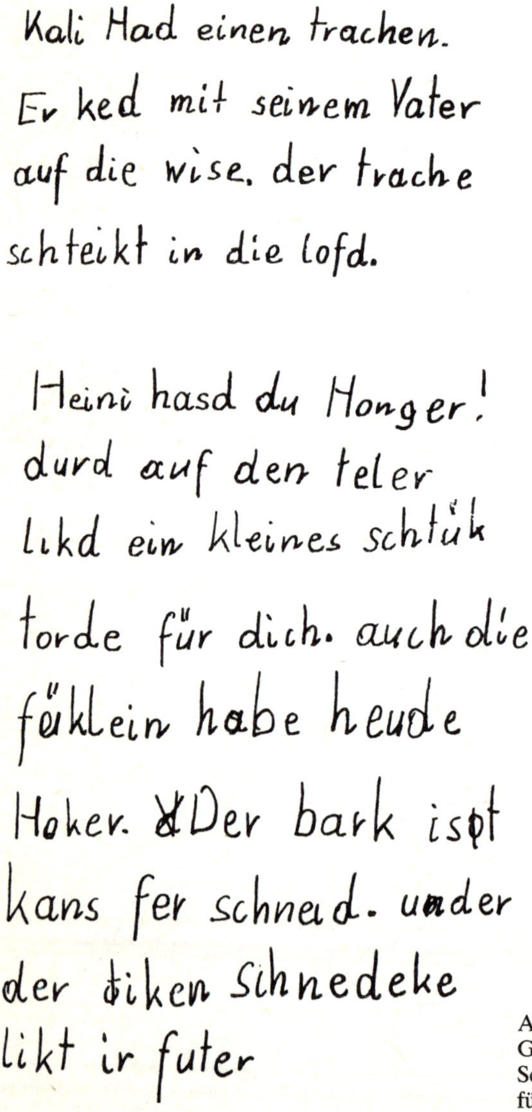

Abb. 96. Anni, 8;5, zweite Klasse. Gedächtnisübung aus einem Schulheft (oben) und Testdiktat für die zweite Schulstufe

reihe SWNE sollte MAMA bedeuten. Der Lautwert der Buchstaben war Anni noch in keiner Weise klargeworden. Beim Edtfeldtschen Lesereifetest machte sie 45 Fehler, die Aufgabe war ihr offenbar noch nicht verständlich zu machen. Es bestand der Verdacht auf eine literale Legasthenie. Anni wurde zurückgestellt und besuchte noch ein Jahr den Kindergarten, wo allerdings keine vorschulische Förderung angeboten wurde.

Bei der zweiten Untersuchung war Anni 7;5 und besuchte wieder die erste Klasse. Der Entwicklungsquotient und auch die Entwicklungsstruktur (Abb. 94) waren gleich geblieben. Sie hatte nun die Buchstaben erlernt, konnte zusammenschleifen und eine Reihe von Wörtern schreiben. Tendenzen zur Umstellung (AD statt DA) und zur Konsonantenverwechslung (MID statt MIT) sind erkennbar (Abb. 95). Anni wurde am Ende des Schuljahres in die zweite Klasse versetzt, aber nun zeigten sich massive Schwierigkeiten (Arbeitsproben in Abb. 96). Reversionen kamen beim Schreiben nicht vor, wohl aber noch in der Leseprobe (11 Reversionsfehler, keine Zahlenumstellung). Die Noten: Deutsch 5, Lesen 4, Rechnen 2. Nun wurde sie in eine Legasthenikerklasse aufgenommen und machte dort gute Fortschritte. Das Testdiktat in der dritten Klasse fiel zufriedenstellend aus, wenn auch noch keine Sicherheit beim Heraushören des Ü und der harten und weichen Konsonanten bestand (Abb. 97); „vergnögd", „zardesten". Am Ende der vierten Legasthenikerklasse schrieb sie das Diktat in Abb. 98. Die Noten beim Übertritt in die Hauptschule waren:

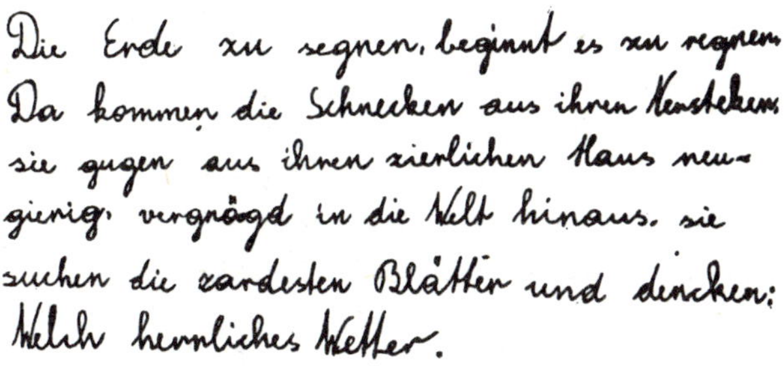
Die Erde zu segnen, beginnt es zu regnen
Da kommen die Schnecken aus ihren Verstecken
sie gugen aus ihnen zierlichen Haus neu-
gierig, vergnögd in die Welt hinaus. sie
suchen die zardesten Blätter und denken:
Welch herrliches Wetter.

Abb. 97. Anni, 9;6, dritte Legasthenikerklasse

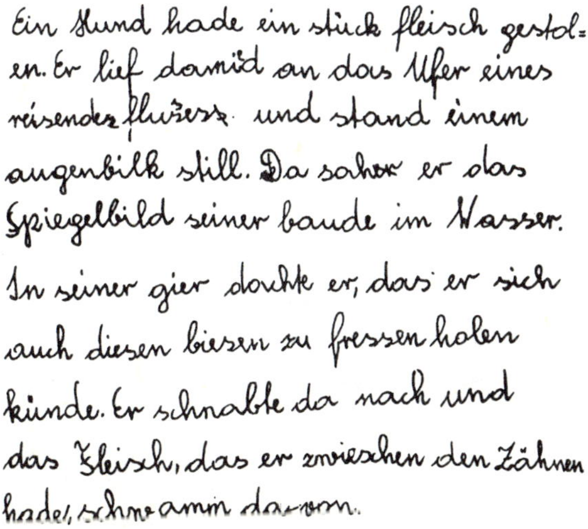
Ein Hund hade ein stück fleisch gestol-
en. Er lief damied an das Ufer eines
reisenden flußess und stand einem
augenbilk still. Da sahe er das
Spiegelbild seiner baude im Wasser.
In seiner gier dachte er, das er sich
auch diesen biesen zu fressen holen
künde. Er schnabte da nach und
das Fleisch, das er zwieschen den Zähnen
hade, schwamm davon.

Abb. 98. Anni, 10;11, Ende der vierten Legasthenikerklasse
Man beachte:

baude	= Beute Fehler der Zwielautstufe
künde	= könnte
hade	= hatte
damied	= damit Fehler der Konsonantenstufe
schnabte	= schnappte
augenbilk	= Augenblick Umstellung!

Deutsch 4, Lesen 3, Rechnen 1. Große Schwierigkeiten bot der gefächerte Unterricht der Hauptschule. In Englisch versagte Anni von Anfang an und konnte von diesem Fach befreit werden. In Deutsch trat, infolge der höheren Anforderungen, ein Rückfall ein. Zwar war die Zwielautstufe endlich überwunden (Abb. 99), doch die Fehler der Konsonantenstufe sowie die sonstigen Rechtschreibfehler waren noch sehr zahlreich.

Die Schrift zeigt einen deutlichen Zerfall. In dem kleinen Aufsatz (Abb. 100) erkennt man zwei charakteristische Merkmale der Dysphasie: Unfähigkeit, die Einheit des Satzes zu erkennen und Unfähigkeit zur Bildung der starken Mitvergangenheitsformen (denkte, beißte, laufte). Der Schulwechsel hatte das Kind sehr irritiert, und es bot sich nun ein merkwürdiges Bild von Fortschritt und gleichzeitiger Regression. Der EQ war bei der dritten Untersuchung im Alter von 11;8 konstant geblieben (102), der Rückstand im Sprachgedächtnis hatte sich etwas verringert, der Vorsprung im anschaulichen Merken war verschwunden. Anni konnte keine Hilfe mehr von irgendeiner Seite erhalten. Sie mußte die erste Hauptschulklasse wiederholen und trat mit einer wenig gebesserten Rechtschreibung aus der sechsten Schulstufe aus. Die Pubertät hat allerdings auch hier eine „Nachreifung" gebracht. Anni absolvierte eine Kochlehre und bestand mit 19 Jahren in Abendkursen die Prüfung über die letzte Hauptschulklasse!

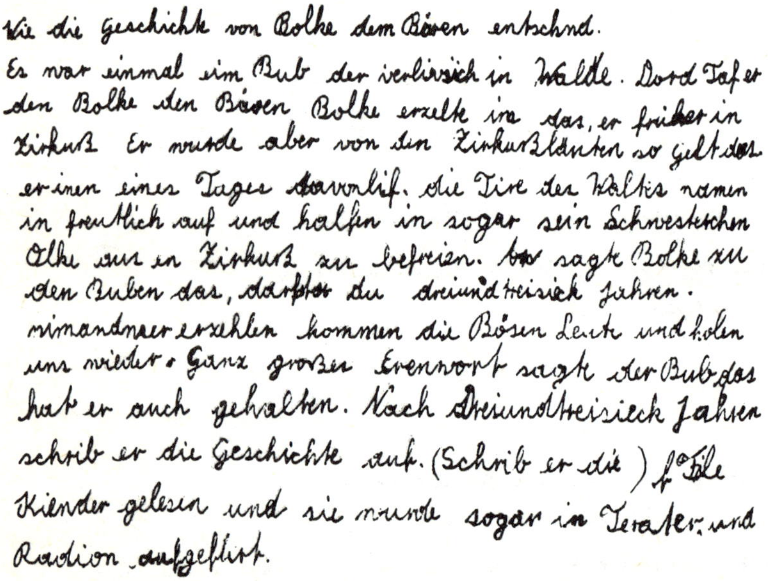
Wie die Geschichte von Bolke dem Bären entschnd.
Es war einmal ein Bub der verliersich in Walde. Dord Traf er den Bolke den Bären Bolke erzelte in das, er früher in Zirkuß Er wurde aber von den Zirkußlänten so gelt das er inen eines Tages davonlif. die Tire des Waltes namen in freutlich auf und halfen in sogar sein Schwesterchen Olke aus en Zirkuß zu befreien. ba sagte Bolke zu den Buben das, darftst du dreiundtreisich Jahren. nimandnaer erzehlen kommen die Bösen Leute und holen uns wieder. Ganz großes Erenwort sagte der Bub das hat er auch gehalten. Nach Dreiundtreisieck Jahren schrib er die Geschichte auf. (Schrib er die) Füle Kiender gelesen und sie wurde sogar in Terater. und Radion aufgeflirt.

Abb. 99. Anni, 11;8, fünfte Schulstufe, erste Hauptschulklasse. Testdiktat für die Hauptschule

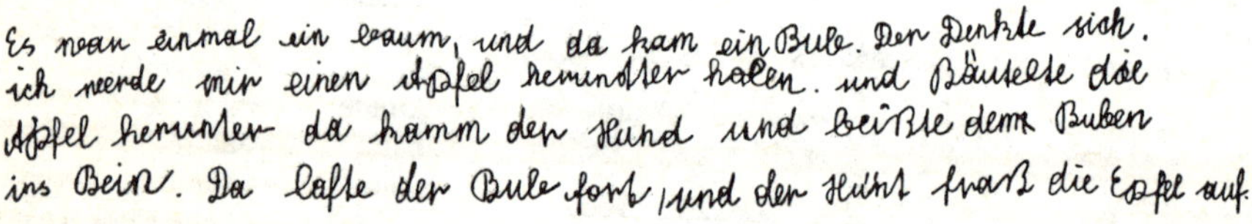
Es wan einmal ein baum, und da kam ein Bube. Der Denkte sich. ich werde mir einen Apfel herundter holen. und Bäutelte die Apfel herunter da kamm der Hund und beißte dem Buben ins Bein. Da lafte der Bube fort, und der Hund fraß die Epfel auf.

Abb. 100. Anni, 11;8, fünfte Schulstufe, erste Hauptschulklasse. Kleiner Aufsatz nach einer Bildgeschichte. Man beachte: Unfähigkeit, die Einheit des Satzes zu erkennen, Unfähigkeit zur Bildung der starken Mitvergangenheitsform als typische Merkmale der Dysphasie

10.2.7. Leichte Legasthenie mit neurotoider Regression

Sepperl ★, wurde mit 6 Jahren vom Unterricht zurückgestellt und war, als er am Ende des ersten Schuljahres zur Untersuchung kam, schon 7;10. Von der Lehrerin wurde er als bemüht, aber vollkommen lernverwahrlost bezeichnet. Nach einem ganz guten Start am Beginn des Jahres waren seine Leistungen im Verhältnis zu denen der Klasse immer schlechter geworden, so daß die Lehrerin sich gezwungen sah, ihm in Deutsch die Note „Nicht genügend“ zu geben.

Sepperl stammte aus schwierigen Verhältnissen, und im Lebensweg seines Vaters offenbarte sich ein Legasthenikerschicksal. Der Großvater väterlicherseits war Akademiker und hatte erwartet, daß auch sein Sohn eine akademische Laufbahn einschlagen würde. Aber dieser konnte die Rechtschreibung nicht erlernen. (Er war rechtshändig, besaß aber eine linkshändige Schwester, die selbst keine Lernschwierigkeiten hatte.) Nach mühsamer Absvolvierung der Hauptschule trat er ins Gymnasium über, versagte aber in den Sprachen. Auch die Wiederholung der fünften Klasse blieb erfolglos. Er begann eine Metzgerlehre, übersiedelte in ein Lehrlingsheim und heiratete mit 19 Jahren ein Landmädchen. Aus dieser Ehe kamen fünf Kinder, Sepperl war das älteste. Nicht die Mutter brachte ihn zur schulpsychologischen Untersuchung, sondern die Schwester des Vaters. Sie schilderte die Mutter als gleichgültige, primitive Frau, die den Haushalt vernachlässige, alles laufen ließe und dem Kind auch bei den Aufgaben nicht helfen könne. Der Vater sorge für das leibliche Wohl der Familie, kümmere sich aber sonst kaum um die Kinder. Über die Entwicklung des Buben und seine Krankheiten konnte die Tante keine Angaben machen.

Der EQ war 102. Bei einem Entwicklungsalter von 8;0 lag das erreichte Niveau in allen Dimensionen über dem der besuchten Schulklasse. Die Arbeitshaltung war in der Testsituation sehr gut, und das Kind schien deutlich bemüht, sein Bestes zu leisten. Sepperl war ganz linksdominant. Er hatte einen leichten Sigmatismus, die Sprache war zu Anfang der Untersuchung etwas gehemmt (leichtes Stottern ohne Tonus), wurde nach Abklingen der Initialangst flüssiger. Bei der Untersuchung zeigte sich, daß der große, schlanke, ängstliche Bub Blockschrift und Druckschrift lesen konnte, bei einzelnen Buchstaben jedoch unsicher war. Bei der Leseprobe wurde bei 13 Wörtern umgestellt oder reversiert, im Edtfeldtschen Lesereifetest waren 16 Fehler. Das diagnostische Probediktat, für die erste Schulstufe etwas vereinfacht, ist in Abb. 101 zu sehen. *Es enthielt keine Fehler der Zwielautstufe,* die Schrift muß als geordnet bezeichnet werden, besonders, wenn man berücksichtigt, daß Sepperl mit der linken Hand schrieb.

Der Schule wurde empfohlen, Sepperl in die zweite Klasse aufsteigen zu lassen. Die Schulpsychologin war der Meinung, daß seine Kenntnisse keinesfalls ungenügend seien und oft genug Kinder mit schwächeren Leistungen in die zweite Klase aufgenommen würden.*

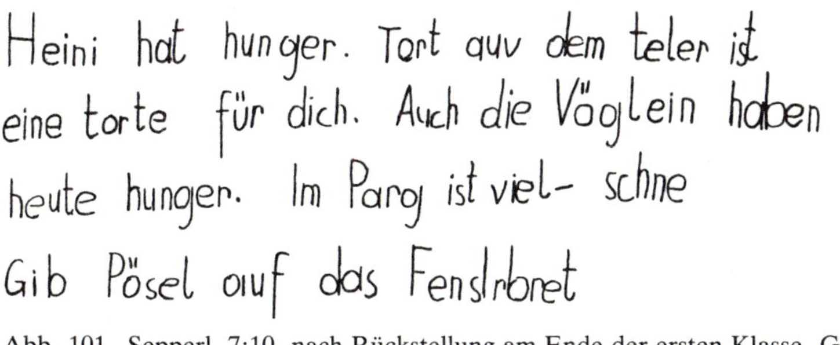
Heini hat hunger. Tort auv dem teler ist
eine torte für dich. Auch die Vöglein haben
heute hunger. Im Parg ist viel- schne
Gib Pösel auf das Fenslrbret

Abb. 101. Sepperl, 7;10, nach Rückstellung am Ende der ersten Klasse. Gekürztes Testdiktat für die zweite Schulstufe

* Zu dieser Zeit wurde die 1. und 2. Schulstufe noch nicht als Einheit geführt. Wiederholen der ersten Klasse war möglich.

Mit dieser Empfehlung stieß sie jedoch auf heftigen Widerstand der Lehrerin. Sie habe eine gute Klasse, Sepperl sei dort „ganz und gar nicht am Platz“, er gehöre in die Sonderschule! Der Schulleiter erreichte schließlich, daß er trotz Note „Nicht genügend“ in Deutsch in die zweite Klasse aufrücken konnte. Die Lehrerin war aber nicht zu überzeugen. Es verging kaum eine Woche, in der sie nicht den schulpsychologischen Dienst anrief, um über Sepperls Leistungen zu klagen. Sie ließ nicht nur schlechte Noten auf ihn niederprasseln, sondern zeigte ihm auch ihre „Verzweiflung über seine Leistung“, die er als Ablehnung erleben mußte. Endlich gelang es ihr, einen neuen Untersuchungstermin zu erhalten. Sie hoffte, daß sich nun seine Sonderschulbedürftigkeit klar erweisen würde. Beinahe hätte sie recht behalten. Denn als Reaktion auf die Atmosphäre der Mißbilligung war eine *neurotoide Regression* eingetreten. Wie die Arbeitsprobe (Abb. 102) zeigt, war Sepperl, der vor sechs Monaten keine Umlaut- und Zwielautverwechslungen mehr gemacht hatte, *auf diese Stufe zurückgefallen.* Er schrieb nun „hüte“ statt heute, „Stög“ statt Stück, „Untertertege“ statt „unter der Decke“. Auch die Schrift war schlechter geworden. Man konnte das Kind nicht in der Klasse lassen. Die Schule hatte keine Parallelklasse, und in seinem augenblicklichen Zustand schien auch ein Schulwechsel riskant. Der Wohnbezirk hatte noch keine schuleigene Legasthenikerbetreuung. So wurde der Vorschlag gemacht, Sepperl in die erste Klasse zurückzustufen, was auch geschah. Mit diesem Kompromiß hatte die Lehrkraft ihr Ziel erreicht, gleichzeitig war die Sonderschule vermieden worden, doch das Kind hat ein zweites Schuljahr verloren.

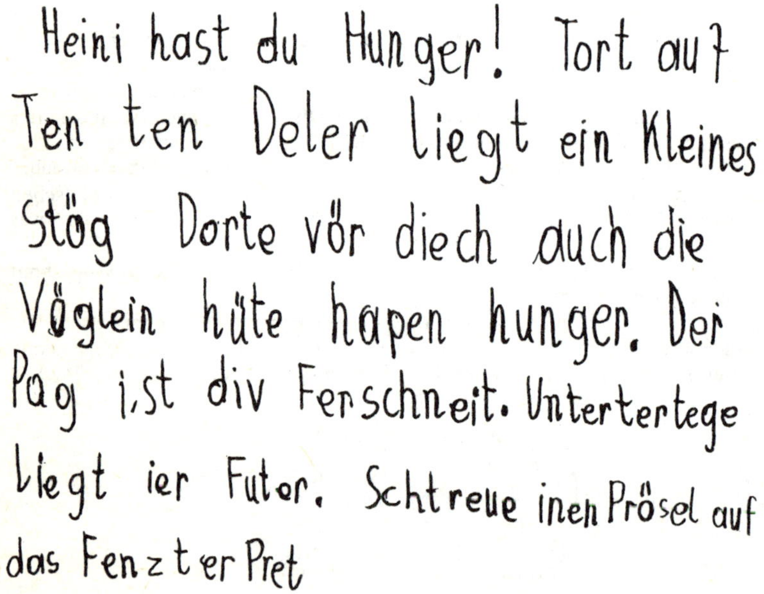
Heini hast du Hunger! Tort auf
Ten ten Deler liegt ein Kleines
Stög Dorte vör diech auch die
Vöglein hüte hapen hunger. Der
Pag ist div Ferschneit. Untertertege
liegt ier Futor. Schtreue inen Prösel auf
das Fenzter Pret

Abb. 102. Sepperl, 8;4, zweite Klasse. Testdiktat für die zweite Schulstufe. Das Kind ist gegen den Willen seiner Lehrerin in die zweite Klasse aufgestiegen. Sie übt einen derartigen Druck auf den Buben aus, daß es zu einer neurotoiden Regression auf bereits überwundene Fehlerarten kommt. Auch die Schrift hat sich verschlechtert

Anhang

A. 1. Umwertung von Intelligenzquotienten und Prozentrangwerten (im Rechtschreibtest) in T-Werte. Aus Dummer [52]

T	PR	IQ	T	PR	IQ
18	0,07	52	50	50	100
19	0,10	53,5	51	54	101,5
20	0,13	55	52	58	103
21	0,2	56,5	53	62	104,5
22	0,3	58	54	66	106
23	0,4	59,6	55	69	107,5
24	0,5	61	56	73	109
25	0,6	62,5	57	76	110,5
26	0,8	64	58	79	112
27	1,1	65,5	59	82	113,5
28	1,4	67	60	84	115
29	1,8	68,5	61	86	116,5
30	2,3	70	62	88	118
31	2,9	71,5	63	90	119,5
32	3,6	73	64	92	121
33	4,5	74,5	65	93	122,5
34	5	76	66	95	124
35	7	77,5	67	95,5	125,5
36	8	79	68	96,4	127
37	10	80,5	69	97,1	128,5
38	12	82	70	97,7	130
39	14	83,5	71	98,2	131,5
40	16	85	72	98,6	133
41	18	86,5	73	98,9	134,5
42	21	88	74	99,2	136
43	24	89,5	75	99,4	137,5
44	27	91	76	99,5	139
45	31	92,5	77	99,6	140,5
46	34	94	78	99,7	142
47	38	95,5	79	99,8	143,5
48	42	97	80	99,87	145
49	46	98,5	81	99,90	146,5
50	50	100	82	99,93	148

A. 2.

Untersuchung zur Feststellung der Legasthenie

Datum der Untersuchung: .... Schule: .... Schulstufe: ....

Name des Kindes: .... Alter: .... Rep.? ja, nein

Leseprobe I

Zeit: Anfang: .... Ende: ....

ab	Leib	geben
da	deine	Laden
in	dienen	braten
an	droben	artig
nun	Weiber	abgängig
nur	Weide	raten
bin	sterben	Oberst
oben	heißen	borstig
am	streben	Beine
sei	hieß	Biene
sie	lieber	nehmen
Lied	Ameise	nunmehr
Leid	Made	immer
beide	scheren	ungern
bald	Weise	quälen
dabei	schreien	gnädig
aber	Wiese	springen
Korn	Most	gegenüber
Krone	Mast	unglaublich
leiden	Gras	entfernen
leise	Gars	amtieren
Liese	Zeit	Kegelbuben
Kran	Abend	natürlich
Karren	Bart	antworten
Liebe	baden	Pflanze

Leseprobe II

Die Brüder

Einst fiel ein Büblein in den Bach,
weil unter ihm das Steglein brach.
Sein ältester Bruder rief und schrie
und sank vor Schrecken in die Knie.
Der zweite eilte fort nach Haus
und rief die Mutter schnell heraus.
Der jüngste sprang dem Bruder nach
und zog ihn mutig aus dem Bach.
Nun denke nach und sag mir an,
wer wohl am besten hat getan?

Waldrätsel

Ich weiß eine schöne grüne Stadt,
die tausend Musikanten und Sänger hat.
Da pfeift jeder sein Lied, wie's ihm gefällt,
in der grünen, schattigen, kühlen Welt.
Da findet ein jeder ein heimliches Haus.
Im Herbst aber wandert der Vornehme aus.
Der Arme zieht im Winter durchs Land
als hungriger Bettelmusikant.
Im Frühling erst kehren zurück sie zur Stadt
und essen an grünen Tischen sich satt.

Fehler:

Nachsprechen von Wörtern

(Artikulationsprobe)

Konditorei	Schneeschmelze	Detektor
Manometer	Linoleum	Detektiv
Dampfschiff	Souffleur	Akkumulator
Spitalsschwester	Dynamomaschine	Antiquitäten

Zahlenlesen

19	27	43	32	75
54	36	76	48	78
38	65	34	56	14
72	89	67	42	57
91	63	84	65	87
45	98	23	24	41

Rechtschreibprobe

Anamnese

Aufgenommen mit:

Dominanz: Hand: r., l., bd. Auge: r., l., bd. Bein: r., l., bd.

Linkshänder in der Familie? ....

Schreibhand: r., l. Leseschwäche in der Familie? ....

Sprachbeginn: ....

Sprachfehler? ....

Geburtsanomalie? .... Geburtsgewicht: ....

Erkrankungen im Vorschulalter (mit genauer Altersangabe): ....

....

Geschwister (Zahl, Alter, Schul- und/oder Berufsausbildung): ....

....

Bisherige Maßnahmen: keine — häusliches Üben

Nachhilfelehrer ohne Spezialausbildung	von	bis ....
Legastheniebehandlung durch Fachkraft in der Schule	von	bis ....
Legastheniebehandlung durch Fachkraft privat	von	bis ....
Sonderbetreuung durch Klassenlehrkraft	von	bis ....

Ist Hilfe vom Elternhaus zu erwarten?	ja, nein
Fähigkeit und Bereitschaft der Eltern, selbst zu behandeln?	ja, nein
Bereitschaft, Behandlung zu bezahlen?	ja, nein

Letzte Zeugnisnote in Lesen: ....

" " " Deutscher Unterrichtssprache: ....

" " " Rechnen: ....

" " " Schreiben: ....

Diagnose und empfohlene Maßnahmen: ....

....

....

Anleitung zur Verwendung des Untersuchungsblattes zur Feststellung der Legasthenie

Diese Lese- und Rechtschreibproben zur Feststellung der Legasthenie sind für Kinder von 7;6 bis 8; 6 geeicht. Zur Durchführung der Leseproben erhält das Kind entsprechende Texte vorgelegt, während der Versuchsleiter die Fehler in eine andere Leseprobe einträgt. Bei Leseprobe I und II muß auch die Lesezeit festgehalten werden. Die Fehler sind bei Leseprobe I neben das entsprechende Wort zu notieren, in Leseprobe II in die entsprechenden Zeilen des rechten freien Raumes, wobei die fehlerhaft gelesenen Wörter zu unterstreichen sind, damit die Beziehung zu den Fehlleistungen hergestellt ist. Auch bei der Zahlenleseprobe ist die falsch gelesene Zahl neben die richtige zu schreiben.

Als Normen für die *Bewertung der Leseleistungen* von Kindern der 2. Schulstufe gelten: ein *nicht legasthenisches* Kind macht bei allen 3 Leseproben nicht mehr als 4 Reversions- Inversions- oder Umstellungsfehler (kurz Re-Fehler genannt).

Bei 5–11 Re-Fehlern sprechen wir von einer leichten, bei 12 und mehr Fehlern von einer schweren Legasthenie.

Auch die Lesezeit muß berücksichtigt werden. Die durchschnittliche Lesezeit der Nichtlegastheniker beträgt für Leseprobe I: 2'2", für Leseprobe II: 1'47".

Die Rechtschreibprobe: Das diagnostische Diktat für die 2. Schulstufe lautet:

„Heini hast du Hunger? Dort auf dem Teller liegt ein kleines Stück Torte für dich. Auch die Vöglein haben heute Hunger. Der Park ist tief verschneit. Unter der dicken Schneedecke liegt ihr Futter. Streue ihnen Brösel auf das Fensterbrett."

Als mögliche spezifisch legasthenische Fehler sind anzusehen:

Text:	mögliche spezifisch legasthenische Fehler:
Heini	ei = ie, eu;
hast du Hunger?	d = b, ng = n oder nur g; hast du = hastu, u = o
Dort auf	D = T, au = ua, eu; auf = fau;
dem Teller liegt	d = b, T = D; ie = ei; g = k;
ein Stück Torte	ü = ö, ck = g; T = D; t = d;
für dich.	ü = ö, d = b; ch = hc, ck;
Auch die	Au = Aau, A; ch = hc; d = b; die = dei;
Vöglein	ö = ü; g = k; ei = ie;
haben heute Hunger.	b = d; eu = au, ei, ue;
Der Park ist	P = B; k = g; rk = k, g;
tief verschneit.	t = d; ie = ei; „ver" abgetrennt; „schn" unvollständig
Unter der dicken	t = d; d = t; ck = g;
Schneedecke liegt	Schn = unvollst.; d = t; ck = g; g = k; ie = ei; Hw. getrennt
ihr Futter.	tt = d; ihr = irh;
Streue ihnen	eu = au, ei, ue, öe;
Brösel auf	B = P; Br = B; ö = ü;
das Fensterbrett.	d = b; Hw. getrennt; nst = st; br = dr, d, b; brett = bert

Wenn noch mehr als 3 Umlaut-, Zwielaut- und Vokalfehler vorkommen, handelt es sich um eine schwere Störung.

Aus der Berechnung der Mittelwerte und der Standardabweichungen ergaben sich folgende durchschnittliche Fehlerzahlen bei der unvorbereiteten diagnostischen Rechtschreibprobe:

	Nicht-legastheniker	leichtere Legasthenie	schwere Legasthenie
Verwechselungen von Umlauten und Zwielauten:	keine	0–3	0–4
Verwechslungen von harten und weichen Konsonanten: (v = f gilt nicht als Fehler)	keine in Anlaut und Mittelstellg.; gelegentlich bei Auslauten	1–5	3–7
Buchstabenauslassungen	0–1	0–3	2–6
Groß- und Kleinschreibfehler	0–8	2–6	3–7
Dehnungs- und Kürzungsfehler	0–4	2–6	4–7

Auch ältere Kinder können mit den Leseproben untersucht werden. Die Beurteilung erfolgt:

1. mit Bezugnahme auf die Normen für 8-jährige,
2. in Hinblick auf die erreichte Stufe des legasthenischen Symptomabbaues [siehe dazu: Schenk-Danzinger, 196].

Rechtschreibproben für ältere Kinder siehe A. 4.

Bei jeder Legasthenieuntersuchung ist auch eine *Dominanzprobe* notwendig. Die Eintragung des Ergebnisses erfolgt auf der letzten Seite. Die Artikulationsprobe dient der Feststellung der Lautdifferenzierungstüchtigkeit [196].

Die anamnestischen Daten auf der letzten Seite gestatten Hinweise auf mögliche Verursachungen der Störung (Linksfaktor beim Kind, familiärer Linksfaktor, verzögerte Sprachentwicklung, Zerebralschäden) sowie auf die Behandlungsversuche und -möglichkeiten.

A. 3. [Linder, M., Grissemann, H.: Zürcher Lesetest. Bern: Huber]

Zürcher Lese-Test*

Name ______ Geburtsdatum ______ Alter ______

Schule ______ Klasse ______ Datum ______

Allgemeine Intelligenz

Schulleistungen — Intelligenzprüfung: I.Q.: ______

Zeugnisnoten Rechnen: ______ Sprache mündlich: ______

Lesen: ______ Sprache schriftlich: ______

Bevorzugte Hand

Zeichnen: ______ Suppe essen: ______ Ball werfen: ______

Schreiben: ______ Nagel mit Hammer einschlagen: ______ mit Schere schneiden: ______

Raumorientierung (rechts-links) (nach Piaget; siehe Anleitung)

5. Lebensjahr (Test 1)
7. Lebensjahr (Test 3)
8. Lebensjahr (Tests 2 u. 4)
11. Lebensjahr (Test 5)
12. Lebensjahr (Test 6)

Visuelle Differenzierungs- und Merkfähigkeit (Figuren; siehe Benton Test)

Anzahl der richtigen Lösungen: ______ Beurteilung nach Alter: ______

Fehlerzahl: ______ Beurteilung nach Alter: ______

Art der Fehler: ______

Akustische Differenzierungs- und Merkfähigkeit (nach Mottier; siehe Anleitung)

rela	kapeto	pikatura	katopinafe	pekatorisema
noma	giboda	gabodila	gebidafino	dagobilaseta
godu	lorema	monalura	ronamelita	leraminofeko
mera	tokipa	topakimu	tapikusawe	kapotilafesa
luri	dugabe	debagusi	degobesaro	bigadonafera
limo	nomari	relomano	muralenoka	nomalirakosa

Anzahl der richtig reproduzierten Wörter:

Vergleich mit Altersnorm:

* Zusammengestellt und standardisiert von Maria Linder und Hans Grissemann (1967). Zur Durchführung des Testverfahrens siehe Anweisung: «Die psychologische Untersuchung und Erfassung des Legasthenikers.»

Einzellaute und Lautverbindungen

a	m	f	i	ä	sch	B	M	Z
n	w	t	k	ö	ch	E	W	H
e	d	b	l	ü	st	D	N	L
b	g	p	u	au	sp	G	P	R
r	h	s	z	eu	pf	T	F	A
p	b	d	m	ei	äu	V	S	K

Wortlese-Test

1.	in	die	wieder	acht
	an	sei	weiter	blau
	so	sie	Lieder	auf
	er	der	leider	faul
	zu	nie	lügen	laufen
	da	nein	Liebe	Säbel
	ab	dein	beide	Orgel
	im	beim	dabei	Sport

Skd: ______ Fehler: ______

2.	oben	Abend	heute
	droben	baden	teuer
	Boden	braten	einmal
	Borsten	Bart	schreien
	Oberst	aber	endlich
	Körbe	bald	langsam
	Krone	bleiben	springen
	Kurt	glauben	sprudeln

Skd: ______ Fehler: ______

3.	Werkbank	unverändert
	pflücken	Gemütlichkeit
	beschenken	Fliederbusch
	gegenüber	schneebedeckt
	entdecken	freudestrahlend
	unfreundlich	Pflaumenbäume
	Heubündel	Geburtstagsgeschenk
	festgebunden	Telephongebühren

Skd: ______ Fehler: ______

Gesamtzeit 1 + 2: ________ Fehlerzahl 1 + 2: ________

Gesamtzeit 1 + 2 + 3: ______ Fehlerzahl 1 + 2 + 3: ______

Leseabschnitte

1.

Am Morgen. Die Uhr schlägt sieben mal. Da erwacht Heini. Er steht aber noch nicht auf. Er wartet auf die Mutter. Da kommt sie schon. Heini tut aber, als ob er tief schlafe. Die Mutter sagt: Wie schade, dass er schläft. Ich habe ihm etwas Schönes zeigen wollen. Da macht Heini die Augen auf, springt aus dem Bett und ruft: Guten Morgen, Mutter, hier bin ich!

Skd: ______ Fehler: ______

2.

Es regnet. Einmal an einem Morgen geht Barbara zur Haustüre. Da sieht sie den Regen. Meinst du, ich sei traurig, fragt sie ihn und lacht. Nein, nein, ich habe ein Schirmlein. Ich will es gleich holen. Da kommt sie schon wieder und hat ihr Schirmchen aufgespannt. Jetzt bin ich wie in einem Häuschen.

Skd: ______ Fehler: ______

3.

Schnell ging Fridolin, der kleine Dackel, den Weg zurück, den er gekommen war. Doch umsonst suchte er in allen Gassen und Strassen. Umsonst lief er den Bahnhof auf und ab. Es war kein Halsband zu sehen. «Vielleicht ist mir das Halsband abgefallen, wie ich aus dem Zug gesprungen bin!» sagte er sich. Er ging den Weg zurück bis zum Wassergraben, in den er gekollert war, und kletterte den Bahndamm hinauf. Dann lief er den Schienen entlang, bis er wieder beim Bahnhof ankam. Aber nichts, gar nichts war zu finden.

Skd: ______ Fehler: ______

Gesamtzeit 1 + 2 + 3: ______

Fehlerzahl 1 + 2 + 3: ______

4.

Das Waldweiblein. Ein Mann ging in einem Walde spazieren. Da begegnete ihm ein altes, runzeliges Waldweiblein, dessen Schiebkarren zerbrochen war. Es bat den Mann, ihr doch zu helfen, ihn wieder zu reparieren. Er machte sich an die Arbeit. Während er sich mühte, steckte sie ihm dankbar und eifrig die herabfallenden Späne in die Tasche. Der Helfer warf das Zeug verächtlich heraus und verliess das Waldweiblein, als der Karren instandgestellt war. Am andern Tag entdeckte er, dass sich die Späne, die er in seiner Tasche nicht beachtet hatte, in harte Goldtaler verwandelt hatten.

Skd: ____ Fehler: ____

5.

Flug über Afrika. Der Pilot zeigt uns im Tiefflug den Reichtum der afrikanischen Tierwelt in der ungeheuren Stromlandschaft. Wir entdecken einsame Nashorner im hohen Schilf; Flusspferde spielen mit ihren Jungen im Wasser. Elefanten fächeln aufgeregt mit Ohren und Schwänzen. Fliehende Zebraherden stieben durch den Ufersand und sind erkennbar am schwarzweissen Muster ihrer Spur. Faule Krokodile liegen wie tot am Wasser; Affen kreischen empört auf ihren Bäumen. Kurzum, hier fliegt man über eine Wunderwelt, wie man sie nur in Afrika findet.

Skd: ____ Fehler: ____

Gesamtzeit 3 + 4 + 5: ____

Fehlerzahl 3 + 4 + 5: ____

Zahlen

13	**41**	**96**	**49**	**762**	**495**	**5758**
97	**17**	**23**	**32**	**813**	**221**	**3869**

	Intelligenz	Leseleistung Zeit	Leseleistung Fehler	Rechtschreibtest
hoch	sehr gut	nahe beim positiven Extremwert		Prozentrang >95
	— 1 Q 120 —			
	gut	Prozentrang >75		
	— 1 Q 109 —			
	durch-	im oberen Quartil, Prozentrang 51–75		
	— 1 Q 100 —			
	schnittlich	im unteren Quartil, Prozentrang 25–50		
	— 1 Q 91 —			
nieder	Grenzdebilität	Prozentrang <25		
	— 1 Q 80 —			
	Debilität	nahe beim negativen Extremwert		Prozentrang <5

A. 4. Diktattexte für verschiedene Schulstufen

1. Klasse (Ende des Schuljahres)
Heini, hast du Hunger? auf dem Teller liegt ein kleines Stück Torte für dich. Auch die Vöglein haben heute Hunger. Streue ihnen Brösel auf das Fensterbrett!
f au b ö g ü d ei p eu k s t z

2. Klasse

Heini, hast du Hunger? Dort auf dem Tisch liegt ein kleines Stück Torte für dich. Auch die Vögel haben heute Hunger. Der Park ist tief verschneit. Unter der dicken Schneedecke liegt ihr Futter. Streue ihnen Brösel auf das Fensterbrett!

2. Klasse

Günter, kommst du schon zur Jause? Für dich liegt ein schöner Apfel in der Küche. Auch dein Freund Heinzi wird Hunger haben. Gib ihm aus dem Körbchen eine große Birne! Eure Stengel und Kerne werft dort in den Kübel!

3. Klasse

Bestrafter Geiz.
Eine Frau hatte ein Huhn, das jeden Tag ein Ei legte. Weil sie damit nicht zufrieden war, begann sie, der Henne mehr Futter zu streuen. Sie hoffte nun, täglich zwei Eier zu bekommen. Jedoch das Tierlein, das bisher von früh bis spät fleißig gescharrt hatte, wurde durch das Futter zu fett. Es legte immer seltener ein Ei und dann gar keines mehr.

3. Klasse

Es regnet.
Die Erde zu segnen, beginnt es zu regenen.
Da kommen die Schnecken aus ihren Verstecken.
Sie gucken aus ihrem zierlichen Haus
neugierig vergnügt in die Welt hinaus.
Sie suchen die zartesten Blätter und denken:
„Welch herrliches Wetter!"

4. Klasse

Ein Hund hatte ein Stück Fleisch gestohlen. Er lief damit an das Ufer eines reißenden Flusses und stand dort einen Augenblick still. Da sah er das Spiegelbild seiner Beute im Wasser. In seiner Gier dachte er, daß er sich auch diesen Bissen zum Fressen holen könnte. Er schnappte danach, und das Fleisch, das er zwischen den Zähnen hatte, schwamm davon.

4. Klasse und Hauptschule

Wie die Geschichte von Bolke, dem Bären entstand.
Es war einmal ein kleiner Bub, der verlief sich im Walde. Da traf er Bolke den Bären. Bolke erzählte ihm, daß er von Zirkusleuten gefangen und gequält wurde, daß er vom Zirkus fortlief, daß er im Walde eine neue Heimat fand und daß ihm die Tiere halfen, sein Schwesterchen Olke aus dem Zirkus zu befreien. Dann sagte er zu dem Buben: „Aber du darfst dreiunddreißig Jahre lang niemandem davon erzählen, sonst kommen die bösen Leute und holen uns wieder!" „Ganz großes Ehrenwort!" antwortete der Bub und das hat er auch gehalten. Nach dreiunddreißig Jahren aber schrieb er alles auf und später wurde die Geschichte von Bolke, dem Bären, sogar im Theater und im Radio aufgeführt.

A. 5. Testsysteme zur Prüfung des Intelligenz- oder Entwicklungsniveaus.
Schenk-Danzinger [193]. Material im Eigenverlag.
Fischer [69 b]
Hamburg-Wechsler [92 a]

A. 6. Aufgaben zur Prüfung der Sprachentwicklung.
Lautdiskriminierungstest, Artikulationsprobe.
Niemeyer [165 a]
Angermaier [5]

A. 7. *Aufgaben zur Prüfung des Sprachgedächtnisses Schenk-Danzinger* [193]

6. Lebensjahr
Verse nachsprechen. Von den drei 15–16silbigen Versen müssen 2 nach einmaligem Vorsprechen nachgesprochen werden, wobei bei jedem Verschen nicht mehr als 1 Silbe ausgelassen, hinzugefügt oder verändert werden darf.

I. Ich will schnell hinunterlaufen und ein neues Töpfchen kaufen
II. Der Hand und der Rudi sind stark,
sie laufen lustig im Park
III. Der Onkel Doktor sagt zu mir:
„Liebes Kind, wie geht es dir?"

7. Lebensjahr
Geschichte nacherzählen: Zu der Bildgeschichte wird folgende Geschichte erzählt:
„Es waren einmal zwei Kinder, der Fritz und die Liese. Die spielten immer im Garten. Einmal stiegen sie auf die Mauer, weil sie schauen wollten, was der Struppi im anderen

Garten macht. Der Struppi lag in der Wiese und schlief. Da sagte der Fritz zu der Liese: „Ich werde den Struppi kitzeln, damit er aufwacht.“ Er nahm einen Ast und kitzelte den Struppi. Der erwachte, schaute den Fritz ganz böse an, und plötzlich sprang er ihm mit einem großen Satz an die Hose und biß tüchtig hinein. Vor lauter Schreck fiel der Fritz von der Mauer hinunter in seinen Garten. Die Liesl mußte ihm beim Aufstehen helfen. Der Struppi schaute über die Mauer hinüber und hatte in seinem Maul ein großes Stück von Fritzls Hose.“

Unmittelbar danach fragt der VL: „Weißt du noch, wie der Bub geheißen hat – das Mädel – der Hund?“ Hat das Kind einen Namen vergessen, wird er genannt. Der VL räumt nun die Bilder weg und bemerkt dabei zum Kind: „Merke dir die Geschichte und auch die Namen der Kinder gut, du mußt sie mir später noch einmal erzählen.“ Nach 20 Minuten fordert der VL das Kind auf, die Geschichte zu erzählen. Die Bilder werden nicht mehr gezeigt. Werden die Namen der Kinder und des Hundes während der Erzählung nicht genannt, so fragt der VL am Ende danach.

Die Aufgabe wird als positiv gewertet, wenn 6 von 7 Sinneinheiten in beliebiger Formulierung, aber in richtiger Reihenfolge sinngemäß reproduziert werden:

1. Der schlafende Hund wird von Fritz geweckt, durch
2. Berühren (Necken, Kitzeln, Sekkieren, Schlagen) mit einer Gerte (Ast, Staberl, Stock).
3. Der Hund beißt den Buben in die Hose.
4. Fritz fällt vor Schreck darüber von der Mauer.
6. Der Hund schaut über die Mauer.
7. Er hat ein Stück von der Hose im Maul.

Außerdem sollen zwei von drei Namen gemerkt werden.

8. Lebensjahr

Gedicht lernen: Der VL sagt: „Jetzt wollen wir miteinander ein kleines Gedicht lernen. Ich sage dir einen Satz vor, und du hörst gut zu und sagst ihn mir nach. Die Darbietung des Lernstoffes vollzieht sich in zwölf Etappen:

1. Der VL spricht den ersten Satz langsam vor:
   „Tiefer Schnee liegt in den Wäldern,
   auf den Wiesen, auf den Feldern.“
2. Das Kind wiederholt ihn. Bei Fehlern hilft der VL.
3. Der VL spricht den ersten Satz nochmals vor.
4. Das Kind wiederholt.
5. Der VL spricht den zweiten Satz langsam vor:

   „Kinder, denkt an unsere Not,
   gebt uns armen Vöglein Brot.“

6. Das Kind wiederholt den zweiten Satz. Der VL hilft bei Fehlern und Stockungen.
7. Der VL spricht den zweiten Satz nochmals vor.
8. Das Kind wiederholt den zweiten Satz.
9. Der VL spricht das ganze Gedichtchen vor.
10. Das Kind wiederholt es vom Anfang.
11. Der VL ermahnt das Kind, recht gut zuzuhören, da es nun ohne Fehler wiederholen soll.

    Er spricht dann das ganze Gedicht nochmals vor.
12. Das Kind wiederholt es.

Die Aufgabe ist positiv gelöst, wenn das Kind bei der letzten Wiederholung nicht mehr als vier Silben ausläßt oder verändert.

A. 8. Übungsblatt. Kleber/Kleber/Haas [115 a] →

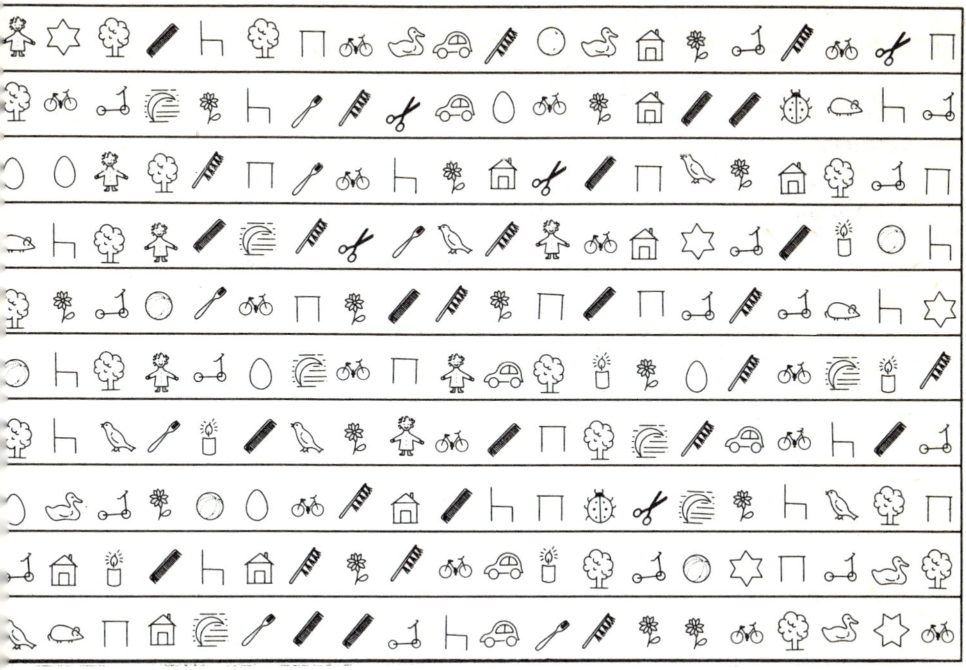

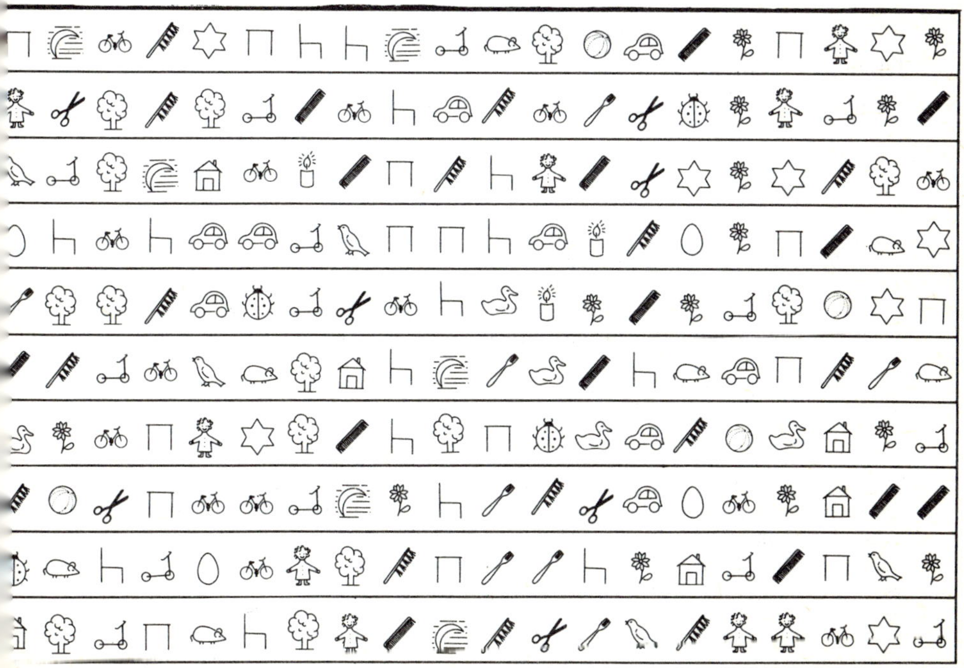

A. 9. Aufgaben zur Prüfung von visuellen Leistungen. Frostig [70 a]

A. 10. Aufgabe zur Feststellung der Raumorientierung
Testitem 7 aus dem Leistungsprüfsystem (L-P-S) von Horn [103 b].

Instruktion (siehe Abbildung Seite 235)
Wir stellen uns vor, alle Zahlen oder Buchstaben wären aus Pappe. Wenn man nun in der obersten Zeile jede 1 – ohne sie hochzunehmen – in Gedanken geradeschiebt, dann ist zu sehen, daß die vierte 1 falsch herum gedruckt wurde. – Wenn man als nächstes in der zweiten Zeile in Gedanken jedes P aufrichtet, so ist zu sehen, daß das zweite P falsch herum, also spiegelbildlich gedruckt wurde. Deshalb wurde es als Druckfehler durchgestrichen.

In jeder Zeile sind vier Zeichen nur flach verschoben worden. Eine Zahl oder ein Buchstabe in jeder Zeile wurden außerdem hochgehoben und herumgedreht, so daß sie nun spiegelbildlich zu sehen sind. Dieses spiegelbildlich verdrehte und somit falsche Zeichen ist in jeder Zeile herauszufinden und durchzustreichen.

Es sind 2 Minuten Zeit.

Auswertung
Die durchschnittliche Zahl der richtigen Lösungen auf verschiedenen Altersstufen beträgt:

Alter in Jahren

10	11	12	13	14	15
10	12	13	14	14	15

Zahl der richtigen Lösungen

Was über den angegebenen Werten liegt, muß als gute, was darunter liegt, als weniger gute bis schlechte Leistung angesehen werden.

A. 11. Testserie zur Prüfung von Händigkeit.
Jadouille [105]

- 1 u. 2: einen Faden aufspulen (bewertet wird Spulen und Fadenhaltung)
- 3: eine Nadel einfädeln
- 4: Spielkarten austeilen
- 5: Kugeln in eine Flasche werfen
- 6: ein Zündholz anzünden
- 7 u. 8: Ball mit einer Hand fangen und zurückwerfen (bewertet wird fangen und werfen)
- 9: einen Kreis ausschneiden
- 10: Tapping (½ Minute Punkte so schnell wie möglich auf Papier zeichnen, erst rechts, dann links. Die dominante Hand ist die, die mehr Punkte zeichnet *und* die die Punkte sauber zeichnet. Striche statt Punkte werden von der nicht dominanten Hand gezeichnet).
- 11 u. 12: Kopf im Profil zeichnen (bewertet wird Zeichenhand und Richtung des Profils; ein nach links gerichtetes Profil ist das Profil des Rechtshänders, das rechts gerichtete Profil das des Linkshänders)

Verrechnet wird das Ergebnis, indem von der Zahl der rechts durchgeführten Aufgaben die der links durchgeführten abgezogen und der verbleibende Rest durch 12 dividiert wird.

Der Händigkeitsindex wird errechnet aus der Differenz der rechtshändig und der linkshändig durchgeführten Aufgaben, dividiert durch 12 × 100.
Beispiel: 9 Aufgaben rechts, 3 Aufgaben links =

$$\frac{9-3}{12} \cdot 100 = 50$$

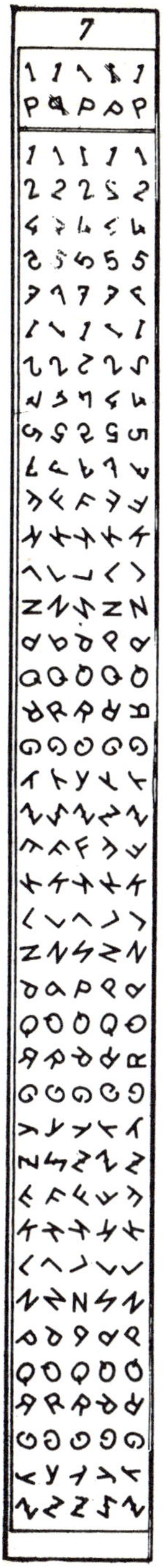

← zu **A. 10.**

(noch zu A. 11)
Starke Rechtslateralität wird angenommen bei Indices von 100 bis 46, starke Linkslateralität bei Indices von −100 bis −46, schwacher Rechtslateralität entsprechen Indices von 45 bis 26, schwacher Linkslateralität Indices von −45 bis −26.
Als Beidhänder gelten Kinder mit Indices zwischen +25 und −25.
Unter einer Stichprobe von 1550 Kindern, die mit dem Händigkeitstest geprüft werden, befanden sich

83,0%	Rechtshänder	(Indices + 100 bis + 26)
5,5%	Linkshänder	(Indices − 100 bis − 26)
11,5%	Beidhänder	(Indices + 25 bis − 25)

A. 12. *Aufgaben zur Prüfung der Dominanz von Bein und Auge*

Augendominanz: Ein Kaleidoskop wird vor das Kind gelegt mit der Aufforderung, am schmäleren Ende mit einem Auge durchzuschauen und das andere Auge mit der Hand abzudecken. Das Kaleidoskop wird immer sofort und ohne Überlegung an das bevorzugte Auge geführt.
Beindominanz: Das Kind wird aufgefordert, auf einem Bein zu hüpfen. Nach mindestens vier Sprüngen soll es, auf dem anderen Bein hüpfend, zurückkommen. Man notiert, mit welchem Bein die ersten Sprünge erfolgten und ob das Hüpfen auf dem anderen Bein gar nicht, schlechter oder gleich gut gelingt. In den ersten beiden Fällen wird die Beindominanz auf Grund der zuerst gewählten Seite beurteilt, im letzteren Fall wird Fehlen einer eindeutigen Beindominanz angenommen und „beidbeinig“ eingetragen.

A. 13. Fragebogen zur Erfassung des Ängstlichkeitsgrades von Kindern ab 9 Jahren.
Thurner/Tewes [224 a]

Bitte einen Kreis um die richtige Antwort machen.

Manche Kinder haben weniger Angst vor Tieren als ich.	Ja	Nein
Manchmal fühle ich mich auch dann allein, wenn andere Menschen um mich sind.	Ja	Nein
Ich leide oft unter Kopfschmerzen.	Nein	Ja
Ich mache mir oft Sorgen, wenn ich abends im Bett liege.	Ja	Nein
Ich habe oft den Eindruck, anderen gefällt meine Art nicht.	Ja	Nein
Ich mache mir fast immer irgendwelche Sorgen.	Ja	Nein
Ich glaube, daß den meisten anderen alles leichter fällt als mir.	Ja	Nein
Zuhause werde ich fast täglich ermahnt, vorsichtig zu sein.	Ja	Nein
Ich mache mir häufig Sorgen darüber, ob ich in der Schule ausgeschimpft oder bestraft werde.	Nein	Ja
Meine Eltern sind so besorgt um mich, daß sie mir mehr verbieten, als nötig wäre.	Ja	Nein
Ich glaube, ich mache mir mehr Sorgen über meine Schulleistungen als die meisten Mitschüler, die ungefähr die gleichen Noten haben wie ich.	Ja	Nein
Ich mache mir manchmal Sorgen um die Zukunft.	Ja	Nein
Ich fürchte oft, daß ich krank werden könnte oder daß mir sonst etwas Schlimmes zustoßen könnte.	Nein	Ja
Ich bin häufig nervös.	Ja	Nein
Ich glaube, bei Klassenarbeiten oder Prüfungen bin ich aufgeregter als die meisten Mitschüler.	Ja	Nein
Den meisten meiner Freunde und Freundinnen wird von zu Hause aus mehr erlaubt als mir.	Nein	Ja
Fast jeden Tag habe ich wegen irgend etwas ein schlechtes Gewissen.	Ja	Nein
Wenn ich mich schäme, werde ich leichter rot als die meisten meiner Freunde und Freundinnen.	Nein	Ja
Ich mache mir häufig Sorgen darüber, wie sich meine Eltern mir gegenüber verhalten werden.	Nein	Ja

Vorname: ....

Name: ....

Hast Du auch keine Frage ausgelassen?

A. 14.

Sätze vollenden

Wenn ich groß sein werde

Es stört mich, daß

Die Schule ist

Andere Kinder

Ich bin sehr traurig

Der Vater

Ich versuche

Die Welt

Ich bin wütend, wenn

Wenn nur meine Eltern

Buben sind

Mädchen sind

Mein liebstes Spiel

Ich träume in der Nacht

Verheiratet sein

Ich habe schon oft

Meine Schulaufgaben

Die Erwachsenen

Mein liebstes Buch

Ich hasse ....

Als ich noch ganz klein war ....

Ich bin froh, daß ich ....

Heimlich ....

Unsere Familie ....

Andere sagen vielleicht von mir ....

Manchmal ....

Ich wollte ....

Wenn ich sehr reich wäre ....

Wenn ich zu Hause bin ....

Meine Freunde ....

Ich hoffe ....

Brüder ....

Mein Hobby ist ....

Schwestern ....

Ich spiele gerne ....

Wenn man etwas Unrechtes getan hat ....

Wenn nur ....

Die Mutter

Es ist schön, wenn

Meine Lieblingsfarbe ist

In meinem Alter

Meine Mutter glaubt, daß ich

Die Lehrer sagen

Wenn ich krank bin

Wenn ich mich in jemand anderen verwandeln könnte

Im Dunkeln

Wenn ich nur nicht

Zu Hause

Wenn zwei streiten

Mädchen sollten

Ich kann einfach nicht

Wenn ich sehr traurig bin

Wenn ich allein bin

Das wichtigste ist für mich

Beim Fernsehen

Ich erschrecke, wenn

Manchesmal habe ich schon gedacht

Wenn ich plötzlich 100 Schilling bekäme

Ich möchte wissen, ob

Ich bin froh

Wenn mir drei Wünsche in Erfüllung gehen würden:

1. Wunsch:

2. Wunsch:

3. Wunsch:

In welches Tier würdest du dich verwandeln lassen?

Warum?

In welches Tier würdest du dich nicht verwandeln lassen?

Warum?

Was willst du einmal werden?

Warum?

Verzeichnis der Arbeitsmittel

(Ohne Anspruch auf Vollständigkeit)

Ballhorn, H.; Harries, B.; Schniebel, J. P.: Wortlisten-Trainingsprogramm wlt 1–2, wlt 2–3, wlt 3–4. Hamburg: Verlag für pädagogische Medien

Baumann, H.: Übungen für Legastheniker (LRS). Heft 1, 2, 3, 4: Lern richtig schreiben. Heft 5: Raumlage-Leserichtung-Konzentration (RLK). Wien: Ueberreuter

Bohny, A.: Erkenne richtig. Übungskarten für leseschwache Kinder. Winterthur: Franz Schubiger

Classen, U.; Hilleringmann, G.: LRS-Arbeitshefte. Bonn: Dürr

Grissemann, H.: Die heilpädagogische Betreuung des legasthenischen Kindes. Arbeitsmappe mit 100 Arbeitsblättern. Bern/Stuttgart/Wien: Huber

Grissemann, H.: Psycholinguistische Legasthenietherapie. Bern/Stuttgart/Wien: Huber

Gygax, E.; Oswald, H.: Übungsblätter für den Unterricht lese-rechtschreibschwacher Kinder. Winterthur: Schubiger

Heinevetter, O.: Heinevetters Lesetrainer (Schreibschrift) Hamburg: Heinevetter

Kobi, E.: Lese- und Rechtschreibübungen zur Behandlung legasthenischer (dyslektischer) Kinder. Heilpädagogische Werkblätter, Hefte 1, 2.

König, G.; Weyand, H.: Das Finken-Spiel zur Rechtschreibung 1. Oberursel/Ts.: Finken-Verlag

Kossow, H. J.: Zur Therapie der Lese-Rechtschreibschwäche. Aufbau und Erprobung eines theoretisch begründeten Therapieprogramms. Berlin: VEB Deutscher Verlag der Wissenschaften

Kowarik, O.; Kraft, J.: Das macht Freude mit Kopf und Bleistift. Schreib-Lese-Übungen für Volksschüler. Heft 1–16. Altersstufe 6–10 J. Wien: Jugend & Volk u. Österr. Bundesverlag

Kowarik, O.; Kraft, J.: Spezifisches Rechtschreib-Training für LRS-Schüler. Heft 1–3. Altersstufe 10–14 J. Wien: Jugend & Volk u. Österr. Bundesverlag

Kowarik, O.; Kraft, J.: Funktionstraining für LRS-Schüler, Heft 1–3. Wien: Jugend & Volk u. Österr. Bundesverlag

Kowarik, O.; Kraft, J.: Kannst Du das auch? Funktionstraining für die Vorschule und die erste Schulstufe. Wien: Jugend & Volk u. Österr. Bundesverlag

Krenn, R. und Kowarik, O.: Horchen, Zeigen, Lesen. Ein Lehrgang zur Überwindung von Lese- und Rechtschreibschwierigkeiten. Heft 1 u. 2 mit Lehrerhandbuch. Wien: Jugend und Volk.

Lug, J.; Lug, E.: Förderprogramm für Legastheniker, 1.–3. Schuljahr. Köln: Rheinland-Verlag

Mahlstedt, D.: Leseschritte. Ein Leselehrgang für Sonderschulen und Fördergruppen. Weinheim: Beltz

Maydell, I. v.; Vogel, H.: Erstes Lesen. Arbeitsheft zum mini-LÜK (Druck- und Schreibheft). Wilhelmshaven: Vogel-Verlag

Maydell, I. v.; Vogel, H.: Lerne – Übe – Kontrolliere: Übungen für Legastheniker I (LÜK-System). Wilhelmshaven: Vogel-Verlag

Meyer, H.; Meyer, R.: Lese-Rechtschreibschwäche und ihre Behandlung im Unterricht (I. und II). Hannover: Schroedel

Müller, R.: Material für ein gezieltes Rechtschreibtraining mit Anleitungsbuch. Weinheim: Beltz

Müller, R.; Jäger, H.: Material für gezieltes Rechtschreibtraining (MGR). Weinheim: Beltz

Niemeyer, W.: Bremer Hilfen für das lese-rechtschreibschwache Kind. Bremen/St. Magnus Herbig

Oswald, H.: Methodische Hilfen für lese-rechtschreibschwache Kinder. Winterthur: Schubiger

Plickat, H. H., u. a.: RS-Programm Rechtschreiben in der Grundschule. Weinheim: Beltz

Rath, W.: Schreib-Lese-Übungen. Kassel-Wilhelmshöhe: Schule und Elternhaus

Schleisiek, G.: Lesetraining Bildwörter 1–3. Frankfurt/M.: Hirschgraben

Schleisiek, Gl.; Weber, H.: Lesetraining Sinnentnahme 1. Frankfurt/M.: Hirschgraben

Schmidt, L.: Rätselheft für Kinder. Kassel-Wilhelmshöhe: Schule und Elternhaus

Schmidt, L.: Welches Wort paßt hier? Kassel-Wilhelmshöhe: Schule und Elternhaus

Schmidt, L.: 196 Rätsel. Kassel-Wilhelmshöhe: Schule und Elternhaus

Schmidt, L.: 222 Rätsel. Kassel-Wilhelmshöhe: Schule und Elternhaus

Schmiedebergs LRS-Arbeitsmittel (Arbeitsmappen): Bonn: Dümmler

Schomburg, D.; Schmidt, L.: Hundert Hilfen für lese-rechtschreibschwache Kinder. Niedervellmar: Wicke

Schwarz, O.: LRS-Lese-Übungskarten. Bonn-Bad Godesberg: Dürr

Semprich, D. Kirchhoff, H.: Heinevetters Rechtschreibtrainer-Lehrgang mit Übungsbuch und automatischem Kontrollgerät für lrs-Kinder (Legastheniker). Hamburg: Heinevetter

Seyfried, P.: Lesen und Rechtschreiben leichter gemacht. Bereich I: Aufmerksames Hören; Bereich II: Miteinander sprechen; Bereich III: Besser lesen und rechtschreiben mit Lehrerhandbuch. Linz, Wien: Veritas-Verlag

Sirch, K.: Rechtschreibkurs für die Grundschule, Heft 1 A, 1 B, 2. Stuttgart: Klett

Steller, W.: Wöchtel. Ein Wortlegespiel mit Morphemen. Hamburg: Wolfgang Steller

Straub, A.: 1. LRS-Übungsprogramm (2.–3. Schuljahr); 2. LRS-Übungsprogramm (3.–5. Schuljahr); 3. LRS-Übungsprogramm (4.–7. Schuljahr); Bonn-Bad Godesberg: Dürr

Tamm, H., H.: Lies mit uns, schreib mit uns! Klassenstufe 2/3, Klassenstufe 3/4. Weinheim: Beltz

Wawra, W.: Riki und Niki. Ein Arbeitsbuch und Lesebuch ab der 2. Schulstufe (unter besonderer Berücksichtigung der Lese-Rechtschreibschwäche). Wien: Österr. Bundesverlag

Literatur

1. Affolter, R. (1075): Wahrnehmungsprozesse, deren Störung und Auswirkung auf die Schulleistung, insbesondere Lesen und Schreiben. Zeitschrift für Kinder- und Jugendpsychiatrie, *3*, 223

2. Angermaier, M. (1971): Rechenleistungen von Legasthenikern. Schule und Psychologie, *18* (4), 115

3. Angermaier, M. (1974): Legasthenie – Verursachungsmomente einer Lernstörung. Weinheim/Basel: Beltz

4. Angermaier, M. (1974): Sprache und Konzentration bei Legasthenie. Göttingen: Hogrefe

5. Angermaier, M. (1074): Psycholinguistischer Entwicklungstest (PET). Weinheim/Basel: Beltz

6. Angermaier, M. (Hrsg., 1976): Legasthenie. Das neue Konzept der Förderung lese-rechtschreibschwacher Kinder in Schule und Elternhaus. Frankfurt/M.: Fischer

7. Angermaier, M. (1977): Legasthenie – Pro und Contra. Weinheim/Basel: Beltz

8. Annett, M. (1970): Handedness, cerebral dominance and the growth of intelligence. In 13. Bakker, D. J., Satz, P.

9. Atzesberger, M., Hahn, E. (1975/76): Probleme der Legastheniepädagogik in der Primär- und Sekundärstufe. Schwäb. Gmünd: A. Kleiner

10. Atzesberger, M., Frey, H. (1977): Vergleich von Ausgangs- und Endleistungen bei zweijähriger Förderung von Legasthenikern an Koblenzer Grundschulen. In 57. Ebel, V.

11. Atzesberger, M. (1977): Elternberatung und Elternseminare im Rahmen der Legasthenikerhilfe. In 57. Ebel, V.

12. Atzesberger, M., Frey, H. (1079): Förderung von lese- und rechtschreibschwachen Grundschülern. Mainz: v. Hase & Koehler

12a Atzesberger, M. (1981): Prävention und Intervention bei Lese-Rechtschreibversagen und Lese-Rechtschreibschwäche. Bonn-Bad Godesberg: Verlag Dürrsche Buchandlung

13. Bakker, D. J., Satz, P. (Hrsg., 1970): Specific reading disability. Advances in theory and method. Rotterdam: University Press

14. Bakker, D. J. (1970): Temporal order perception and reading retardation. In 13. Bakker, D. J., Satz, P.

15. Bakker, D. J. (1972): Temporal order in disturbed reading. Developmental and neuropsychological aspects in normal and reading-retarded children. Rotterdam: University Press

15a. Bakker, D. J., Teunissen, J., Bosch, J. (1979): Development of laterality – reading patterns. In 117. Knights, R. M., Bakker, D. J.

15b. Bakker, D. J. (1983): Lateralisation der Hirnfunktion und Leselernerfolg. In 56c. Dummer, L.

16. Becker, R. (1977): Die Lese-Rechtschreibschwäche aus logopädischer Sicht. Berlin: Volk und Gesundheit

17. Belmont, L., Birch, H. G. (1963): Lateral dominance and rightleft awareness in normal children. Child Development, *34*, 253

18. Belmont, L., Birch, H. G. (1965): Lateral dominance, lateral awareness and reading disability. Child Development, *36*, 57

19. Belschner, W. (1977): Wie wird man ein „Legastheniker"? In 215 a. Schwartz, E.

20. Benton, A. L. (1967): Dyslexia in relation to form perception and directional sense. In 153. Money, J.

21. Berger, E. (Hrsg., 1977): Teilleistungsschwächen bei Kindern. Bern: Huber

22. Berger, E. (Hrsg. 1977): Minimale cerebrale Dysfunktion bei Kindern. Kritischer Literaturüberblick. Bern: Huber

23. Berger, E. (1977): Das Problem der Teilleistungsschwächen in seiner Bedeutung für die Schule. In 22. Berger, E.

24. Berger, E., et al. (1980): Lehrerurteil und minimale cerebrale Dysfunktion. In 70. Friedrich, M. H.

25. Betz, D. (1977): Strukturanalyse der Legasthenie – eine theoretische Untersuchung. In 57. Ebel, V.

26. Biermann, G. (1977): Die Biographische Anamnese. München/Basel: Reinhardt

27. Biermann, G. (Hrsg., 1977): Kinder im Schulstress. München/Basel: Reinhardt

28. Biermann, G., Totzek, P. (1981): Kindliche oder elterliche Verhaltensstörung? Vom Mythos der leichten frühkindlichen Hirnschädigung. In Biermann, G. (Hrsg.): Handbuch der Kinderpsychotherapie, Bd. IV. München/Basel: Reinhardt

29. Biermann, G. (1981): Kinderfehler – Elternfehler. Sozialpädiatrie, *1*, 44

30. Biglmaier, F. (1964): Lesestörungen. Diagnose und Behandlung. München/Basel: Reinhardt

31. Biglmaier, F. (1973): Einführung in die Problematik der Lese-Rechtschreibschwäche. In 214. Schwartz, E.

32. Biglmaier, F. (1973): Briefe an Eltern und Betreuer von legasthenen Kindern. In 214. Schwartz, E.

32 a. Bindel, R. (1982): Probleme der empirischen Legasthenieforschung aus neuropsychologischer Sicht. Psychologie in Erziehung und Unterricht, *29*, 95

33. Birch, H. G., Belmont, L. (1964): Auditory-visual integration in normal and retarded readers. American Journal of Orthopsychiatry, *34*, 852

34. Bladergroen, W. (1955): Über die Diagnostik und Therapie von Lesehemmungen. Praxis der Kinderpsychologie und Kinderpsychiatrie, *4*, 6

35. Bleidick, U. (1966): Lesen und Lesenlernen unter erschwerten Bedingungen. Essen: Neue deutsche Schule

36. Bogyi, G. (1977): Funktionell-therapeutische Übungsverfahren. In 22. Berger, E.

37. Bruschek, B. (1980): Zur differenzierten Diagnostik und Therapie von Teilleistungsschwächen. In 70. Friedrich, M. H.

38. Bryden, M. P. (1970): Laterality effects in dichotic listening: relations with handedness and reading ability in children. Neuropsychologie, *8*, 443

39. Bürli, A., Hägi, H., Mathis, A. (Hrsg., 1970): Legasthenie. Weinheim: Beltz

40. Clark, M. (1957): Lefthandedness. London: University of London Press

41. Coltheart, M., Patterson, K., Marshall J. C. (Hrsg., 1980): Deep dyslexia. London/Boston: Henley, Routledge & Kegan Paul

42. Corkin, S. (1975): Serial-ordering deficits in inferior readers. Neuropsychologia, *12*, 347

43. Daniels, J. C. (1966): Kinder mit Lesestörungen. In Kingenkamp, K. H. (Hrsg.): Lese- und Rechtschreibschwäche bei Schulindern. Weinheim: Beltz

44. Das, J. P., et al. (1975): Simultaneous and successive syntheses: An alternative model for cognitive abilities. Psychological Bulletin, Vol. 82, No. 1,87

45. Deegener, G. (1978): Beziehungen zwischen funktionalen Hemisphärendifferenzen, Händigkeit, Lese-Rechtschreibschwäche und Sprachstörungen. Zeitschrift für Heilpädagogik, *29*, 90

45a. Deegener, G. (1978): Neuropsychologie und Hemisphärendominanz. Beziehungen zwischen Händigkeit, Sprache und funktionaler Hemisphärenasymmetrie. Stuttgart: Enke

45b. Deegener, G. (1979): Funktionale Hemisphärenasymmetrie bei Legasthenikern: Überprüfung des Dichotic-Listening-Verfahrens. Praxis der Kinderpsychologie und Kinderpsychiatrie, 7, 254

46. Delacato, C. H. (Hrsg., 1966): Neurological organization and reading. Springfield/Ill.: C. C. Thomas

47. Delacato, C. H. (1973): Ein neuer Start für Kinder mit Lesestörungen. Freiburg: Hyperion

48. Deutsche Forschungsgemeinschaft (Hrsg., 1978): zur lage der legasthenieforschung. Bonn-Bad Godesberg: Boldt

49. Dimond, St. J., Beaumont, J. G. (Hrsg., 1978): Hemisphere function in the human brain. London: Elek Science

50. Doernberg, G. (1978): Die Betreuung von Legasthenikern der Sekundarstufe I in der Schulpraxis, Frankfurt/M.: Diesterweg, und Wien: Österr. Bundesverlag

51. Dummer, L. (1976): Legasthenie als Konfliktfall. In Seiss, R.: Beratung und Therapie im Raum der Schule. Bad Heilbrunn/Obb.: Klinkhardt

52. Dummer, L. (1979): Die Diagnose der Legasthenie in der Schulklasse. Bad Heilbrunn/Obb.: Klinkhardt

53. Dummer, L. (1977): Die Legastheniker-Erlässe in der Bundesrepublik Deutschland. In 57. Ebel, V.

54. Dummer, L. (1978): Lautgebärden als psychomotorische Hilfen. Die Grundschule, *10*, 442

55. Dummer, L. (1981): Die spezifische Lese-Rechtschreibschwäche. Nachweis der klassischen Symptomatik. Wien: Jugend und Volk

56. Dummer, L., Atzesberger, M. (Hrsg., 1981): Legasthenie. Bericht über den Fachkongreß 1980 des Bundesverbandes Legasthenie e. V. Bonn: Reha-Verlag

56a. Dummer, L. (1981): Teilleistungsschwächen als Ursache von Lese-Rechtschreibschwierigkeiten. In 56. Dummer, L., Atzesberger, M.

56b. Dummer, L, Vanselow, K. (1981): Legasthenie als meßtheoretisches Problem? Psychologie in Erziehung und Unterricht, *28*, 321–328

56c. Dummer, Legasthenie. Bericht über den Fachkongreß 1982, Hannover, Bundesverband Legasthenie e. V.

57. Ebel, V. (Hrsg., 1977): Legasthenie – Ursachen, Diagnose, Behandlung, rechtliche und gesellschaftliche Problematik. Bericht über den Fachkongreß 1976 des Bundesverbandes Legasthenie e. V. Eigenverlag des Bundesbandes Legasthenie e. V.

58. Ebel, V. (Hrsg., 1979): Legasthenie. Bericht über den Fachkongreß 1978 des Bundesverbandes Legasthenie e. V. Bonn: Reha-Verlag

59. Edtfeldt, A. W. (1955): Reading reversal and its relation to reading readiness. Research Bulletins from the Institute of Education. Stockholm: University

60. Eggert, D. (1973): Untersuchung zur Lese-Rechtschreibschwäche unter besonderer Berücksichtigung des motorischen Verhaltens. In 214. Schwartz, E.

61. Eggert, D. (1973): Zur Ätiologie der Legasthenie. In 214. Schwartz, E.

61a. Eggert, D. (Hrsg., 1975): Psychomotorisches Training. Weinheim/Basel: Beltz

62. Eggert, D. (1975): Lese-Rechtschreibschwäche. In 61a. Eggert, D.

63. Eggert, D., Schuck, K. D. (1973): Ein Beitrag zur multidimensionalen Diagnose der Lese-Rechtschreibschwäche. Zeitschrift für Heilpädagogik, *24* (8), 655

64. Eggert, D., Schuck, K. D., Wieland, A. (1973): Ergebnisse eines Untersuchungsprogramms zur kontrollierten Behandlung lese-rechtschreibschwacher Grundschüler, Teil 1: Diagnose. Teil 2: Erfolgskontrollen eines psychomotorischen und eines kognitiv-verbalen Behandlungsprogramms. In 233. Valtin, R.

65. Eggert, D., Schuck, K. D., Wieland, A. (1975): Projektbericht Hannover' Phase II – Erfolgskontrollen eines psychomotorischen und eines kognitiv-verbalen Behandlungsprogramms der Lese-Rechtschreibschwäche. In 61 a. Eggert, D.

66. Erhard, Ch., Lempp, R. (1968): Zur Ätiologie der Legasthenie. Praxis der Kinderpsychologie und Kinderpsychiatrie, H. 17

66 a. Ericson, B. (1981): Reading disabilities and emotional disturbances. Uppsala Reports on Education, Department of Education, University of Uppsala

67. Ferdinand, W., Uhr, R. (1969): Linkshändigkeit – Leseleistung – Legasthenie. Schule und Psychologie, *16*, 371

68. Ferdinand, W. (1972): Über die Erfolge des ganzheitlichen und des synthetischen Schreib-(Lese)-Unterrichts in der Grundschule. Zeitschrift für Entwicklungspsychologie und Pädagogische Psychologie, *4*, 105

69. Ferdinand, W., Langheinrich, D. (1977): Über qualitative Unterschiede der Rechtschreibfehler ganzheitlich bzw. synthetisch unterrichteter Kinder. Psychologie in Erziehung und Unterricht, *24*, 370

69 a. Firnhaber, M. (1983): Legasthenie. Wie Eltern helfen können. Fischer Taschenbücher 3327

69 b. Fischer, H. Biäsch, H. (1969): Testreihen zur Prüfung von Schweizer Kindern vom 4. bis zum 15. Altersjahr. Bern: Huber

70. Friedrich, M. H. (Hrsg., 1980): Teilleistungsschwächen und Schule. Arbeiten zur Theorie und Praxis der Rehabilitation in Medizin. Psychologie und Sonderpädagogik 24. Bern/Stuttgart/Wien: Huber

70 a. Frostig, M. (1979): Entwicklungstests der visuellen Wahrnehmung. Dortmund: Crüwell

71. Geest, T., van der (1978): Sprachentwicklungsprozesse in semantischer und interaktionistischer Sicht. Zeitschrift für Entwicklungspsychologie und Pädagogische Psychologie, *10*, 286

72. Göllnitz, G. L. (Hrsg.): (1979): Relationen zwischen hirnorganischem Psychosyndrom und Teilleistungsstörungen. In 130. Lempp, R.

73. Goldberg, H. K., Schiffmann, G. B. (1972): Dyslexia. Problems of reading disabilities. New York: Grune & Stratton

74. Graichen, J. (1973): Teilleistungsschwächen, dargestellt an Beispielen aus dem Bereich der Sprachbenützung. Zeitschrift für Kinder- und Jugendpsychiatrie, *1*, 113–143

75. Graichen, J. (1975): Kann man legasthenische und dyskalkulatorische Schulschwierigkeiten voraussagen? Praxis der Kinderpsychologie und Kinderpsychiatrie, *24*, 52

76. Graichen, J. (1978): Teilleistungsschwächen in den hierarchisch-sequentiellen auditiven, kinästhetischen und rhythmischen Regulationssystemen der Sprachproduktion. In 142. Lotzmann, G.

77. Graichen, J. (1979): Zum Begriff der Teilleistungsstörung. In 130. Lempp, R.

78. Grissemann, H. (1974): Die Legasthenie als Deutungsschwäche. Zur psychologischen Grundlegung der Legasthenietherapie. Bern/Stuttgart/Wien: Huber

79. Grissemann, H. (1974): Legasthenie und Rechenleistungen. Häufigkeit und Arten von Rechenstörungen bei Legasthenikern. Bern/Stuttgart/Wien: Huber

80. Grissemann, H., Kobi, E. E. (1978): Zur Anti-Legasthenie-Bewegung. Sprach-, sozial- und neuropsychologische Hinweise zu neuen Ansätzen der Prävention, der Diagnostik und der Therapie der Lese- und Rechtschreibschwäche. Bern/Stuttgart/Wien: Huber

81. Grissemann, H. (1980): Klinische Sonderpädagogik am Beispiel der psycholinguistischen Legasthenietherapie. Bern/Stuttgart/Wien: Huber

81a. Grissemann, H. (1981): Reversionsfehler und Legasthenie. Zeitschrift für Heilpädagogik und ihre Nachbargebiete (VHN), *50*, H. 2, 96

82. Gutezeit, G. (1969): Vergleichende Untersuchungen zur Bestimmung der Aktivationshöhe bei lese- und rechtschreibschwachen Schülern. In Duhm, E. (Hrsg.): Praxis der Klinischen Psychologie, Bd. 1, 155

83. Gutezeit, G., Vietor, K. (1974): Untersuchungen zur mono- und biauralen Diskriminationsleistung. Zeitschrift für Kinderheilkunde, *117*, 89

84. Gutezeit, G., Pongratz, E. (1975): Erfolgskontrolle eines tachistoskopischen Trainings mit legasthenen Kindern aus 3. Klassen. Praxis der Kinderpsychologie und Kinderpsychiatrie, *24*, 169

85. Gutezeit, G. (1976): Tachistoskopische Leseversuche mit legasthenen Kindern. Zeitschrift für Klinische Psychologie, *5* (1), 31

86. Gutezeit, G. (1976): Störungen in der visuellen Perzeption und ihre Bedeutung für das Lesenlernen. Monatsschrift für Kinderheilkunde, *124*, 616

87. Gutezeit, G., Garbe, J. (1976): Zur Aktivation und Konditionierung lese- und rechtschreibschwacher Kinder. Praxis der Kinderpsychologie und Kinderpsychiatrie, *25*, 247

88. Gutezeit, G., Hampel, J. (1976): Untersuchungen zur motorischen Leistung legasthener Kinder. Psychologie in Erziehung und Unterricht, *23*, 44–51

89. Gutezeit, G., Meier, E. (1977): Zur Effektivität eines projektions-tachistoskopischen Übungsprogramms bei legasthenen Kindern aus 4. Grundschulklassen. Praxis der Kinderpsychologie und Kinderpsychiatrie, *26*, 266

90. Gutezeit, G. (1977): Projektions-tachistoskopisches Übungsprogramm für lese- und rechtschreibschwache Schüler (P-T-̂). Göttingen: Hogrefe

90a. Gutezeit, G. (1978): Neuropsychologische Aspekte zur zentralen Organisation von Leselernprozessen. Praxis der Kinderpsychologie und Kinderpsychiatrie, *27*, H. 7

91. Gutezeit, G. (1980): Zur Frage der Frühdiagnostik lese- und rechtschreibschwacher Kinder. Die Medizinische Welt, *7*, 271

92. Hägi, H., Bürli, A., Mathis, A. (Hrsg., 1970): Legasthenie. Einheim: Beltz

92a. Hamburg-Wechsler (1966): Intelligenztests für Kinder (HAWIK). Bern: Huber

93. Harris, A. J. (1957): Lateral dominance, directional confusion, and reading disability. Journal of Psychology, *44*, 283

94. Harth, H. (1976): Die Bedeutung der Legasthenie im Zusammenhang mit minimalen Hirndysfunktionen. Monatsschrift für Kinderheilkunde, *124*, 454

95. Hellbrügge, T. (1978): Das Problem der Legasthenie aus der Sicht einer mehrdimensionalen sozialpädiatrischen Diagnostik. In 48. Deutsche Forschungsgemeinschaft

96. Heller, D. (1977): Über den Zusammenhang zwischen Lesen und Rechtschreiben. Ein Beitrag zur Legasthenie-Diskussion. Psychologie in Erziehung und Unterricht, *24*, 205

97. Heller, D. (1978): Originäre Legasthenie und Pseudolegasthenie. In 48. Deutsche Forschungsgemeinschaft

98. Hermann, K., Norrie, E. (1958): Is congenital word-blindness a hereditary type of Gerstmann's syndrome? Psychiatria et Neurologia, 1–2, 59

99. Hess, G. (1966): Die Linksdominanz bei Grundschulkindern in ihren Auswirkungen auf die Lese- und Rechtschreibleistungen. In 104. Ingenkamp, K. M.

100. Heuss, G. (1978): Legasthenie in Abhängigkeit von der Leselehrpraxis? In 48. Deutsche Forschungsgemeinschaft

101. Hinshelwood, J. (1900): Letter- and wordblindness. London

102. Hinshelwood, J. (1908): Four cases of congenital wordblindness occurring in the same family. Brit. Med. Journal, *29*, 835

103. Hinshelwood, J. (1917): Congenital wordblindness. London

103 a. Höhn, W. (1967): Der schlechte Schüler. München: Piper

103 b. Horn, W. (1962): Leistungsprüfsystem (LPS). Göttingen: Hogrefe

104. Ingenkamp, K. (Hrsg., 1970): Lese-Rechtschreibschwäche bei Schulkindern. Weinheim/Basel: Beltz

105. Jadouille, A. (1962): Apprentissage de la lecture et dyslexie. Paris: Presses Universitaires de France

106. Jandl, K. (1965): Orientierungsstörungen und Leseschwäche. Beiträge zur pädagogischen Psychologie, 133/136. Wien: Ketterl

107. Jung, U. O. H. (1977): Zur auditiven Diskrimination legasthener und nichtlegasthener Schüler. Linguistik und Didaktik, *31* (8), 210

108. Kemmler, L. (1967): Erfolg und Versagen in der Grundschule. Göttingen: Hogrefe

109. Kimura, D. (1961): Cerebral dominance and the perception of verbal stimuli. Canad. J. Psychol., *15*, 166

110. Kimura, D. (1963): Speech lateralization in young children as determined by auditory tests. Journal of comparative physiological psychology, *56*, 899

111. Kinsbourne, M. (1970): The analysis of learning deficit with special reference to selective attention. In 13. Bakker, D. J., Satz, P.

112. Kirchhoff, H. (1964): Verbale Lese- und Rechtschreibschwäche im Kindesalter. Basel: Karger

113. Klasen, E. (1971): Das Syndrom der Legasthenie, Bern/Stuttgart/Wien: Huber

114. Klasen, E. (1978): Das ganzheitliche Vorgehen und die neurologische Seite des Legasthenieproblems. In 48. Deutsche Forschungsgemeinschaft

115. Klauer, K. J. (1963): Über theoriefreie dreidimensionale Diagnostik von Lesefehlern. Praxis der Kinderpsychologie und Kinderpsychiatrie, *12* (1), 9

115 a. Kleber, E. W., Kleber, G., Haas, O. (1975): Differentieller Leistungstest-KG. Göttingen: Hogrefe, und Braunschweig: Westermann

116. Klein, P. (1976): Anwendung eines gängigen statistischen Modells zur Diagnose der Legasthenie. Eine Kritik. Praxis der Kinderpsychologie und Kinderpsychiatrie, *25*, 272

117. Knights, R. M., Bakker, D. J. (Hrsg., 1976): The neuropsychology of learning disorders. Theoretical approaches. Baltimore/London/Tokyo: University Press

117 a. Kobi, E. E., Grissemann, H. (1978): Zur Anti-Legastheniebewegung. Bern/Stuttgart/Wien: Huber

118. Kolers, P. A., Perkins, D. N. (1969): Orientation of letters and errors in their recognition. Perception and Psychophysics, *5*, 265

119. Kolers, P. A., Perkins, D. N. (1969): Orientation of letters and their speed of recognition. Perception and Psychophysics, *5*, 275

120. Kossakowski, A. (1962): Wie überwinden wir die Schwierigkeiten beim Lesen- und Schreibenlernen, insbesondere bei Lese-Rechtschreibschwäche? Berlin: Volk und Wissen

121. Kossow, H. J. (1973): Zur Therapie der Lese-Rechtschreibschwäche. Berlin: Deutscher Verlag der Wissenschaften

122. Kowarik, O., Kraft, J. (1973): Legasthenie und ihre methodische Behandlung. Wien/München: Jugend und Volk

123. Kowarik, O. (1977): Legasthenikerbetreuung in Gruppen und Kursen. Wien: Jugend und Volk

124. Kraft, J. (1977): Die Legasthenie – Ein Erlebnis des Versagens. In 57. Ebel, V.

124 a. Krenn, R., Kowarik, O. (1981): Horchen, Zeigen, Lesen. Wien: Jugend und Volk

125. Lekic, G. (1967): Meine Linkshänderfamilie. Unveröffentl. Diplomarbeit. Lübeck

126. Lempp, R. (1970): Frühkindliche Hirnschädigung und Neurose. Bern/Stuttgart/Wien: Huber

127. Lempp, R. (1973): Lernerfolg und Schulversagen. München: Kösel

128. Lempp, R. (1975): Verhaltensanomalien als Folge von Teilleistungsschwächen. Erziehung und Unterricht, *18*, 100

129. Lempp, R. (1979): Hat das Kind denn einen Hirnschaden? München: Kösel

130. Lempp, R. (1979): Teilleistungsstörungen im Kindesalter. Bern/Stuttgart/Wien: Huber

131. Lempp, R. (1979): Die Teilleistungsstörungen in Klinik und Praxis. In 130. Lempp, R.

132. Leong, C. K. (1977): Spatial-temporal information-processing in children with specific reading disability (Abstracted Report). Reading Research Quarterly, *12* (2), 204

132 a. Leong, C. K. (1979): Lateralization in severely disabled readers in relation to functional cerebral development and synthesis of information. In 117. Knights, R. M., Bakker, D. J.

132 b. Levinson, H. N. (1980): Dyslexia. A Solution to the Riddle. New York/Heidelberg/Berlin: Springer

133. Levy, J. (1975): Psychobiological implications of bilateral asymmetry. In 49. Dimond, St., Beaumont, J. G.

134. Libermann, I. Y., et al. (1971): Letter confusions and reversals of sequence in the beginning reader: Implications for Orton's theroy of developmental dyslexia. Cortes, 7, 127

135. Linder, M. (1951): Über Legasthenie (spezielle Leseschwäche). Zeitschrift für Kinderpsychiatrie, *17*, 97

136. Linder, M. (1963): Die sekundäre Symptomatik der Legasthenie. In Kirchhoff, H., Pietrowicz, B. (Hrsg.): Neues zur Lese- und Rechtschreibschwäche. Basel: Karger

137. Linder, M. (1975): Lese-Rechtschreibstörungen bei normalbegabten Kindern. Zürich: Schweizerischer Lehrerinnenverein

138. Linder, M. (1976): Legasthenie im Alltag. Die Grundschule, *8*, 204

139. Lindgren, R. H. (1973): Vergleich von schwachen und normalen Lesern im Bender-Gestalt-Test, Lautunterscheidungstest und im visuomotorischen Zuordnungstest. In 233. Valtin, R.

140. Liungman, C. G. (1973): Der Intelligenzkult. Reinbek: ro-ro-ro 6792

141. Lobrot, M. (1966): Forschungen zur Legasthenie in Frankreich. In 104. Ingenkamp, K.

141 a. Lohmann, B. (1982): Müssen Legastheniker Schulversager sein? München/Basel: Reinhardt

142. Lotzmann, G. (Hrsg., 1978): Aspekte auditiver, rhythmischer und sensomotorischer Diagnostik, Erziehung und Therapie. München/Basel: Reinhardt

143. Lovell, K., Gorton, A. (1973): Eine Untersuchung über die durchschnittliche Intelligenz. In 233. Valtin, R.

144. Lückert, H. R. (1966): Behandlung und Vorbeugung von Leseschwierigkeiten. Schule und Psychologie, *13*, 193

145. Luria, A. R. (1970): Die höheren kortikalen Funktionen des Menschen und ihre Störungen bei örtlichen Hirnschädigungen. Berlin: Deutscher Verlag der Wissenschaften

146. Lyle, J. G. (1969): Reading retardation and reversal tendency: A factoral study. Child Development, *40*, 833

147. Malmquist, E. (1958): Factors related to reading disabilities in the first grade of the elementary school. Stockholm: Almquist & Wiksell

148. Malmquist, E. (1973): Eine Untersuchung zu Faktoren, die mit Lesestörungen bei Kindern des ersten Schuljahres verbunden sind. In 233. Valtin, R.

149. Malmquist, E., Valtin, R. (1974): Förderung legasthenischer Kinder in der Schule. Weinheim/Basel: Beltz

150. McLeod, B. (1976): Die Psychotherapie des lese-rechtschreib-schwachen Kindes. In Biermann, G. (Hrsg.): Handbuch der Kinderpsychotherapie, Bd. III. München/Basel: Reinhardt

151. Meyer, H., Meyer, R. (1973): Die Diagnose der LRS durch Lehrer und Schulpsychologen. In 214. Schwartz, E.

152. Meyer, H., Meyer, R. (1974): Lese-Rechtschreibschwäche und ihre Behandlung im Unterricht (I. u. II). Hannover: Schroedel

152a. Meyer, H. (1978): Die LRS Jahrgangsuntersuchungen an den Grundschulen der Stadt Hannover: ihre Ergebnisse und Konsequenzen. In 48. Deutsche Forschungsgesellschaft

153. Money, J. (Hrsg., 1967): Reading disability. Progress and research needs in dyslexia. Baltimore: The Johns Hopkins Press

153a. Monroe, M. (1946): Children who cannot read. Chicago: The University of Chicago Press

154. Morgan, W. P. (1896): A case of congenital wordblindness. British Medical Journal, *7*, 1378

155. Müller, R. (1974): Leseschwäche – Leseversagen – Legasthenie (I. u. II). Weinheim/Basel: Beltz

156. Müller, R. (1977): Geht es uns um die Legasthenie oder um das lese- und rechtschreibschwache Kind? In 215a. Schwartz, E.

157. Müller, R. G. E. (1958): Die Schreib-Leseschwäche als neurotoide Legasthenie und als Regressionsphänomen. Schule und Psychologie, *5*, 266

158. Müller, R. G. E. (1977): Ursachen und Behandlung von Lese-Rechtschreibschwächen. Berlin: Marhold

158a. Müller-Küppers, M. (1976): Das leicht hirngeschädigte Kind. (3. Aufl.) Stuttgart: Hippokrates

159. Naegele, I. M., et al. (Hrsg., 1981): Lese- und Rechtschreibschwierigkeiten. Orientierungen und Hilfen für die Arbeit mit Grundschülern. Weinheim/Basel: Beltz

160. Neubauer, E. (1971): Die kindliche Gestaltauffassung und ihre Bedeutung im Rahmen des Legastheniesyndroms. Unveröffentl. Dissertation, Innsbruck

161. Nickel, H. (1972): Neuere Ergebnisse zur visuellen Differenzierungsfähigkeit im Vorschulalter, ihre entwicklungstheoretische und praktisch-pädagogische Bedeutung. Schule und Psychologie, *19*, 1

162. Niemeyer, W. (1974): Legasthenie und Milieu. Hannover: Schroedel

163. Niemeyer, W. (1977): Zur Prophylaxe der Lese-Rechtschreibschwäche (LRS). Ehrenwirth-Grundschulmagazin, *7*, 9

164. Niemeyer, W. (1978): Lese- und Rechtschreibschwäche: Theorie, Diagnose, Therapie und Prophylaxe. Stuttgart: Kohlhammer

165. Niemeyer, W. (1978): Milieuproblematik bei Lese-Rechtschreibschwäche. In 48. Deutsche Forschungsgemeinschaft

165a. Niemeyer, W. (1973): Bremer Hilfen für das lese-rechtschreibschwache Kind. Bremen/St. Magnus: Herbig

166. Oehrle, B. D. (1975): Visuelle Wahrnehmung und Legasthenie. Weinheim/Basel: Beltz

167. Orton, S. T. (1937): Reading, writing and speech problems in children. New York: Norton

168. Pelzer, G. (1977): Hilfe für Legastheniker aus der Sicht der Erziehungsberatung. In 27. Biermann, G.

169. Peres, E. (1977): Die minimale cerebrale Dysfunktion bei Kindern und ihre medizinische Behandlung. In 57. Ebel, V.

170. Pilz, D. (1977): Außerschulische Legasthenietherapie mit der Morphemmethode. In 57. Ebel, V.

170a. Pizzamiglio, L. (1979): Cognitive approach to hemispheric dominance. In 117. Knights, R. M., Bakker, D. J.

171. Prechtl, H. F. R. (1967): Reading difficulties as a neurological problem in childhood. In 153. Money, J.

172. Pucsala, W. (1980): Psychologische Untersuchung des Entwicklungsstandes von Risikokindern im Alter von 1;8 bis 3;4. Unveröffentlichte Dissertation, Wien

173. Ranschburg, P. (1916): Die Leseschwäche (Legasthenie) und Rechenschwäche (Arithmasthenie) der Schulkinder im Lichte des Experimentes. Berlin

174. Ranschburg, P. (1928): Die Lese- und Schreibstörungen des Kindesalters. Halle

175. Reinelt, T. (1977): Entwicklung und Diagnostik von Wahrnehmungsfunktionen. In 22. Berger, E.

176. Reinelt, T. (1982): Bemerkungen zu Ätiologie, Diagnostik und Prävention von Teilleistungsschwächen. In Pflaum, E. (Hrsg.): Klinisch-Psychologische Diagnostik zwischen Grundlagenforschung und Interventionsmaßnehmen. Weinheim/Basel: Beltz

177. Reuter, P. E. (1977): Legasthenie – eine Verhaltensstörung? Anmerkungen aus verhaltenstherapeutischer Sicht. Praxis der Kinderpsychologie und Kinderpsychiatrie, *26*, 254 u. 285

177a. Rössler, F. (1928): Verbreitung und Erscheinungsweisen eidetischer Anschauungsbilder bei Knaben und Mädchen im Alter von 6 bis 9 Jahren. Beiheft zur Zeitschrift für angewandte Psychologie, 43. Jg.

177b. Rhein, R. (Hrsg., 1982): Wir sind Legastheniker. Schicksale einer benachteiligten Gruppe. Frankfurt/Berlin/Wien: Ullstein Sachbuch 34082

178. Rosenblum, E. (1963): Rééducation d'une dyslexie psychogène. Revue de Neurophsychiatrie Infantine *11*, 25

179. Roudinesco, Trelat, Trelat (1950): Etude de quarante cas de dyslexie d'évolution. Revue Enfance, 1

180. Royer, F. L., Holland, T. R. (1975): Rotational transformation of visual figures as a clinial phenomenon. Psychological Bulletin, *82*, 6, 843

180a. Sasanuma, S. (1980): Acquired dyslexia in Japanese: clinical features and underlying mechanism. In 41. Coltheart, M. et al.

181. Satz, P., Sparrow, S. S. (1970): Specific developmental dyslexia: A theoretical formulation. In 13. Bakker, D. J., Satz, P.

181a. Satz, P. (1979): Cerebral dominance and reading disabilty: An old problem revisited. In: 117. Knights, R. M., Bakker, D. J.

182. Scheerer, E. (1978): Probleme und Ergebnisse der experimentellen Leseforschung. Zeitschrift für Entwicklungspsychologie und Pädagogische Psychologie, *10*, 347

183. Scheerer-Neumann, G. (1977): Funktionsanalyse des Lesens. Grundlage für ein spezifisches Lesetraining. Psychologie in Erziehung und Unterricht, *24*, 125

184. Scheerer-Neumann, G. (1977): Prozeßanalyse von Lesestörungen. In 57. Ebel, V.

185. Scheerer-Neumann, G., Ahola, H., König, U., Reckermann, U. (1978): Die Ausnutzung sprachlicher Redundanz bei leseschwachen Kindern: I. Nachweis des spezifischen Defizits. Zeitschrift für Entwicklungspsychologie und Pädagogische Psychologie, *10*, 35

186. Scheerer-Neumann, G. (1979): Lesen und Leseschwäche: Psychologisch gesehen. In 58. Ebel, V.

187. Schenk-Danzinger, L. (1954): Der Zusammenhang der Legasthenie mit anderen psychischen Faktoren. In Bericht über den 3. Internationalen Kongreß für Heilpädagogik 1953. Wien: Österr. Bundesverlag

188. Schenk-Danzinger, L. (1961): Probleme der Legasthenie. Schweiz. Zt. f. Psychologie, H. 20, 29

189. Schenk-Danzinger, L. (1964): Grundlagen und Praxis der Legasthenie-Behandlung. Erziehung und Unterricht, *5*, 271

190. Schenk-Danzinger, L. (1965): Zur Ätiologie und Grundlagenforschung der kongenitalen Legasthenie. In Bericht über den 25. Kongress der Deutschen Gesellschaft für Psychologie. Göttingen: Hogrefe

190a. Schenk-Danzinger, L.: Aufgabenanalyse, Validität und Schulleistungskorrelation der Entwicklungstests für das Schulalter. In Bericht über den 24. Kongreß der Deutschen Gesellschaft für Psychologie, Göttingen 1965

191. Schenk-Danzinger, L. (1970): Die Erscheinungsformen der Legasthenie. In Asperger, H. (Hrsg.): Bericht über den 4. Internationalen Kongreß für Heilpädagogik 1969. Wien: Österr. Bundesverlag

192. Schenk-Danzinger, L. (1970): Das Problem der sekundären Symptomatik der Legasthenie. In 39. Bürli, A., Hägi, H., Mathis, A.

193. Schenk-Danzinger, L. (1972): Entwicklungstests für das Schulalter. Wien: Verlag Jugend und Volk

194. Schenk-Danzinger, L. (1973): Eine neue Untersuchung von Problemen der Raumlage-Unsicherheit legasthenischer Kinder. In 214. Schwartz, E.

195. Schenk-Danzinger, L. (1973): Ist die Legasthenie wirklich ein Milieuproblem? In 214. Schwartz, E.

196. Schenk-Danzinger, L. (1975): Handbuch der Legasthenie im Kindesalter. Weinheim/Basel: Beltz

197. Schenk-Danzinger, L. (1979): Legasthenie. In Pongratz, L. (Hrsg.): Handbuch der Psychologie, 8. Bd., 2. Halbband. Göttingen: Hogrefe

198. Schenk-Danzinger, L. (1979): Der derzeitige Stand von Theorie und Forschung legasthenischer Probleme. Der Sprachheilpädagoge, *2*, 15

198a. Schenk-Danzinger, L. (1980): Erfahrungen mit Schulreifeuntersuchungen. In: Psychologie im Dienste der Schule. Wein: Österr. Bundesverlag

198b. Schenk-Danzinger, L. (1983): Einige legasthenische Fehler im Lichte der neueren Hirnforschung. In 56c. Dummer, L.

199. Schlee, J. (1974): Zur Erfindung der Legasthenie. Bildung und Erziehung, *27*, 289

200. Schlee, J. (1976): Legasthenieforschung am Ende? München/Berlin/Wien: Urban u. Schwarzenberg

201. Schlee, J. (1977): Legasthenie-Neu: Die Unmöglichkeit mit einem schlechten Konzept eine gute Praxis zu gestalten. In 215a. Schwartz, E.

202. Schlee, J. (1977): Legasthenie – eine milieubedingte Schwäche? Psychologie in Erziehung und Unterricht, *24*, 241

202a. Schlee, J. (1978): Legasthenie – Erforschung einer Leerformel. In 48. Deutsche Forschungsgemeinschaft

203. Schmalohr, E. (1964): Psychologie des Erstlese- und Schreibunterrichts. München/Basel: Reinhardt

204. Schmalohr, E. (1968): Zur akustischen Durchgliederungsfähigkeit als Voraussetzung des Lesenlernens bei 4- bis 6-jährigen Kindern. Schule und Psychologie, *15*, 295

205. Schmidt, M. H. (1979): Umschriebene Funktionsstörungen und ihre Auswirkungen auf das schulische Lernen. In 58. Ebel, V.

206. Schmidtchen, S., Pelz, F., Dietz, V. (1973): Entwicklung und erste Effektivitätskontrolle eines multifakturiellen Funktionstrainingsprogrammes für lese-rechtschreibschwache Heimkinder. Praxis der Kinderpsychologie und Kinderpsychiatrie, *22*, 7, 257

207. Schubenz, S., Böhmig, St. (1963): Untersuchungen zur Legasthenie. II: Legasthenie und Intelligenz. Zeitschrift für experimentelle und angewandte Psychologie, *11*, 515

208. Schubenz, S., Buchwald, R. (1964): Untersuchungen zur Legasthenie. I: Die Beziehung der Legasthenie zur Auftretenshäufigkeit der Buchstaben des Alphabets in der Deutschen Sprache. Zeitschrift für experimentelle und angewandte Psychologie, *11*, 155

209. Schubenz, S. (1966): Soll am Beginn des Rechtschreibe- (und Lese-) Unterrichts die Synthese oder die Analyse der Texteinheiten betont werden? Schule und Psychologie, *13*, 39

210. Schubenz, S. (1970): Neuere deutsche Forschungsansätze zur Aufklärung der Legasthenieproblematik. In 104. Ingenkamp, K.

211. Schubenz, S. (1970): Zur Frage der Fehlerarten bei leserechtschreibschwachen Kindern. In 104. Ingenkamp, K.

212. Schuch, B. (1977): Legasthenie. In 21. Berger, E.

212 a. Schuch, B., Friedler, E. (1982): Teilleistungsschwächen. Diagnose und Therapie von Raumorientierungsstörungen. Wien: Jugend und Volk

213. Schuck, K. D., Eggert, D. (1975): Projektbericht Hannover: Phase I – Diagnostik der Lese-Rechtschreibschwäche. In 61 a. Eggert, D.

214. Schwartz, E. (Hrsg., 1973): Legasthenie – ein pädagogisches Problem. 2. Aufl. Frankfurt/M.: Arbeitskreis Grundschule e. V.

215. Schwartz, E. (1976): „Neues" Legastheniekonzept und Richtlinienrevision. Die Grundschule, *11*, 147

215 a. Schwartz, E. (Hrsg., 1977): „Legasthenie" oder Lesestörung? Pro und Contra. Frankfurt/M.: Arbeitskreis Grundschule e. V.

216. Sirch, K. (1975): Der Unfug mit der Legasthenie. Stuttgart: Klett

217. Sirch, K. (1977): Kritik an den traditionellen Lehrgängen. In 215 a. Schwartz, E.

218. Sparrow, S., Satz, P. (1970): Dyslexia, laterality and neuropsychological development. In 13. Bakker, D. J., Satz, P.

218 a. Stagel, W. (1981): Determinanten der Schulleistung. Analyse der Rechtschreib- und Wortschatzleistungen von Schülern der 4. Schulstufe. Unveröffentl. Dissertation an der Philosoph. Fakultät der Universität Wien

219. Steiner, B. (1970): Wortschatz, Intelligenz und Milieu bei 10jährigen Tiroler Kindern. Unveröffentlichte Dissertation an der Philosoph. Fakultät der Universität Innsbruck

220. Steinhagen, K., Gutezeit, G. (1971): Vergleichende Untersuchungen zur akustischen Differenzierungsfähigkeit legasthenischer Kinder. Praxis der Kinderpsychologie und Kinderpsychiatrie, *20*, 8, 284

221. Straub, A. (1974): Die Förderung des Legasthenikers in der Schule. Stuttgart: Klett

222. Tamm, H. (1971): Die Betreuung legasthenischer Kinder. Weinheim: Beltz

223. Tamm, H. (1971): Ratschläge für Eltern lese-rechtschreibschwacher Kinder. In 214. Schwartz, E.

224. Thomson, M. E. (1976): A comparison of laterality effects in dyslexia and controls using verbal dichotic listening tasks. Neuropsychologia, *14*, 243

224 a. Thurner, F., Tewes, U. (1975): Der Kinder-Angst-Test (KAT). Göttingen: Hogrefe

225. Tordrup, S. A., Kluge, K. J. (1976): Lesestörungen, Leseschwierigkeiten und Leseschwäche bei Grund-, Haupt- und Sonderschülern. Neuburgweiler: Schindele

226. Trempler, D. (Hrsg., 1976): Legasthenie – neue Wege der Heilung. Freiburg/Br.: Herder

227. Ullmann, J. F. (1974): Psychologie der Lateralität. Bern: Huber

228. Valtin, R. (1969): Legasthenie – Therapie ohne Grundlagen? betrifft: erziehung, X, 2, 10, 24

229. Valtin, R. (1970): Legasthenie – Theorien und Untersuchungen. Weinheim: Beltz

230. Valtin, R. (1972): Empirische Untersuchungen zur Legasthenie. Hannover: Schroedel

231. Valtin, R. (1972): Sprachförderung für Vorschulkinder und Schulanfänger. betrifft: erziehung, 5, 34 und 6, 39

232. Valtin, R. (1973): Zur Definition der Legasthenie und zum Problem der Stichprobenauswahl bei Untersuchungen bei Lese-Rechtschreibschwäche. In 214. Schwartz, E.

233. Valtin, R. (1973): Einführung in die Legasthenieforschung. Weinheim/Basel: Beltz

234. Valtin, R. (1977): Legasthenie – ein überholtes Konzept. In 215 a. Schwartz, E.

234 a. Valtin, R. (1981): Ist Legasthenie ein meßtechnisches Problem? Psychologie in Erziehung und Unterricht, *28*, 329–333

235. Van Meel, J. M., et al. (1970): Some characteristics of visual information-processing in children with learning difficulties. In: 13. Bakker, D. J., Satz, P.

235 a. Vellutino, F. R. (1981): Dyslexia, Theory and Research. Cambridge/Mass and London: The MIT Press

236. Walter, K. (1956): Über die angeborenen Schreib-Leseschwächen. Schweizer Archiv für Neurologie und Psychiatrie, *78*, 288

237. Weinschenk, C. (1965): Die erbliche Lese-Rechtschreibschwäche und ihre sozialpsychiatrischen Auswirkungen. Bern: Huber

238. Weinschenk, C. (1970): Rechenstörungen, ihre Diagnostik und Therapie. Bern: Huber

238 a. Weinschenk, C. (1981): Die Eingliederungshilfe für Legastheniker und Rechengestörte nach dem Bundessozialhilfegesetz (BSHG). Kinder-Jugendpsychiatrie, *9*, 435–445

238 b. Weinschenk, C. (1981): Entschluß zur Tat. Schuldfähigkeit, Resozialisierung, Prävention. Königstein/Ts.: Athenäum

239. Witelson, S. F. (1977): Developmental Dyslexia: Two right Hemispheres and none left. Science, Vol. 195, No. 4273, 309

239 a. Witelson, S. F. (1979): Abnormal right hemisphere specialization in developmental dyslexia. In 117. Knights, R. M., Bakker, D. J.

240. Wygotsky, L. S. (1964): Denken und Sprechen. Frankfurt/M.: Fischer

241. Zangg, H. (1972): Legasthenie und Sprache. Unveröffentlichte Diplomarbeit. Bettingen (Schweiz)

242. Zangwill, O. L. (1967): Dyslexia in relation to cerebral dominance. In 153. Money, J.

243. Zielinsky, R. (1978): Kann Legasthenie durch eine Lautschrift beseitigt werden? Praxis der Kinderpsychologie und Kinderpsychiatrie, *27*, 98

244. Zimmermann, A. (1980): Legasthenie und schriftsprachliche Kommunikation. Ansätze zur Neuorientierung eines fragwürdigen Konzepts. Weinheim/Basel: Beltz

245. Zingeler-Grundlach, U., Langheinrich, D., Kemmler, L. (1970): Fehleranalyse von guten und schwachen Rechtschreibleistungen normalbegabter Grundschüler. Ztschr. für Entwicklungspsychologie und Pädagogische Psychologie, *2*, 76

Müssen Legastheniker Schulversager sein?

Von Beate Lohmann

Durch das Erleben und Beobachten der Legasthenie seit 20 Jahren in der eigenen Familie war die Verfasserin so betroffen, daß sie sich mit 40 Jahren noch einmal zum Studium entschloß, um die Hintergründe, die zur Legasthenie führen, zu erforschen. Eine Legasthenie erkennen und richtig kompensieren lernen ist für die Betroffenen eine Kernfrage. Falsche Einschätzung des Phänomens Legasthenie stört das Schul- und Berufsleben beträchtlich. Elternhaus und Schule müssen die andersartige Entwicklung dieser Kinder erkennen und ihre speziellen Begabungen müssen gefördert werden, damit sie zu Erfolgen in Schule und Beruf führen können.

Warum die Behandlung dieses Themas notwendig ist

Mögliche Ursachen der Legasthenie
Entwicklungslegasthenie
Zusammenhang zwischen sensiblen Phasen und Lernstoff
Entwicklung der visuellen Wahrnehmung
Entwicklung der akustischen Wahrnehmung
Hirnphysiologisch bedingte Legasthenie
Visuelle Wahrnehmung
Akustische Wahrnehmung
Störungen im Richtungssehen und Richtungshören
Milieubedingte Lese-Rechtschreibschwäche

Erscheinungsform der Legasthenie
Woran erkenne ich frühzeitig eine Anlage zur Legasthenie?
Maßnahmen im Wahrnehmungsbereich
Konzentration und Ausdauer
Frustrationstoleranz
Intelligenzentwicklung
Motorische Unruhe
Verhalten der Legastheniker
Das Zusammenleben
Wie behandle ich den Legastheniker
Erziehung im Elternhaus
Verbesserung des Kind-Umweltbezuges

Vorschläge für die Therapie
Lernentwicklung bei Legasthenikern
Orientierungsübungen
Konzentrationstraining
Hausaufgaben
Therapie im Lernbereich
Lesehilfen
Rechtschreibhilfen

Untersuchung der Erblichkeit in einem betroffenen Familienverband
Legasthenie und große einseitig begabte Persönlichkeiten

Fallbesprechungen
Genetisch bedingte Legasthenie
Entwicklungsbedingte Legasthenie
Milieubedingte Lese-Rechtschreibschwäche
Auswirkungen einer nicht behandelten Legasthenie bei Erwachsenen

94 Seiten (»Kinder sind Kinder« 6), Ernst Reinhardt Verlag München